商業銀行
經營管理

（第二版）

主　編 ◎ 譚遙
副主編 ◎ 馬莉、魯署軍、余銀秀、程東

前言

商業銀行是隨著商品經濟和信用制度的發展而產生的，是現代市場經濟中主要的金融組織，是各國金融體系中重要的組成部分，是其他類型的金融機構無法代替和比擬的金融主體，在社會資源有效配置和國民經濟建設中起著舉足輕重的作用。

商業銀行經營管理學是研究探索現代金融體系下商業銀行經營管理運行機制及其業務發展規律的應用學科，是高等院校和高職院校金融及證券專業的主幹課程，主要闡述商業銀行的基本理論、基本知識和基本技能，以及商業銀行的經營創新和未來發展趨勢，能使金融專業學生和銀行從業人員全面瞭解商業銀行經營管理的基本原理和重要規律，掌握商業銀行經營管理技能，提高商業銀行經營管理水平。

在編寫教材過程中，我們力求做到：

（一）全面性

全面地反應商業銀行經營管理基本知識、基本理論、基本技能，讓學生能夠瞭解商業銀行經營管理的理論體系，掌握商業銀行經營管理基本技能。

（二）針對性

既注重高等院校和高職院校金融證券專業學生知識的需要，又考慮金融人才培養目標的需要。

（三）通俗性

在闡述基本知識和基本理論時，盡可能做到深入淺出，簡明扼要，通俗易懂。

本教材可以作為高等院校和高職院校金融學專業和經濟管理類專業教學用書，也可以作為理論研究和銀行從業人員的參考用書。

本教材在寫作過程中參閱了大量國內外商業銀行經營管理教材，同時吸收了現階段金融領域的研究成果，在此向所有參考文獻和研究成果的著作者致謝。
　　由於編寫者水平有限，在本書內容和結構等方面難免存在不當之處，懇請專家、學者和讀者批評指正。

譚遙

目錄

第一篇　商業銀行基本理論

第一章　商業銀行概述 / 3

第一節　商業銀行的起源和發展 / 3
第二節　商業銀行的性質和職能 / 5
第三節　商業銀行的經營模式和組織形式 / 7
第四節　商業銀行的業務經營原則 / 11
第五節　中國商業銀行的產生和發展 / 14
第六節　商業銀行的發展趨勢 / 21

第二章　商業銀行資本管理 / 24

第一節　商業銀行資本的構成與功能 / 24
第二節　商業銀行資本需要量及確定方法 / 27
第三節　《巴塞爾協議》/ 30
第四節　中國商業銀行的資本金管理 / 37

第二篇　商業銀行業務管理

第三章　商業銀行負債業務 / 45

第一節　商業銀行負債業務概述 / 45
第二節　商業銀行存款業務的種類及創新 / 47
第三節　商業銀行存款業務經營管理 / 55
第四節　商業銀行借入負債業務經營管理 / 68

第四章　商業銀行資產業務 / 78

第一節　商業銀行現金資產 / 78
第二節　商業銀行貸款業務 / 83
第三節　商業銀行證券投資業務 / 108

第五章　商業銀行中間業務 / 117

第一節　商業銀行中間業務概述 / 117
第二節　商業銀行支付結算類中間業務 / 127
第三節　商業銀行代理類中間業務 / 143
第四節　商業銀行諮詢顧問類中間業務 / 150
第五節　商業銀行擔保類中間業務 / 156
第六節　商業銀行金融衍生工具類中間業務 / 164
第七節　商業銀行承諾類中間業務 / 182

第六章　商業銀行國際業務 / 189

第一節　商業銀行國際業務概述 / 189
第二節　商業銀行國際業務管理 / 203
第三節　商業銀行國際業務發展 / 209

第三篇　商業銀行業務拓展

第七章　商業銀行市場行銷管理 / 217

第一節　商業銀行市場行銷概述 / 217
第二節　商業銀行市場行銷環境 / 219
第三節　商業銀行市場細分策略 / 223
第四節　商業銀行市場行銷組合策略 / 226

第八章　商業銀行的資產負債管理理論 / 243

第一節　商業銀行的資產管理理論 / 243

第二節　商業銀行的負債管理理論 / 250
第三節　商業銀行的資產負債管理理論 / 254

第九章　商業銀行風險管理與內部控制 / 263

第一節　商業銀行的風險概述 / 263
第二節　商業銀行風險預測 / 268
第三節　商業銀行內部控制 / 278

第十章　商業銀行財務管理 / 285

第一節　商業銀行財務報表 / 285
第二節　商業銀行績效評價 / 297
第三節　商業銀行財務報告 / 307

第一篇

商業銀行基本理論

第一章　商業銀行概述

> **學習目標**
> ◆ 瞭解商業銀行的起源和發展
> ◆ 熟悉商業銀行的性質和職能
> ◆ 掌握商業銀行的經營模式和組織形式
> ◆ 掌握商業銀行的業務經營原則
> ◆ 瞭解中國商業銀行的產生和發展

第一節　商業銀行的起源和發展

一、商業銀行的起源

銀行的起源,可謂源遠流長。世界上最古老的銀行可以追溯至公元前的古巴比倫時期。據《大英百科全書》記載,早在公元前6世紀,在巴比倫已有一家「里吉比」銀行。考古學家在阿拉伯大沙漠中發現的石碑證明,在公元前2000年以前,巴比倫的一些寺廟已從事對外放款並收取利息的活動。公元前4世紀,古希臘的寺院、私人商號等,也從事各種金融活動。古羅馬在公元前200年也出現了類似的機構,它不僅經營貨幣兌換業務,還經營貸放、信託等業務,同時對銀行的管理與監督也有明確的法律條文,已具有近代銀行業務的雛形。

早期銀行的萌芽,起源於文藝復興時期的義大利。「銀行」一詞英文為「Bank」,是由義大利文「Banca」演變而來的。在義大利文中,Banca 原意是指商品交易所用的「長凳和桌子」,後演變為英文「Bank」,原意是指存放錢財的櫃子,後來泛指專門從事貨幣借貸和辦理匯兌、結算業務的金融機構。

早期銀行業的產生與國際貿易的發展有著密切的聯繫。在14～15世紀的歐洲地中海沿岸各國,由於地理環境優越,社會生產力有較大發展,各國各地之間的商業往來逐漸擴大,特別是義大利的威尼斯、熱那亞等城市,商賈雲集,市場繁榮,車水馬龍,已成為當時著名的國際貿易中心。但由於當時社會的封建割據,貨幣制度混亂,各國商人所攜帶鑄幣的形狀、成色、重量各不相同,要順利進行商品交換,就必須把各自攜帶的各種貨幣進行兌換,於是,就出現了專門從事貨幣兌換並從中收取手續費的貨幣兌換商。

隨著異地商品交易的擴大和國際貿易的不斷發展,貨幣兌換和收付數量越來越大,來自各國和各地的客商們為了避免長途攜帶而產生的麻煩和風險,開始把自己的貨幣交存在專業貨幣兌換商處保管,使得貨幣兌換商在經營貨幣兌換的同

時，開始了貨幣保管業務，後又發展到委託貨幣兌換商辦理匯兌與支付業務。由於貨幣兌換和保管業務的不斷發展，貨幣兌換商借此集中了大量的貨幣資金。當貨幣兌換商的這些長期的大量的貨幣資金餘額相當穩定，可以發放貸款，獲取高額利息收入時，貨幣兌換商便開始進行發放貸款業務，收取高額的利息。貨幣兌換商由原來被動地接受客戶委託保管客戶貨幣轉變為主動地積極攬取貨幣保管業務，並且通過降低保管費用或不收保管費用的辦法來吸引客戶，後來又給予委託保管貨幣的客戶一定利益，貨幣保管業務便逐漸演變成貨幣存款業務。由此，貨幣兌換商開始從事信用活動，出現了商業銀行的萌芽。

早期銀行雖然已具備了銀行的本質特徵，但它還只是現代銀行的原始的低級的發展階段。因為早期的銀行業的生存基礎還不是社會化大生產的生產方式，早期銀行業的貸款對象主要是政府和封建貴族，其貸款帶有極其明顯的高利貸性質，且多偏向於非生產性用途，其提供的信用還不利於社會再生產過程。但早期銀行業的出現，完善了貨幣經營業務，孕育了信貸業務的萌芽。它演變成為現代商業銀行則是在17世紀後，而這種轉變還需要具備經濟發展過程中的某些特殊條件。

二、商業銀行的發展

現代商業銀行的最初形式是資本主義商業銀行，它是資本主義生產方式的產物。隨著生產力的發展，生產技術的進步，社會勞動分工的擴大，資本主義生產關係開始萌芽。一些手工場主和城市富商、銀行家一起形成新的階級——資產階級。由於封建主義銀行貸款具有高利貸的性質，嚴重阻礙著社會閒置資本向產業資本的轉化。而且早期銀行的貸款對象主要是政府、封建主等一批特權階層而不是工商企業，新興的資產階級工商企業無法得到足夠的信用支持，而資本主義生產方式產生與發展的一個重要前提是要有大量的為組織資本主義生產所必需的貨幣資本，因此，新興的資產階級迫切需要建立和發展資本主義商業銀行。資本主義商業銀行的產生，主要通過兩條途徑：

一是從舊的高利貸性質的銀行轉變而來。帶有高利貸性質的早期銀行的主要業務是處理有關貨幣技術性業務，如兌換、保管、結算、匯兌等，效率不高，工商企業難以獲得足夠的貸款資金，即使獲得貸款，也會因其高額的貸款利息而無利可圖。為適應社會化生產的需要，在17~18世紀，西方各國紛紛開展了反對高利貸的鬥爭，要求以法律的形式限制貸款利息水平，使生息資本從屬於商業資本和產業資本；同時，隨著資本主義的建立，高利貸性質的銀行逐漸適應了新的資本主義經濟條件，順應時代潮流，擴大信用功能，降低貸款利率，轉變為商業銀行。許多高利貸銀行主要通過這一途徑緩慢地轉化為資本主義商業銀行。

二是新興的資產階級按照資本主義原則，以股份公司形式組建而成現代商業銀行。大多數資本主義商業銀行是以這一途徑建立的。以這一途徑建立資本主義銀行的歷史過程，在最早建立資本主義制度的英國得到明顯體現。1694年，在政府的幫助下，英國建立了世界上第一家資本主義股份制的商業銀行——英格蘭

銀行。它的建立，標誌著資本主義現代銀行制度開始形成以及商業銀行的產生。新成立的英格蘭銀行實力雄厚，規模巨大，且以較低的利率向工商企業貸款，成了當時現代商業銀行的典範。在英格蘭銀行成立之後，歐洲其他資本主義國家也相繼以這種組建模式成立了商業銀行。從此，建立起了一個與社會經濟發展需要相適應的現代銀行體系。

現代商業銀行在商品經濟發展較快的國家和地區得到了快速的發展，但在不同國家和地區，商業銀行的名稱各不相同，如英國稱之為「存款銀行」「清算銀行」，美國稱之為「國民銀行」「州銀行」，日本稱之為「城市銀行」「地方銀行」等。

第二節　商業銀行的性質和職能

商業銀行與其他金融機構相比較，其歷史最悠久，業務最廣泛，在社會經濟發展過程中起著舉足輕重的作用，是現代金融制度最重要的組成部分，在各國金融體系中均占主體地位。

一、商業銀行的概念

商業銀行是一個以獲取利潤為經營目標，以多種金融負債籌集資金，以多種金融資產為經營對象，具有信用創造功能，為客戶提供綜合性服務的金融機構。《中華人民共和國商業銀行法》第二條規定：本法所稱的商業銀行是依照本法和《中華人民共和國公司法》設立的吸收公眾存款、發放貸款、辦理結算等業務的企業法人。

二、商業銀行的性質

從商業銀行的起源和發展過程看，商業銀行的性質表現為：

（一）商業銀行是企業

商業銀行具有一般工商企業的性質和特徵，主要表現在：①它是依法設立的企業法人，具有法人地位。②它有符合設立規定的自有資本。如在中國，設立全國性商業銀行的註冊資本最低限額為十億元人民幣；設立城市商業銀行的註冊資本最低限額為一億元人民幣；設立農村商業銀行的註冊資本最低限額為五千萬元人民幣。註冊資本應當是實繳資本。③實行獨立核算、自負盈虧、自主經營、公平競爭、照章納稅的經營原則。④以追求利潤最大化為經營目標。

（二）商業銀行是金融企業

商業銀行是企業，但它又有別於一般工商企業，其區別主要表現在：①商業銀行經營對象為金融資產和負債；②商業銀行經營的商品是特殊的商品——貨幣和貨幣資本；③商業銀行經營內容為貨幣收付、借貸以及各種與貨幣運動有關的或者與之聯繫的金融服務。

(三) 商業銀行是特殊的金融企業

商業銀行與其他金融機構相比較，有明顯的特徵：

(1) 業務範圍廣泛。其他金融機構只限於辦理某一方面或幾種特定的金融業務，業務經營具有明顯的局限性，而商業銀行的業務經營除了辦理存貸業務外，還辦理證券投資、結算業務、代理業務、諮詢業務、信託業務、租賃業務等，其業務有很強的廣泛性和綜合性。

(2) 具有信用創造功能。長期以來，商業銀行開展辦理活期存款業務，吸收活期存款，又通過發放貸款，在借款人不提取或不完全提取現金的情況下，創造出更多的派生存款。

(3) 商業銀行經營的業務和提供的服務範圍越來越廣，已延伸到社會經濟生活的每個方面，特別是在國民經濟中所起的作用，是其他金融機構無法比擬的。

三、商業銀行的職能

商業銀行的職能是由其性質決定的。商業銀行的主要職能有信用仲介、支付仲介、金融服務、信用創造等，並通過這些職能在國民經濟活動中發揮著重要作用。

(一) 信用仲介

信用仲介是指商業銀行通過負債業務，把社會上的各種閒散貨幣資金集中到銀行裡來，又通過資產業務把所集中的貨幣資金投放到社會經濟各部門，作為貨幣資金的貸出者與借入者的仲介人，來實現資金的融通。信用仲介職能是商業銀行最基本、最能反應其經營活動特徵的職能，這一職能的實質，是商業銀行一方面通過支付利息吸收存款，增加資金來源；另一方面又通過貸款或證券投資收取利息及投資收益，獲取利益收入，形成銀行利潤。商業銀行通過信用仲介的職能實現資本盈餘和短缺之間的融通，並不改變貨幣資本的所有權，改變的只是貨幣資本的使用權。

商業銀行通過信用仲介職能，可以對經濟活動起到多層次、多方面的調節轉化作用：一是將社會閒置的小額的貨幣資金集中起來，形成數量巨大的資本，擴大社會資本規模；二是將用於消費的貨幣資金轉變成為生產資本、商品資本、貨幣資本，在社會資本總量不變的前提下，提高資本使用效率，擴大社會生產和流通；三是將眾多的短期貨幣資本轉化為長期資本，用於滿足社會對長期資本的需要；四是在盈利性原則的前提下，還可以從低效益部門引導向高效益的部門轉移，從而優化經濟結構。

(二) 支付仲介

支付仲介職能是指商業銀行利用活期存款帳戶，為客戶辦理各種貨幣結算、貨幣收支、貨幣兌換和轉移存款等業務活動。支付仲介職能是商業銀行的傳統職能，通過發揮這一職能，商業銀行成為工商企業、團體和個人的貨幣保管者、出納者和支付代理人。以商業銀行為中心，形成經濟過程中無始無終的支付鏈條和

債權債務關係。

商業銀行的支付仲介職能在歷史上早於信用仲介職能。在最早出現的貨幣經營業中，主要是從事貨幣保管和辦理支付，而當貨幣積存數量不斷增加，形成穩定的餘額，為獲取盈利而發放貸款時，信用仲介職能才產生了。但當商業銀行的信用仲介形成後，其支付仲介職能的發揮就要以信用仲介職能的存在為前提，依賴於信用仲介職能的發展，因為只有客戶將資金存放到銀行的帳戶上，商業銀行才能辦理支付，兩者相互促進，共同發展。

商業銀行在發揮支付仲介職能的過程中，有著重要作用：一是商業銀行持續獲得比較穩定的廉價的資金來源，有利於降低資金成本；二是商業銀行廣泛使用非現金轉帳和支票收付服務，減少了現金的使用量和流通量，進而減少了現金的保管、鑄造、印刷、轉運等費用，大大地節約了社會流通費用，提高了生產資本的投入，促進了社會經濟的發展。

(三) 信用創造

信用創造職能是商業銀行的特殊職能，是商業銀行在信用仲介職能和支付仲介職能的基礎上，利用其可以吸收活期存款的有利條件，通過發放貸款、開展證券投資業務而派生出更多的存款，從而擴大社會貨幣供應量。

信用創造的原理：商業銀行通過吸收各種存款，並通過資金運用，將其所吸收的各種存款發放貸款，在支票流通和轉帳結算的基礎上，貸款又轉化為新的存款。在新的存款不提現或不完全提現的條件下，又可以用於發放新的貸款，貸款又形成新的存款，最後在整個商業銀行體系中，形成數倍於原始存款的派生存款。

(四) 金融服務

金融服務是商業銀行利用其在社會經濟活動中的特殊地位，以及在經營業務過程中所獲得的大量信息，運用電子計算機等先進的技術手段和工具，為客戶提供各種綜合性服務。主要金融服務有：代理收付款業務、代理發放工資、代理證券業務、諮詢顧問、信託租賃、現金管理、代客買賣貴金屬、金融衍生品等。商業銀行通過開展金融服務業務，不僅進一步促進商業銀行與社會的聯繫，提高市場佔有率，而且增加商業銀行的手續費和佣金等非利息收入，同時加快金融信息傳播，不斷開拓新的金融業務領域。在現代經濟生活中，金融服務已成為商業銀行的重要職能。

第三節　商業銀行的經營模式和組織形式

一、商業銀行的經營模式

由於各國工業化的時間和程度不同，以及各國商業銀行的產生條件存在差異，各國商業銀行在發展過程中形成了兩種不同的經營模式：

(一) 英國式傳統模式

這是以英國的商業銀行為代表的傳統模式。這一類商業銀行深受「商業性貸款理論」的影響和支配，其特點是：一是商業銀行的存款大多數是活期存款；二是商業銀行只發放短期的與商品週轉相關的或與生產物資相適應的自償性貸款；三是這類貸款用於生產和流通過程中的短期資金融通。所謂自償性貸款，是指隨著企業物資購進、生產、銷售而償還，並以「真實票據」為擔保的貸款，即一旦商業票據到期和企業商品生產和銷售完成，貸款就可以自動收回。其優點是：期限短，流動性強，物資保證性強。商業銀行既可以實現其貸款安全回收，又能獲取穩定的利潤。至今，英國和受英美傳統影響的一些國家的商業銀行基本上還遵循這種經營模式，但其缺點是銀行的業務發展受到限制。

(二) 德國式綜合模式

這是以德國商業銀行為代表的綜合模式。這一類商業銀行以全方位供應資金為經營方針，所經營業務為綜合性業務，其業務特點是：一是不僅發放短期商業貸款，提供生產週轉資金，而且提供長期的固定資產貸款；二是直接投資股票和債券，幫助公司包銷證券，參與企業決策與發展；三是為企業提供必要的財務支持和財務諮詢。這種綜合性模式，有利於商業銀行展開綜合性、全方位的業務經營活動，充分發揮商業銀行的經濟主導作用。至今，德國、瑞士、奧地利等少數國家仍採取這種模式，而且美國、日本等國的商業銀行也在向綜合模式轉化，但其缺點是銀行的經營風險較大。

二、商業銀行的組織形式

商業銀行在金融機構體系中處於主體地位，商業銀行的組織形式即商業銀行在社會經濟中的存在形式，受所在國政治、經濟、法律等多方面因素的影響，同時也受到國際金融發展的影響。各國商業銀行的組織形式各有其特徵，主要有四種形式：

(一) 單一銀行制

單一銀行制又稱單元銀行制，它是指商業銀行業務由一個獨立的商業銀行經營，不設立或不允許設立分支機構的一種組織形式。該銀行不受其他商業銀行控制，也不得控制其他商業銀行。

實行這種制度最為典型的國家是美國，這是由美國特殊的歷史背景和政治制度決定的。美國商業銀行分為在聯邦政府註冊的國民銀行和在州政府註冊的州銀行兩種。在1863年《國民銀行法》頒布之前，美國沒有聯邦註冊銀行，只有州註冊銀行，各州為了保護地方中小企業和中小銀行的利益，各州政府通過頒發銀行法，嚴格禁止本州銀行設立分支銀行，任何銀行都以單一的形式在一個限定地區經營。1863年的《國民銀行法》頒布後，則把這種單一銀行制法制化。《國民銀行法》規定，禁止國民銀行在任何地方、以任何形式設立分支銀行。這項規定既包括禁止國民銀行跨州建立分支銀行，也包括禁止國民銀行在本州建立分支銀行，形成了一種極為典型的美國的單一銀行制。其主要歷史原因有：一是美國實

行聯邦制，各州的獨立性較強，州與州之間的經濟發展水平又有很大的差距，為均衡發展經濟，反對各州之間的相互滲透，各州都通過州銀行法，禁止或限制銀行開設分支銀行，特別是禁止在其他州開設分支銀行；二是為了限制壟斷，鼓勵競爭。銀行的生命力在於競爭，只有在競爭中，一國的銀行體系才能提供靈活多樣的金融服務，才能不斷提高銀行的服務效率。

單一銀行制的主要優點有：①由於不允許或限制設立分支機構，使商業銀行業務規模的擴大受到制約，可以防止銀行業的過度集中和壟斷，有利於自由競爭；②由於單一銀行制只在本地區營業，有利於銀行與地方政府協調，有利於促進本地區經濟的發展，集中全力為本地區服務；③銀行具有更高的獨立性和自主性，業務經營較為靈活；④銀行管理層次少，有利於業務經營管理，有利於實現管理目標，有利於中央銀行的管理和控制。

單一銀行制也存在著缺點：①銀行規模較小，經營成本高，難以取得規模經濟效益；②銀行在資金籌集、資金運用上受到制約，且其業務又相對集中，風險較大；③單一銀行制與經濟的外向發展、商品交換範圍的不斷擴大存在矛盾，不利於銀行為社會經濟提供更多更好的服務；④在電子計算機等高新技術普遍應用的條件下，單一銀行的業務發展和金融創新受到限制，不利於銀行自身的發展。

現代經濟的發展不僅衝破了地區之間、國家之間的限制，而且促進了地區之間、國家之間的經濟往來。在這種情況下，美國從20世紀90年代初，就開始逐步放寬對商業銀行開設分支機構的限制。1994年9月美國頒布了《州際銀行法》，允許商業銀行跨州經營、跨州設立分支機構。但由於歷史的原因，至今美國部分商業銀行仍實行單一銀行制。

（二）分支銀行制

分支銀行制是指按法律規定，商業銀行在總行以外，可在本地或外地設立若干分支機構的一種銀行制度。分支銀行制又分為總行制和總管理處制。總行制是指總行既行使對分支機構進行管理和監督的職能，又辦理具體業務的銀行制度；總管理處制是指其總行只負責對分支機構進行管理監督，其本身不辦理具體業務的一種銀行制度。

實行分支銀行制最具代表性的是英國。英國是發生產業革命最早的國家，銀行業也隨之發展。1841年僅英格蘭地區的聯合股份制銀行就多達115家。1862年實行銀行公司法，允許大銀行兼併小銀行，導致英國銀行業第一次兼併浪潮，銀行總數銳減，分支機構劇增。到了1866年，商業銀行總數減少到400家，而分支機構卻猛增至1,226家，從此，英國的分支銀行制形成。20世紀60年代，在政府的默許下，英國再次掀起銀行的兼併浪潮，這次兼併使英國商業銀行最終減少為6家，而其分支機構截至1976年共有11,659家。進入20世紀90年代，歐元區銀行紛紛重組，英國雖不是歐元區國家，但也受到歐元區銀行重組的影響。經過一系列重組，一些銀行已成為世界最大銀行之一，特別是英國匯豐銀行，是一家譽滿全球的國際老牌銀行，其分支機構遍布包括中國在內的世界各地，總部設於倫敦，在歐洲、亞太地區、美洲、中東及非洲82個國家和地區擁

有約10,000個附屬機構。匯豐銀行分別在倫敦、香港、紐約、巴黎及百慕大等證券交易所上市，全球股東約有200,000個，分佈於100多個國家和地區。通過以先進科技連接的國際網路，以及快速發展的電子商務能力，匯豐銀行為客戶提供廣泛的銀行及金融服務：個人金融服務、工商企業金融業務、投資銀行、資本市場以及其他業務。

分支銀行制的優點，主要表現為：①銀行資本雄厚，規模巨大，易於取得規模效益，提高銀行盈利水平；②分支機構眾多，業務經營廣泛，有利於分散風險，提高銀行的安全性；③營業網路龐大，易於採用現代化設備，提高金融服務水平；④銀行總行數量少，便於金融當局進行宏觀管理，提高管理水平。

分支銀行制也存在缺點，主要表現為：①容易形成壟斷和集中，不利於中小銀行的存在與發展；②銀行規模大，機構龐大，不利於銀行內部管理，管理難度增大；③銀行內部層次多，不利於上級行和下級行之間相互瞭解情況，使之在做出決策和執行決策時會出現一定的偏差，面臨操作風險。

目前，世界上大多數國家都採用分支銀行制，中國商業銀行也採用分支銀行制。中國商業銀行的組織機構法規定：中國商業銀行採取的是總分行制，即法律允許商業銀行在全國範圍或一定區域內設立分支行。採用總分行制的商業銀行，對外是一個獨立法人，一律不得設置具有獨立法人資格的分支行。分支行之間不應有相互存貸的市場交易行為，不能變成多級法人制的銀行集團。

儘管分支銀行制存在著缺陷，但它對於提高銀行的盈利性、流動性和安全性有著其他銀行制組織形式無法比擬的優勢。隨著世界經濟的全球化，必然導致國際資本流動的全球化，商業銀行的全球化和國際化也就成為必然趨勢，分支銀行制組織形式也開始國際化，也有在全球普及的趨勢。

（三）銀行持股公司制

銀行持股公司制也稱為集團銀行制，是指由一個集團成立股權公司，再由該公司控制或收購兩家以上的銀行而組建的一種特殊的銀行制度。在法律上這些銀行是獨立的，但其業務與經營政策統一由同一股權公司控制。持股公司對銀行的有效控制，是指能控制一家銀行25%以上的投票權。這種持股公司在集團內部可以實行單一銀行制，也可以實行分支銀行制，因而可以迴避限制開設分行的法律規定，這樣既不損害單一銀行制的總格局，又能實行分支銀行制。

持股公司制的商業銀行組織形式在美國最為流行，發展也非常迅速，它是1933—1975年美國嚴格控制銀行跨州經營時期，立法方面和商業銀行之間「管制—逃避—再管制」鬥爭的結果。到1990年，美國的銀行持股公司控制了8,700家銀行，占該行業總資產的94%。銀行持股公司使得銀行更便利地從資本市場籌集資金，並通過關聯交易獲得稅收上的好處，也能夠規避政府對跨州經營銀行業務的限制。

銀行持股公司制有兩種類型，一種是非銀行持股公司，一種是銀行持股公司。前者是由主要業務不在銀行方面的大企業擁有某一銀行股份組織起來的；後者是由一家大銀行組織一個持股公司，其他小銀行從屬於這家大銀行。其優點主

要表現為：①持股公司使設施集中化，可以節約費用開支；②持股公司能擴大資本總量，增加銀行自身實力，提高競爭能力和風險抵禦能力；③持股公司的股票更為暢銷，可以降低資本成本。但這種制度也存在著不足：容易造成壟斷和集中，不利於開展競爭，阻礙銀行業的發展。

（四）連鎖銀行制

連鎖銀行制又稱為聯合銀行制，是指由同一個人或集團控制兩家或兩家以上的銀行的銀行制度。其特點是由某一個人或某一集團購買若干獨立銀行的多數股票，這些銀行在法律上是獨立的，也沒有股權公司的形式存在，但其所有權掌握在某一個人或某一集團手中，其業務和經營政策均由某一個人或某一個集團控制。這種銀行機構往往是圍繞一個地區或一個州的大銀行組織起來的。幾個銀行的董事會由一批人組成，以這種組織中的大銀行為中心，形成集團內部的各種聯合。它與銀行持股公司制一樣，都是為了彌補單一銀行制的不足、規避對設立分支行的法律限制而實行的。但連鎖銀行與控股公司相比，由於受個人或某一集團的控制，因而不易獲得銀行所需要的大量資本，因此許多連鎖銀行相繼轉為銀行分支機構或組成持股公司。

第四節　商業銀行的經營原則

商業銀行作為一個特殊的金融企業，具有一般企業的基本特徵，即追求利潤的最大化。儘管各國商業銀行在制度上存在一定的差異，但是在業務經營上，各國商業銀行通常都遵循盈利性、流動性和安全性原則。

一、盈利性原則

盈利性原則是指商業銀行在經營活動中，力求以最小的營運成本實現利潤最大化而必須遵循的工作準則。這是由商業銀行的性質決定的，是商業銀行經營信貸業務的首要原則，是商業銀行積極進取，努力開展業務，提高服務質量的內在動力，是評價商業銀行經營水平的核心指標。實現利潤最大化是商業銀行充實資本、擴大規模、增強實力、提高競爭力的基礎，也是商業銀行全體股東最終利益的體現。

商業銀行的盈利是商業銀行營業收入與營業支出的淨差額，即：

商業銀行的盈利＝商業銀行營業收入－商業銀行營業支出

商業銀行的營業收入：①貸款利息收入；②投資收入，包括股息、紅利、債息、出售有價證券的價格淨差額；③服務收入，包括各種手續費及佣金。

商業銀行的營業支出：①吸收存款所支付的利息；②借入資金所支付的利息；③貸款和投資的損失包括貸款壞帳、投資於有價證券的資本損失；④雇員工資、業務辦公費用、稅金等。

根據商業銀行營業收入和營業支出的主要內容，影響商業銀行盈利性指標的

因素主要有存貸款規模、資產結構、自有資金比例和資金自給率水平以及資金管理體制和經營效率等。商業銀行盈利的多少取決於資產收益、服務收入、營業成本等因素：

（1）資產收益是商業銀行盈利的主要來源。提高資產收益的主要方法有：一是在利率不變的情況下增加負債，擴大資產規模；二是合理安排資產結構，在保證資產流動性的前提下，增加貸款、證券投資等營利性資產的比重，減少現金資產等非營利性資產的比重。

（2）商業銀行的金融服務收入是指資產收益以外的手續費和佣金等其他收入。它主要由商業銀行向客戶提供全面、優質的服務獲得，即商業銀行不動用自身的資金而是利用其機構、信息、技術、信譽等優勢，為客戶代理承辦支付和其他委託事項，並據以收取手續費和佣金的一種收入，也是增加商業銀行收入的重要途徑。

（3）降低營運成本是提高商業銀行盈利的手段之一。降低營運成本的主要途徑主要有：一是降低資金成本，廣開財源，吸收更多的存款；二是提高貸款和投資的質量，做到貸款安全、投資準確，減少貸款和投資的損失；三是提高銀行的經營管理水平，加強內部經濟核算，節約管理費用開支。

二、流動性原則

流動性是指商業銀行能夠隨時應付客戶提現和滿足客戶借貸的能力要求而應恪守的工作原則。

流動性主要包括資產的流動性和負債的流動性。資產的流動性是指銀行資產在不受損失的前提下隨時變現的能力。負債的流動性是指銀行能經常以合理的成本吸收各種存款和其他所需資金。通常我們所指的流動性是資產的流動性，即資產的變現能力。衡量資產流動性的標準有：一是資產變現的成本，即資產變現的成本越低，則其資產的流動性越強；二是資產變現的速度，即資產的變現速度越快，越容易變現，則其資產的流動性越強。

影響商業銀行流動性的主要因素有：客戶的平均存款規模、資金的自給水平、清算資金的變化規律、貸款經營方針、銀行資產質量以及資金管理體制等。商業銀行的流動性是實現安全性和盈利性的重要保證，作為特殊的金融企業，商業銀行保持適當的流動性是非常必要的。

商業銀行要保持足夠的流動性，要滿足客戶提現存款等方面的要求，因此商業銀行在安排資金運用時，一方面要求使資產具有較高的流動性，另一方面必須通過負債途徑，力求負債業務結構合理，並保持較強的融資能力。

商業銀行的現金資產是流動性最強的資產，主要包括庫存現金、存放在中央銀行的存款準備金、同業存款、在途資金等。商業銀行為預防客戶隨時提現，故要準備一定數量的現金，它是商業銀行流動性最強的資產，故稱為資產一級準備。

商業銀行的現金資產雖然是流動性最強的資產，但是它是非營利性資產。這

種非營利性資產是和商業銀行的盈利性原則相悖的，因為商業銀行是將貨幣作為資本使用的，而不只是把貨幣作為貨幣來使用。為解決這一矛盾，使商業銀行的資產既保持流動性，又保證盈利性，資產的二級準備就應運而生。

所謂資產二級準備，是指既能保持一定盈利能力，又能隨時或在短期內變現的資產，主要包括國庫券、短期票據、短期貸款等。作為資產的二級準備，流動性是第一需要，盈利性是第二需要，這是保持商業銀行支付能力的一種常用的方法。

現代商業銀行的流動性原則不僅僅局限於銀行的資產業務，而是已經擴展到銀行的負債業務。商業銀行為了預防客戶隨時提現所做的準備，無論是資產的一級準備，還是資產的二級準備，都會影響到商業銀行的盈利性。商業銀行為了保持足夠的流動性，保證一定的盈利性，已越來越注重從負債方面來提高其整體經營的流動性，即保持足夠的資金來源使商業銀行能應付提現和支付的需要。商業銀行保證負債流動性的主要措施有：①向中央銀行借款；②向中央銀行再貼現；③發行大額可轉讓定期存單；④同業拆借；⑤向國際金融市場借款；⑥利用回購協議等。

三、安全性原則

安全性原則是指為使銀行的資產、收益、信譽以及所有經營生存發展的條件免遭損失而執行的工作準則。安全性的對立面就是風險性，商業銀行經營的安全性就是盡可能地避免和減少風險。

商業銀行在經營過程中，要面臨和承擔一定的風險，主要的風險有：

(一) 負債風險

負債風險是指商業銀行在經營存款、發行證券等負債業務時所承擔的風險。負債風險是由商業銀行的資金構成的特殊性質決定的，因為商業銀行與一般工商企業不同，它主要是依靠負債經營，即商業銀行全部資金中的大部分是客戶的資金，而自有資本只占全部資本的10%左右。如果客戶提現要求得不到滿足，就會發生擠兌風潮，將導致商業銀行出現財務困難，甚至倒閉破產。

(二) 信用風險

信用風險是借款人不能按約定的貸款期限歸還貸款而影響商業銀行資金正常週轉所造成的風險。這種風險將導致商業銀行產生大量貸款呆帳、壞帳，嚴重影響商業銀行的貸款資產質量，過度的信貸風險可導致商業銀行危機。

(三) 政治風險

政治風險是指因政治體制、經濟時局的突變，致使工商企業不能正常經營，影響企業經營管理，造成債務鏈條斷裂，商業銀行投入工商企業的資金不能回流，給商業銀行營運帶來的風險。

(四) 利率風險

利率風險是指由於市場利率波動造成商業銀行持有的資產的資本損失和對銀行收支的淨差額產生影響的金融風險。這種風險因市場利率的不確定性而使商業

銀行的盈利或內在價值和預期不一致。

商業銀行要保證資產的安全性，必須做到以下幾點：

（1）合理安排資產規模與結構，注重資產質量，通過保持一定比例的現金資產和持有一定比例的優質有價證券來改善商業銀行的資產結構，提高商業銀行的抗風險能力。

（2）合理安排資產內部的結構和期限結構，並與負債的規模和期限結構保持合理比例，保持資產與負債規模與期限結構相對應，防止超負荷經營，造成資金週轉短缺，資金週轉不暢。

（3）提高自有資本在全部負債中的比重，並隨業務規模的擴大和盈利水平的提高而不斷補充，以增強商業銀行自身的經濟實力，提高商業銀行信用地位，保證商業銀行有足夠的清償能力從而防範和抵禦各方面的風險。

（4）認真領會國家的經濟政策和中央銀行的金融政策，遵守有關規章制度，做好對項目的可行性研究評估，做好對客戶的道德品格、資本實力、還款能力、擔保方式和環境條件等的信用分析，確保貸款安全回收。

商業銀行的「三性」原則既相互統一，又相互矛盾。其表現是：在相互統一上，流動性是商業銀行正常經營的前提條件，是商業銀行資產安全性的重要保證；安全性是商業銀行穩健經營的重要原則，離開安全性，商業銀行的盈利性也就無從談起；盈利性原則是商業銀行的最終目標，保持盈利是維持商業銀行流動性和保證銀行安全性的重要基礎。在相互矛盾上，①商業銀行的安全性與流動性之間呈現正相關。流動性較大的資產，風險就小，安全性也就高。②商業銀行的盈利性與安全性和流動性之間呈反方向變動。盈利性較高的資產，由於時間一般較長，風險相對較高，因此其流動性和安全性就比較差。

遵循商業銀行經營管理的三個原則，必須協調好三方面的關係。商業銀行經營管理是一個權衡利害、趨利避害的過程，在決策時應該堅持盈利性和安全性權衡的原則。首先，安全性是商業銀行經營的客觀要求。其次，安全性與盈利性是一對矛盾。商業銀行經營管理的原則是保證信貸資金流動性、安全性和盈利性的有機統一。

第五節　中國商業銀行的產生和發展

一、中國古代的銀行

與西方的商業銀行相比，中國的銀行則產生較晚，最早可追溯到 7~10 世紀。關於中國銀行業的記載，較早的是南北朝時的寺廟典當業。唐代已經出現了辦理金融業務的獨立機構，但經營範圍比較單一，如出現了類似匯票的「飛錢」，這是中國最早的匯兌業務。北宋真宗時期，由四川富商發行的交子，成為中國早期的紙幣。明清時期，當鋪是中國主要的信用機構。明末，一些較大的經營銀錢兌換業的錢鋪發展成為錢莊。錢莊產生的初期，除兌換銀錢外，還從事貸

放，到了清代，才逐漸開辦存款、匯兌業務，但最終在清政府的限制和外國銀行的壓迫下，走向衰落。這類封建化組織管理形式的金融機構，都是獨資或合資的，很少有分支機構，資金力量薄弱，管理水平低，業務範圍小，與股份制銀行相比，在業務經營和管理方式等方面有著很大的差別。

二、中國近代的商業銀行

中國近代銀行業是在 19 世紀中葉外國資本主義銀行入侵之後才興起的。1845 年英國人在上海設立東方銀行，這是在中國出現的第一家現代商業銀行，其後各資本主義國家紛紛來華設立銀行。在華外國銀行雖給中國國民經濟帶來了巨大破壞，但在客觀上也對中國銀行業的發展起了一定的刺激作用。

清政府為了擺脫外國銀行控制和基於財政管理的需要，於 1897 年在上海成立了中國通商銀行，這是中國自辦的第一家現代商業銀行，標志著中國現代銀行的產生。1904 年中國成立了官商合辦的戶部銀行，1908 年改稱為大清銀行，1912 年又改稱為中國銀行。1907 年又成立了官商合辦的交通銀行。此外，一些股份制集資銀行和私人獨資的民族資本商業銀行也陸續建立並有所發展。

1911 年辛亥革命以後，中國的銀行業有了進一步發展。但是，由於中國的資本主義商品經濟不發達和帝國主義的侵略，中國的銀行業畸形發展。在國民黨統治的後期，建立了以中央銀行、中國銀行、交通銀行、中國農民銀行以及中央信託局、中央合作金庫「四行一局一庫」為主的官僚資本金融壟斷體系，控制了國民經濟的命脈。

三、中國計劃經濟時期的國家銀行

在新中國誕生的前夜，經黨中央批准，華北人民政府頒布布告，從 1948 年 12 月 1 日起，將原晉察冀邊區和晉冀魯豫邊區的華北銀行、晉綏邊區的西北農民銀行、山東省人民政府的北海銀行合併為中國人民銀行。

1949 年以後，中國人民銀行接管了國民黨的中央銀行、中國銀行、交通銀行、中國農民銀行以及中央信託局、中央合作金庫「四行一局一庫」，在沒收官僚資本銀行的基礎上，結合改組各革命根據地的銀行，在中國人民銀行的領導下，將原來的官僚資本銀行改組為新的中國銀行、交通銀行和農業合作銀行。以後，又新建和改組了中國人民建設銀行、中國農業銀行、中國投資銀行、中國工商銀行等。1953—1955 年，經過清產核資、調整業務和實行儲蓄專業化、公私合營銀行的機構和業務並入中國人民銀行，從而建立了新的集中統一的金融體制。

從 1953 年開始建立了集中統一的綜合信貸計劃管理體制，即全國的信貸資金，不論是資金來源還是資金運用，都由中國人民銀行總行統一掌握，實行「統存統貸」的管理辦法，銀行信貸計劃納入國家經濟計劃，成為國家管理經濟的重要手段。高度集中的國家銀行體制，為大規模的經濟建設進行全面的金融監督和服務。

中國人民銀行擔負著組織和調節貨幣流通的職能，統一經營各項信貸業務，在國家計劃實施中具有綜合反應和貨幣監督功能。銀行對國有企業提供超定額流動資金貸款、季節性貸款和少量的大修理貸款，對城鄉集體經濟、個體經濟和私營經濟提供部分生產流動資金貸款，對農村中的貧困農民提供生產貸款、口糧貸款和其他生活貸款。這種長期資金歸財政、短期資金歸銀行，無償資金歸財政、有償資金歸銀行，定額資金歸財政、超定額資金歸銀行的體制，一直延續到1978年，其間雖有幾次小的變動，但基本格局變化不大。

四、中國改革開放後的商業銀行

20世紀80年代以來，中國實行改革開放政策，為金融業的發展注入了強大的生機與活力。從重建金融體系、實現金融宏觀調控到全面展開金融部門的市場化改革，中國的金融改革走過了一條不平凡的發展之路。伴隨著整體金融體制改革發展的步伐，中國商業銀行業從無到有，不斷壯大和規範，譜寫著生機勃勃的改革篇章。

（1）組建專業銀行，標誌著中國商業銀行體系雛形的出現。20世紀80年代初期，中國人民銀行「一統天下」、中央銀行與商業銀行「不分彼此」的格局被打破，形成了由中國銀行、中國建設銀行、中國工商銀行和中國農業銀行四大行組成的專業銀行體系，這是中國商業銀行體系的最初形態。

（2）改造商業銀行，專業銀行逐步成為國有獨資商業銀行。改革初期，中國沒有「商業銀行」這一概念。80年代中後期，整個國民經濟發展和經濟體制改革對銀行業和金融業提出了更高的要求，專業銀行運作中存在的不少弊端也逐漸暴露，中國開始考慮建立體制較新、業務較全、範圍較廣、功能較多的銀行，從而出現了「綜合性銀行」的提法和「銀行企業化」口號。而真正形成商業銀行的概念，把商業銀行作為一種分類標準、作為一種體制選擇、作為一個行業來對待則是在90年代初期。大約從1994年前後開始，在中國的銀行體系中不再有「專業銀行」這一類別，在中國的銀行體系中起絕對支撐作用的工、農、中、建被改造為國有獨資商業銀行。

（3）設立新型商業銀行，豐富和完善商業銀行體系。1987年國家重新恢復了交通銀行，招商銀行等一批新型商業銀行隨即產生，到目前為止，已先後設立了10家新型的全國性商業銀行，包括交通銀行、招商銀行、中信銀行、中國光大銀行、華夏銀行、中國民生銀行、廣東發展銀行、深圳發展銀行、福建興業銀行、上海浦東發展銀行等。十多年來，這些股份制商業銀行迅速發展壯大，現在這10家銀行的總資產已占全國商業銀行總資產的1/10以上。

（4）組建政策性銀行，分離商業性和政策性銀行職能。從1993年開始，中國先後組建了國家開發銀行、中國進出口銀行和中國農業發展銀行三家政策性銀行，從而實現了在金融體系內，商業性金融與政策性金融職能的分離，掃除了工、農、中建四大專業銀行向商業銀行方向改革的最大障礙。

（5）實行資產負債比例管理制度。從1993年開始，在交通銀行試點進行資

金營運制度的改革，導入資產負債比例管理制度，到 1995 年在各大商業銀行全面推廣該制度，從而按《巴塞爾協議》的要求建立了商業銀行穩健、有效運作的制度規範。

（6）突破了地方不能辦銀行的限制，全國各地大中城市分兩步組建了近百家地方性商業銀行。從 1995 年開始，中國先後將分散的眾多城市信用社改組、合併成城市合作銀行，繼而在 1997 年之後全部改稱為「某某市商業銀行」。這些銀行基本上是由地方政府（通過財政渠道）掌握一部分股權加以控制的。另外還有 2 家住房儲蓄銀行（即菸臺住房儲蓄銀行、蚌埠住房儲蓄銀行）和約 4,500 家城鄉信用社。

（7）取消對商業銀行的信貸規模控制。從 1998 年 1 月 1 日開始，全面取消商業銀行的信貸規模控制。中央銀行對商業銀行的貸款增加量，從必須執行的指令性計劃改為「供參考」的指導性計劃。這既是中央銀行宏觀調控制度與調控方法的重大改革，也是商業銀行按照自主經營、自求平衡、自負盈虧、自我約束要求進行新體制運行的必備條件。

（8）初步建立了能與國際慣例接軌的商業銀行風險控制機制。資產質量問題是任何體制下商業銀行改革與發展的重心，防範和化解金融風險又是中國商業銀行進入 90 年代以後面臨的迫切任務。從 1998 年開始，中國改變傳統的信貸資產按時間分類的辦法，改按國際通行的五級分類制。同時，從更謹慎的原則出發，改革了商業銀行呆帳準備金的提取制度。

（9）強化了商業銀行資本金補充制度。工、農、中、建四大國有獨資商業銀行的資本充足率長期低於 8%，這是中國銀行業既要快速又要穩健發展面臨的一個大難題。1998 年 8 月中旬，國家財政部定向發行 2,700 億元特別國債，補充四大銀行的資本金，使其資本充足率達到國際通行的標準。其他商業銀行也都通過投資者增加註資、定期擴股增資等辦法來解決其資本充足率問題。

（10）積極推進商業銀行上市步伐。自 1991 年深圳發展銀行上市以來，銀行上市一直受到嚴格限制，直至 1999 年末，上海浦東發展銀行成為政策解凍後的第一家上市商業銀行。2000 年，中國人民銀行明確表示支持商業銀行進行股份制改造和股票的發行上市，至於國有獨資商業銀行，可以進行國家控股的改造，具備條件的也可以上市。自此，中國商業銀行業掀起了一股上市的浪潮。繼中國民生銀行掛牌上市之後，招商、交通、光大、華夏、中信和興業等新型商業銀行都積極做上市準備工作，目前大都已經成功發行上市。綜上所述，經過三十年的改革發展，中國在建立中央銀行制度的同時，通過「存量改革」和「增量導入」兩條途徑，打破了「大一統」的銀行組織體系，實現了中國銀行業由壟斷走向競爭、由單一走向多元、由封閉走向開放、由功能狹窄走向健全完善的轉變，建立起了以中國人民銀行為中央銀行，以國有獨資商業銀行為主體，以股份制商業銀行為生長點，中資和外資商業銀行並存發展的統一開放、有序競爭的銀行組織體系。中國銀行業朝著規範化的商業銀行的國際標準靠攏，銀行業的綜合實力和競爭能力得到不斷提高。

五、中國加入 WTO 後的商業銀行

2001 年 11 月 10 日,世界貿易組織第四屆部長級會議在卡塔爾首都多哈以全體協商一致的方式,審議並通過了中國加入世貿組織的決定。在中國政府代表簽署中國加入世貿組織議定書,並向世貿組織秘書處遞交中國加入世貿組織批准書 30 天後,中國正式成為世貿組織成員,成為其第 143 個成員。

WTO 是世貿組織的英文簡稱,是一個獨立於聯合國的永久性國際組織,1995 年 1 月 1 日起正式開始運作,負責管理世界經濟和貿易秩序,總部設在瑞士日內瓦萊蒙湖畔。世貿組織是具有法人地位的國際組織,在調解成員貿易爭端方面具有很高的權威性。

WTO 適用的基本原則由若干規則及規則例外所組成:

(一) 最惠國待遇原則

最惠國待遇是指締約一方現在和將來給予任何第三方的優惠,也給予所有締約方。在國際貿易中,最惠國待遇是指簽訂雙邊或多邊貿易協議的一方在貿易、關稅、航運、公民法律地位等方面,給予任何第三方的減讓、特權、優惠或豁免時,締約另一方或其他締約方也可以得到相同的待遇。最惠國待遇分為無條件最惠國待遇、無限制最惠國待遇、有限制最惠國待遇及非互惠最惠國待遇。

(二) 國民待遇原則

國民待遇原則又稱平等待遇,是指一個國家給予在其國境內的外國公民、企業和商船在民事權利方面與其國內公民、企業、商船一樣享有同等的待遇,即專指外國自然人、法人、商船等在民商事方面而非政治方面的待遇。

(三) 互惠原則

WTO 管轄的協議是以權利與義務的綜合平衡為原則的,這種平衡是通過互惠互利的開放市場的承諾而獲得的。互惠互利是多邊貿易談判也是建立 WTO 共同的行為規範、準則過程中的基本要求。互惠原則的例外主要體現在對發展中國家的成員方給予差別優惠待遇,而非對等待遇。

(四) 貿易自由化原則

貿易自由化原則從本質上說,就是限制和取消一切妨礙和阻止國際貿易開展與進行的所有障礙,包括法律、法規、政策和措施等。其目的在於提高生活水平,保證充分就業,保證實際收入和有效需求的巨大、持續增長,擴大世界資源的充分利用以及發展商品的生產和交換。

貿易自由化原則是通過削減關稅、弱化關稅壁壘以及取消和限制形形色色的非關稅壁壘措施來實現的。

(五) 透明度原則

貿易自動化和穩定性是 WTO 的主要宗旨,而實現這一宗旨,有賴於增強貿易規章和政策措施的透明度。因此,WTO 為各締約方的貿易法律、規章、政策、決策和裁決規定了必須公開的透明度原則。其目的在於防止締約方之間進行不公平的貿易。透明度原則已經成為各締約方在貨物貿易、技術貿易和服務貿易中應

遵守的一項基本原則，它涉及貿易的所有領域。

（六）無歧視待遇原則

無歧視待遇原則又叫無差別待遇原則，是 WTO 最重要的原則之一。它規定締約方一方在實施某種限制或禁止措施時，不得對其他締約方實施歧視待遇。無歧視待遇的原則要求每個締約方在任何貿易活動中，都要給予其他締約方以平等待遇，使所有締約方能在同樣的條件下進行貿易。

（七）協商與協商一致原則

協商與協商一致原則是 WTO 及其法律制度的一項基本準則，協商與協商一致是 WTO 解決爭端的基本方法。協商，包括爭端當事方之間的雙邊協商和締約方全體主持下的多邊協商，是 WTO 各項爭端解決程序的首要方法。

中國加入世貿組織後，中國的金融業開放應服從於《服務貿易總協定》的六項基本原則和金融服務協議。新的金融服務協議對金融市場等開放提出了更具體的要求。該協議旨在消除各國長期存在的銀行、保險和證券業的貿易壁壘，確立多邊的、統一開放的規則和政策。新的金融服務協議對金融市場等開放提出了更具體的要求，包括：各締約方同意對外開放銀行、保險、證券和金融信息市場；允許外國在國內建立金融服務公司並按競爭原則運行；外國公司享受同國內公司同等的進入市場的權利；取消跨境服務的限制；允許外國資本在投資項目中的比例超過 50%。加入 WTO 後，美資銀行可立即向外國客戶提供所有外匯業務。加入 WTO 1 年後，美國銀行可向中國客戶提供外匯業務，中美合資的銀行將立即獲準經營，外國獨資銀行將在 5 年內獲準經營，外資銀行在 2 年內將獲準經營人民幣業務，在 5 年內經營金融零售業務。

中國加入 WTO 後對金融業既帶來機遇，又帶來挑戰，主要表現在：

（一）WTO 給金融業帶來的機遇

（1）引入國外競爭，有利於商業銀行體系的完善。一是外資銀行的進入為國內銀行提供參照體系和競爭對象，將促進國內銀行加快改革、提高管理水平；二是外資銀行在技術、金融創新上處於領先地位，可以起到示範、激勵和交流的作用，從而推動中國銀行業技術改進和金融創新的進程；三是外資銀行先進的管理理念和運行方式對提高國內銀行的經營管理水平具有重要的借鑑意義；四是國內外銀行業間的人才競爭和交流也有利於提高中國銀行從業人員的素質。

（2）世貿組織的互惠原則有利於國內銀行業拓展海外業務，增設海外分支機構，以占據競爭的有利地勢。入世後，中國銀行業到海外拓展業務將主要受自身經營狀況和東道國金融監管條例的限制，而較少受到市場准入方面的限制，這就有利於國內經營狀況良好的商業銀行在國際金融市場上爭取更廣闊的發展空間，在國際競爭中促進業務發展、人才成長和技術進步。

（3）有助於推動金融運行和金融監管向國際標準靠攏。今後，中國銀行業必然要遵循國際銀行業經營管理的統一規則，接受以巴塞爾協議為準繩的國際銀行業監管原則、標準和方法。這將促進中國銀行業全面加強風險管理，完善內部控制制度，改進信息披露制度，並推進監管的規範化、全程化，保證監管的持續

性和有效性。既有利於規範銀行業的經營管理，又有助於形成統一規範、客觀公正的金融監管體系，改善商業銀行經營環境。

(二) WTO 給金融業帶來的挑戰

(1) 我們必須加快金融改革的步伐，迅速為開放金融市場做好準備。外資銀行將在中國加入 WTO 一年後，獲準為中國客戶提供外匯業務，兩年後可為企業商務活動提供人民幣業務，而五年後可為中國個人提供金融服務。中國人民銀行將逐步取消外資銀行營業性分支機構地域限制，從現在的上海、北京、天津、深圳等 23 個城市擴大到所有中心城市，同時正式批准美國花旗銀行深圳分行、日本東京銀行深圳分行經營人民幣業務。

(2) 在金融領域全面引入國際競爭，將使中國金融業面臨世界開放市場的競爭和挑戰，受到一定的衝擊。主要表現為國內一些不具備競爭優勢的金融企業，在全方位的國際競爭中必須經歷一個痛苦的調整、轉換和再生的過程，並有可能使國民經濟在一定時期內出現一定程度的困難局面。將使民族金融業在業務、人才、管理以及監管等方面面臨直接衝擊。由於中國金融業長期處於高度的政策壁壘下，對於加入 WTO 後高度的市場競爭形勢需要有個適應過程。國內許多銀行業人士，對於對外開放金融業務反應強烈，認為在五年內徹底開放金融業，時間是十分緊迫的。其主要原因：一是國內金融業存在資本充足率普遍不足的情況，補充資本金不是短時間內能完成的；二是國內銀行不良貸款在五年內難以清除。現已有計劃將這部分債務以折價或證券化的方式出售，但此過程也許將需花上數年甚至更長。因此，重建我們脆弱的銀行系統，是國家允許外國金融機構完全進入本國市場，而不致引發國內金融危機的重要先決條件。

中國銀行業在開放後要參與國際金融競爭，主要應做好的工作有：

(1) 銀行業要加強風險控制，提高資產質量。隨著金融機制改革步伐的加快，地方金融機構的經營風險逐步暴露，加上受社會經濟環境的影響，地方金融機構的經營日趨嚴峻。資產質量是商業銀行的生命線，控制風險是確保業務穩健發展的前提。隨著開放程度的加深，銀行經營將暴露在更多的國際、國內的不確定因素之中，承受更多的風險。所以要正確地判斷和評估風險，加強靜態、動態和國別分析，完善控制和化解風險的手段，從而確保資產質量，增強參與國際競爭的能力。

(2) 增加銀行資本金或對銀行進行重組，改進銀行經營管理方法，並建立適當的法治和規範框架。過快開放金融業的風險在於外資實力可能大大超過國內金融體系，我們應該充分吸取亞洲金融危機的教訓：在金融業自由化前，必須對金融系統嚴格規範，商業銀行必須獲得資本金注入及完善經營管理。

(3) 銀行業須按照現代企業制度的基本框架改進和完善經營管理體制，探索社會主義市場經濟環境下的現代商業銀行發展道路。要根據市場條件變化趨勢和國際銀行業的發展方向，調整經營管理理念和銀行發展戰略，以使銀行業在世界經濟、金融一體化進程中保持長期穩健發展。

(4) 加強經營管理技術和金融產品創新，促進業務發展。提高人力資源管

理水平，以占據人才競爭的優勢。人才是銀行的無形資產，是競爭的關鍵。要系統、科學地加以經營管理，建立良好的激勵、福利、教育培訓機制，並加強企業文化建設以增強凝聚力、歸屬感，從而吸引人才、穩定人才。積極發展國內外銀行間良好的合作關係。國內銀行業之間，要以共同的民族歸屬感為歸依，加強理解與協作，建立適度、有序的競爭關係，確保民族銀行業的市場份額持續、健康發展。

（5）面對外資銀行，在戰略上高度重視，還要積極地瞭解、學習其所長，並與之建立良好的合作關係。國內銀行業和外資銀行業各有所長，除了競爭外，還存在相互補充、合作的機會。我們有廣泛的國內網路、熟悉國情、人民幣業務根基紮實，具有較強的優勢來與外資銀行聯合開展銀團貸款、項目融資等業務，合作前景廣闊。

第六節　商業銀行的發展趨勢

隨著國際經濟環境的不斷變化，經濟全球化浪潮已經到來，以信息技術為核心的高科技迅猛發展，促使商業銀行的經營管理發生了根本性的變革，商業銀行經營管理出現了嶄新的發展，其發展趨勢主要表現為：業務全能化、資本集中化、流程電子化、機構全球化。現對其發展趨勢進行詳細的綜述。

一、業務的全能化

從20世紀70年代初開始，銀行業競爭十分激烈，金融工具不斷創新，金融管理制度逐漸放鬆，銀行突破了與其他金融機構業務分工的界限，出現了混業經營的局面，走上了業務經營全能化的道路。其主要原因有：①商業銀行存款結構發生了變化：在存款中，定期存款和儲蓄存款比重有所上升，這一變化為商業銀行發放中長期貸款以及進行證券投資提供了穩定的資金來源。②由於商業銀行競爭加劇，金融管制的放鬆，不僅使得商業銀行開拓新業務成為必要，而且使得商業銀行開拓新業務有了可能。③西方商業銀行的經營管理理論經歷了從資產管理理論到負債管理理論再到資產負債管理理論的演變過程，這些理論的產生與發展為商業銀行的業務發展開闢了廣闊的天地，也為商業銀行業務全能化提供了可靠的理論依據。商業銀行全能化的主要表現為：

（1）出現經營證券化。在國際金融市場上，各種傳統的銀行信貸越來越多地被各種各樣的證券融資取代，債券融資方式所占比重在60%以上，同時，商業銀行的資產業務也逐步轉換為證券投資，因此大大地提高了商業銀行資產的流動性。

（2）出現表外業務。商業銀行通過創新開發了許多新的中間業務和表外業務，以獲取手續費收入。非利差收入在商業銀行收入中所占比例大幅增加就是一個有力的佐證。

(3) 出現混業經營。自20世紀80年代以來，隨著金融自由化的發展，商業銀行通過各種途徑滲透到證券、保險等其他行業，金融各行業之間的業務界限日益模糊。自20世紀30年代形成的以英、美為代表的部分發達國家的分業經營體制開始土崩瓦解，紛紛轉向全能銀行制度，開始從事過去它們不能從事的證券、保險業務。英聯邦國家中的發達國家也在20世紀80年代中期到90年代初完成了向全能銀行制度的過渡。發展中國家如拉美國家也先後取消了分業制度，開始實施全能銀行制度。

二、資本的集中化

商業銀行競爭的加劇、金融業風險的提高、產業資本不斷集中的要求，促使商業銀行出現了合併的浪潮，特別是亞洲金融危機以後，國際銀行合併的個案層出不窮。20世紀90年代末，總部設在倫敦的匯豐銀行購並了韓國的漢城銀行；1999年，日本三家大銀行即日本富士銀行、日本興業銀行、日本第一勸業銀行合併形成了金融業的巨無霸「瑞穗金融集團」，成為當年全球最大的銀行。通過合併，使銀行資本規模迅速擴大，提高了銀行的競爭力，拓寬了銀行的業務經營範圍，增強了銀行抵抗金融風險的能力，提高了金融服務質量，增加了銀行服務網點。

三、流程的電子化

隨著國際貿易的發展、商業銀行業的競爭加劇和高科技的迅速發展，國際銀行業的業務經營出現了科技革命。科學技術被廣泛應用於商業銀行業務之中，再造了商業銀行業務流程，商業銀行業務處理趨於自動化、綜合管理信息化以及客戶服務全面化。這主要表現為現款支付機、自動櫃員機、售貨終端機等。這些自動化服務對存款人有很大的吸引力。特別是信用卡的普及更是得益於科學技術的廣泛應用。現階段在世界範圍流通的信用卡有維薩卡、萬事達卡、運通卡、大來卡、銀聯卡等。這些流通廣泛的信用卡，不僅方便了客戶，也為信用卡發放公司帶來了豐厚的利潤。同時，計算機技術的應用還使商業銀行內部業務處理和銀行間轉帳系統等方面發生了根本性的革命。大量的銀行業務如記帳、運算、審核、傳遞、清算、交割都通過計算機進行，大大提高了工作效率，減少了人為的失誤與差錯。資金轉帳系統是電子化程度最高的環節，通過一臺或多臺計算機處理中心與眾多電腦終端連接而成的資金轉帳系統使銀行與客戶之間、銀行與銀行之間的資金轉帳可在瞬間完成。目前，世界上最重要的電子資金支付系統有：美國紐約的「銀行支付清算系統」（FW）、英國倫敦的「自動支付清算系統」（CHAPS）以及由50多個國家和地區1,000多家銀行組成的國際性銀行資金清算系統——全球銀行間金融電訊協會（SWIFT）、中國人民銀行的銀行間支付清算系統、中國銀行支付清算系統。

四、網路銀行的發展

信息技術的發展和互聯網的推廣在銀行領域的直接影響是催生了網路銀行，

即以互聯網技術為基礎開展的銀行業務。網路銀行的主要形式：一是傳統商業銀行開辦網路銀行業務；二是出現了一批純粹的網路銀行。

傳統的商業銀行開辦網路銀行業務的步驟：第一、建立一個門戶網站；第二，把傳統的銀行業務逐步搬到網上去，在網上銷售銀行產品，並提供相關服務。第三，利用互聯網技術創造新產品、新業務，吸引客戶；第四，利用銀行網路優勢、資金支付清算優勢與其他網路公司、商家合作，開展電子商務。1995年10月18日，美國成立了世界上第一家網路銀行「安全第一網路銀行」。

五、機構的全球化

商業銀行機構的全球化和國際化是世界經濟一體化的直接結果，即經濟全球化自然派生出來的結果。同時，商業銀行機構的全球化和國際化又是世界經濟一體化的直接推動力。為了開拓業務，資金雄厚、管理能力強的商業銀行紛紛在全球各地設立分支機構。進入20世紀90年代，英國匯豐銀行在全球82個國家和地區設立了10,000多家分行。中國的中國工商銀行在26個國家和地區設立了162家分支行，在125個國家和地區設有1,504家代理行。機構全球化對於銀行開拓業務、增加營業收入起著積極的作用。

復習與思考題

1. 什麼是商業銀行？
2. 簡述商業銀行的性質和職能。
3. 商業銀行的經營模式和組織結構有哪些？
4. 簡述商業銀行的經營原則。

第二章　商業銀行資本管理

學習目標

◆ 瞭解商業銀行資本的構成
◆ 熟悉商業銀行資本的功能
◆ 掌握商業銀行的資本充足度
◆ 熟悉《巴塞爾協議》內容

第一節　商業銀行資本的構成與功能

一、商業銀行資本的構成

商業銀行資本，從使用期限看，是銀行擁有的永久歸銀行支配使用的資金，包括商業銀行的自有資金和較長期的債務。從會計學角度看，商業銀行的資本是所有者權益和一定比例的債務資本構成。

商業銀行的資本按不同標準有不同的類別，其中按商業銀行資本來源渠道不同，可將其分為商業銀行的股本、盈餘、債務資本和其他資本。

（一）商業銀行的股本

商業銀行的股本是指銀行通過發行股票方式籌措的資本，包括普通股和優先股。商業銀行普通股和優先股所形成的資本是商業銀行最基本、最穩定的資本，它是商業銀行外部籌措的資本。

1. 普通股

商業銀行普通股是商業銀行資本的基本形式，是一種產權證書，是構成商業銀行資本的核心部分。它是商業銀行發行普通股票而籌集的資本，是一種所有權的證明，具有永久性質。其權利主要體現在：一是對商業銀行經營活動擁有決策權；二是對商業銀行的稅後利潤和清算剩餘資產擁有分配權；三是在商業銀行增發普通股票時享有優先購買權。

2. 優先股

商業銀行優先股是指商業銀行發行的在利潤分配和剩餘資產分配時優先於普通股的那部分資本。其特點是股息按事先約定的股息率計算，不論商業銀行經營狀況如何，優先股持有人都能獲得一定的既定收入。優先股的主要權利：一是在商業銀行盈利分配時，優先於商業銀行普通股；二是在商業銀行清算剩餘資產時，優先於普通股持有人，但優先股的股東對商業銀行經營管理活動沒有表決

權，優先股一般沒有償還期。

（二）商業銀行的盈餘

盈餘是商業銀行資本的重要組成部分，主要包括資本盈餘和留存盈餘（未分配利潤）。

1. 資本盈餘

資本盈餘是銀行在發行股票時採取溢價發行方式形成的，即股票的發行市場價格高於股票票面價值而得到的溢價部分。資本盈餘除反應超繳資本外，還反應商業銀行資本增值部分和接受捐贈所增加的資本。資本盈餘是調節商業銀行資本金，制定股息政策的一個重要項目。

2. 留存盈餘

留存盈餘又稱為未分配利潤，是指商業銀行稅後淨利在分配給股票股息和紅利後的餘額，此盈餘是應該分配給股東而未分配的部分，是商業銀行所有權益的一個項目。留存盈餘按留存時間劃分可分為以前年度累計留存和本年留存，以前年度留存是指以前年度尚未用完的留存收益，而本年度留存是指本年度留存額。留存盈餘的大小取決於企業盈利性大小、股息政策和稅率等因素。一般情況下，盈利性越強，留存盈餘越大，反之越小；股息支付越高，留存盈餘越小，反之越大；所得稅率越高，留存盈餘越小，反之越大。

（三）商業銀行的債務資本

債務資本是20世紀70年代起西方發達國家商業銀行廣泛使用的一種外部籌措資本，是商業銀行通過發行票據或債券而籌措的資本，主要包括資本票據和資本債券兩類。

資本票據是指一種以固定利率計息的，期限較短、面額較小的商業銀行證券。它可以在金融市場上出售，也可以直接向商業銀行的客戶出售。

資本債券是指期限較長，發行數額較大的債務憑證。由發行銀行向其代理行出售，或通過直接出售方式，或通過投資銀行向公眾出售。

（四）商業銀行的其他資本

商業銀行的其他資本是指商業銀行在經營管理活動中，為了防止經營業務損失，或應付未來回購、贖回資本債務而通過其他途徑獲得的資本。主要分為資本儲備金、貸款損失準備金及證券損失準備金。

1. 資本準備金

資本準備金是商業銀行從留存盈餘中專門劃出的，用於應付即將發生的有關股本的重大事件的基金。商業銀行根據自身的經營目標劃轉資本準備金，且逐年累積，一次或多次使用，它也是商業銀行資本的組成部分。

2. 貸款損失準備金

貸款損失準備金是指商業銀行按照貸款餘額的一定比例提取的為貸款損失準備的資金。貸款損失準備金主要有三種：一般準備金、專項準備金、特別準備金。

3. 證券損失準備金

證券損失準備金是指商業銀行從稅前利潤提取的一部分資金，主要用於彌補商業銀行在金融市場上投資證券發生貶值時給商業銀行帶來的重大損失。由於中國的商業銀行根據相關的法律法規不允許投資股票和大多數債券，只能投資於政府債券等風險極低的債券，因此，中國商業銀行每年提取的證券投資損失準備金數額不多。

二、商業銀行資本的功能

（一）商業銀行的資本為商業銀行的登記註冊、開業經營提供啟動資金

（1）設立商業銀行必須具有符合《商業銀行法》規定的註冊資本最低限額。中國《商業銀行法》中明確規定「設立全國性商業銀行的註冊資本最低限額為十億元人民幣。設立城市商業銀行的註冊資本最低限額為一億元人民幣，設立農村商業銀行的註冊資本最低限額為五千萬元人民幣。註冊資本應當是實繳資本」。該法進一步指出，「國務院銀行業監督管理機構根據審慎監管的要求，可以調整註冊資本最低限額，但不得少於前款規定的限額」。

（2）設立商業銀行必須有符合要求的營業場所、安全防範措施和與業務有關的其他設施。根據這個要求，商業銀行在開業之前，沒有存款流入，則需要通過自有資本購買土地，新建辦公大樓，或租用場地修建營業場所，或購買營業需要的各種設備，滿足開業經營業務需要。

（3）設立商業銀行必須有具備任職專業知識和業務工作經驗的董事、高級管理人員。商業銀行聘用具有專業知識和業務工作經驗的高級管理人員等，也需要商業銀行的資本，而不能依賴外來的客戶的存款資金。

（二）商業銀行的資本是樹立公眾對銀行的信心，顯示銀行實力的保證

商業銀行的資本越雄厚，說明商業銀行的資本規模巨大，抵禦風險能力越強，存款人和其他債權人的利益就越有保障，即使商業銀行經營出現暫時的虧損，只要商業銀行擁有充足的資本，就能吸收和衝銷虧損，存款人和其他債權人依然對商業銀行充滿信心，不會向該商業銀行提取大量的存款，從而保證商業銀行各項業務正常開展，防止商業銀行遭到倒閉、破產清算的厄運。

（三）商業銀行的資本能吸收銀行經營虧損，保護存款人及債權人利益

商業銀行在經營過程中存在著信用風險、流動性風險、利率風險、投資風險、匯率風險和資本風險等，如果風險一旦成為現實，就會給商業銀行帶來經營虧損。但如果商業銀行有充足的資本，就能抵禦風險帶來的損失，避免存款人和其他債權人的利益受損，保護了存款人和其他債權人的利益。

（四）商業銀行的資本為商業銀行的增長、開拓新業務提供發展資金

商業銀行的資本為銀行的增長和新業務、新計劃及新設施的發展提供資金。當銀行成長和發展時，它需要額外的資本，用來支持其增長並且承擔提供新業務和建新設施的風險，資本的注入使銀行在更多的地區開展業務，建立新的分支機構來滿足擴大了的市場和為客戶提供便利的服務。

（五）商業銀行的資本是金融監管機構的監控工具，具有拓展功能

商業銀行的資本作為規範銀行增長的因素，有助於保證商業銀行實現長期可持續的增長。金融監管當局和金融市場要求商業銀行資本的增長大致和貸款及其風險資產的增長一致。因此，隨著商業銀行風險的增加，商業銀行資本吸納損失的能力也會增加。

商業銀行資本在銀行兼併的浪潮中起了重要作用。根據規定，發放給一個借款人的貸款限額不得超過商業銀行資本的15%，因此，資本增長不夠快的商業銀行會發覺自己在爭奪大客戶的競爭中失去了市場份額。

第二節　商業銀行資本需要量及確定方法

商業銀行最佳資本需要量又稱銀行適度資本量、銀行資本適宜度，是指在滿足了銀行管理當局規定的最低資本比率後，使資本成本最低、資本收益最佳、資本風險最小的資本充足度。

一、影響商業銀行資本需要量的因素

（一）宏觀經濟的運行狀況

商業銀行所在的國家宏觀經濟運行狀況對商業銀行的業務經營活動有直接的影響。如果國家處於經濟繁榮時期，國家經濟發展運行狀況良好，經濟處於上升時期，企業生產正常，市場資金充足，商業銀行存款會穩定增長，貸款風險則相對較小，所需要的資本也相對較小。如果國家處於經濟蕭條時期，國家經濟發展運行狀況較差，經濟處於下降之中，企業生產不正常，社會資金不充足，商業銀行存款會趨於下滑，貸款風險則相對較大，所需資本也相對較大。

（二）商業銀行的自身信譽

商業銀行信譽的高低是影響商業銀行資本需要量的重要因素。如果商業銀行的信譽高，社會公眾信任度高，其吸收存款能力強，資金來源充足，則所需資本量較少；反之，商業銀行信譽低，社會公眾信任度低，其吸收存款能力弱，資金來源不足，則所需資本較多。

（三）商業銀行的業務規模

商業銀行的資本功能之一是為商業銀行開展業務經營提供資金。商業銀行的業務經營規模擴大，需要購置土地，新建營業場所，購買營業所需設備，則需要大量的資本。商業銀行業務規模越大，需要購買的固定資產越多，對資本的需要量就越多。因此，商業銀行的業務規模大小直接影響商業銀行資本需要量的大小。

（四）商業銀行的負債結構

商業銀行的負債結構是決定商業銀行資本需要量的主要條件。商業銀行的負債結構不同，其流動性不同。短期存款負債，特別是活期存款沒有規定期限，客

戶可以隨時提取，流動性很強，商業銀行必須隨時保證客戶提取現金的要求，因此，需要保持較多的資本。而定期存款，由於期限固定，相對穩定，流動性小，則需要保持的資本較少。因此，在商業銀行的負債結構中，如活期存款越多，則需要的資本越多；如定期存款越多，則需要的資本越少。

（五）商業銀行的資產質量

商業銀行的資產質量是影響商業銀行資本需要量的重要條件。商業銀行的資產質量越高，遭受損失的可能性越小，而商業銀行的收益越多，則需要商業銀行資本越少；反之，商業銀行的資產質量越低，遭受損失的可能性越大，而商業銀行的收益越少，則需要的商業銀行資本越多。

（六）商業銀行的管理能力

商業銀行的經營管理人員的管理能力較高，經營方式合理，方法措施得當，資金調度靈活，經濟效益良好，則所需要的資本就越少；反之，管理能力較差，經營方式不當，方法措施不力，資金調度失靈，經濟效益較差，則所需要的資本就越多。

二、商業銀行的資本適宜量分析

銀行最佳資本需要量主要取決於商業銀行資本成本，即最低資本成本。所謂銀行資本的成本，是指籌集一定數量資本所花費的各種費用。

我們通過商業銀行資本成本曲線進行分析。為便於分析，我們將因資本量的變動而引起的商業銀行其他成本變動包括在資本成本內。隨著資本量的變化，商業銀行資本成本也相應發生變化。如圖2-1，以K/A資本數量的相對數值代表資本規模，以C代表資本成本。根據上述分析，對於一商業銀行來說，隨著資本規模的增加，商業銀行的資本成本如圖2-1呈現U形曲線變化。

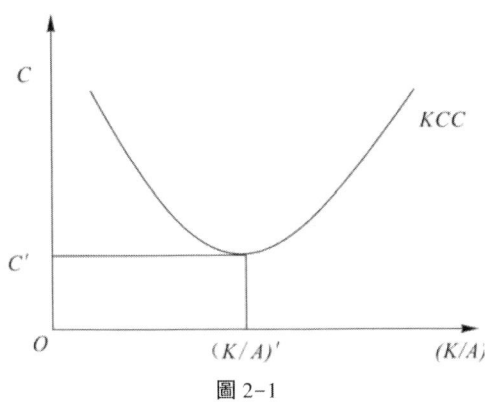

圖2-1

當銀行資本量過小時，會相應增加對存款等其他資金來源的需求量，由於流動負債的增加要求以較高的流動性比率為基礎，相應地要減少盈利資產的數量，從而使銀行邊際成本增加，邊際收益下降，增加銀行風險。當銀行資本過多時，由於股本的成本一般高於長期債券的成本，長期債券的成本又高於存款的成本，

引起銀行籌資成本增加，這必然會影響銀行的盈利，最終同樣增大銀行風險。

在圖中的資本成本曲線上，有一成本最低點 C'，與其相對應的資本量 (K/A)'即為商業銀行最適宜資本量。當商業銀行資本量大於 (K/A)'時，商業銀行的資本成本會因籌集資本量的增大而增加；當商業銀行資本量小於 (K/A)'時，商業銀行的成本也會因其他資金來源邊際成本的提高以及流動性比率的要求提高而增加。因此，商業銀行最適宜資本量應為與資本成本曲線最低點相對應的資本量。

三、商業銀行資本需要量的確定方法

（一）單一比例法

單一比例法是以銀行資本金與銀行資產和負債之間的某個比率來確定銀行資本金需要量的一種方法。它是西方國家較早採用的方法。

1. 資本/存款比率

20世紀初西方銀行廣泛地將銀行資本金與存款總額之間的比率作為確定商業銀行資本需要量的尺度，並根據實際經驗形成了一種看法，即認為銀行資本金至少應等於其存款負債的10%。小於10%則認為商業銀行資本不足。

2. 資本/資產總額比率

第二次世界大戰結束後最初幾年，資本與資產總額的比率被用來作為衡量資本金需要量的標準。這一比率把資本金需要量與銀行的全部資產包括現金資產、同業存款、放款、投資資產等相聯繫。如美國聯邦儲備系統曾經要求商業銀行的資本金應相當於其資產總額的7%，美國聯邦存款保險公司則以全國銀行資本與資產總額的平均比率作為衡量銀行資本需要量的尺度。

3. 資本/風險資產比率

商業銀行的風險資產是指可能發生損失的資產，主要包括放款和投資。其計算方法是用商業銀行的資產總額減去庫存現金、同業存款和政府短期證券。資本/風險資產比率是資本/資產總額比率的發展。因為資產中只有貸款和投資才具有較大的信貸風險，需要由商業銀行資本金提供保障，而庫存現金、同業存款和政府短期證券則一般沒有風險或風險很小，可以不需要或較少需要銀行資本作為保障。將銀行資本需要量與風險資產聯繫起來考慮，較好地體現了銀行資本抵禦資產意外損失的功能，因此具有一定的科學性。其比率通常為15%~20%。

4. 分類比率法

分類比率法又稱紐約公式，是紐約聯邦儲備銀行設計的一種資本需要量測定方法。即按照銀行資產風險程度不同，將全部資產分成幾類，然後確定各類資產應保持的資本比率，最後將各類資產應保持的資本量相加，求得在既定時間內應持有的資本總額。

（二）綜合分析法

單一比率法是從某一個角度對銀行資本金需要量提出要求。但一家銀行資本需要量受到多種因素的影響，如存款數量、資產數量和結構、銀行經營管理水

平、經營者能力、資產的流動性等。在其他條件相同的情況下，經營管理水平高、經營能力強的銀行只需要較少的資本就能抵禦所面臨的風險。因此各國開始普遍採用綜合分析法來確定商業銀行的資本需要量。通過綜合分析法，雖然比較容易得出銀行資本金需要量的一般水平，但難以計算出較為精確的數值，且計算時也比較繁瑣，要與其他方法並用。現在均按照《巴塞爾協議》統一的資本標準。

綜合分析法是把銀行的全部業務活動作為分析對象，在綜合考慮各種影響銀行經營管理狀況因素的基礎上，確定銀行應保持的資本量。美國的貨幣監理官提出以下幾點作為確定銀行應保持資本需要量的因素：①銀行經營管理水平；②銀行資產的流動性；③銀行盈利及留存盈餘的歷史；④銀行股東的信譽及特點；⑤銀行營業費用的數量；⑥銀行存款結構的潛在變化；⑦銀行經營活動的效率；⑧銀行在競爭環境下滿足本地區目前和今後金融需求的能力等。

綜合分析法比用單一比率法來衡量銀行資本金需要量更加全面、合理、科學。

第三節 《巴塞爾協議》

一、《巴塞爾協議》的產生背景

《巴塞爾協議》的出抬緣於前聯邦德國赫爾斯塔特銀行和美國富蘭克林國民銀行（Franklin National Bank）的倒閉。這是兩家著名的國際性銀行。它們的倒閉使監管機構在驚愕之餘開始全面審視擁有廣泛國際業務的銀行監管問題。赫爾斯塔特銀行和富蘭克林銀行倒閉的第二年，即 1975 年 9 月，第一個《巴塞爾協議》出抬。這個協議極為簡單，核心內容就是針對國際性銀行監管主體缺位的現實，突出強調了兩點：①任何銀行的國外機構都不能逃避監管；②母國和東道國應共同承擔的職責。1983 年 5 月，修改後的《巴塞爾協議》推出。這個協議基本上是前一個協議的具體化和明細化。比如明確了母國和東道國的監管責任和監督權力，分行、子行和合資銀行的清償能力，流動性、外匯活動及其頭寸各由哪方負責等，由此體現「監督必須充分」的監管原則。這兩個《巴塞爾協議》因此也就沒有實質性差異：總體思路都是「股權原則為主，市場原則為輔；母國綜合監督為主，東道國個別監督為輔」。但是兩者對清償能力等監管內容都只提出了抽象的監管原則和職責分配，未能提出具體可行的監管標準。各國對國際銀行業的監管都是各自為戰、自成體系，充分監管的原則也就無從體現。

《巴塞爾協議》的實質性進步體現在 1987 年 12 月 10 日，國際清算銀行在瑞士巴塞爾召開了由美國、英國、法國、聯邦德國、義大利、日本、荷蘭、比利時、加拿大、瑞典、盧森堡和瑞士在內的 12 個國家的中央銀行行長會議，會上通過了《關於統一國際銀行的資本計算和資本標準的協議》（史稱《巴塞爾協議》），並於 1988 年 7 月最後達成《關於統一國際銀行的資本計算和資本標準

的協議》文本。該協議第一次建立了完整的、國際通用的以加權方式衡量表內和表外風險的資本充足率的標準，有效地扼制了與債務危機有關的國際風險。《巴塞爾協議》是國際銀行業統一監管的一個劃時代的文件，適用於所有從事國際業務銀行的機構。

二、《巴塞爾協議》的主要內容

《巴塞爾協議》的主要內容共有三部分：

（一）資本的構成

《巴塞爾協議》將商業銀行的資本分為兩部分：一是核心資本，二是附屬資本。

1. 核心資本

核心資本也稱為一級資本，包括股本和公開的準備金。這部分資本至少占全部資本的50%。

（1）股本：股本是已發行且全額實繳的普通股和永久性非累積的股本。

（2）公開儲備：公開儲備是通過留存盈餘或其他盈餘在商業銀行的資產負債表上明確反應的儲備，主要包括股票發行溢價、普通準備金、法定準備金的增加值和未分配利潤。

核心資本的特點：核心資本的價值比較穩定，不會發生太大的變化，資本的成分是各國商業銀行唯一相同的部分；核心資本是判斷商業銀行資本充足率的基礎，並影響商業銀行的盈利水平和競爭能力。

2. 附屬資本

附屬資本也稱為二級資本，它包括非公開儲備、重估儲備、普通準備金或呆帳準備金、混合資本工具、長期次級債務五部分。

（1）非公開儲備。按照《巴塞爾協議》的定義，非公開儲備是與公開儲備有著相同質量，隨時可以用來應付未來不可預見的損失，反應在商業銀行的損益表上，但沒有在商業銀行的資產負債表上標明的儲備。由於它缺乏透明度，因此很多國家不承認其資本的合法成分，在金融監管當局接受的情況下，它才能成為合法資本構成成分而包括在附屬資本之中。

（2）重估儲備。重估儲備是指商業銀行的固定資產和所持證券的現實市場價值相對於在資產負債表中的歷史的增值部分，並將經過重估的儲備包括在資本的基礎中。一般有兩種形式：一是物業重估儲備，它是對屬於商業銀行自身房產價值的重估；二是證券重估儲備，它是對以歷史成本價格反應在資產負債表上的長期持有的有價證券價值的重估。資產重估必須由官方認定的專門評估機構進行，並慎重估價，以充分反應價值的波動和被拋售的可能性。重估後的增值部分需要在資產負債表上反應。

（3）普通準備金或呆帳損失準備金。它是事先的，隨時用於彌補未來可能出現的任何損失的準備金。但當損失已經發生才設立的準備金由於不能防備目前不能預見的損失，不具有資本的性質，不應列入附屬資本的範疇。

（4）混合資本工具。它是指兼具有產權資本和債務資本的綜合特徵的資本工具。混合資本工具由於在不必清償的情況下承擔損失，維持經營，因此具有資本性質，歸於附屬資本範疇。但必須符合以下要求：

①必須是無擔保的、從屬性的和全額實繳；

②未經監管當局同意，持有者不可將其贖回；

③除非銀行被迫停業，否則必須用於分擔損失；

④當商業銀行經營不善，入不敷出時，可允許推遲支付其利息。

（5）長期次級債務。它包括普通的、無擔保的、期限在 5 年或 5 年以上的次級債務工具。當期限在 5 年以上時，全額列為二級資本；當期限在 5 年以下時，則每年須扣除一定數額後列入二級資本。

（二）資產風險權數

在《巴塞爾協議》中，對商業銀行持有的各種資產規定了相應的風險權重，即《巴塞爾協議》規定，商業銀行資產負債表內的資產風險權數分為五類，分別為 0、10%、20%、50% 和 100%，共五個層次，風險越大，權數越高。商業銀行的表外應按「信用換算系數」換算成資產負債表內相應的項目，再按同樣的風險權數計算法計算。

1. 表內資產風險權數

（1）風險權數為 0 的資產：

①現金。

②以本國貨幣定值，並以此通貨對中央政府或中央銀行融通資金的債權。

③對經濟合作與發展組織成員國，或對與國際貨幣基金組織達成借款合同，安排相關的特別貸款協議的國家的中央政府或中央銀行的其他債權。

④用現金或者用 OECD（即經合組織，下同）國家中央政府債券作為擔保，或由 OECD 國家的中央政府提供擔保的貸款。

（2）風險權數為 0、10%、20%、50% 的資產：國內政府公共部門機構（不包括中央政府）的債權和由這樣的機構提供擔保的貸款，由各國自行在 0、10%、20% 及 50% 中選擇其風險權數。

（3）風險權數為 20% 的資產：

①對多邊發展銀行的債權，以及由這類銀行提供擔保，或以這類銀行的債券作為抵押的債權。

②對 OECD 國家內的註冊銀行的債權以及由 OECD 國家內註冊銀行提供擔保的貸款。

③對 OECD 以外國家註冊的銀行餘期在 1 年內的債權和由 OECD 以外國家的法人銀行提供擔保的所餘期限在 1 年之內的貸款。

④對非本國的 OECD 國家的公共部門機構（不包括中央政府）的債權，以及由這些機構提供擔保的貸款。

⑤托收中的現金款項。

(4) 風險權數為50%的資產：

完全以居住用途的房產作為抵押的貸款（且這些房產須為借款人所有、佔有、使用或者由他們出租）。

(5) 風險權數為100%的資產：

①對私人機構的債權。

②對OECD以外的國家的法人銀行餘期在1年以上的債權。

③對OECD以外的國家的中央政府的債權。

④對公共部門所屬的商業公司的債權。

⑤行址、廠房、設備和其他固定資產。

⑥不動產和其他投資（包括那些沒有綜合到資產負債表內的對其他公司的投資）。

⑦其他銀行發行的資本工具（從資本中扣除的除外）。

⑧所有其他的資產。

2. 表外資產風險權數

表外項目資產風險權數等於信用換算系數再乘以表內相應項目的風險權數。

(1) 0信用換算系數。指類似的初始期限為一年期之內，或者是可以在任何時候無條件取消的承諾。

(2) 20%信用換算系數。指短期的有自行清償能力的與貿易相關的或有項目，如有優先索償權的裝運貨物作為抵押的跟單信用證。

(3) 50%信用換算系數。指某些與交易相關的或有項目。如履約擔保書、投標保證書、認股權證和為某些特別交易而開出的備用信用證等；票據發行融通和循環包銷便利；其他初始期限為一年期以上的承諾，如正式的備用便利和信貸額度。

(4) 100%信用換算系數。指直接信用代用工具。如一般負債保證（包括為貸款和證券提供財務保證的備用信用證）和承兌（包括具有承兌性質的背書）；銷售和回購協議以及有追索權的資產銷售（此類資產的信貸風險仍在銀行）；遠期資產購買，超遠期存款和部分繳付款項的股票和代表承諾一定損失的證券。

(5) 與匯率、利率相關的或有項目。對這類項目風險權數的確定要做具體分析，除了上述情況外，還要取決於匯率合約、利率合約的期限和該類業務的利率變化情況。

3. 對資本充足比率的要求和實施安排

《巴塞爾協議》規定，到1992年年底，所有簽約國從事國際銀行的資本與風險加權資產總額的比率不得低於8%，其中核心資本與風險加權資產的比率不得低於4%。

4. 《巴塞爾協議》中資本充足率的計算

(1) 資本數額的確定

按《巴塞爾協議》的要求，資本劃分為核心資本和附屬資本，其中，核心資本所佔比例至少在50%以上，附屬資本所佔比例不能超過50%。總資本和兩者

的關係用計算公式表示為：
總資本＝核心資本＋附屬資本（核心資本≥50%，附屬資本≤50%）
（2）風險資產的確定
風險加權總資產＝表內風險加權資產＋表外風險加權資產
其中：
表內風險加權資產＝∑表內資產×對應的風險相對數
表外風險加權資產＝∑表外資產×風險折算係數×表內相同性質資產權數
（3）資本充足率計算

資本充足率的計算建立在資本數額和風險加權資產確定的基礎上，《巴塞爾協議》規定的衡量國際銀行業資本充足率的指標及相關計算公式為：
核心資本充足率＝核心資本／風險資產×100%
附屬資本充足率＝附屬資本／風險資產×100%
總資本充足率＝（核心資本＋附屬資本）／風險資產×100%

[例2-1] 下表2-1是一商業銀行表內資產負債表，表內列出了各類資產負債及風險權數，請計算這一商業銀行的資本充足率並進行評價。

表2-1　　　　　　　　　某一商業銀行資產負債表

資產（萬元）		權數（%）	負債（萬元）	
現金	1,800	0	同業存款	1,800
在中央銀行存款	8,200	0	各類存款	32,125
同業存款	1,800	10	結算中資金占用	3,340
短期有價證券	3,200	10		
抵押貸款	10,000	20	實收資本	295
信用貸款	10,000	50	公積金	20
不良貸款	3,000	100	準備金	420
	38,000			38,000

①資本金的計算
核心資本＝295＋20＝315（萬元）
附屬資本＝420（萬元）
②風險資產的計算
風險資產＝1,800×0%＋8,200×0%＋1,800×10%＋3,200×10%＋10,000×20%＋10,000×50%＋3,000×100%＝10,500（萬元）
③資本充足率的計算
核心資本充足率＝315／10,500＝3%
附屬資本充足率＝420／10,500＝4%
總資本充足率＝核心資本充足率＋附屬資本充足率＝7%
④主要評價：按《巴塞爾協議》的規定，一是該商業銀行的核心資本不足，

比規定要求的4%差1%；二是總資本充足率不足，比規定要求的8%差1%。

三、新《巴塞爾協議》的主要內容

（一）《巴塞爾協議》修訂的背景

為強化國際型銀行體系的穩定，避免因各國資本需求不同造成不公平競爭情形，國際清算銀行下屬的巴塞爾銀行監管委員會於1988年公布了《巴塞爾協議》。然而此《巴塞爾協議》未涵蓋信用風險以外的其他風險，而信用風險權數級距區分過於粗略。銀行風險不斷加大，以及近幾年大型銀行規模日益龐大及複雜度的增加，也都凸顯了《巴塞爾協議》的不足。

1996年的修正案將市場風險納入資本需求的計算，於次年年底開始實施。1999年6月，巴塞爾銀行監管委員會公布了新的資本適度比率架構諮詢文件，對《巴塞爾協議》做了大量修改。2001年1月公布新《巴塞爾資本協議草案》，修正之前的信用風險評估標準，加入了操作風險的參數，將三種風險納入銀行資本計提考量，以期規範國際型銀行的風險承擔能力。2004年6月正式定案，從2006年年底起在十國集團開始實施。

（二）新《巴塞爾協議》的主要內容

新《巴塞爾協議》強調的是三大支柱：最低資本要求、監管當局的監督檢查和市場約束規則。該規定希望通過三大支柱的建設強化銀行的風險管理。

1. 第一支柱——最低資本要求

巴塞爾銀行監管委員會認為最低資本要求仍然包括三個方面的內容，即資本的定義、風險頭寸的計量以及根據風險程度確定資本的規定。一是資本的定義以及最低資本充足比率仍保留1988年《巴塞爾協議》的資本定義不變，但明確了應包括市場風險和操作風險，在信用風險的衡量和計算方法上改變了原協議主要根據債務人所在國是否經組織成員國來區分的標準，而是強調自律行為與外部評估機構的評估結果，在此基礎上提供了三個可供選擇的方案：標準化方案、銀行內部評級方案（基礎IRB）和資產組合信用風險模型方案（高級IRB）體系，強調用內部評級為基礎來衡量風險資產，進而確定和配置資本。二是新《巴塞爾協議》新框架增加了市場風險和操作風險，並力求具體量化與管理這些風險的辦法。與原來的《巴塞爾協議》相比，新《巴塞爾協議》除了包含信用風險和市場風險的內容外，還將操作風險包括在內，這樣在某種程度上講，等於提高了對銀行最低資本的要求。其原因是：因為銀行在計算資本充足率時，採用的方法是用銀行的資本淨額除以其風險資產，而現在的風險資產中包含了操作風險的內涵。分母項增大了，為達到至少8%的資本充足率，自然會提高對最低資本的要求。

2. 第二支柱——監管當局的監督檢查

從新《巴塞爾協議》的內容看，巴塞爾銀行監管委員會強化了各國金融監管當局的監管職責。巴塞爾銀行監管委員會認為監管當局有責任利用現場和非現場稽核等方法來促使銀行的資本狀況與總體風險相匹配。基本原則是：一是監管

當局根據銀行的風險狀況有權要求銀行具有超出最低資本的超額資本；二是銀行具有評估自己相對於總風險資產結構的資本充足比率的程序，並有維持資本水平的策略；三是監管者應該檢查和評價銀行內部評估程序和策略以及其資本充足狀況；四是監管當局應當在銀行資本充足率下降到最低限度之前及早採取干預措施。

3. 第三大支柱——市場約束

新《巴塞爾協議》從公眾公司的角度看待銀行，強調以市場的力量來約束銀行。巴塞爾銀行監管委員會認為有效的市場約束有利於加強監管和提高資本充足率，有利於提高金融體系安全性和穩固性。新《巴塞爾協議》以推進信息披露來確保市場對銀行的約束效果。為了確保市場約束的有效實施，要求銀行及時披露信息。銀行應提高透明度，提供及時、可靠、全面、準確的信息，定期向公眾提供可靠的信息和關鍵數據，包括資本結構、風險敞口、資本充足比率、對資本的內部評價機制，並反應銀行真實財務狀況、經營活動、風險狀況和風險管理活動等方面的信息。披露的頻率為至少一年一次。

(三) 新《巴塞爾協議》對中國銀行業的影響及實施的障礙

在實踐中，新《巴塞爾協議》對中國銀行業的影響已有所顯現。據銀監會反應，在新協議的推動下，中國銀行業的風險管理水平正在迅速提升，大銀行已開始著手建立符合新協議要求的二維評級體系；中小銀行的積極性也很高，力求借鑑新協議的有關內容。據悉，目前中國工商銀行、中國銀行、中國建設銀行、中信銀行四家商業銀行已不同程度地嘗試採用了新《巴塞爾協議》要求的先進數據管理體系和風險管理方法。

新《巴塞爾協議》對中國商業銀行影響深刻，最主要的是提高了廣大從業人員對風險管理的認識；在各種風險識別、計量、控制工具的採用上，新《巴塞爾協議》也給出了一些已在發達國家銀行採用的方法。從管理的角度，《新巴塞爾協議》給出了針對銀行業風險制定的監督檢查的主要原則、風險管理指引和監督透明度及問責制度，等等。在信息披露方面，新《巴塞爾協議》提出了許多具體的要求。

新《巴塞爾協議》主要是針對十國集團成員國的「國際活躍銀行」而制定的，因此對於非協議針對範圍內的銀行沒有約束力。特別是對於包括中國在內的發展中國家來說，其銀行業本身基礎比較薄弱，風險管理能力距離世界領先的銀行還有相當大的差距，無法在短期內具備實施新協議的全部條件。目前中國實行新協議的條件尚不完全具備，其障礙主要有三個方面：

首先是因為新協議將保持充足的資本水平作為基本要求，但現實的狀況是，中國商業銀行不同程度地存在著資本充足率不足的問題。而如果目前實行新協議，資本金不足的問題將更加突出。國內商業銀行資產質量普遍較差，如果實施新協議要求的內部評級法，其資產風險權重的總體水平將會大幅度提高，資本充足率水平將進一步下降。

其次是中國銀行的內控機制不健全，內部評級系統很弱。新協議基本是建立

在評級基礎上的，而中國銀行雖然已經根據 1988 年的資本協議建立了風險管理的基本框架，但資產風險測算統計工作始終未能制度化。要達到新資本協議的要求，不僅在信用風險測量方面存在工作量過大、成本過高、外部評級資料缺乏等現實挑戰，在市場風險、操作風險的測量方面也存在不少困難。特別是信用環境較差，影響著內部評級系統的建立和推行。

最後是信息披露不規範。新協議將信息披露和市場約束作為三大支柱之一列入了新協議的主體框架之中。據瞭解，中國國有商業銀行信息披露制度一直不夠完善，屢次受到國際金融組織的強烈批評，而且目前中國商業銀行需要遵循的信息披露規範太多，造成一家銀行和另一家同性質銀行所遵循的規範可能不同，導致市場參與者難以進行有效的分析。而且國內商業銀行信息披露與新協議要求的銀行提供及時、可靠、全面、準確的信息存在著很大差距。此外，信息披露的格式和內容也不規範。

第四節　中國商業銀行的資本金管理

中國銀行在不同的發展時期，其資本構成和資本金管理有所不同。

一、金融體制改革以前，中國銀行資本的構成和資本金管理

在「統收統支，統存統貸」體制下，中國專業銀行資本金主要由國家財政撥付。隨著經濟金融體制改革的不斷深入、專業銀行向商業銀行的轉軌，銀行的資本金內容發生了很大變化，主要包括財政撥付的信貸基金、專業銀行自身累積基金、待分配盈餘以及貸款損失準備金和股份資金等途徑形成。

（1）財政撥付的信貸基金。信貸基金是指由國家財政通過撥付方式而投入專業銀行的貸款基金。信貸基金按來源不同劃分為中央信貸基金和地方信貸基金。中央信貸基金是由中央財政通過中國人民銀行總行劃給專業銀行總行的自有資金來源，專業銀行總行按年度內計劃貸款總額，或上年末貸款餘額確定分配比例逐級向下級行轉撥。地方信貸基金是由地方財政通過中國人民銀行省級分行撥付給專業銀行省級分行的自有資金，分配程度與比例同中央信貸基金。1983 年 7 月起國有企業的流動資金統一由銀行管理後，國家財政一般不再向銀行增撥信貸基金。

（2）銀行自身累積基金。銀行自身累積基金主要有三部分：一是在「統收統支」的管理體制下，基層銀行的盈利逐級上繳總行，總行按一定比例上繳國家財政，剩餘部分除了用於擴大營業網點、更新設備外，按規定比例提留用作信貸基金；二是銀行從當年實現利潤中按核定的留成比例提取一部分用於補充信貸基金；三是銀行固定資產折舊基金，包括固定資產折舊、固定資產變價收入和固定資產報廢殘值收入。

（3）待分配盈餘、貸款損失準備金和股份資金。待分配盈餘是指專業銀行

利潤的形成與分配之間因時間差而形成的餘額，是專業銀行的自有資本金的一部分；貸款損失準備金是指各級銀行為了及時彌補發生貸款呆帳的損失，穩定銀行營運資金，於年末根據貸款餘額按規定比例提取的貸款損失準備金；股份資金是指股份制和集體性質的銀行向社會公眾籌集的資金，是銀行資本金的重要來源。

二、金融體制改革以後，中國銀行資本的構成和資本金管理

金融體制改革經歷了兩個階段：

第一階段：由中國人民銀行對中國商業銀行的資本金進行監督管理。

（1）1995年中國的《商業銀行法》根據《巴塞爾協議》的內容，並結合中國的實際情況，規定了商業銀行最低資本充足率必須達到8%。

（2）1996年的《商業銀行資產負債比例管理暫行監控指標》對資本的定義、風險資產、風險權重、表外業務資本充足率進行了明確；同時，在金融運行過程中，監管當局採取現場檢查和非現場監督對商業銀行的風險狀況進行監管，發現問題及時督促商業銀行採取措施，或降低風險，或增加資本金。

（3）1997年中國人民銀行根據《巴塞爾協議》的要求，把中國商業銀行的資本劃分為核心資本和附屬資本。

①核心資本：包括實收資本、資本公積、盈餘公積、未分配利潤。特別是實收資本，按照投入主體不同分為：國家資本金、法人資本金、個人資本金和外商資本金；資本公積包括股票溢價、法定資產重估增值部分和接受捐贈的財產等形式所增加的資本，它可以按照法定程序轉增資本金；盈餘公積是商業銀行按照規定從稅後利潤中提取的，是商業銀行自我發展的一種累積，包括法定盈餘公積金（達到註冊資本金的50%）和任意盈餘公積金；未分配利潤是商業銀行實現的利潤中尚未分配的部分，在其未分配前與實收資本和公積金具有同樣的作用。

②附屬資本：商業銀行的貸款呆帳準備金、壞帳準備金、投資風險準備金、五年及五年期以上的長期債券。特別是貸款呆帳準備金，是商業銀行在從事放款業務過程中，按規定以貸款餘額的一定比例提取的，用於補償可能發生的貸款呆帳損失的準備金；壞帳準備金按照年末應收帳款餘額的 3‰提取，用於核銷商業銀行的應收帳款損失；按照規定，中國商業銀行每年可按上年末投資餘額的 3‰提取投資風險準備金；五年及五年以上的長期債券屬於金融債券的一種，它是由商業銀行發行並還本付息的資本性債券，用來彌補商業銀行的資本金不足。

第二階段：由中國銀行業監督管理委員會對中國商業銀行的資本金進行監督管理。

2003年經全國人大常委會一次會議審議通過了有關議案，決定成立中國銀行業監督管理委員會，由中國銀行業監督管理委員會（簡稱銀監會）行使原由中國人民銀行履行的監督管理職權。銀監會是國務院直屬事業單位，其主要職責包括：制定有關銀行業金融機構監管的規章制度和辦法；草擬有關的法律和行政法規，提出制定和修改的建議；審批銀行業金融機構及分支機構的設立、變更、終止及其業務範圍；對銀行業金融機構實行現場和非現場監管，依法對違法違規

行為進行查處；審查銀行業金融機構高級管理人員任職資格；負責統一編製全國銀行數據、報表，並按照國家有關規定予以公布；會同有關部門提出存款類金融機構緊急風險處置的意見和建議；負責國有重點銀行業金融機構監事會的日常管理工作；承辦國務院交辦的其他事項。

新成立的中國銀行業監督管理委員會行使對中國商業銀行的監督管理職能，對中國的國有銀行、股份制商業銀行和外資銀行進行監督管理，特別是加強了對中國商業銀行的資本充足率的監督管理，使中國的商業銀行加權平均資本充足率從2003年的負2.98%提升到2010年第一季度末的11.1%。2003年只有8家銀行資本充足率達標，現在100多家銀行全部達標。

三、影響中國商業銀行資本需要量的主要因素

（一）中國宏觀經濟發展狀況

中國宏觀經濟的發展狀況是直接影響商業銀行資本需要量的根本因素。在經濟繁榮時期，社會生產的各個環節持續順利進行，社會政治穩定，企業生產正常，貸款風險較小，證券投資良好，商業銀行保持資本金數量相對減小；反之，在經濟蕭條時期，社會生產各環節難以順利進行，社會動盪不安，企業生產停滯，貸款風險較大，證券市場震盪，商業銀行保持的資本金數量增大，以應付各種風險。

由於中國經濟保持著快速發展，對商業銀行業務的需求越來越大，銀行資產規模仍保持著快速增長，這預示著商業銀行資本充足率公式中的分母——風險資產擴大，要保持或擴大原有的資本充足率就必須增加分子項——資本金。同時，伴隨著商業銀行的資產規模的擴張，商業銀行的風險越來越暴露出來。為了彌補風險帶來的損失，需要有足夠的資本金作為保證，這樣，才能保證商業銀行的正常運轉，實現商業銀行的經營目標。

（二）中國商業銀行資產業務調整，負債結構發生變化

中國商業銀行正在進行資產結構的大調整，從傳統的單一的信用貸款轉變為創新的多種貸款、證券投資和金融衍生工具業務。商業銀行資產結構的轉變，資產業務種類的擴大，特別是金融衍生工具業務，可能會引發新的風險，且風險暴露的程度較高。而如風險管理技術和方法運用不當，風險管理控制能力不強，發生風險造成損失後，需要核銷部分呆帳壞帳，對資本金的需求就會增加。

中國商業銀行的資本需要量與其負債結構密切相關。從負債期限結構分析，當商業銀行的負債期限較短，且多為活期存款時，由於活期存款客戶可以隨時提取現金，出於保持經營流動性的需要，商業銀行應保持較多的資本金，以保證存款人隨時取款的需要；當商業銀行負債期限較長，且多為定期存款時，由於對客戶的提款期限的限制，對經營流動性需求不高，商業銀行可保持較少的資本金。

（三）中國金融監管部門完善監管規定

中國金融監管部門為保護存款人的利益，維護金融體系穩定，以法律法規的

形式對商業銀行的資本做出最低持有量的規定，並以新《巴塞爾協議》作為資本監管標準，制定符合本國國情的資本監管要求。

隨著中國經濟的快速發展和對外開放的不斷增強，中國商業銀行的風險也不斷增加，而現階段中國商業銀行內部控制能力不強，風險內控人員素質不高，因此，需要增加中國商業銀行的資本金，其資本充足率應高於《巴塞爾協議》中規定的8%水平。而新的《巴塞爾協議》中的第二支柱強化了金融監管部門的監督檢查職能，並明確指出，商業銀行的實際資本水平高於規定的最低資本標準為好，而監管部門按規定有能力要求商業銀行持有更多的資本。

四、加強中國商業銀行資本金管理的主要措施

中國商業銀行的資本管理要達到《巴塞爾協議》的要求，則需要採取多項措施來加強商業銀行的資本管理，主要措施有：

(一) 完善內源資本管理，提高盈利水平，增加內部累積

商業銀行的內源資本是指由股息分紅後的留存收益所形成的資本。中國商業銀行通過商業銀行自身的留存利潤來增加資本是一條行之有效的途徑，其留存數額的多少及比例大小，雖然取決於國家的財政稅收政策以及利潤在股東和銀行內部的分配，但是更取決於商業銀行自身創造利潤的能力。如商業銀行沒有創造利潤或創造的利潤較少，要通過商業銀行自身內部累積來增加資本金數量，則只能是紙上談兵。商業銀行要通過提高自身盈利水平，擴大內部累積，增加資本金量，主要途徑有：一是提高資產質量。中國商業銀行現階段的主要資產業務是貸款和證券投資。而貸款業務約占資產業務的60%~70%，貸款利息收入約占營業收入的80%。因此，要通過提高貸款質量，降低貸款風險，降低不良貸款率；同時，在證券投資中，堅持盈利性、流動性、安全性原則，增加營業收入，提高利潤水平。二是大力發展中間業務。商業銀行的中間業務是商業銀行利用其機構、信息、技術、信譽和資金等優勢，不動用自身資金，代理客戶支付和其他委託事宜，並據以收取手續費和佣金的一種業務。西方商業銀行早已將業務重點放在發展中間業務上，各類中間業務收入已占總收入的50%以上，並已成為其主要的利潤來源。而中國商業銀行的中間業務收入才約占總收入的15%，還有著廣闊的發展空間。應通過改變經營理念，增加業務品種，提高技術水平，培養業務人才，大力發展中間業務，增加營業收入，擴大新的利潤來源。中國商業銀行不斷提高資產質量，發展中間業務，增加利潤來源，擴大利潤總量，才能以內部累積來增加商業銀行的資本。

(二) 加強外源資本管理，擴大資本渠道，增加資本數量

商業銀行的外源資本是指商業銀行通過發行股票和附屬債券等方式籌集到的資本。中國商業銀行通過內部累積增加資本不能達到監管當局對銀行最低資本充足率的規定時，商業銀行必須通過加強外源資本管理，擴大資本渠道，增加資本數量，主要的渠道有：一是發行股票。發行普通股的優點有：①銀行所籌集的資本屬於永久性使用的資本，無須償還；②紅利支付不固定，沒有強制性分紅的責

任；③銀行籌集的股本還可以用於彌補虧損。發行優先股的優點有：①優先股不參與分紅，不影響原普通股的紅利水平；②優先股增加銀行資本數量；③優先股不享有決策權，不影響原有股東對銀行的控制力；④優先股在一定條件下可轉換為普通股。二是發行附屬債券。發行附屬債券是指商業銀行通過發行帶有資本性質的次級長期債券，增加其資本金，提高資本充足率。其特點鮮明：①清償權利排後，即其清償排在其他各項存款之後；②期限較長，平均期限7年，5年以上可作為資本金。其種類較多：①資本票據；②資本證券；③可轉換附屬債券；④浮動利率的次級長期債券；⑤可選擇利率次級長期債券。

（三）健全監督管理制度，履行監管職責，提高資本額度

為了進一步提高金融監管水平，2003年經十屆全國人大一次會議批准，中國銀行業監督管理委員會正式成立，銀行業監管職能正式從中央銀行獨立出來新成立的銀行業監督管理委員會，積極履行監管職責，對中國商業銀行在市場准入、銀行業高級管理人員任職資格等進行監督管理，並根據《巴塞爾協議》的要求，作為監管當局有責任利用現場和非現場稽核等方法來促使銀行的資本狀況與總體風險相匹配。其基本原則是：一是監管當局根據銀行的風險狀況，有權要求銀行具有超出最低資本的超額資本；二是銀行具有評估自己相對於總風險資產結構的資本充足比率的程序，並有維持資本水平的策略；三是監管者應該檢查和評價銀行內部評估程序和策略以及其資本充足狀況；四是監管當局應在銀行資本充足率下降到最低限度之前及早採取干預措施。

（四）構建市場約束體系，全面披露信息，強化社會監督

為了加強金融的監督管理，新《巴塞爾協議》強調以市場的力量來約束銀行，認為市場是一股強大的，能推動銀行合理、有效配置資源並全面控制經營風險的外在力量，具有內部改善經營、外部加強監管所發揮不了的作用，以推動信息披露來確保市場對銀行的約束效果。有效的市場約束有利於加強監管和提高資本充足率，有利於提高金融體系安全性和穩固性。為了確保市場約束的有效實施，商業銀行應提高透明度，定期向公眾提供在適用範圍、資本結構、風險暴露的評估和管理、資本充足率四方面的信息和關鍵數據，反應銀行真實財務狀況、經營活動、風險狀況和風險管理活動，以強化社會對商業銀行的監督。

復習與思考題

1. 什麼是商業銀行資本金？它由哪些部分構成？
2. 影響商業銀行的資本需要量的因素有哪些？
3. 《巴塞爾協議》對資本和資本充足度有哪些規定？
4. 簡述商業銀行籌集資金的渠道。
5. 新《巴塞爾協議》的主要內容有哪些？

第二篇

商業銀行業務管理

第三章　商業銀行負債業務

學習目標

◆瞭解商業銀行負債業務基本概況
◆掌握商業銀行存款業務的管理
◆瞭解商業銀行借入負債業務管理

第一節　商業銀行負債業務概述

一、商業銀行負債業務的概念

商業銀行負債業務是指商業銀行通過吸收存款、借款、發行金融債券等方式吸收資金形成商業銀行資金來源的業務。它是商業銀行資產業務和其他一切業務的基礎。商業銀行具有信用仲介職能，是現代社會經濟體系中資金供應方和需求方的媒介，通過負債業務集中社會資金，又通過資產業務將資金運用到社會各部門。商業銀行負債業務是資產業務的基礎，是商業銀行的主要業務品種，是商業銀行的傳統業務之一。

商業銀行的負債業務以獲得資金的方式劃分，可分為被動型負債、主動型負債和其他型負債。被動型負債是指商業銀行被動地接受各種存款，而無法自主決定負債規模等的負債。因為客戶是否存款，或存入多少，或何時存入，或存期多長等，在很大程度上都是由客戶自行決定的，商業銀行則相對處於被動地位，但存款負債是商業銀行吸收資金的主要方式，是商業銀行資金的主要來源。商業銀行的主動型負債是商業銀行主動通過同業拆借、向中央銀行借款，以及在金融市場上籌措資金形成的負債。其負債種類、負債規模和負債期限，均由商業銀行自主決定，商業銀行始終處於主動地位。其他型負債主要是結算中占用資金、在途資金。

二、商業銀行負債業務的構成

商業銀行負債業務主要由三大部分構成：存款負債、借款負債、資本及結算性負債。

（一）存款負債

存款負債是商業銀行對存款客戶的一種負債，是商業銀行的主要傳統業務，

是商業銀行的主要資金來源，是開展資產業務和其他業務的基礎，約占商業銀行資金來源的80%，其規模的大小，直接影響到商業銀行的競爭能力，關係到商業銀行的生存和發展。

（二）借款負債

按照期限長短劃分，可分為短期借款和長期借款。短期借款主要形式有同業拆借、向中央銀行借款、回購協議、轉貼現和轉抵押、國際金融市場借款等；長期借款主要形式有發行金融債券，主要種類有：資本性債券和一般性債券、信用債券和擔保債券、固定利率債券和浮動利率債券等。

（三）資本及結算性負債

商業銀行資本數量的多少反應了商業銀行經營實力及抵禦風險能力的大小，而結算性負債包括結算中占用資金、在途資金。

三、商業銀行負債業務的作用

（一）負債業務是商業銀行開展資產業務的前提

商業銀行具有信用仲介功能，即通過負債業務廣泛地籌集資金，然後再通過資產業務有效地運用到國民經濟各部門。根據《巴塞爾協議》的標準，銀行負債提供了銀行92%的資金來源；銀行負債規模的大小，制約著銀行資產規模的大小；銀行負債的結構，包括期限結構、利率結構、幣種結構等，決定著銀行資產的運用方向和結構特徵。

（二）負債業務是商業銀行開展中間業務的條件

商業銀行具有信用仲介職能和支付仲介職能，不但把借款者和貸款者有機地聯繫起來，而且為客戶辦理各種貨幣結算、貨幣收付和貨幣兌換等業務活動，進而為商業銀行開展中間業務創造了有利條件，使得商業銀行可以為客戶提供各種綜合性服務。商業銀行的中間服務有：代理收付款業務、代理發放工資、代理證券業務、諮詢顧問、信託租賃、現金管理、代客買賣金屬、金融衍生品等。商業銀行通過開展金融中間業務，不僅增加商業銀行的手續費和佣金等非利息收入，而且加快金融信息傳播，不斷開拓新的金融業務領域。

（三）負債業務是商業銀行提高盈利水平的基礎

在資產價格水平一定的情況下，負債成本費用的高低決定了銀行盈利水平的高低；銀行負債所聚集的資金一般不直接投資於企業生產經營，而是貸款給企業，銀行只能獲取所貸款資金的一部分收益，其盈利水平遠遠低於一般工商企業。銀行要獲取社會平均利潤，則要擴大負債規模，使資產總額多倍於自有資本。

（四）負債業務是商業銀行推動社會經濟發展的動力

商業銀行通過負債業務把社會各方面的閒置資金集中起來，形成一股巨大的資金力量，能在社會資金存量不變的情況下擴大社會生產資金總量，特別是中國商業銀行以儲蓄存款形式聚集城鄉居民閒散的資金，成為中國社會主義現代化經濟建設的主要資金來源，有力地推動了社會經濟的發展。

（五）負債業務是商業銀行同社會各界聯繫的渠道

商業銀行是國民經濟的綜合部門和資金聚集以及資金運用的樞紐，社會所有單位的閒置資金和貨幣收支都離不開銀行的負債業務。市場的資金流向、企業的經營活動、機關事業單位與社會團體和居民個人的貨幣收支，每時每刻都反應在銀行的帳面上，因此負債業務是商業銀行同社會進行聯繫，提供金融服務，提供信息和有效監督的主要渠道。

第二節　商業銀行存款業務的種類及創新

一、商業銀行存款業務的概念

存款業務是指存款人將資金存入商業銀行，並可以隨時或按約定時間支取款項的一種信用行為。存款業務是商業銀行的傳統業務，是商業銀行最早的業務之一，是現代商業銀行的主要業務。存款是商業銀行對存款人的負債，是商業銀行最重要和最主要的資金來源，是商業銀行開展資產業務和其他業務的基礎，它約占商業銀行負債總額的80％。存款規模的大小和結構，直接關係到商業銀行的經營規模和結構，關係到商業銀行的自身生存和發展方向。

二、商業銀行存款業務的種類

（一）傳統的存款業務

商業銀行傳統的存款業務有許多劃分標準，按不同的劃分標準，得出不同的傳統的存款業務種類。根據西方商業銀行對存款業務最普遍和最常用的劃分方法，即按存款的支取方式不同，商業銀行的傳統存款業務可分為活期存款、定期存款和儲蓄存款。

1. 活期存款

活期存款是指不規定存款期限，可以隨時存取和轉讓的存款。存款人在向商業銀行存取活期存款時，需要使用存款簿。存款人在擁有活期存款帳戶後，可以使用各種方式提取存款，如開出支票、匯票、本票、電話轉帳、自動櫃員機等。由於各種經濟交易都是通過活期存款帳戶進行的，故又稱活期存款為交易帳戶。在各種提取存款方式中，使用最普遍和最傳統的是支票提款，因此，活期存款也稱為支票存款。

在20世紀50年代以前，在商業銀行的負債總額中大部分是活期存款；20世紀50年代以後，由於各國實行活期存款利率限制和反通貨膨脹的緊縮性貨幣政策，同時受閒置資金機會成本增加和其他非銀行金融機構的競爭等因素影響，使活期存款在存款總額中的比重出現大幅下降，現階段約占商業銀行全部負債的35％。中國商業銀行的活期存款主要來源於企業和單位的存款，而在居民儲蓄存款中，活期存款的比例占20％左右。商業銀行的活期存款是商業銀行經營管理的業務重點，這不僅因為活期存款是商業銀行的主要資金來源，而且還因為商業銀

行活期存款具有以下主要特點：

（1）活期存款派生能力強，利息成本低，是商業銀行提高盈利水平的重要因素。一方面，在商業銀行的存款種類中，活期存款的利率是最低的，所以其利息成本在商業銀行負債業務中是最低的；另一方面，商業銀行通過開展活期存款業務，不僅獲得短期資金，用於短期貸款和投資，而且在客戶辦理活期存款的過程中，由於客戶存取款時間不同，存取款數量不一，總會形成一個相對穩定、數量可觀的餘額，可用於發放期限長、利率高的中長期貸款，派生出更多的存款；也可以投資收益高、安全穩健的證券，增加商業銀行的營業收入。

（2）活期存款流動性較大，存取較頻繁，是商業銀行經營成本較高的存款業務。活期存款不規定期限，隨時可以提取款項，其流動性較大，同時商業銀行活期存款存取頻繁，手續複雜，風險較多，需要為客戶提供存取服務、轉帳服務、提現服務、支票服務等，其成本較高。因此，商業銀行只向客戶免費或低價提供服務，不支付或少支付利息。

（3）活期存款提取方式多樣化，多為支票辦理，是商業銀行開展中間業務的重要基礎。活期存款的提款方式很多，可以開出支票、開出本票、開出匯票、電話轉帳、使用自動櫃員機等，但在各種提款方式中，使用支票辦理轉帳業務較多，通過轉帳支票的使用和流通，提高了信用創造力，大大節約了流通費用，是商業銀行開展結算業務、代理收付款業務、代發工資業務等中間業務的重要基礎。

中國企業存款是指不同所有制形式的企業和個體工商戶存入銀行的、暫時閒置的，或用於日常結算，或有特定用途，或臨時需要的貨幣資金。中國企業單位活期存款帳戶分為基本存款帳戶、一般存款帳戶、專用存款帳戶和臨時存款帳戶。①基本存款帳戶是企事業單位的主要存款帳戶，是辦理日常轉帳結算、工資、獎金和現金收付的帳戶。只能開立一個基本帳戶。②一般存款帳戶是企事業單位開立基本存款帳戶後，根據資金管理需要，選擇在其他銀行開立的存款帳戶，主要辦理轉帳結算和現金繳存，不能辦理現金支取。③專用存款帳戶是企事業單位因基本建設、更新改造或辦理信託、代理業務、政策性房地產開發、信用卡等特定用途需要而開立的帳戶。企事業單位的銷貨款不能進入該帳戶。該帳戶一般不能支取現金。④臨時存款帳戶是企事業單位為臨時經濟活動或通過應解匯款及匯款解入的款項需要所開立的帳戶，主要辦理轉帳結算和按規定辦理現金收付。臨時存款帳戶原則上不使用支票結算。

公司客戶辦理活期存款業務，均可到商業銀行的分理處、各級營業部等對公分支機構辦理。存款單位開立帳戶時應到擬開戶行領取空白「開戶申請書」和「印鑒卡」一式三份，如實填寫各項內容，並加蓋與帳戶名稱一致的單位公章和法定代表人名章或根據法定代表人授權書的內容加蓋其授權人章；在「印鑒卡」上還可加蓋單位財務專用章和法定代表人名章，或加蓋財務專用章、法定代表人和財務主管人員名章。以上私人名章均可用本人簽字代替。同時，開戶申請人還應提交：①工商行政管理機關核發的營業執照；②國家外匯管理局規定須提供的

資料和批文（開立外匯存款帳戶時需要）；③國家技術監督局辦理的企業標準代碼證書；④其他銀行內部規定的資料。

人民幣活期存款按結息日掛牌公告的活期存款利率計息，計息期間遇利率調整則分段計息。

2. 定期存款

定期存款是銀行與存款人雙方在存款時事先約定期限、利率，到期後支取本息的存款。定期存款用於結算或從定期存款帳戶中提取現金。公司客戶辦理定期存款業務均可到商業銀行的分理處、各級營業部等對公分支機構辦理。其具體辦理程序和要求同活期存款。

定期存款存入方式可以是現金存入、轉帳存入或同城提出代付。人民幣起存金額1萬元。人民幣定期存款通常分為三個月、半年、一年、二年、三年、五年六個利率檔次；中資企業外匯定期存款可分為一個月、三個月、六個月、一年、二年五檔。人民幣單位定期存款在存期內按照存入日掛牌公告的定期存款利率計付利息，遇利率調整，不分段計息。人民幣單位定期存款採用逐筆計息法計付利息。

定期存款一般要到期才能提取，但如有客戶臨時需要資金，可辦理提前支取或部分提前支取。中國允許定期存款部分提前支取一次。定期存款支取方式主要有：

（1）到期全額支取，按規定利率本息一次結清。

（2）全額提前支取，銀行按支取日掛牌公告的活期存款利率計付利息。

（3）部分提前支取，若剩餘定期存款不低於起存金額，則對提取部分按支取日掛牌公告的活期存款利率計付利息，剩餘部分存款按原定利率和期限執行；若剩餘定期存款不足起存金額，則應按支取日掛牌公告的活期存款利率計付利息，並對該項定期存款予以清戶。

（4）存款到期，憑存單支取本息，也可按原存期自動轉存。

定期存款有固定的存款期限，沒有像活期存款那樣不規定期限，隨時可以存取款項，靈活方便，也沒有像支票那樣可以轉讓流通。但定期存款對存款人來說是一種收入穩定、安全性好、風險較小的投資方式；同時，當存款人出現資金週轉困難時，還可以以質押擔保的方式進行貸款，以獲取資金保證週轉正常。定期存款的主要特點有：

（1）定期存款的存款期限長，有利於商業銀行合理安排資金運用。定期存款的存款期限較長，按規定一般不能提前支取。在商業銀行的存款結構中，定期存款約占商業銀行存款總額的45%，是商業銀行主要的穩定的資金來源。因此，商業銀行可以將客人存入的這部分資金發放中長期貸款，以取得較高的利息收入，提高自身的盈利水平；同時對存款人來說，由於定期存款的利率較高、收入穩定、安全性好、風險較小，也是一種安全可靠的投資方式。

（2）定期存款的穩定性較好，有利於商業銀行降低法定存款準備金率。活期存款不規定存款期限，無需通知商業銀行而隨時可以支取，商業銀行為避免因

客戶提現發生支付危機，減少經營管理風險，而必須保持較高的存款準備金率。定期存款由於受到固定期限的限制，未到期一般不能提前支取，其穩定性較好，因此，商業銀行可降低存款準備金率，可將更多的定期存款通過發放貸款或投資來增加營業收入。

（3）定期存款的經營成本低，有利於商業銀行提高自身盈利水平。定期存款是存款人和商業銀行在辦理存款時約定期限、利率和到期後支取本息的存款。傳統的定期存款一般是採用存款單形式，在辦理存款後，存款人在存到期時持定期存單支取本息，商業銀行一次性辦理應付本息手續，而在定期存款的期限期間商業銀行可以沒有任何其他服務，所發生的各種費用較少，因此，定期存款的經營成本很低。加之，由於定期存款的期限長，商業銀行在進行資金運用時發放利率高、期限長的中長期的貸款，或投資收益高、安全性好的證券，增加營業收入，極大地提高了商業銀行的自身盈利水平。

3. 儲蓄存款

儲蓄存款指為居民個人積蓄貨幣資產和獲取利息而設定的一種存款。隨著中國居民收入水平不斷提高，居民個人的儲蓄傾向長期高於消費傾向和其他投資傾向，是商業銀行重要的資金來源。

儲蓄存款的種類按支取方式劃分可分為活期儲蓄存款和定期儲蓄存款。

（1）活期儲蓄存款

活期儲蓄存款是一種不限存期，憑銀行卡或存折及預留密碼可在銀行營業時間內通過櫃面或通過銀行自助設備隨時存取現金的服務。人民幣活期存款1元起存，外幣活期存款起存金額為不低於人民幣20元的等值外匯。活期儲蓄存款的特點有：

①通存通兌。客戶憑銀行卡可在全國聯行網點和自助設備上存取人民幣現金，預留密碼的存折可在同城聯行網點存取現金。同城也可辦理無卡（折）的續存業務。

②資金靈活。客戶可隨用隨取，資金流動性強。

③繳費方便。客戶可將活期存款帳戶設置為繳費帳戶，由銀行自動代繳各種日常費用。

④人民幣個人活期存款按季結息，按結息日掛牌活期利率計息，每季末月的20日為結息日。未到結息日清戶時，按清戶日掛牌公告的活期存款利率計息到清戶前一日止。

⑤人民幣個人活期存款採用積數計息法，按照實際天數計算利息。

活期儲蓄存款業務辦理的程序為：

①開戶。客戶若辦理活期儲蓄存款開戶，需持本人有效身分證件到營業網點辦理。有效身分證件為：居住在中國境內16周歲以上的中國公民，應出具居民身分證或臨時身分證。軍人、武裝警察尚未申領居民身分證的，可出具軍人、武裝警察身分證件。居住在境內或境外的中國籍的華僑，可出具中國護照。居住在中國境內16周歲以下的中國公民，應由監護人代理開立個人銀行帳戶，出具監

護人的有效身分證件以及帳戶使用人的居民身分證或戶口簿。香港及澳門特別行政區居民，應出具港澳居民往來內地通行證；臺灣省居民，應出具臺灣居民來往大陸通行證或其他有效旅行證件。外國公民應出具護照或外國人永久居留證（外國邊民，按照邊貿結算的有關規定辦理）。除以上法定有效證件外，銀行還可根據需要，要求存款人出具戶口簿、護照、工作證、機動車駕駛證、社會保障卡、公用事業帳單、學生證、介紹信等其他能證明身分的有效證件或證明文件。前四款未作規定的，依照中國法律及國家監管機構相關規定執行。如委託他人代辦開戶，代辦人還需同時出示本人身分證件。

②存款。客戶持銀行發行的各類銀行卡或存折到營業網點即可辦理存款。如果客戶能提供本人或他人的卡號或存折號，也可辦理無卡（折）存款，但需出示身分證。

③取款。客戶持銀行卡或存折到營業網點即可辦理取款，如果取款金額超過20萬元（含20萬元），必須至少提前一天與取款網點預約。若持銀行卡（不含貸記卡和國際借記卡）在自動櫃員機上取款，當天取款最高限額為2萬元。

（2）定期儲蓄存款

定期儲蓄存款是客戶和銀行辦理存款時預先預約存款期限、利率等的存款。利率高於活期存款。傳統的定期儲蓄存款的對象一般僅限於個人和非營利性組織。定期儲蓄存款的形式有整存整取、零存整取、整存零取、存本取息等多種形式。

現階段，中國商業銀行的存款產品創新層出不窮，極大地豐富了商業銀行理財服務的種類和客戶的需求，出現的一系列的存款種類主要有：

①活期「一本通」。活期「一本通」是為客戶提供的一種綜合性、多幣種的活期儲蓄，既可以存取人民幣，也可以存取外幣。其特點：一是帳務信息清晰明瞭，便於對帳；二是具有人民幣和外幣活期儲蓄的全部基本功能，客戶開立活期「一本通」帳戶時，必須預留密碼；三是通存通兌，可在開戶行的同城營業網點存款取款；四是繳費方便，客戶可指定活期「一本通」作為水電費、通信費等日常費用的繳費帳戶，省時省心，可開通電話銀行和網上銀行，轉帳匯款方便；五是服務渠道多，開戶和取款可在商業銀行各營業網點，查詢信息可在網上銀行、電話銀行、自助終端；六是辦理方便，客戶辦理活期「一本通」開戶時，只需持有效身分證件到營業網點辦理，如委託他人代辦開戶，還需同時出示代理人身分證件。

②定期「一本通」。定期「一本通」是為客戶提供的一種綜合性、多幣種的定期儲蓄帳戶。一個定期「一本通」帳戶，可以存取多筆本外幣定期儲蓄存款。其功能特點為：一是帳務信息清晰明瞭，便於對帳及保管；二是可辦理各種定期存款業務；三是服務渠道多，開戶和取款均可在商業銀行各營業網點，查詢信息可在網上銀行、電話銀行、自助終端；四是辦理方便，客戶在辦理定期「一本通」開戶時，只需持有效身分證件到營業網點辦理，如委託他人代辦開戶，還需同時出示代理人身分證件。

③「定活通」。「定活通」是指銀行自動每月將客戶活期帳戶的閒置資金轉為定期存款，當活期帳戶因刷卡消費或轉帳取現資金不足時，定期存款將自動轉為活期存款的服務。其特點為：一是智能理財，省卻經常管理帳戶的麻煩，省時省心；二是高效現金管理，滿足定期存款收益與活期存款便利的雙重需要；三是服務渠道多，存取款均可在商業銀行各營業網點。四是「定活通」的理財金帳戶卡或靈通卡，至商業銀行各營業網點即可辦理。

④個人通知存款。個人通知存款是存入款項時不約定存期，但約定支取存款的通知期限，支取時按約定期限提前通知銀行，約定支取存款的日期和金額，憑存款憑證支取本金和利息的服務。其起存金額與通知期限：一是人民幣通知存款的最低存款金額為 5 萬元（含），外幣通知存款的最低存款金額各地區略有不同，約為等值人民幣 5 萬元（含）。本金一次存入，可一次或分次支取。二是通知存款按提前通知的期限，分為一天通知和七天通知兩個品種。外幣通知存款提前通知的期限為七天。其特點為：一是收益高，資金支取靈活。客戶不僅可獲得高於活期存款的利率，並且可以隨時支取存款。二是專有積利存款計劃。客戶可按最短七天（七天通知存款）或一天（一天通知存款）為週期對通知存款的本金和利息進行自動滾存，並可根據實際需要定制通知存款轉帳週期和存期。還可提供自動轉定期存款服務。客戶可約定在通知存款存期結束後將本金和利息自動轉存為定期存款。其存款利率，按支取日掛牌公告的相應利率水平和實際存期計息，利隨本清。

⑤人民幣教育儲蓄。教育儲蓄是指為接受非義務教育積蓄資金，實行優惠利率，分次存入，到期一次支取本息的服務。其開戶對象：開戶對象為在校小學四年級（含四年級）以上學生。其存期與起點金額：教育儲蓄存期分為一年、三年、六年。教育儲蓄 50 元起存，每戶本金最高限額為 2 萬元。其特點為：一是稅務優惠。按照國家相關政策規定，教育儲蓄的利息收入可憑有關證明享受免稅待遇。二是積少成多，適合為子女累積學費，培養理財習慣。其存款利率：一年期、三年期教育儲蓄按開戶日同期同檔次整存整取定期儲蓄存款利率計息；六年期按開戶日五年期整存整取定期儲蓄存款利率計息。遇利率調整，不分段計息。

三、商業銀行存款業務的創新

20 世紀 60 年代以後，隨著世界經濟金融形式的變化，非銀行金融機構大量出現，商業銀行的利潤空間越來越小。20 世紀 70 年代以後，隨著通貨膨脹和利率水平的大幅度上升，商業銀行受管制的機會成本上升，商業銀行需要尋求通過業務創新來逃避利率管制，增強競爭力，從而出現了多種類型的存款負債新品種。具有代表性的主要存款工具創新品種有：

（一）活期存款工具創新

1. 可轉讓支付命令帳戶（NOWs Account）

這是儲蓄帳戶的創新業務，由美國馬薩諸塞州的儲蓄貸款協會於 1972 年創辦，它以支付命令代替了支票，是一種不使用支票的活期帳戶。存款人可以開出

轉讓支付命令向第三者進行支付，或直接提取現金，或背書轉讓。同時它屬於儲蓄存款帳戶，銀行可以對該類存款帳戶的餘額支付利息。如 1984 年規定，對不滿 2,500 美元的可轉讓支付憑證帳戶，可以支付的最高利率限額為 5.5%。通過這一帳戶，商業銀行既可以提供支付的便利，又能支付利息；存款客戶既得到了支付上的便利，也滿足了收益上的要求。因此，NOW 帳戶的建立，有利於吸引客戶，擴大銀行存款的規模。

2. 超級可轉讓支付命令存款帳戶（SNOW）

超級可轉讓支付命令存款帳戶是由可轉讓支付命令帳戶發展起來的，又稱為優息支票帳戶，經美國存款機構管制委員會批准，於 1983 年 1 月開辦。這種存款不受法令的限制，但銀行必須交存該存款的 12%作為準備金。因此，它的收益率比貨幣市場存款低 1.5%～2%。

超級可轉讓支付命令具有如下特點：①存戶僅限於個人和非營利性機構，工商企業不得開戶。②起存金額為 2,500 美元，如果餘額在 2,500 美元以下，則改按儲蓄存款計息。③無最高利率的限制。銀行每星期調整利率一次，每天按複利計息，月後收入存款帳戶。④存戶每月開出支付命令無限制，但銀行要對處理承付的支票加收一定的費用。

（二）定期存款工具創新

1. 自動轉帳帳戶

自動轉帳帳戶是在 1978 年開辦的，類似於 NOW 帳戶，是在電話轉帳服務基礎上發展起來的。電話轉帳是指存戶在活期存款帳戶之外另設一個儲蓄帳戶，存戶一般先將款項存入儲蓄帳戶，由此取得利息收入，當需要開立支票時，存戶用電話通知開戶銀行，將所需款項從儲蓄帳戶轉到支票帳戶。

發展到自動轉帳服務時，存戶可以同時在銀行開立兩個帳戶，即儲蓄帳戶和活期存款帳戶。活期存款帳戶的餘額始終保持一美元但不影響開出超過一美元的支票。銀行收到存戶開出的支票要求付款時，可隨即將支付款項從儲蓄帳戶轉至活期存款帳戶，自動轉帳，立即支付支票款項。

開設自動轉帳帳戶，存戶要支付一定的服務費。這種帳戶與 NOW 帳戶及電話轉帳帳戶等都屬於劃轉帳戶，需繳納存款準備金。

2. 貨幣市場存款帳戶（Monetary Market Deposit Account，MMDA）

貨幣市場存款帳戶是美國商業銀行 1982 年創新的一種新型儲蓄帳戶，儲蓄銀行、儲蓄與貸款協會也相繼開辦該帳戶。美國的貨幣市場基金是一種合作性質的金融機構，業務很發達。客戶把他們的短期閒置資金以買入股權的方式交給基金投資運用，投資的方向可以指定，也可以不指定。投資的範圍包括國庫券、政府公債、地方債券以及其他容易變現的短期金融債券。客戶要提現時，用出售該基金股權的方式進行，當天取款，手續簡單。在正常情況下，它的年收益率要比國庫券高 1%～1.75%。

這種存款的性質介於儲蓄存款和活期存款之間，但必須於提款前若干天通知銀行，而且用支票提款每月不得超過一定數額，銀行對這種貨幣市場存款可以免

交準備金。它的具體特點：①存款對象不限，個人、非營利性機構和工商企業都可以開戶。②開戶時的存款最低金額為 2,500 美元。③沒有關於存款最高利率的限制，利率每星期調整一次，存款按複利計息。④沒有存款最短期限的限制，但客戶取款應在 7 天前通知銀行。⑤存款使用該帳戶進行收付，每月不得超過 16 次，其中使用支票付款的不能超過 3 次。

3. 協定帳戶（AA）

協定帳戶是一種可在活期存款帳戶、可轉讓支付命令帳戶、貨幣市場互助基金帳戶三者之間進行自動轉帳的帳戶。協定帳戶是自動轉帳帳戶的進一步創新，該帳戶是銀行與客戶達成的一種協議，存戶授權銀行將款項存在活期存款帳戶、可轉讓支付帳戶或貨幣市場互助基金帳戶中的任何一個帳戶上。對活期存款帳戶或可轉讓支付命令帳戶，一般都規定一個最低金額，超過最低金額的款項由銀行自動轉入同一存戶的貨幣市場互助基金上，以便取得較高的利息。如果不足最低餘額，也可由銀行自動將貨幣市場基金帳戶的款項轉入活期存款帳戶或可轉讓支付命令帳戶，以補足最低餘額。

4. 大額定期存單（Certificates of Deposit, CDs）

大額定期存單是金融機構發行的兼具大面額和定期存款性質的存單。根據它能否在市場上流通與轉讓來看，可以劃分為可轉讓的大額定期存單和禁止轉讓的大額定期存單。大額定期存單的利息有固定與浮動之分。前者叫固定利率大額定期存單，後者叫浮動利率大額定期存單。

大額定期存單也是一種定期存款，但與一般的定期存款又不完全相同。一般定期存款的面額可大可小，採取記名式，在市場上不能流通轉讓，利率是固定的，個人存戶占較大比重。大額定期存單的面額，雖然能根據存款人的需要開發，但通常在次級市場上流通的最低面額為 10 萬美元和 100 萬美元兩種。大額定期存單既可以採用記名式，也可採用來人式。存戶主要是大的公司企業。

目前市面上廣泛通用的是可轉讓大額定期存單，以美國為例，根據其發行機構的不同，可以分為四種類型：

（1）國內大額定期存單。這是美國商業銀行在本國發行的一種大額定期存單，具備大額定期存單的一般特點。

（2）歐洲美元大面額定期存單。美國銀行的國外分行或外國銀行在美國境外發行的美元面額的大額定期存單，通常稱為歐洲美元大額定期存單。由於美國國內大額定期存單曾在支付利息上受到 Q 號條例的約束，不利於籌集更多的資金，故從 1966 年起，隨著花旗銀行倫敦分行發行歐洲美元大額定期存單，也相應地建立了歐洲美元大額定期存單市場。

（3）揚基大額定期存單。外國銀行設立在美國的分行所發行的以美元為面額的大額定期存單，通常稱為揚基大額定期存單，也有稱之為外國銀行分行大額定期存單。此種存單的持有人在美國，發行此種存單的主要是著名的國際銀行，它們在歐洲等地遍設分行。揚基大額定期存單的存期通常為 1~3 個月，故買賣此類存單的市場主要屬於短期資金市場。外國銀行的分行直接或通過經紀人將此

種存單出售給大的公司企業。由於此種存單多數在美國並不出名，而且發行銀行不願讓投資者摸清它們的資金實力，故發行銀行往往通過經紀人，將此類存單銷售給公司企業。

（4）儲蓄機構大額定期存單。這是儲蓄機構發行的存期較長的一種大額定期存單。由聯邦儲蓄貸款保險公司承保的儲蓄貸款協會也會獲準在美國境外發行歐洲美元大額定期存單。

5. 貨幣市場存單（MMC）

1978年，由於市場利率上升，引起存款機構的存款資金減少。於是，金融管理當局批准發行限期為6個月的貨幣市場存單。它屬於不可轉讓的定期存單。最低面額為1萬美元，最初存期為26周。銀行付給這些存單的最高利率，相當於6個月國庫券的平均貼現率。貨幣市場存單不按複利計算利息。儲蓄機構發行這種存單，可以阻止儲蓄機構的存款額下降。

（三）儲蓄存款工具創新

1. 零續定期儲蓄存款

零續定期儲蓄存款是一種多次存入，期限在半年以上，五年以內的儲蓄存款。類似中國的零存整取方式，但有值得借鑑的地方：①對每次存入的金額沒有最高和最低的限制，也沒有固定的日期限制；②期滿前三個月有規定，既不能存，也不能取；③存款採取定期利率計算。這種存款對收入高但不穩定的客戶有較大的吸引力。

2. 股金提款單帳戶

股金提款單帳戶實質上是一種支付利息的支票帳戶，是逃避利率管制的一種創新。建立股金提款單帳戶，存戶可以隨時開出提款單，代替支票提現，或用作支付轉帳。在未支付或提現時，屬於儲蓄帳戶，可以取得利息收入。需要支付或提現時，便隨即開出提款單（支付命令書），通知銀行付款。

第三節　商業銀行存款業務經營管理

一、影響商業銀行存款的主要因素

商業銀行在經營過程中，由於受外部環境和銀行內部的多種因素影響，使商業銀行各種業務受到影響，從而也影響了商業銀行的存款。影響商業銀行存款的主要因素有：

（一）社會經濟發展狀況

在社會經濟發展中，一個國家或地區的社會經濟發展狀況和發展水平決定和影響著商業銀行的存款規模。在經濟繁榮時期，企業生產正常發展，商品流通不斷擴大，社會有效需求增加，社會經濟效益提高，社會再生產過程中的生產、分配、交換、消費各個環節中出現了暫時的閒置資金，社會貨幣資金充裕，商業銀行的企業和儲蓄存款規模大幅度上漲；反之，在經濟蕭條時期，企業生產不正

常，商品流通不斷下降，社會有效需求減少，社會貨幣資金匱乏，商業銀行的存款規模相應會減少。

(二) 中央銀行貨幣政策

中央銀行是國家金融調控機構，肩負著國家金融調控重任，中央銀行的貨幣政策是影響商業銀行規模的直接因素。中央銀行主要通過運用貨幣政策工具直接或間接影響市場貨幣供應量，直接影響商業銀行存款的總量和結構。當中央銀行實行寬鬆的貨幣政策時，會降低法定存款準備金率、再貸款率和再貼現率，或是在金融市場上買入有價證券，投放資金，增加貨幣供應量，從而增加了商業銀行的存款總量；當中央銀行實行緊縮的貨幣政策時，會提高法定存款準備金率、再貸款率和貼現率，或在金融市場上賣出有價證券，回籠資金，減少貨幣供應量，從而減少商業銀行的存款總量。

(三) 金融市場競爭狀況

金融市場競爭主要表現在兩個方面：一是在一定時期內，商業銀行和其他金融機構之間的競爭愈加激烈，則本行的存款份額就會相對減少。二是其他金融工具供應增加，為客戶提供了更多的投資渠道，商業銀行的存款也會相對減少。商業銀行要想擴大存款市場的份額，就需要制定銀行自身的行銷策略，確定行銷目標，推出存款業務新產品、提高管理服務水平、建立存款公共關係、對營業網點進行合理佈局。

(四) 居民貨幣收入預期與消費支出結構

居民貨幣收入預期是指居民個人對未來貨幣收入狀況的預測和判斷。當貨幣收入預期趨低時，居民個人會減少即期消費而提高儲蓄存款，而居民個人的收入預期又受到社會經濟環境和社會保障制度的影響，社會經濟環境越好，保障制度越健全，人們出於預防動機的儲蓄存款行為就會減少；反之，人們會降低收入預期，選擇更多的儲蓄以備不時之需。居民個人儲蓄還與消費信用發展程度也密切相關。若消費信貸比較發達，居民個人隨時可以通過商業銀行等機構獲得支付能力，就有利於促進即期消費，增加商業銀行當期儲蓄存款。

一般情況而言，儲蓄和消費都是收入的函數，居民個人的收入增加則儲蓄和消費也隨之增加。中國十幾年來儲蓄存款的高速增長，很大程度上是因為居民收入的大量增加。消費支出結構決定了居民手持現金的數量及閒置留用的時間，若居民個人的消費支出結構中在日常消費上，如吃、穿、用占很大比重，則意味著居民個人即期消費增加，作為累積性貨幣儲蓄下降；反之，則說明居民個人如將更多的收入用於住、行等巨額資金消費支出，這就需要更多的累積，居民個人的儲蓄存款就會相應增加。

(五) 商業銀行的信譽高低和資產規模

客戶選擇商業銀行的主要標準是信譽高低，若商業銀行的信譽高，在客戶心中的信用好，提升了客戶對銀行的信心，因此，信譽越好，就越能吸引客戶，存款就越來越多。商業銀行的資產規模大小是商業銀行資產是否雄厚的重要標志，其資產雄厚就能抵禦經營中的各種風險，其破產的可能性比較小，給存款客戶的

資金帶來最大的保險度，特別是持有資金數目較大的客戶，更注重商業銀行的資產規模及償債能力，因而，商業銀行資產規模越大，吸收的公眾客戶存款就越多。

（六）商業銀行的服務水平和存款價格

商業銀行要想拓展存款新天地，提高自身核心競爭力，擴大存款市場佔有份額，爭取更多的優質客戶，籌集更多的社會資金，在很大程度上取決於商業銀行的服務質量。誰能為客戶提供優質高效的服務，誰就能在激烈的競爭中占得先機。銀行必須樹立以客戶為中心、一切從方便客戶的角度出發的主動行銷理念，為客戶提供「一站式、一條龍」服務。因此，通過為客戶提供全面、周到、高效的服務，來吸引客戶、吸收存款。存款價格主要包括利率水平、開立管理各類帳戶的服務費用和優惠條件及補貼等。特別是存款利率是商業銀行用來推動存款經營的又一種有效措施，即使在現行管理利率體制下，商業銀行也可以通過調整利率結構等間接方式發揮利率的作用，以此提高對存款客戶的吸引力，並且存款的種類與形式越多，越能滿足客戶的選擇及要求，也能更多地吸引客戶，增加商業銀行的存款。

此外，影響商業銀行存款的因素還有很多，包括金融市場秩序、金融監管力度、國家財政和稅收政策以及社會總供求狀況等因素。

二、商業銀行存款經營管理的主要目標

商業銀行是一個企業，是一個高負債經營的金融企業，其開展資產業務的主要資金來源是商業銀行的存款，因此，加強對銀行存款的管理有著十分重要的意義。商業銀行存款的經營管理主要目標是：在遵循商業銀行的盈利性原則、流動性原則和安全性原則的基礎上，進一步提高商業銀行存款的穩定性，提高銀行存款的增長率和降低銀行存款的成本率。

（一）提高存款的穩定性

存款是商業銀行的主要資金來源，也是商業銀行經營的基礎，商業銀行在吸收存款時，一般需要穩定性比較高的存款。所謂存款的穩定性，是指對市場利率變動和外部經濟因素變化反應不敏感的存款。穩定性較高的存款是商業銀行長期性資產和高盈利性資產的主要資金來源，對商業銀行經營管理和提高商業銀行的盈利水平有著極其重要的意義。因此，衡量存款穩定性的指標主要有存款穩定率和存款佔有天數，具體公式為：

存款穩定率＝存款最低餘額/存款平均餘額×100%

存款平均佔有天數 =（存款平均餘額×計算期天數）/存款支付總額

上述兩個指標與存款穩定性呈正相關關係。即存款的穩定率越高，存款的平均占用天數越多，商業銀行存款的穩定性就越高；反之，存款穩定性就越低。提高存款的穩定性是商業銀行保持充足的流動性，降低流動性風險的重要手段。商業銀行要提高存款的穩定性，就需要提高存款的最低餘額和延長存款的占用天數。因此，商業銀行要根據存款的變動對商業銀行存款進行分類，並根據其變化

情況提出經營策略。按存款變動程度劃分，商業銀行存款分為三類：

一是易變性存款，主要是指活期存款。由於這類存款是即期的購買和支付手段，其流動性很強，存款人隨時都可能提取現金和轉帳，因此其穩定性最差。

二是準變動性存款，主要是指定活兩便存款、通知存款等。這類存款既不能隨時提現和轉帳，又沒有支取約定期限的制約，其穩定性介於活期存款和定期存款之間。

三是穩定性存款，主要是指定期存款、大額可轉讓定期存單和其他定期性質的存款。這類存款在約定期限內一般不允許提前支取，因此這類存款的穩定性是最高的。

商業銀行根據存款變化情況劃分存款類型後，為提高商業銀行存款的穩定性，按其存款變化情況有針對性地採取對策：

一是對於易變性存款，主要是提高其穩定率。商業銀行可以通過提高服務水平，以客戶為中心，改善服務環境，改變服務方法，制定存款策略，吸引存款客戶，增加客戶數量。客戶數量越多，即使少數客戶的存款出現波動，對商業銀行存款的穩定性的影響也極小。

二是對於穩定性存款，主要是延長其平均占用天數。商業銀行定期存款中的保管性和儲蓄性的存款，其穩定性最高，商業銀行必須為這類存款採取安全、保值、增值和保險措施，特別做好存款轉存和計息工作，以盡量延長其占用天數。定期存款中的投資性存款，由於受到債券、股票等高收益金融資產的影響，這類存款容易轉移和流失，因此商業銀行要根據金融市場的價格變化和自身承受能力而適當提高存款利率，提高存款人收益，減少存款的轉移和流失，同時改變存款行銷策略，加強宣傳攻勢，強調存款的盈利性、流動性、安全性的特點，以延長平均占用天數。

（二）提高存款的增長率

商業銀行的存款是商業銀行開展資產業務的主要資金來源，是開展中間業務的基礎，存款規模的大小直接影響著商業銀行經營規模的大小，如果某一商業銀行的存款迅速增長，則說明該商業銀行經營規模擴大，市場競爭力增強。存款增長率是指本期存款量較之上期存款量的增量與上期存款量之比。用公式表示為：

存款增長率＝（本期存款量－上期存款量）／上期存款量×100%

從公式看，如存款增長率越高，說明存款增量越大。商業銀行的存款增長是商業銀行經營管理追求的目標之一，但並非是說商業銀行存款增長率越高越好，存款增長越快越好。商業銀行在經營過程中的存款的增長要考慮多種因素，如存款的利率、管理費用、資金運用渠道等，因此，商業銀行應根據自身的實際情況，科學制定存款增長目標，才能促進商業銀行的全面、有效、合理的發展。

（三）降低存款的成本率

商業銀行吸收存款均需要對存款人支付存款利息，這是商業銀行經營存款負債業務的利息成本；同時，商業銀行除支付存款利息外，還有其他的營業費用支出，如存款櫃臺人員的工資和獎金等，構成存款的營業成本。存款成本率是指商

業銀行吸收存款所支出的利息成本和營業成本的總和與存款總額的比率。用公式表示為：

存款成本率＝（利息成本＋營業成本）/存款總額×100%

存款成本率是衡量商業銀行存款成本大小的一個重要指標。商業銀行積極努力降低存款成本率，不僅可以提高商業銀行的盈利能力，而且還可以擴大商業銀行的其他業務。因此，商業銀行在保持充足的流動性的前提下，要適當調整存款種類結構和期限結構，努力擴大活期存款比重，降低定期存款比重，盡可能降低存款利息成本；同時，積極提高商業銀行營業人員的工作效率以及設備服務性能，降低營業成本。商業銀行通過降低存款利息成本和營業費用，可以達到降低存款成本率的目的。

三、商業銀行存款經營管理的主要內容

為了提高商業銀行存款的穩定性，促進商業銀行的存款增長，商業銀行要制訂存款業務行銷方案，積極進行存款業務行銷，以吸引更多的客戶存款。同時，為了降低存款成本率，需要商業銀行對存款成本進行控制，對存款進行科學、合理的定價。因此，商業銀行存款經營管理的主要內容是存款市場行銷管理和存款成本定價管理。

（一）商業銀行存款市場行銷管理

商業銀行存款市場行銷是指商業銀行以市場為導向，運用整體行銷手段向客戶提供存款產品和服務，在滿足客戶需要和慾望的過程中實現利益目標的社會行為過程。商業銀行要做好存款市場行銷工作，必須分析市場的內外因素、掌握存款業務的發展趨勢，制定存款行銷策略。

1. 正確把握市場的外部因素和銀行的內部因素

（1）外部因素

①社會經濟條件的變化。一是市場經濟或國民經濟發展水平所決定的貨幣信用關係的發展程度。經濟發達、誠信度高的地區，客戶的存款規模就隨之擴大；反之，存款規模就越小。二是國家或地區的經濟週期的不同階段對存款的影響。在經濟繁榮時期，社會的投資需求擴大，整個社會的資金供給增強，商業銀行吸收存款相對容易，客戶存款則會大幅度上升；反之，在經濟蕭條時期，社會有效需求不足，資金供需矛盾突出，商業銀行吸收存款難度加大，存款數量相應減少。

②金融政策變化。中央銀行的貨幣政策的變動會直接或間接地對商業銀行的存款產生影響。在中央銀行實行寬鬆的貨幣政策的條件下，商業銀行的存貸款均有提高，存款規模也隨之上升；反之，在中央銀行實行緊縮的貨幣政策的條件下，商業銀行的信貸規模減少，存款擴張能力降低，存款也隨之減少。

③社會企業發展狀況。企業規模越大，其資金流量越大，存款規模越大；反之，企業規模越小，存款規模小。企業的產品市場越大，銷售渠道暢通，經濟效益良好，則企業存款也會相應增加；相反，企業的產品市場越小，銷售渠道受

阻，資金沉積在生產各環節中，經濟效益較差，則企業存款必然下降。

（2）內部因素

①銀行服務水平。商業銀行的服務水平是影響客戶存款的直接因素之一。商業銀行可以通過不斷推出新的服務項目，提高服務質量，擴大服務範圍，從而吸引客戶，調動客戶的存款積極性；同時，為客戶提供結算、代理、信貸、理財等方面的全方位服務，以吸引和穩定存款客戶。

②存款業務種類。商業銀行要根據客戶的需求，開發出滿足客戶需要的存款產品，提供客戶需要的存款種類越多，存款形式越豐富，就越能吸引客戶；不斷創新存款產品，不斷推出新的存款產品，滿足不同客戶的需求，增強市場競爭力，就能開拓和維護客戶，不斷增加新存款數量。

③銀行的資產、信譽和員工形象。商業銀行的資產規模越大，實力雄厚，信譽越好，就越能吸引客戶。存款客戶選擇商業銀行的首要標準是看其信譽高低，特別是資金數額較大的客戶更注重商業銀行的資產規模和償債能力。同時，商業銀行要提高員工的內在素質，規範員工的精神風貌，注重員工的儀容儀表、挖掘員工的良好潛力等，這樣才能對存款行銷有良好的促進作用。

④銀行與社會各界的關係。商業銀行和社會各界的關係，主要包括業務關係和人事關係。業務關係是指商業銀行與企業界、個人和同業之間的業務關係，人事關係是指商業銀行與企業及其他組織的個人之間發生聯繫的一種形式，具有一定的個人感情色彩。商業銀行與社會各界的聯繫越密切，對做好存款業務工作、增加存款數量越有利。

2. 正確研究判斷商業銀行存款業務的發展趨勢

隨著市場經濟的發展和改革開放的力度加大，中國商業銀行的經營管理日趨成熟，同業競爭更為激烈。在這種背景下，中國商業銀行的存款業務出現了許多新的變化。

（1）存款競爭規範化。在商業銀行實行商業化經營的情況下，各商業銀行對存款的競爭越來越激烈。有些商業銀行為達到吸收更多存款的目的，採取擅自提高存款利率、支付手續費等不正當手段，嚴重擾亂了金融秩序，致使存款成本急遽上升。為了促進商業銀行的穩健運行，保證商業銀行之間的公平競爭，中國在完善金融法規建設的同時，加大了對違規經營、不正當競爭的懲罰力度，使存款競爭日趨規範，商業銀行存款業務的公平競爭、合法合規、有序經營已成為了廣泛的共識。

（2）存款方式多樣化。在實現利潤最大化和激烈競爭的雙重壓力下，商業銀行的經營理念發生了根本性的轉變，等客上門的傳統方式已成為歷史。上門服務、流動銀行、電話銀行、網上銀行、企業銀行、自助銀行等方式已成為了各家商業銀行爭取主動行銷、積極搶占存款市場先機的重要手段。隨著計算機的廣泛應用和商業銀行存款競爭層次不斷提高，存款方式不斷創新，極大地方便了客戶存款，為存款業務的開展打下了堅實的基礎。

（3）存款帳戶靈活化。隨著科學技術在商業銀行的廣泛應用，各種電子貨

幣層出不窮，其功能也日益完善，如「一卡通」「一本通」「一網通」「一櫃通」等，從而要求存款銀行打破彼此之間不能進行資金劃撥的限制，逐步走向互通有無、自動轉帳。如定期存款和活期存款之間可實現自動轉帳。存款帳戶的靈活化，將有力地促進商業銀行存款業務的發展，並為其開展中間業務提供了廣闊的空間。

（4）存款服務高效化。現代社會是一個文明、高效的社會。一方面，客觀上要求各商業銀行都創造一個優美、舒適的存款環境，實現文明待客、周到服務；另一方面，提高了工作效率，在確保資金安全的情況下，最大限度地簡化操作手續，對存取款實行限時服務；為客戶辦理異地資金劃撥時，實現了資金即時到帳，結算資金無在途時間；實現了存取款自動化，客戶自我服務。

3. 正確制定商業銀行的存款業務行銷策略

存款業務行銷策略是指商業銀行對客戶行銷存款業務的策劃和謀略。它是在對存款市場做出全面、科學分析和研究的前提下，所制定的存款行銷決策。其目的是通過對客戶的開發和行銷，擴大存款資金來源，獲得穩定的存款市場，提高商業銀行存款的市場佔有率。

（1）合理細分市場，選定目標客戶

商業銀行細分市場的方法很多，根據行業特性，商業銀行一般根據服務對象的不同而將市場分為個人客戶市場和企業客戶市場，然後再按地理、人口、職業、年齡、收入、消費心理、利益追求等標準做進一步細分。個人客戶市場和企業客戶市場是商業銀行最基本的市場細分類型。

①個人客戶市場。影響個人客戶需求差異性的因素很多，人口因素和利益因素是個人客戶市場細分的主要因素。如根據人口因素可以把個人客戶市場細分為高收入者市場和低收入者市場、高消費者市場和低消費者市場、儲蓄者大眾市場和揮霍者大眾市場等；根據利益因素可以把個人客戶市場細分為：有的個人客戶著眼於計劃消費，要求存取款便利；有的個人客戶帶有投資性質，要求獲得盈利；有的個人客戶側重於安全保密，要求提供安全服務等。因此，商業銀行通過對個人客戶類型市場細分，根據不同的需求，從不同的利益出發，選擇不同的目標客戶，制定不同的存款行銷策略。

②企業客戶市場。一般有以下幾種細分方法：

一是按企業規模分類，可分為大型企業、中型企業、小型企業等不同規模的企業。不同規模的企業其經濟實力和抗風險能力是不同的，對商業銀行的服務需求也有差異，如大型企業對存款貸款、結算和其他業務的需求量大，需求的品種多，因此，商業銀行要根據企業不同的規模來選定存款、貸款、結算等全面的行銷目標。

二是按企業行業分類，可分為機械、電子、交通、能源、電信、電力、紡織等不同行業。不同行業有不同的發展時期、有不同的發展前景和經濟效益，如新興行業則市場前景廣闊、投資回報高；成熟行業則市場逐步變小，經濟效益不斷下降；衰落行業則步履維艱。因此，商業銀行必須根據不同行業的發展態勢來

選定存款行銷目標。

三是按企業性質分類，可分為國有獨資、國有控股、國有參股、外資公司、中外合資、民營企業等不同性質的企業。隨著中國市場經濟不斷發展，國有資本占主導地位的企業越來越少，而混合資本結構的企業越來越多。對於不同性質的企業，商業銀行應選定不同的存款行銷目標。

四是按企業資信度分類，可分為 AAA、AA、A、BBB、BB、B 等不同資信級別的企業。資信等級越高，表明企業的資信狀況越好，商業銀行應據此選定不同的存款行銷目標。

（2）制定存款行銷策略，做好存款行銷工作

①系統服務策略。系統服務策略是一個商業銀行從總行到分支行及營業網點為一個金融客戶提供系統性金融服務的策略。它是大型商業銀行充分利用其分支機構較多的網點優勢，並與科技網路對接，形成系統性金融服務優勢，為公司客戶提供信貸、資金劃撥、信息諮詢、代收代付、金融理財等上下遊、全過程全系統的金融服務。系統性服務適用的主要對象是系統性、集團性大客戶。在運用系統性服務策略時，要搞好帳戶系統服務，加強網路科技服務，完善行銷服務網路，建立信息反饋網路。

②結算吸收存款策略。結算業務是指單位、個人在社會活動中通過商業銀行使用的票據、銀行卡、匯總、托收承付、委託貸款等結算方式進行貨幣給付及清算的行為。結算吸存策略是商業銀行通過現代化的結算網路和結算工具為公司客戶提供最先進的結算服務，從而吸收大量結算資金存款。運用結算吸存策略的著力點是要建立全國性的資金即時劃撥網路系統，實現資金結算即時化、自動化。

③信貸牽引策略。信貸牽引策略是指商業銀行以為公司客戶提供信貸服務為切入口，與客戶建立密切的、全面的合作關係，並為之提供多項金融服務，特別是存款服務。其適合的主要對象是優良的公司客戶，特別是大型的優良的公司客戶。

④源頭開發策略。源頭開發策略是指抓住公司客戶資金循環的起點和終點。目前，中國公司客戶的資金管理有兩種模式：一種是集中式，即公司客戶對全系統（集團）資金實行「收支兩條線管理」，資金收入全額劃至集團總部，費用支出、項目資金運用等資金支出一律通過集團總部下撥。這樣的公司客戶，其資金的源頭在集團總部。另一種是分散式，即公司客戶對資金實行分散管理，由分支公司自由支配，這樣的公司客戶，其資金源頭在分支公司。資金源頭開發策略是通過廣泛收集社會經濟信息，發現公司客戶的資金源頭，從源頭進行行銷，再從源頭擴展行銷到資金運行的全過程。

（3）用活存款行銷手段，實現存款行銷目標

①人員行銷。人員行銷是商業銀行員工以達成銷售為目的與客戶接觸，以引導和幫助客戶購買、使用商業銀行存款產品和服務的過程。信息技術的發展和電子服務手段的完善，導致了經濟和金融發展的差異性、金融產品和服務的複雜性、客戶需求的多樣性，也使人員行銷更具有獨特的人情味優勢，人員行銷將成

為市場行銷的重要手段。人員行銷的方式主要有櫃臺人員行銷、客戶經理行銷和全員行銷。

②宣傳行銷。宣傳行銷是指通過宣傳媒體直接向客戶介紹、行銷商業銀行存款產品和服務，樹立商業銀行良好形象的活動。商業銀行廣告可分為兩類：一是商業銀行形象廣告，二是商業銀行存款產品和服務廣告。商業銀行可選擇多種廣告媒體，如報紙、雜誌、書籍、廣播、電視、網路等。在廣告媒體選擇上要注意重點和多元化相結合，特別是媒體組合宣傳能增加廣告促銷的功效。

③公共關係促銷。公共關係促銷是指公共關係活動促銷，是一種專門用於市場行銷的公共關係活動。如公關聯誼會、新聞座談會、社會贊助活動、典禮參觀、產品展銷會等各種人際傳播活動，可以吸引各類公眾參加。它綜合利用各種傳播媒介，對於溝通信息、聯絡感情、促進銷售、擴大影響和樹立形象等都有一定的效果。

④網點行銷。網點行銷主要是調整網點佈局，統一本行網點的標志設計，給客戶形成良好的視覺形象；將本行已推出的各種金融產品進行包裝行銷，統一印製精美的金融產品和服務宣傳手冊；加強服務設施建設，方便客戶；增加網點服務功能，可按服務功能實行分區管理；在政策許可範圍內，可現場免費向客戶贈送一定的宣傳性禮品，以擴大存款產品的影響，爭取存款客戶。

(二) 商業銀行的存款成本管理和存款工具的定價方法

1. 存款成本的結構

商業銀行的存款成本是商業銀行在組織存款過程中所花費的開支，主要由兩部分組成：利息成本和營業成本。

(1) 利息成本

商業銀行的利息成本是商業銀行以貨幣形式直接支付給存款者的報酬，其大小由存款利率及存款規模來決定。存款利息成本是商業銀行成本的主要部分。影響存款利息支出的主要因素有存款利息率、存款結構和存款平均餘額。因此，商業銀行必須採取多種措施，調整存款結構，特別是要注意提高低利息存款的數量來降低存款利息成本，力求以最小的成本來擴大存款業務的規模。存款平均餘額的增長雖然會帶來利息支出的增長，但是可以通過資金運用，擴大貸款或其他資產業務，從而使商業銀行增加營業收入，取得更大的經營效益。

(2) 營業成本

營業成本是商業銀行用於吸收存款時除存款利息以外的所有開支，主要包括廣告宣傳費用、員工的工資與獎金、設備的折舊費、辦公費及其他為客戶提供服務所需的開支等。在存款的營業成本中，活期存款需要為客戶提供存取服務、轉帳服務、提現服務、支票服務等，其經營成本較高；定期存款在辦理存款後，存款人在存款到期時持定期存單支取本息，商業銀行一次性辦理應付本息手續，而在定期存款的期限中間，商業銀行可以沒有任何其他服務，所發生的各種費用較少，定期存款的經營成本較低。因此，要適當調整存款結構，降低存款營業費用支出。同時，在辦理存款業務時，每筆存款金額越小，營業費用率就會越高；反

之，每筆存款金額越大，營業費用率就會越低。所以，商業銀行在存款業務經營上，要將存款行銷重點放在資金實力雄厚、經營效益良好的存款數量大的客戶身上。

2. 存款成本控制指標

（1）存款成本率

存款成本率是指存款的利息支出和各項費用與存款餘額的比率。用公式表示為：

存款成本率=（利息支出+營業成本）/存款平均餘額×100%

存款成本率主要反應商業銀行經營存款業務的成本水平。

（2）可用資金成本率

可用資金成本率是指資金成本與可用資金的比率。其中：可用資金是商業銀行可以實際用於貸款和投資的資金，是銀行總的資金來源扣除應交存的法定存款準備金和必要的儲備金後的餘額；可用資金成本也稱為銀行的資金轉移價格，是指銀行可用資金應負擔的全部成本，是確定銀行盈利性資產價格的基礎。用公式表示為：

可用資金成本率=（利息支出+營業成本）/可用資金×100%

可用資金=總負債-庫存現金-存放中央銀行款項-存放同業-在途資金

通過計算可用資金成本比率，一是可以用於商業銀行的各類存款之間的對比；二是便於在總體上分析商業銀行自身可用資金成本的歷史變化情況，以及比較本行與他行可用資金成本的高低。

3. 存款成本控制的方法

（1）合理增加存款總量，力爭減少成本支出

商業銀行的存款成本與存款總量有關，商業銀行在經營存款業務過程中，存款總量和成本之間有著不同的關係。具體有四種不同的組合：

一是存款總量增長，成本上升；

二是存款總量增長，成本下降；

三是存款總量不變，成本增加；

四是存款總量不變，成本不變。

從商業銀行存款和成本形成的各種不同的組合看，它要求商業銀行要努力實現存款總量增長、成本下降和存款總量不變、成本不變的組合。即不但要求商業銀行在存款經營管理中，力爭在不增加成本或減少成本的前提下，盡可能地爭取商業銀行所需的存款資金來源，而且還要求商業銀行走內涵式擴大再生產之路，不能單純依靠提高存款利率、增設營業網點、增加內勤人員以擴大存款規模，而是應在改變存款結構、增加存款品種、提高信用工具的流通轉讓能力、提高工作效率和服務質量等方面進行創新和發展。

（2）優化存款結構，降低利息成本支出

商業銀行的存款結構不同，其利率高低不同，其利息成本不同。商業銀行存款結構的劃分主要有兩種：一是按存款期限長短劃分；二是按存款種類不同劃

分。一般情況下，存款期限越長，則存款利率就越高，相應的存款利息成本也越高；反之，存款期限越短，則存款利率就越低，相應的存款利息成本就越低。活期存款的利率較低，則其活期存款利息成本就越低；定期存款的利率較高，則其定期存款的利息成本就越高。因此，在商業銀行存款的成本管理上，要制定存款成本控制策略，採取切實措施，降低存款成本。主要的措施有：一是要擴大吸收低息存款，降低利息成本的相對數額；二是要正確處理不同存款類型的利息成本與營業成本的關係，力求降低存款的營業成本的支出；三是要加強活期存款和信貸能力的管理，在大力增加活期存款的同時，要進一步提高商業銀行的信貸能力；四是要正確處理定期存款和信用創造之間的關係，增加定期存款應與銀行存款的派生能力相適應。

4. 商業銀行的存款工具定價

商業銀行的存款工具定價是影響商業銀行盈利目標的主要因素，金融市場變化、存款成本構成及存款行銷推廣都影響存款的價格水平。存款工具定價的主要目的是彌補成本支出，實現預期的利潤目標，因此，存款工具的定價必須遵循存款工具定價原則和確定存款定價方法。

(1) 存款工具定價的原則

①堅持滿足存款客戶需要，確保銀行經營效益原則。存款工具的定價是在其他條件不變的情況下，如存款利率越高，就能夠提高存款客戶的存款積極性，增加商業銀行的存款數量；反之，如存款利率下降，就會挫傷存款客戶的存款積極性，存款客戶為了獲取更高的盈利，就會選擇收益高的投資產品進行投資，從而轉移一部分資金去追逐收益高的資產，降低商業銀行存款數量。因此，商業銀行必須推出滿足存款客戶需要的存款工具，推出立足於保護存款客戶利益的存款工具。如為確保存戶的實際利率收益，名義利率就應隨物價指數的升降而變化，這樣，才能吸引存款客戶進行存款，擴大存款市場佔有率。在滿足存款客戶需要的同時，商業銀行必須顧及自身的經營效益，合理制定存款工具定價原則；必須充分考慮商業銀行的存款成本負擔能力，努力降低存款成本，否則，將會降低商業銀行盈利水平，甚至由於存款成本過高，致使商業銀行發生虧損。因此，商業銀行存款工具定價的首要原則，就是在存款工具定價時，不僅要滿足存款客戶需求，而且要確保銀行經營效益。

②堅持不同存款工具的價格信息溝通原則。商業銀行的不同存款工具的價格信息必須是可以溝通的，價格信息要簡單明瞭，通俗易懂，容易被存款客戶瞭解，並可以對不同存款工具的價格進行比較和分析，從而使存款客戶能夠選擇適合自己的需要的存款工具。如在按存款期限細分市場的情況下，存款期限越長的存款，其存款利率越高。各種不同期限的存款工具在價格上要能溝通和比較。因為在存款市場上，利率是一種簡單的可以溝通比較的價格。

③堅持細分市場利益兼顧原則。商業銀行在開拓存款市場業務時，不可以過多地以損害某些細分市場的利益去補貼另一些細分市場；否則，會致使受損害的存款市場的存款業務日趨萎縮，而被其他商業銀行的有力競爭者佔有。即使在不

存在其他競爭者的情況下,也會導致商業銀行存款結構的畸形變化。因此,應堅持存款的細分市場利益兼顧原則,促進細分市場和存款結構合理發展。

(2) 存款工具定價的方法

在中國,商業銀行的存款利率由中央銀行即中國人民銀行統一制定和管理,各商業銀行只享有在規定範圍內的一定的浮動權,沒有對存款工具的自主定價權。它表明中國商業銀行經營的商業化程度較低,但在現階段對於維護中國金融秩序的長期穩定有著十分重要的意義。隨著利率市場化改革的推進,中國商業銀行將逐步擁有存款工具的定價權。

在西方金融市場發達的國家,市場利率浮動體制決定了商業銀行必須對存款工具擁有自主定價權。西方發達國家的商業銀行的自主定價,也受很多因素影響。主要有:一是要受制於當地金融市場的競爭情況;二是要受制於保持本商業銀行的原有利差的要求。因此,自主定價絕不等於完全自由定價。下面就西方發達國家的商業銀行自主定價的主要方法做簡單的介紹:

①以成本為基礎的定價。即以商業銀行各項費用成本之和作為定價的基礎。成本定價體系既不考慮外在經濟形勢,也不考慮不同細分市場客戶意願接受的收益水平,其最大優點是可以做到既不損害某些特定的存款工具,也不會給另一些存款工具補貼。其缺點在於定價公式的複雜化,例如一些基本往來帳戶,共有20項成本利益因素,還不包括該帳戶所使用的專門性輔助服務的全部費用。因此,只能測算出一個具有共同性的存款工具的基本成本,以此為基礎,再根據市場利率情況做出調整。

②以交易帳戶的收費定價。主要由以下三部分內容組成:一是規定每筆業務的收費標準及全部免費提供的輔助服務;二是按餘額對客戶以名義利率付息;三是按規定的平均或最低限額收費,在此數額以上的餘額則免收費用。因此,商業銀行主要應考慮最低餘額、手續費和平均餘額支付率三個因素。

③金融市場存款帳戶的定價。金融市場存款帳戶的定價,既取決於當地市場的競爭,又取決於保持原來的利差的要求。其中大約有25%的存款機構是根據國庫券、貨幣市場基金和可轉讓存單的收益等貨幣市場工具來確定存款帳戶的價格水平的。由於金融市場的利率處於不斷浮動狀態,因此70%以上的銀行按周調整存款帳戶的利率,只有7%的銀行按日定價。各銀行和金融機構對存款帳戶定價保持的時間長短是極不相同的,其中67%的銀行保證1周內存款利率不變,13%的銀行根本沒有保證,只有較少的銀行保證存款利率不變的最長週期是1個月。

④定期存單市場按銀行層次定價。在美國,1974年以來,定期存單市場形成了五個層次結構。第一層次由美國最大的7家銀行組成,其定期存單利率與同期政府債券相近;第二層次銀行存單的利率高於第一層次5~10個基點;第三層次銀行與第一層次銀行存單利率的平均差額為15個基點;第四、第五層次分別與第一層次銀行相差20~30個基點。自20世紀80年代以來,定期存單由按規模層次分檔轉向按信譽分檔,因為規模大的銀行不一定信譽高,即由莫迪投資服務公司評為高信譽級別的銀行,其定期存單的利率要低於低信譽級別的銀行,並且

定期存單市場的利率結構趨向於同商業票據市場相一致。

(三) 商業銀行存款的主要管理制度——存款準備金制度

商業銀行在開展存款業務的過程中，根據不同的存款種類和特點，商業銀行對存款有著不同的義務和責任。商業銀行對活期存款負有隨時支付的義務，對定期存款和定期儲蓄存款也得到期還本付息。為保護存款客戶的利益，大多數國家中央銀行對商業銀行和非商業銀行存款機構都實行了存款準備金制度。

(1) 存款準備金制度起源於美國。存款準備金制度創始於1842年美國《路易斯安那州銀行法》，當時規定商業銀行必須將公共負債（包括存款、銀行券）的1/3作為準備金。南北戰爭以前，美國許多州也效仿此法，但規定的比率存在著差異。1863年《國民銀行法》頒布，明確規定只對吸收的存款按規定提取存款準備金。1913年制定《聯邦儲備法》後建立了聯邦儲備系統。存款準備金制度沿用至今，而且世界各國也逐漸採納。

(2) 存款準備金制度的有關規定。在美國，商業銀行提存的存款準備金在保留期間的每日平均餘額應等於或超過應提的法定存款準備金。超額準備金可以按法定準備金的2%結轉下期，抵充下期準備金。如果發生不足情況，不足額不超過應提法定準備金的2%，則應通過向同業借款，或向聯邦儲備銀行申請貸款或再貼現，或出售流動資產來補足。在存款準備金不足，結轉下期仍不能抵消時，聯邦銀行可以對該金融機構處以罰金，其數額按計算期間的日平均不足額，根據當月的再貼現率加2%計算。

(3) 存款準備金比率的確定。各種存款的法定存款準備金比率，一般由聯邦儲備理事會規定。遇到緊急情況，經聯邦儲備理事會成員大多數同意，向國會說明理由，可以變動存款準備金比率。但由於法定存款準備金比率是一種強有力的貨幣政策工具，即使對它稍作調整，對經濟的震動都很大，而且法定存款準備金比率的調整具有明顯的宣告效應，因此，各國對法定存款準備金的調整都非常審慎，經常多年不變。

(4) 中國的存款準備金制度。中國的存款準備金制度在世界上是獨一無二的。其獨特性主要表現為：一是中國中央銀行要對準備金支付利息，而且是支付較高的利息。通過規定存款貨幣銀行必須保持其存款負債的某一比例作為支付準備金。一方面，使存款人的存款得到了一種安全「保險」；另一方面，中央銀行實際上對存款貨幣商業銀行的貸款行為設定和規定了一個貸款上限，從而能有效地約束商業銀行的信用創造能力。因此，存款準備金制度發揮作用是通過實行提取存款準備金的制度，中央銀行實際上是對存款貨幣銀行課徵了「稅收」，而稅收是無償性的，因而不對存款準備金提供利息便成為存款準備金制度發揮作用的必要條件之一，因此，世界各國中央銀行均不對存款準備金支付利息。二是從2004年4月25日起，中國中央銀行實行差別存款準備金制度，將資本充足率低於一定水平的金融機構的存款準備金率提高0.5個百分點，執行7.5%的存款準備金率，這是自2003年9月21日中央銀行統一提高存款準備金率1個百分點之後的又一個措施。差別存款準備金率制度的主要內容是：金融機構資本充足率越

低、不良貸款比率越高，適用的存款準備金率就越高；反之，金融機構資本充足率越高、不良貸款比率越低，適用的存款準備金率就越低。實行差別化的存款準備金率，打破原有的單一標準，將有利於抑制資本充足率較低和資產質量較差的金融機構盲目擴張貸款，防止金融宏觀調控中出現「一刀切」。差別存款準備金率制度與資本充足率制度是相輔相成的，有利於完善貨幣政策傳導機制，調動金融機構主要依靠自身力量健全公司治理結構的積極性，督促金融機構逐步達到資本充足率要求，實現調控貨幣供應量和降低金融系統風險的雙重目標。

第四節　商業銀行借入負債業務經營管理

商業銀行的借入負債業務，也稱為商業銀行的主動負債業務，是指商業銀行主動通過金融市場或直接向中央銀行融通資金的業務。商業銀行的借入負債在期限上有短期借入負債和長期借入負債之分。短期借入負債是指商業銀行借入的期限在一年以內的負債，也稱為短期借款；長期借入負債是指商業銀行借入的期限在一年以上的負債，也稱為長期借款。商業銀行的借入負債業務比存款負債更有主動性、靈活性和穩定性。由於借入資金既能增加營利性資產，又能滿足流動性的需要，因此，借入負債在負債總額中所占的比重呈不斷上升趨勢，逐漸成為各商業銀行的重要資金來源。

一、短期借款

（一）短期借款的意義
1. 短期借款是商業銀行非存款負債的重要資金來源

在商業銀行的負債業務中，存款業務是商業銀行傳統的負債業務，存款是商業銀行最主要的資金來源。但隨著商業銀行業務的發展，短期借款由於主動性強、靈活性大、穩定性高，日漸被商業銀行重視，特別是20世紀60年代以後，隨著負債管理理論的興起和發展，同業拆借、向中央銀行借款、回購協議、國際金融市場借款等短期籌措渠道已成為了商業銀行的重要資金來源。

2. 短期借款是有效滿足商業銀行週轉資金的重要手段

商業銀行的週轉金是商業銀行經營的一種保護性資金，亦即商業銀行必須經常持有足夠的資金以滿足可能出現的支付需求。商業銀行對週轉金的需求不僅僅局限於以現金資產作為週轉金的主要形式，而且可以擴展到商業銀行的負債業務。商業銀行可以通過在金融市場上的同業拆借、向中央銀行借款、回購協議等方式來滿足資金週轉的需要，降低存款波動帶來的不良影響，提高商業銀行的盈利能力。

3. 短期借款有利於提高商業銀行的資金管理效率

短期借款是商業銀行的主動性負債，短期借款在滿足商業銀行的流動性的需求上的作用十分明確。商業銀行可依據自身對流動性、安全性和盈利性的需要，

對短期的負債的時間和金額進行有效安排，從而大大提高了資金的管理效率。在商業銀行所有流動性需要都由二級準備來滿足的條件下，短期負債是商業銀行持有的比較高比例的流動性差的生息資產，從而有利於提高商業銀行的盈利水平。

4. 短期借款有利於擴大商業銀行的經營規模，加強與外部的聯繫

短期借款是商業銀行重要的資金來源，增加短期借款數量，為擴大商業銀行資產業務創造了條件，從而相應擴大了商業銀行的經營規模。通過辦理同業拆借業務，加強了商業銀行與其他商業銀行的聯繫與往來，相互瞭解信息，熟悉彼此狀況，有效進行合作，有利於共同抵禦各種風險；通過向中央銀行借款，有利於中央銀行瞭解商業銀行狀況，有利於中央銀行合理制定貨幣政策，促進金融秩序長期穩定發展；通過對國際金融市場的短期借款，加強了商業銀行同業間的國際往來，有利於形成統一的國際金融市場，促進國際金融市場的資金融通。

(二) 短期借款的特徵

1. 短期借款的流動性需要十分明確

在商業銀行的存款負債中，商業銀行的活期存款是存款客戶可以隨時提取的，其餘額每時每刻都在發生變化，而定期存款雖然有固定的存款期限，但是也有可能被提前支取，因此，要想全面、準確地掌握在某一時點上的存款餘額，確定流動性需要的數額就十分困難。而短期借款則不同，短期借款有明確的借款目的、借款期限和借款金額，對其償還時間、償還本息也有明確的規定，因此，商業銀行的短期借款對流動性需要在時間和金額上既可事先準確掌握，又可以有計劃地加以控制，從而有利於對短期借款進行有效的管理。

2. 短期借款流動性需要相對集中

商業銀行的活期存款客戶可以是個人也可以是單位，存款客戶的存款金額有大也有小，這就造成存款的流動性需要有可能數額很大，也有可能數額很小；而短期借款的渠道決定了短期借款對象不可能像存款對象那樣分散，每筆借款數額也不可能像每筆存款那樣小，因此，其結果必然是借款的流動性需要在時間和金額上都會比較集中。如果商業銀行不能按約定期限償還借款，就會影響其自身信譽而難以繼續經營，短期借款的流動性風險高於存款。

3. 短期借款的成本高，利率風險較大

短期借款的利率與金融市場的資金供給密切相關，在通常情況下，短期借款的利率要高於同期存款利率，尤其是金融市場的資金供給變化無常，一旦金融市場的資金需求大於供給，短期借款利率可能急遽上升，商業銀行將面臨較高的利率風險，導致商業銀行短期借款的利息成本提高。因此，對短期借款的市場分析和成本控制，是商業銀行負債經營管理的重要任務。

4. 短期借款的期限短，主要用於調劑頭寸

短期借款是商業銀行借入期限在一年以內的負債。由於期限短，短期借款一般只用於調劑頭寸，解決商業銀行臨時性資金不足和週轉困難的資金需要。在商業銀行的短期借款中，雖然短期借款的穩定餘額或可被長期佔用，但是絕不能通過短期借款來滿足營利性資產的資金需要。短期借款的動機和目的只能是為了滿

足商業銀行經營的流動性需要，主要用於滿足短期借款頭寸不足的需要。

（三）短期借款的種類

1. 同業拆借

同業拆借是指商業銀行之間的短期資金融通，主要用於支持銀行日常性資金週轉，是商業銀行為解決短期資金餘缺、調劑法定存款準備金頭寸而融通資金的重要渠道，是銀行同業間借款的主要形式。其主要特點有：

（1）同業拆借的主要用途是調節頭寸不足。同業拆借發生於商業銀行之間進行資金結算軋差時，有的商業銀行出現頭寸不足，而有的商業銀行則會出現頭寸盈餘。為實現資金的平衡，頭寸不足的商業銀行就需要從頭寸盈餘的商業銀行臨時拆入資金，頭寸盈餘的銀行也願意將暫時的資金拆借出去，以獲得利息收入。

（2）同業拆借的數額很大、期限很短。商業拆借通常是隔日償還，按規定最多一週至一個月。

（3）同業拆借利率較低，辦理靈活。同業拆借的融資對象、數額和時間都較為靈活，拆借手續簡便，通過電話或電傳就能達成交易。

（4）同業拆借一般通過商業銀行在中央銀行的存款帳戶進行，即通過中央銀行資金市場進行，實際上是超額存款準備金的調劑。

同業拆借主要在銀行同業間達成交易，因此信用性高、流動性大、時限性強、違約風險小、不良交易少。世界各國對同業拆借市場的管理相對寬松，主要通過各種調控措施直接或間接地干預同業拆借市場。其管理主要集中體現在四個方面：

（1）對拆出資金的管理。有些國家對拆出商業銀行的放款數額進行限制，禁止其對某一借款人過度放款，體現風險分散原則。

（2）對拆入資金的管理。有些國家對拆入資金的數量也有限制，如美國的國民銀行拆入款不得超過其股本加上盈餘的50%，體現要有充足資本的要求。

（3）對拆借擔保的管理。如日本明確規定拆借還須有擔保抵押，並具體規定擔保品的種類和質量。

（4）運用三大傳統政策對同業拆借市場進行調控。實行中央銀行制度的國家一般運用存款準備金、再貼現、公開市場業務三大政策間接調控拆借市場，以實現中央銀行的貨幣政策目標。

中國1996年開通的全國同業拆借一級網路和各省市的融資中心，均為有形市場。1996年初至1997年7月，中國同業拆借市場由兩級網路組成，商業銀行總行為一級網路成員，銀行分支行和非銀行金融機構為二級網路成員；各省市融資中心既是一級網路成員，又是二級網路的組織者和參與者，是溝通一級網路和二級網路的橋樑。

1997年8月，融資中心為加強自身風險的管理和控制，主動減少自身的交易規模，市場交易由拆借雙方自行清算、自擔風險，交易成員奉行「安全第一，價格第二」的原則。拆出方把防範信用風險放在首位，拆借主要在資金實力雄厚、

信譽較好的商業銀行總行之間進行。

1998 年 2 月後,融資中心退出拆借市場,也就宣告了拆借市場二級網路的終止。1998 年 4 月外資銀行開始進入拆借市場,1998 年 6 月中國商業銀行省級分行開始成為拆借市場成員,但拆借依然維持在商業銀行總行之間。到 2000 年年底,全國銀行間同業市場成員共有 465 家,銀行間債券市場成員 60 家,包括國有商業銀行、政策性銀行、股份制商業銀行、證券公司、基金管理公司、保險公司、財務公司等各種各樣的金融機構。

同業拆借的利率一般高於存款利率而低於短期貸款利率,否則拆借盈虧就不能達到保本的要求。通常情況下,拆借利率應略低於中央銀行的再貼現率,這樣就能迫使商業銀行更多地面向市場借款,有利於中央銀行控制基本貨幣的供應。中國的同業拆借市場由 1~7 天的頭寸市場和期限在 120 天內的借貸市場組成。

2. 向中央銀行借款

商業銀行向中央銀行借款有兩種形式:

(1) 再貼現。再貼現是指商業銀行將其貼現收進的未到期的票據向中央銀行再辦理貼現的資金融通行為。在票據流通發達的國家,再貼現是商業銀行向中央銀行借款的主要途徑。中央銀行會對再貼現票據的數量、種類和期限要求進行特殊的審查,不斷調整再貼現率和再貼現額,從而達到調節市場資金可貸量和貨幣供求量的目的。

(2) 再貸款。再貸款是商業銀行直接向中央銀行取得的貸款。在商業票據不發達的國家,再貸款是主要的形式。再貸款有兩種形式:信用貸款和抵押貸款。信用貸款僅靠商業銀行的信用進行貸款,不需要特定的擔保品作為抵押;抵押貸款則要求商業銀行將其持有的各種有價證券和票據作為抵押,或將企業交來的貸款抵押品再抵押給中央銀行以取得貸款。

由於中央銀行向商業銀行的放款將構成具有成倍派生能力的基礎貨幣,因此各國中央銀行都把對商業銀行的放款作為宏觀金融調控的重要手段。中央銀行在決定是否向商業銀行放款、何時放款、放多少款時遵循的最高原則是維護金融和貨幣的穩定;其利率隨經濟、金融形勢的變化而經常調節,通常要高於同業拆借利率。在一般情況下,商業銀行向中央銀行的借款只能用於調劑頭寸,補充儲備不足和資產的應急調整,而不能用於貸款和證券投資。

目前中國商業銀行向中央銀行借款主要採取貸款這一直接借款形式。今後,隨著中國票據貼現市場的不斷發展擴大,將逐步以再貼現取代再貸款。

3. 轉貼現和轉抵押

轉貼現是指商業銀行將其貼現收進的未到期票據,再向其他商業銀行或貼現機構進行貼現以融通資金的行為。轉抵押則是商業銀行把自己對客戶的抵押貸款再轉讓給其他銀行以融通資金的行為。這兩種方式的手續和涉及的關係都比較複雜,受金融法規定的約束比較大,因此必須有約束地、合理地使用。

4. 回購協議

回購協議是指商業銀行通過賣出資產組合中的證券來獲得資金,在賣出證券

的同時，要同買入證券者簽訂一定時期後重新購回證券的協議。其實質是短期資金借貸的一種有擔保的具有流動性的融資手段。與此相對應的是「逆回購協議」，買入證券者在簽訂協議時交割資金買回證券，並在合同期滿時「再賣出」證券換回資金。回購協議可以多種方式進行，最常見的有兩種：一種是證券的賣出與回購採用相同的價格，協議到期時以約定的收益率在本金外再支付費用；另一種方式是回購證券的價格高於賣出時的價格，其差額就是合理收益率。回購協議市場一般為無形市場，交易雙方通過電話進行，但也有少數交易通過一部分市場專營商進行，這些專營商大多為政府證券交易商。因而，大商業銀行、政府證券交易商、實力雄厚的非銀行金融機構、地方政府是回購協議市場的主要參與者。回購協議的期限一般很短，如中國規定回購協議的期限最長不超過3個月。回購協議是發達國家中央銀行公開市場操作的重要工具。

5. 國際金融市場借款

商業銀行還可以從國際金融市場借款來彌補資金的不足。目前最具吸引力的是歐洲貨幣市場，因為它是一個完全自由開放富有競爭力的市場。歐洲貨幣市場由於具有以下特點，成了各國商業銀行籌措短期資金的重要場所：一是歐洲貨幣市場不受任何國家的政府管制和納稅限制，如借款條件靈活、借款不限制用途等。二是歐洲貨幣市場的存款利率相對較高，放款利率相對較低，存放款利差較小。這是因為它不受法定存款準備金和存款利率最高額的限制，因此無論對存款人和借款人都具有吸引力。三是歐洲貨幣市場資金調度靈活，手續簡便，業務方式主要憑信用，短期借款一般簽協議，無需擔保品，通過電話或電傳就可以完成。這裡起決定作用的是借款銀行的資信度。四是歐洲貨幣市場的借款利率由交易雙方依據倫敦同業拆借利率具體商定，非常靈活。

（四）短期借款業務的管理

1. 短期借款的經營策略

（1）選擇時機策略

商業銀行在運用短期借款渠道時，特別要注重時機選擇問題，主要時機選擇策略有：一是運用時機。運用時機是指商業銀行要根據自身在一定時期的資產結構及其變動趨勢來確定是否利用和在多大程度上運用短期借款渠道。二是利率時機。利率時機是根據一定時期金融市場的狀況，特別是利率的高低等來選擇借款時機。三是政策時機。政策時機是指依據中央銀行貨幣政策的變化來決定利用短期借款的程度。

（2）規模控制策略

商業銀行的短期借款的目的性、時間性和金額性十分明確，短期借款是商業銀行為實現流動性、盈利性目標所必需的借款，但並不是越多越有利，其借款規模大小，要充分考慮借款成本與所得收益的關係。如果利用短期借款付出的成本支出超過因擴大資產規模而獲取的利潤，則要採取控制借款規模、縮小借款規模策略。商業銀行要保持流動性，增加盈利水平，則要通過調整資產結構，或通過進一步挖掘存款潛力的辦法來增加資金來源。商業銀行在資產負債經營管理中，

必須正確處理好流動性、安全性、盈利性三者間的關係，全面衡量「三性」利弊得失，合理測算出一個適度的借款規模。

(3) 結構安排策略

商業銀行的短期借款的種類很多，對短期借款種類的結構進行合理安排是商業銀行一種重要的經營策略。從短期借款的利率結構來看，商業銀行應盡可能地多利用低利率借款，少利用高利率借款；從短期借款的收益結構來看，當金融市場資金供不應求，市場利率上升時，也可適當借入利率較高的資金，以增加預期收益，提高盈利水平；從短期借款的成本結構來看，如果從國際金融市場的借款成本較國內低，則可適當提高國際金融市場借款的比重；從短期借款的貨幣政策來看，當中央銀行降低再貸款率和再貼現率時，則應提高向中央銀行借款的比重；反之，則可適當降低向中央銀行借款的比重。

2. 短期借款的管理重點

短期借款的特點決定了商業銀行在短期借款的經營管理上要突出重點。其重點為：

(1) 商業銀行對短期借款要控制借款金額與借款期限，主動把握借款期限和金額，有計劃地將各種短期借款的到期時間和金額分散化，以減輕流動性需要過於集中的壓力，有利於有計劃地籌措充足資金，合理安排償還到期的短期借款。

(2) 商業銀行將短期借款的到期時間和金額與存款增長規模相協調，把短期借款控制在承受能力允許的範圍之內，爭取用存款增長來解決一部分短期借款的流動性需要。

(3) 商業銀行要分散短期借款的借款對象和金額，通過多頭拆借的方法，力爭形成一部分長期占用的借款餘額。

(4) 商業銀行要保證到期借款的償還與銜接，就要準確統計借款到期的時間和金額，事先籌措好資金，以滿足短期借款的流動性需要。

二、長期借款的管理

(一) 長期借款的特點

長期借款是商業銀行借入的需在一年以上期限償還的負債。商業銀行長期借款的主要形式是發行金融債券。商業銀行發行金融債券主要用於滿足其中長期的特定用途的資金需要。金融債券是西方商業銀行業務綜合化、多樣化發展和金融業務證券化的產物，發行金融債券是商業銀行負債多樣化發展的必然趨勢。商業銀行之所以在存款之外發行金融債券，是因為金融債券具有不同於存款的特點。其主要特點有：

(1) 籌資目的不同。吸收存款是商業銀行的傳統業務，是商業銀行主要的資金來源，其目的是為了全面擴大銀行的信貸資金來源總量；而發行金融債券則著眼於增加長期資金來源和滿足特定用途的資金需要。

(2) 籌資機制不同。吸收存款是經常性的業務，存款數量無限額的，而且

取決於客戶的意願，屬被動性負債；而發行金融債券則是發行時間集中的、發行數量有限額的，且主動權掌握在銀行手中，屬主動性負債。

（3）籌資效率不同。金融債券利率一般比同期存款利率高，盈利性較強，對客戶有較強的吸引力，客戶願意將資金拿來購買金融債券，所以籌資效率高於存款。

（4）所吸收資金的穩定性不同。金融債券具有明確的償還期，一般不能提前還本付息，資金穩定性程度高於存款，而存款的期限一般較短，特別是活期存款沒有規定存款期限，其穩定性相對較低。

（5）資金的流動性不同。除特定的大額定期可轉讓存單外，一般存款的信用關係固定在商業銀行和存款客戶之間，不能轉讓。而金融債券一般不記名，可以廣泛地在二級市場上流通轉讓，因此，金融債券比存款具有更強的流動性。

（二）長期借款的意義

金融債券的特點使長期借款對商業銀行調整資產負債結構，增強商業銀行資金實力有著重要的意義。主要表現在：

（1）金融債券的募集面廣，有利於擴大籌集資金範圍。商業銀行發行金融債券面向全社會，籌集資金範圍廣泛，不受商業銀行所在地區資金狀況的限制，也不受商業銀行自身網點和人員數量的束縛，突破了區域資金狀況限制，突破了商業銀行自身條件限制，擴大了金融債券的籌集資金範圍。

（2）金融債券的利率較高，有利於提高籌集資金效率。商業銀行發行的金融債券利率一般高於同期存款利率，並且一般不記名，可以廣泛地在二級市場上流通轉讓，流動性較強，對客戶有較強的吸引力，有利於提高銀行的籌資效率，而且，發行金融債券所籌集的資金不需要繳納存款準備金，有利於銀行充分利用資金。

（3）金融債券的期限較長，有利於合理安排資金使用。金融債券是商業銀行借入的一年以上的中長期負債，其中，五年以上的長期金融債券居多。商業銀行對於募集到的自身發展所需要的長期資金，根據資金運用的情況和特定用途的項目需要，合理地安排資金使用的期限和結構。

商業銀行通過發行金融債券拓寬了商業銀行的負債渠道，促進了商業銀行負債來源的多樣化。但是與存款相比，金融債券也有一定的局限性，特別是金融債券發行的數量、利率、期限都要受到金融管理當局有關規定的嚴格限制；發行金融債券要承擔發行費，籌資成本較高；債券的流動性受市場發達程度的制約等。

（三）金融債券的主要種類

商業銀行的金融債券按照不同的劃分標準有不同的分類。

（1）按照發行債券的目的不同，可分為資本性金融債券和一般性金融債券。資本性金融債券是為了補充銀行資本不足而發行的，一般性金融債券是直接為滿足某些資金運用項目需要而發行的。

（2）按照有無擔保劃分，可分為擔保金融債券和信用金融債券。擔保金融債券是指由第三方擔保和以發行者本身的財產作為抵押的抵押擔保債券。信用金

融債券也稱無擔保債券，是完全憑發行者本身的信用發行的債券。商業銀行特別是資產規模較大的國有控股商業銀行發行的金融債券，由於其信譽良好，一般都發行信用金融債券。中國商業銀行現階段所發行的債券都是信用債券，今後，隨著中國合作性和民間性的中小銀行的發展，符合發行擔保金融債券的條件，也將發行擔保金融債券。

（3）按照債券利率是否浮動劃分，可分為固定利率債券和浮動利率債券。固定利率債券在債券期限內利率固定不變，持券人到期收回本金，定期取得固定利息；浮動利率債券根據事先約定的時間間隔，按某種選定的市場利率，在期限內進行利率調整。

（4）按照發行價格不同劃分，可分為普通金融債券、累積利息金融債券和貼現金融債券。普通金融債券是定期存單式，到期一次還本付息的債券，期限通常在三年以上，又可進入證券二級市場進行轉讓。累積利息金融債券指銀行發行的浮動期限式，利率與期限掛勾的金融債券，期限通常在1~5年之間，利率按此期限分成幾個不同的等級，每一個時間段按相應的利率計付利息，將幾個不同等級部分的利息相加，即為該債券的總利息。貼現金融債券是金融機構在一定時間或期限內按一定貼現率低於債券面額的價格折價發行的債券，利息為貼現金融債券的發行價格與償還價格的差額。

（5）按照發行範圍和幣種的不同劃分，可分為國內金融債券和國際金融債券。國際金融債券是指在國際金融市場發行的面額以外幣表示的債券。一般分為外國金融債券、歐洲金融債券和平行金融債券。

①外國金融債券是指發行銀行通過外國金融市場所在國的銀行或金融機構發行的以該國貨幣為面值的金融債券。這類債券的基本特點是，債券發行銀行在一個國家，債券的發行幣種和發行市場則屬於另一個國家。如中國的銀行在日本發行的以日元計價的債券，就是外國金融債券，要受發行地的金融法規的管制。

②歐洲金融債券是債券發行銀行通過其他銀行或金融機構，在債券面值貨幣以外的國家發行並推銷的債券。其主要特點是：不在任何特定的國內金融市場註冊，不受市場所在國金融法規的限制；債券發行銀行屬於一個國家，債券在另一個或幾個國家的金融市場上發行，而債券面值所使用的貨幣則屬於第三方國家。如中國銀行在法蘭克福市場上發行的日元債券，就是歐洲日元債券。

③平行金融債券是發行銀行為籌集一筆資金，在幾個國家同時發行債券，債券分別以各投資國的貨幣標價，各債券的籌資條件和利息基本相同，這實際上是一家銀行同時在不同國家發行的幾筆外國金融債券。

（四）長期借款的管理

（1）發行金融債券申報。在市場經濟發達國家，由於金融法律法規比較嚴密，對金融債券的發行已有明確的法律規定。商業銀行在發行金融債券時，只要符合法律法規，不須經過嚴格的申報程序，只要向中央銀行或金融監管部門備案即可。而在市場經濟不發達的國家，由於金融法規不夠嚴密，則必須履行嚴格的申報、審批程序。中國人民銀行是中國金融債券發行的主管部門，凡要求發行金

融債券的商業銀行，必須逐級向中國人民銀行報送有關材料，經嚴格審查、批准後才能發行金融債券。

（2）發行金融債券信用等級的評定。各國對金融債券的信用等級的評定一般有三個標準：①盈利能力。衡量金融機構盈利能力的重要尺度是資產收益率，它是營業淨收益與資產平均餘額的比率，這個比率越高，盈利能力越強。②資本充足率。通過資本與風險資產的比率反應資本充足程度和防禦風險能力的高低。③資產質量。金融機構資產質量主要指資產損失的程度，它通常以不良資產的比率來衡量。金融債券的發行要由專門的評級機構對發行者的償還能力做出評價，也就是債券的信用評級，目的是為債券投資者提供參考，確保投資者的利益，以保證債券市場的秩序和穩定。國際債券的信譽評級不是對發行者總的資信評級，而只是對發行該筆債券還本付息能力的評估，因此同一發行者同時發行幾筆債券時，每筆債券的信譽等級不一定相同。

（3）發行金融債券數額和運用範圍。各個國家對商業銀行發行金融債券的數量都有一定的規定，主要是規定發行總額不能超過銀行資本加法定準備金之和的一定倍數。對債券所籌資金的運用範圍，世界各國有著不同的規定：有的國家沒有具體明確的規定；有的國家規定只能用於中長期貸款；也有的國家規定只能用於專項投資。中國國內金融債券的發行要納入中國人民銀行的全國綜合信貸計劃，發行數量主要控制在當年各銀行償還到期債券的數量加當年新增特種貸款之和的額度內。對債券所籌集資金的使用，除償還到期債券外，只能用於特種貸款的發放。

（4）發行金融債券價格與發行費用。金融債券的發行價格包括兩方面內容：一是出售價格。出售價格有三種選擇，即面值出售、折價出售、溢價出售。二是利率。金融債券利率有固定利率和浮動利率兩種選擇。在國際上，固定利率債券的發行依其信用等級的高低大多為低價或高價發行，而浮動利率債券則通常都是等價發行。中國國內的金融債券除少量貼水債券外，基本都是固定利率等價發行的債券。債券發行銀行除向投資者支付利息外，還要承擔一定的發行費用，利息和發行費用構成債券的發行成本。特別是國際金融債券的發行費用較高，它有最初費用和期間費用之分。最初費用包括承購手續費、差旅費、印刷費、上市費和律師費等。期間費用有債券管理費、付息手續費、還本手續費和其他服務費等。

從銀行經營管理角度而言，發行金融債券是一種負債經營，它為商業銀行籌措資金起到了一定的積極作用，但也存在一些弊端：一是容易造成超貸，從而導致信用膨脹；二是超貸效應使產生呆帳的可能性增大，清償能力減弱，容易導致銀行倒閉；三是如果負債經營產生短貸長用，則擴大固定資產投資量，縮小流動資金投資量，削弱了貨幣資金的流動性，可能導致整個銀行系統資金週轉不靈。因此，要對債券資金進行適量控制，以盡可能趨利避害。

復習與思考題

1. 簡述商業銀行存款的種類及其特點。
2. 簡述商業銀行存款工具創新的原因及其種類。
3. 什麼是短期借款？短期借款的主要形式有哪些？
4. 什麼是長期借款？長期借款的主要形式有哪些？

第四章　商業銀行資產業務

學習目標

◆ 瞭解現金資產管理目的和管理原則
◆ 掌握貸款業務的種類和信用分析方法
◆ 熟悉證券投資業務的各種金融工具

商業銀行的資產業務是指商業銀行運用其吸收的資金，從事各種信用活動，以獲取利潤的業務。商業銀行的資產規模是衡量商業銀行實力和地位的重要標志。商業銀行資產業務按其資金的投向可分為：現金資產、貸款、證券投資和其他資產。商業銀行經營資產業務必須遵循流動性、安全性和盈利性原則，通過運用各種管理手段，對資產總量和資產結構進行合理配置和有效調節，以實現商業銀行經營管理目標。

第一節　商業銀行現金資產

商業銀行是高負債經營的金融企業，其資金來源的性質和業務經營的特點，決定了商業銀行必須保持合理的流動性。流動性是商業銀行經營的「三性」原則之一，滿足流動性需求的現金管理是商業銀行經營管理最基本的內容。商業銀行需要滿足現金需求的主要方面有：一是客戶隨時提取存款的需求。商業銀行必須滿足客戶隨時提取存款的需求，滿足新的貸款的需求；否則，商業銀行的信譽將受到損害，或可能出現經營危機。二是中央銀行法定存款準備金的需求。商業銀行必須以持有現金的方式向中央銀行繳納法定存款準備金。三是結算的往來資金需求。商業銀行作為結算中心，必須在中央銀行或其他商業銀行存有足夠現金以清償結算票據。四是金融服務的需求。商業銀行需要向其他同業機構支付現金以獲取金融服務。

一、現金資產的構成

商業銀行的現金資產有狹義和廣義之分。狹義的現金資產是指庫存現金，廣義的現金資產包括庫存現金、在中央銀行的存款、同業存款和在途現金。廣義的現金資產的具體內容有：

(一) 庫存現金

庫存現金是商業銀行為滿足日常業務交易需求而保存在金庫中的現金,包括現鈔與硬幣。庫存現金的用途主要是應付客戶提取現金需要和商業銀行本身的日常零星開支。由於庫存現金是一種非營利性資產,而且還需要花費大量的保管費用,因此,庫存現金不宜保存太多。庫存現金的經營原則是保持適當的數量。

(二) 中央銀行存款

中央銀行存款是指商業銀行存放在中央銀行的存款即存款準備金。商業銀行在中央銀行分別開設有法定存款準備金帳戶和超額準備金帳戶:一是法定存款準備金帳戶,是商業銀行按照法定存款準備金比率向中央銀行繳存的存款準備金;二是超額存款準備金帳戶,是商業銀行在中央銀行帳戶上持有的,用於日常支付和債權債務清算的資金,具有可用資金的性質,其數量多少直接影響到商業銀行的信貸擴張能力。

(三) 存放同業存款

商業銀行存放在同業的存款是指商業銀行存放在其他同業機構的款項。商業銀行在其他同業機構存放款項,是為了便於在同業之間開展代理業務和結算收付。由於存放同業的存款屬於活期存款性質,可以隨時支用,因而可以視同商業銀行的現金資產。

(四) 在途資金

在途資金,也稱托收未達款,是指商業銀行通過對方商業銀行向外地付款單位或個人收取的票據。在途資金在收妥之前,是一筆佔有的資金,通常在途時間較短,收妥後即成為存放同業存款,因此可將其視為現金資產。

二、現金資產的管理原則

(一) 適度總量原則

現金資產管理的適度總量原則是指商業銀行現金資產的總量必須保持在一個適當的規模上。適當的規模是指由商業銀行現金資產的功能和特點決定的可以保證商業銀行經營過程的流動性需要的現金資產總量。現金資產是一種無利或微利資產,現金資產保留過少,商業銀行就不能應付正常的提現需要和合理的資金需求,會導致商業銀行的流動性風險和自身信譽損失;反之,現金資產保留過多,商業銀行所付出的機會成本就會增加,使商業銀行的盈利性受到影響,也會威脅商業銀行的經營安全。只有保持現金資產的適度規模,才能實現商業銀行經營流動性、安全性和盈利性的統一,實現商業銀行經營目標。

(二) 適時調節原則

現金資產適時調節原則是指商業銀行要根據業務過程中的現金流量變化,及時地調節資金頭寸,確保現金資產的規模適度。商業銀行現金資產規模的變化,具有季節性和偶發性的特點,商業銀行應根據自身所處地區現金的變化規律做好預測,及時調整。

(三) 安全保障原則

商業銀行大部分現金資產主要由其在中央銀行和同業的存款及庫存現金構成。

其中，庫存現金是商業銀行業務經營過程中必要的支付週轉金，它分佈於商業銀行的各個網點。在商業銀行的業務經營過程中，需要對庫存現金進行保管、清點、運輸等管理活動。由於庫存現金是以現鈔形式存在的，因此必然面臨被盜、被搶以及清點、包裝差錯及自然災害的損失的風險。因此商業銀行在現金資產特別是庫存現金的管理中，必須健全安全保衛制度，嚴格業務操作規程，確保資金安全無損。

三、銀行資金頭寸的測算

商業銀行的資金頭寸是指商業銀行能夠運用的資金。它包括時點頭寸和時期頭寸。時點頭寸是指商業銀行在某一時點上的可用資金，而時期頭寸是指商業銀行在某一時期的可用資金。

(一) 資金頭寸的構成

商業銀行的頭寸根據層次不同，可分為基礎頭寸和可用頭寸。

基礎頭寸是指商業銀行的庫存現金與在中央銀行的超額準備金之和。庫存現金和超額準備金不僅是商業銀行隨時可以動用的資金，而且還是商業銀行一切資金清算的最終支付手段。無論是客戶存款的提取和轉移，還是對同業和中央銀行的資金清算，都必須通過基礎頭寸來進行。

可用頭寸是指商業銀行可以動用的全部資金。它包括基礎頭寸和商業銀行存放同業的存款。商業銀行的可用頭寸有兩個層次的內容：一是支付準備金，是指用於應付客戶提存和滿足債權債務清償需要的頭寸。中國中央銀行曾規定商業銀行必須持有5%~7%的備付金，以保證商業銀行的即期支付能力。二是可貸頭寸，是指商業銀行可以用來發放貸款額和進行新的投資的資金。它是形成商業銀行營利性資產的基礎。從數量上看，可貸頭寸等於全部可用頭寸減去規定期限的支付準備金之差。

(二) 資金頭寸的測算

商業銀行資金頭寸的預測，實際上是對商業銀行流動性需要量的預測。流動性風險管理是商業銀行每天都要進行的日常管理。商業銀行的現金資產每日每時都處於變動之中，一旦發生未料到的資金流入或流出的變動，商業銀行就應該立即採取防範措施，通過變現資產或籌措資金來防止出現清償力危機。積極的流動性風險管理首先要求商業銀行準確地預測未來一定時期內的資金頭寸需要量或流動性需要量。

商業銀行資金頭寸或流動性準備的變化，歸根結底取決於商業銀行存貸款資金運動的變化。因此，商業銀行對頭寸的預測，主要是預測存貸款的變化趨勢。在存貸款的變化趨勢預測中，由於存款是商業銀行的被動負債，存款變化的主動權更多地掌握在客戶的手中，商業銀行無法直接控制存款的變化數量和趨勢，但是可以摸索存款變化的規律。通常我們按其變化規律將存款分為三類：第一類是固定期限的存款，如定期存款或存單、發行的大額金融債券等，這一類可以明確知道它的提取時間；第二類是有一定存期，但可能隨時提取的存款，如定活兩便、零存整取存款等；第三類是隨時可能提取的存款，如活期存款。在這三類

中,第一類存款在銀行規定的監測時間段,能夠形成一個穩定的存款餘額,第二類和第三類為易變性存款,是商業銀行的監測重點,需要觀測在一段時間內這一類存款最低的穩定餘額,與第一類穩定負債構成商業銀行的核心存款線。

在圖 4-1 中,將易變性存款的最低點連接起來,就形成了核心存款線。核心存款穩定性強,在正常情況下沒有流動性需求,商業銀行存款的流動性需求通過易變性存款曲線來反應。

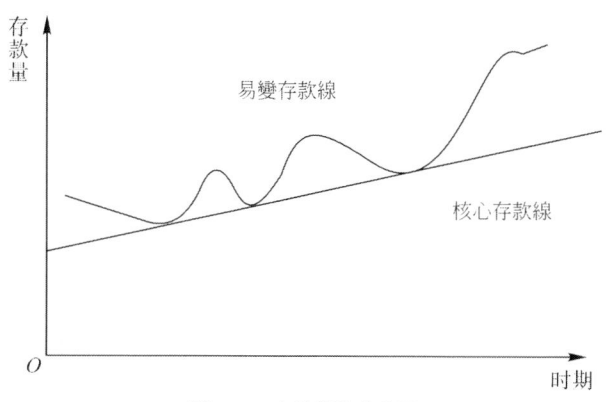

圖 4-1 存款變化曲線圖

商業銀行貸款業務對銀行流動性的影響主要體現在貸款一經發放,其主動權就在貸款客戶手中。貸款發放後,即使有貸款合同約束,貸款也不一定能夠如期如數歸還,而是更多地取決於客戶有無還款能力和還款意願,貸款本息出現拖欠就會影響銀行的資金頭寸。所以,從某種程度上講,貸款對於商業銀行來講也是被動的,商業銀行也必須對貸款的變化做出預測。

圖 4-2 中貸款變化的趨勢線由貸款需求的最高點連接而成,它表示商業銀行貸款需要量的變化趨勢。波動線在趨勢線以下,是一定時期商業銀行貸款需要量的變化情況。在趨勢線以上,是商業銀行為滿足季節性和週期性變化需要而應持有的可貸頭寸。

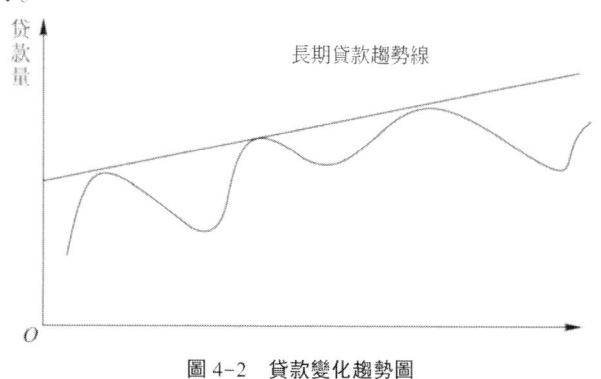

圖 4-2 貸款變化趨勢圖

四、現金資產的管理

（一）庫存現金的管理

庫存現金是指商業銀行業務經營的過程中分佈於各營業網點的支付週轉金。它構成商業銀行頭寸調度和管理的重要內容。對於商業銀行而言，就是要在確保資金流動性的前提下，將庫存現金控制到最低限度。因此，銀行有必要分析影響庫存現金變動的各種因素，準確測算庫存現金的需要量，及時調整庫存現金的存量，兼顧銀行經營的安全性和流動性。影響庫存現金的因素：現金收支規律、營業網點分佈、內部管理水平、中央銀行發行庫的規定及商業銀行的交通條件等。

從經營的角度看，商業銀行的庫存現金雖然是最為安全的資源，但是也有其特有的風險。這種風險主要來自於被搶、被盜和自然災害等造成的損失，來自於營業人員清點、包裝的差錯，還可能來自於銀行內部不法分子的貪污挪用。因此，商業銀行在加強庫存現金適度性管理的同時，還應當嚴格庫房的安全管理，在現金清點、包裝、入庫、安全保衛、出庫、現金運送等環節，採取嚴密的責任制度、檢測制度、保衛制度和有效的風險防範措施，確保庫存現金的安全。

（二）存款準備金的管理

存款準備金是商業銀行為應付客戶提取存款而保留的資金，主要體現為各商業銀行在中央銀行的存款，是商業銀行現金資產的主要構成部分。它主要包括兩部分：一是按照中央銀行存款準備金率上繳的法定存款準備金；二是準備金帳戶中超過了法定部分的超額準備金。因此，存款準備金的管理就有兩個方面的內容：一是足額上繳法定存款準備金，二是保持超額準備金的適度規模。

1. 法定存款準備金的管理

法定存款準備金是商業銀行依據存款餘額按照規定比率向中央銀行繳存的存款準備金。其目的是保證銀行有足夠的資金以應付存款人的提取，避免發生銀行因被擠兌而倒閉。法定存款準備金已作為中央銀行調節商業銀行信用規模即信用能力的一項重要工具。

（1）法定存款準備金的計算

法定存款準備金的管理，主要是準確計算法定存款準備金和及時上繳應繳的準備金。不同國家的法定存款準備金的計算方法不同：一種是時差準備金計算方法，這種方法是根據前期存款負債的餘額確定本期準備金需要量的方法，法定存款準備金的日均餘額依據計算期的日均存款餘額計算。另一種為無時差準備金計算方法，是指以本期的存款餘額為基礎計算本期的存款準備金。

（2）法定存款準備金的上繳

計算出商業銀行在規定期限內法定存款準備金的需要量後，將其與已繳存的存款準備金餘額進行比較，如果餘額不足，商業銀行應當及時予以補足；如果已有的準備金餘額已超過了應繳準備金數，以本旬末存款餘額作為繳存法定存款準備金的依據。

2. 超額準備金的管理

超額準備金是商業銀行在中央銀行準備金帳戶上超過了法定存款準備金的那部分存款。它是商業銀行最重要的可用頭寸，是商業銀行用來進行投資、貸款、清償債務和提取業務週轉金的準備資產。商業銀行可以根據實際需要調節超額準備金，當未來頭寸需要量較大，現有的超額準備金不足以應付需要時，商業銀行就應當設法補足頭寸，增加超額準備金；而當未來頭寸需要量減少，現有超額準備金剩餘時，則應及時地將多餘的超額準備金運用出去，需求更好的盈利機會。

(三) 同業存款的管理

同業存款是指商業銀行存放在其他金融機構的活期存款，其目的是便於同業之間的結算收付和支付代理業務的手續費。商業銀行在其代理行保持一定數量的存款，是為了支付代理行代辦業務的手續費，需要花費一定的成本。代理行可以將同業存款用於投資，並以投資的收入補償成本並盈利。這種同業存款可能隨時被提取，其流動性僅次於現金和存放中央款項，因此也是商業銀行現金資產的組成部分。

按照商業銀行現金資產管理的原則，同業存款也應當保持一個適度的量。同業存款過多，會使銀行承擔過多的機會成本；而同業存款過少，又會影響商業銀行在同業中的聲譽。商業銀行在同業中的存款需要量主要取決於以下因素：①使用代理行的服務數量。如果使用代理行的服務數量較多，同業存款的需要量就會較多；反之，使用代理行服務的數量和項目較少，同業存款的需要量也就會較少。②代理行的收費標準。如果代理行的收費標準高，同業存款的需要量就大。③投資收益率。如果同業存款中可投資餘額的收益率較高，同業存款的需要量就會少一些；否則，同業存款的需要量就會多一些。

第二節　商業銀行貸款業務

貸款是商業銀行的傳統核心業務，也是商業銀行最主要的營利資產，是商業銀行實現利潤最大化目標的主要手段，同時貸款又是有較大風險的資產，是商業銀行經營管理的主要內容。

一、貸款的定義

貸款是商業銀行作為貸款人，按照一定的貸款原則和政策，以還本付息為條件，將一定數量的貨幣資金提供給借款人使用的一種借貸行為。商業銀行必須根據《中華人民共和國人民銀行法》《中華人民共和國商業銀行法》以及《貸款準則》等有關法則開展貸款業務。從資金流動的角度看，貸款是指貸款人對借款人提供的並要求借款人按約定的利率與期限還本付息的貨幣流動。貸款人是指在中國境內依法設立的經營貨幣業務的金融機構；借款人是指從經營貸款業務的金融機構取得貸款的法人或自然人。

貸款是商業銀行一項最重要的資產業務。貸款業務的重要性有：一是貸款是滿足企事業單位與個人借款需要的商業銀行功能之一；二是發放貸款是商業銀行獲得盈利的重要手段，貸款利息是商業銀行收益的主要來源；三是商業銀行通過向借款人發放貸款，可以建立和加強與客戶的關係；四是貸款是商業銀行最重要的盈利性資產，但也存在著一定的風險，所以貸款經營管理的核心是以最小的風險獲取盈利的最大化。

二、貸款的構成要素

商業銀行貸款的構成要素主要由貸款的對象、條件、用途、期限、利率和貸款方式組成。其內容主要有：

（一）貸款對象

商業銀行貸款對象是指商業銀行發放貸款的範圍，即指商業銀行對哪個部門、企業和個人發放貸款。

（二）貸款條件

貸款條件是指商業銀行對具備什麼條件的貸款對象才能發放貸款。它是對貸款對象獲得和使用貸款的具體要求，是對貸款對象獲得具體貸款資格的規定。商業銀行確定貸款條件的主要依據是：合法性、獨立性、安全性和收益性。合法性就是貸款對象必須符合相關規定及政策要求；獨立性是指借款人必須是獨立的經濟法人或實體經濟實體；安全性就是要達到最低的資本系數；收益性就是能有預期投資回報來歸還貸款本息。

（三）貸款用途

貸款用途是指借款人將貸款使用的方向和範圍。使用方向是指貸款用在企業再生產的哪一環節，是用於流動資金還是固定資金；使用範圍是指商業銀行貸款在企業再生產資金中所占的比重。

（四）貸款期限

貸款期限是指貸款從發放至收回的時間。這是貸款使用和回收的時間，也是貸款安全的基本保障，是商業銀行確定利率、計算利息的主要依據。

（五）貸款利率

貸款利率實質上是貸款的價格，是一定時間利息同貸款本金的比率。貸款有不同種類，因此與之配套的貸款利率在計息方式上也各有差異。貸款利率主要包括基準利率和差別利率。基準利率，即中央銀行的再貸款利率，也是其他利率變動的基礎。差別利率，是指銀行在一定期間內，根據貸款對象等條件的不同規定不同的貸款利率。目前，中國利率浮動的上下限是由中央銀行統一規定的，商業銀行可以在浮動範圍內自行決定具體的貸款利率。

（六）貸款方式

貸款方式是指商業銀行對借款人提供貸款的具體形式，是保證貸款安全的基本條件，是重要的第二還款來源或第三還款來源。貸款方式有以不同財產作為抵押的抵押貸款，或由第三者做擔保的保證貸款，或以借款人的信譽做擔保的信用

貸款。

三、貸款種類

根據不同用途、不同期限、不同的貸款規定或條件等，可以把銀行貸款劃分為以下一些種類：

（一）以貸款期限為標準劃分，可以分為活期貸款和定期貸款

活期貸款是不固定償還期限，而隨時由銀行通知收回的貸款。因此也可以將活期貸款稱為通知貸款。

定期貸款是指銀行與借貸人事先約定償還期限，到期一次償還或分期償還的貸款。根據償還期限的長短，定期貸款又可以分為短期貸款、中期貸款和長期貸款。短期貸款是指 1 年之內歸還的貸款，它主要是用於滿足流動資金季節性或臨時性短期週轉的需要。中期貸款的期限介於短期貸款和長期貸款之間，一般期限在 1 年以上、5 年以下，一般是在貸款期限內分期償還。長期貸款是貸款期限為 5 年以上的貸款。

（二）按保障程度不同劃分，可以分為抵押貸款和信用貸款

抵押貸款是指要求借款人提供一定擔保品的貸款。抵押貸款所需的擔保品，有一部分依據貸款目的而定。對於流動資金貸款，擔保品一般是庫存貨物。對於固定資產貸款，擔保品可以是土地或建築物。對於農業貸款，可用家畜或設備做擔保。對於證券投資貸款，通常用股票或債券作為擔保。當借款人到期而不能償還銀行貸款的本息時，商業銀行依法可處理其擔保品，以償還其所借款項。

信用貸款是指商業銀行只憑藉款人或擔保人的信用而無須借款人提供擔保品的貸款。信用貸款對象一般是與商業銀行保持經常性的業務往來關係的客戶，包括存款、貸款和使用銀行其他服務。商業銀行對這些客戶的基本概況、經營管理情況、財務狀況等比較瞭解，因此，對於資信等級較高的客戶，商業銀行可以發放信用借款以簡化手續。

（三）以貸款的用途劃分，可分為工商業貸款、投資貸款、農業貸款、消費者貸款和房地產貸款

工商業貸款是用於補充工業和商業企業的流動資金的貸款。通常屬於短期性貸款，其期限通常為 9 個月，最多不超過 1 年。

投資貸款是指借款人用來擴建或改造其企業生產設備的貸款。投資貸款通常用於固定資產投資，其流動性較差。

農業貸款分為用於改良土壤、造林、水利等用途的長期貸款，以及用於購買種子、肥料等方面的短期貸款。

消費者貸款是指貸款給消費者個人用來購買消費品或支付勞務費用的貸款。

房地產貸款是用於購買土地、建造房屋或改良住宅等方面的貸款。此貸款在商業銀行貸款中的重要地位僅次於工商業方面的貸款。其特點在於：一是房地產貸款多為分期償還本息的貸款，可保持資本的流動性。二是利息通常較其他貸款高。三是由於貨幣價值會慢性膨脹，經過較長時間，房地產價格往往升高，從而

資產安全性幾乎沒有問題。

(四) 按承辦貸款的銀行數量劃分，可分為單獨貸款和聯合貸款

由獨家商業銀行承辦發放的貸款，稱為單獨貸款。由多家銀行聯合共同承辦發放的貸款，稱為銀團貸款。銀團貸款不僅可以承辦數額巨大的貸款，而且可以分散貸款的風險。

(五) 按照風險程度與質量不同來劃分，可分為正常貸款、關注貸款、次級貸款、可疑貸款和損失貸款

正常類貸款是借款人能夠履行合同，有充分把握按時足額償還本息的貸款。

關注類貸款是借款人目前有能力償還貸款本息，但存在一些可能對償還產生不利影響的貸款。

次級類貸款是借款人的還款能力欠缺，依靠其正常經營收入已無法保證足額償還本息的貸款。

可疑類貸款是借款人無法足額償還本息，即使執行抵押或擔保，也肯定要造成一部分損失的貸款。

損失類貸款是在採取所有可能的措施和一切必要的法律程序後，本息仍然無法收回的貸款。

(六) 按照貸款發放的自主程序劃分，分為自營貸款、委託貸款和特定貸款

自營貸款是指貸款人以合法方式籌集的資金自主發放的貸款，其風險由貸款人承擔，並由貸款人收回本金和利息。

委託貸款是指由政府部門、企事業單位及個人等委託人提供資金，由銀行(受託人)根據委託人確定的貸款對象、用途、金額、期限、利率等代為發放、監督使用並協助收回的貸款。這類貸款，商業銀行不承擔風險，通常只收取委託人付給的手續費。

特定貸款在中國是指經國務院批准並對可能造成的損失採取相應的補救措施後，責成國有獨資商業銀行發放的貸款。這類貸款由於事先已經確定了風險損失的補償，銀行也不承擔風險。

(七) 特殊的貸款業務

透支與貼現是與普通貸款有著一定區別的授信業務。透支是銀行對活期存款客戶給予臨時性融通資金的一種貸款形式。活期存款客戶與開戶行約定在一定的期限內，當他們活期存款帳戶上的資金用完時，商業銀行允許存戶在約定的額度內向商業銀行暫時借用資金，當活期存款帳戶有資金後，商業銀行可隨時主動扣收。透支與普通貸款的區別在於：在透支業務中，借款人處於主動地位，而銀行則處於被動地位。借款人享有隨時透支和隨時歸還借款的權利，卻不承擔償還透支的義務。

貼現實質上是以未到期票據作為擔保品的貸款。它與普通貸款的區別有：

(1) 利息收取方式不同。普通貸款的利息，通常在貸款期滿時或期滿前分批收取；而貼現的利息則是在辦理貼現業務時由銀行預先扣收。

(2) 流動性不同。普通貸款必須到期才能收回，而貼現則因票據可以在市

場上自由流通轉讓，隨時可以收回資金，因此，貼現的流動性強於普通貸款。

（3）安全性不同。普通貸款的關係人，僅有借款人、貸款人和保證人；而貼現業務的關係人則包括簽名於票據上的出票人、承兌人和背書人等。當貼現業務的償還出現問題時，相關債務人皆負連帶責任，因此，貼現的安全性強於普通貸款。

四、貸款政策

貸款政策是指商業銀行指導和規範貸款業務，管理和控制貸款風險的各項方針、措施和程序的總和。商業銀行的貸款政策由於其經營品種、貸款方式、信貸規模、經營環境等不同而各有差別，其基本內容主要有：

（一）貸款業務發展戰略

在商業銀行貸款政策中應首先明確商業銀行的貸款業務發展戰略，包括開展業務應當遵循的貸款原則、貸款業務的行業和區域、貸款業務品種、貸款業務規模和速度。貸款業務是大部分商業銀行的核心業務，因此，貸款質量和貸款的盈利水平對實現商業銀行的經營目標具有舉足輕重的影響。

（二）貸款工作規程及權限

為了保證貸款業務操作過程的規範化，貸款政策必須明確規定貸款業務的工作規程。貸款工作規程是指貸款業務操作的規範化程序。貸款程序有三個階段：

第一階段是貸前的調查階段。這是商業銀行接受貸款申請後進行的貸款前調查，是做出貸款科學決策的基礎階段。

第二階段是商業銀行進行調查以後的評估、審查、審批及貸款發放階段。這是貸款的審查、決策和具體發放貸款階段，是整個貸款過程的關鍵。

第三階段是貸款發放以後的監督檢查、風險監測及貸款本息收回的階段。這一階段也是關係到貸款本息能否及時收回的重要環節。

貸款政策文件必須明確規定貸款的審批制度。為了使貸款管理的各個環節和崗位相互制約、共同保證貸款質量，中國明確實行「審貸分離」制度，即貸款程序的三個階段分別交由三個不同的崗位來完成，並相應承擔由於各個環節工作出現問題而帶來的風險責任。在實行「審貸分離」制度的情況下，通常將信貸管理人員分為貸款調查評估人員、貸款審查人員和貸款檢查人員。貸款調查評估人員負責貸前調查評估，承擔調查失誤和評估失準的責任；貸款審查人員負責貸款風險的審查，承擔審查失誤的責任；貸款檢查人員負責貸款發放以後的檢查和清收，承擔檢查失誤、清收不力的責任。

貸款審批制度的重要內容是貸款的分級審批制度。由於目前中國商業銀行實行的是一級法人體制，商業銀行內部的貸款審批需要實行分級授權制。貸款審批的分級授權是商業銀行根據信貸部門有關組織、人員能力、經驗、職務、工作實績以及所負責貸款業務的特點和授信額度，決定每位有權審批貸款的人員或組織的貸款審批品種的最高貸款限額。分級授權的主要依據是貸款的金額，其原因是貸款給銀行帶來的風險直接反應在貸款金額上，金額越大，風險越大，對貸款專

業知識和經驗的要求也就越高。授權由商業銀行董事會或最高決策層統一批准，自董事會到基層行管理層，權限逐級下降。

(三) 貸款的規模和比率控制

商業銀行在貸款政策中要確定一個合理的貸款規模，這有利於商業銀行制定一項詳細年度貸款計劃。商業銀行根據負債資金來源情況及其穩定性狀況，以及中央銀行規定的存款準備金比率、資本金狀況、自身流動性準備比率、自身經營環境狀況、貸款需求情況和自身經營管理水平等因素來確定計劃的貸款規模。貸款規模既要符合銀行穩健經營的原則，又要最大限度地滿足客戶的貸款需求。

評判商業銀行貸款規模是否適度和結構是否合理，可以用一些指標來衡量。主要有：

(1) 貸款/存款比率。這一指標反應銀行資金運用於貸款的比重以及貸款能力的大小。中國商業銀行法規定商業銀行的這一比率不得超過75%。如果超過這一比率，表明貸款規模過大，因而風險也較大。在這一比率範圍內，比率越低，說明其安全性程度越高，但盈利能力可能也較低，增加新貸款的潛力較大。

(2) 貸款/資本比率。該比率反應銀行資本的盈利能力和銀行對貸款損失的承受能力。這一比率越高，說明銀行在能收回貸款本息的前提下的盈利能力越高，承受呆帳損失的能力也越強。這一比率越低，資本盈利能力和損失承受能力也越低。中國中央銀行根據《巴塞爾協議》規定的國際標準，確定商業銀行資本總額與加權風險資產之比不得低於8%，核心資本與加權風險資產之比不得低於4%。

(3) 單個企業貸款比率。該比率是指銀行給最大1家客戶或最大10家客戶的貸款占銀行資本金的比率，它反應了銀行貸款的集中程度和風險狀況。中國中央銀行規定，商業銀行對最大客戶的貸款餘額不得超過商業銀行資本金的 15%，對最大10家客戶的貸款餘額不得超過銀行資本金的50%。在上述比率範圍內，這一指標越低，說明貸款集中程度越低，按照風險分散的原則，其貸款風險程度也就越低。

(4) 中長期貸款比率。這是銀行發放的1年期以上的中長期貸款餘額與1年期以上的各項存款餘額的比率。它反應了銀行貸款總體的流動性狀況，這一比率越高，流動性越差；反之，流動性越強。根據目前中國中央銀行的規定，這一比率必須低於120%。

(四) 貸款種類及地區

貸款的種類及其構成，形成了商業銀行的貸款結構。而貸款結構對商業銀行信貸資產的安全性、流動性、盈利性具有十分重要的影響。因此，銀行貸款政策必須對本行貸款種類及其結構做出明確的規定。商業銀行在考慮了貸款的風險、保持流動性、商業銀行所服務客戶的類型、商業銀行工作人員的能力等因素後，應在企業貸款、消費貸款、農業貸款等貸款領域中合理分配貸款總額。

貸款地區是指商業銀行控制貸款業務的地域範圍。商業銀行貸款的地區與銀行的規模有關。大銀行因其分支機構眾多，在貸款政策中一般不對貸款地區做出

限制。中小商業銀行則往往將其貸款業務限制在銀行所在城市和地區，或該商業銀行的傳統服務地區。

（五）貸款的擔保

貸款政策中，應根據有關法律確定貸款的擔保政策。貸款擔保政策一般應包括以下內容：①明確擔保的方式，如《中華人民共和國擔保法》規定的擔保方式有保證人擔保、抵押擔保、質押擔保、留置以及定金等方式；②規定抵押品的鑒定、評估方法和程序；③確定貸款與抵押品價值的比率、貸款與質押品價值的比率；④確定擔保人的資格和還款能力的評估方法與程序等。在貸款政策中明確上述擔保政策，是為了在貸款中能夠完善貸款的還款保障，確保貸款安全。

（六）貸款定價

在市場經濟條件下，貸款的定價是一個複雜的過程，商業銀行貸款政策應當進行明確的規定。商業銀行貸款的價格一般包括貸款利率、貸款補償性餘額（回存餘額）和對某些貸款收取的費用（如承擔費等），因此貸款定價也不僅僅是一個確定貸款利率的過程。在貸款定價過程中，商業銀行必須考慮資金成本、貸款風險程度、貸款的期限、貸款管理費用、存款餘額、還款方式、銀行與借款人之間的關係、資產收益率目標等多種因素。

（七）貸款檔案管理政策

貸款檔案是商業銀行貸款管理過程的詳細記錄，體現商業銀行經營管理水平和信貸人員的素質，可直接反應貸款的質量。貸款檔案管理政策是貸款政策的重要內容，應該建立科學完整的貸款檔案管理制度。一套完整的貸款檔案管理制度的內容有：①貸款檔案的結構，即應包括的文件。一份完整的貸款檔案應包括三個部分：法律文件、信貸文件和還款記錄。②貸款檔案的保管責任人。信貸管理人員應該清楚所管理的檔案的完整程度，對所缺內容及原因做書面記錄，歸入貸款檔案。③明確貸款檔案的保管地點。對法律文件要單獨保管，應保存在防火、防水、防損的地方。④明確貸款檔案存檔、借閱和檢查制度。

（八）貸款的日常管理和催收制度

貸款發放出去以後，貸款的日常管理對保證貸款的質量尤為重要，故應在貸款政策中加以規定。貸款發放以後，信貸員應保持與借款人的密切聯繫，定期或不定期地走訪借款人，瞭解借款人的業務經營情況和財務狀況，進行定期的信貸分析，並形成信貸分析報告存檔。

同時，商業銀行應制定有效的貸款回收催收制度。在貸款還本付息到期日之前的一定時間內，應提前書面通知借款人償還到期的貸款本息。當借款人未能按時還本付息時，商業銀行應立即與借款人取得聯繫，並積極予以催收。

（九）不良貸款的管理

對不良貸款的管理是商業銀行貸款政策的重要組成部分。貸款發放以後，如在貸後檢查中發現不良貸款的預警信號，或貸款質量被評為關注級以下貸款，都應當引起充分的重視。對於各種不良貸款，應當明確規定處理的程序和基本的處理方式，並根據各類不良貸款的情況以及質量等級，將監控、重組、挽救、追

償、訴訟、衝銷等處理不良貸款和債權的各個環節、各個程序的工作落實到具體部門，定崗、定人、定效地防範、管理貸款風險，最大限度地維護、保全銀行債權。

五、貸款程序

為了保證貸款安全，對於任何一筆貸款，都必須遵循以下工作程序：

（一）貸款申請

凡符合借款條件的借款人，在銀行開立結算帳戶、與銀行建立信貸關係之後，如果出現資金需要，都可以向銀行申請貸款。借款人申請貸款必須填寫借款申請書。借款申請書的基本內容包括：借款人名稱、性質、經營範圍，申請貸款的種類、期限、金額、方式、用途、用款計劃、還本付息計劃以及有關的經濟技術指標等。

為便於貸款人審查貸款，借款人還必須提供有關資料：①借款人及保證人的基本情況以及有關法律文書，如營業執照、法定代表人證明文件等；②財政部門或會計（審計）事務所核准的上年度會計報表及申請貸款前1個月的財務報表或資產負債表；③原有不合理占用貸款的糾正情況；④自有資本和自有流動資金補充情況；⑤擔保品及擬同意擔保的有關證明文件；⑥貸款人認為需要提供的其他文件、證明等。

如果借款人申請中長期貸款，除了上述資料外，借款人還必須提供以下資料：①項目開工前期準備工作的情況報告；②在開戶銀行存入規定比例資金的證明；③經批准下達的項目開工通知書；④按規定項目竣工投資所需自有流動資金落實情況及證明材料；⑤進出口協議或合同等。

（二）貸款調查

銀行在接到借款人的借款申請後，應指派專人進行調查。調查的內容主要有兩個方面：一是關於借款申請書內容的調查，主要審查其內容填寫是否齊全、數字是否真實、印鑒是否與預留銀行印鑒相符、申請貸款的用途是否真實合理等。二是貸款可行性的調查，主要調查如下方面：①借款人的品行。主要瞭解與借款人的資料有關的證明文件和批准文件。②借款用途的合法性。主要瞭解借款的用途是否符合國家產業、區域、技術以及環保政策和經濟、金融法規。③借款的安全性。主要調查借款人的信用記錄及貸款風險情況。④借款的盈利性。主要調查或測算借款人使用貸款的盈利情況及歸還貸款本息的資金來源等。

（三）信用評估

商業銀行在對借款人的貸款申請進行深入細緻的調查研究的基礎上，還要利用掌握的資料，對借款人進行信用評估，劃分信用等級。信用評估可以由貸款銀行獨立進行，評估結果由銀行內部掌握使用；也可以由監管當局認可的有資格的專門信用評估機構對借款人進行統一評估，評估結果供各家銀行有償使用。

（四）貸款審批

對於審查評估符合貸款條件的借款申請，銀行應當及時進行審批。銀行要按

照「分級負責、集體審定、一人審批」的貸款審批制度進行貸款決策，逐筆逐級簽署審批意見並辦理審批手續。為了保證貸款決策科學化，凡有條件的銀行都應當建立貸款審查委員會，進行集體決策。

（五）借款合同的簽訂和擔保

借款申請經審查批准後，必須按《經濟合同法》和《借款合同條例》，由銀行與借款人簽訂借款合同。在中國，借款合同的文本由銀行擬訂，報中國人民銀行審定後自行印刷。對於保證貸款，保證人須向銀行出具「不可撤銷擔保書」或由銀行與保證人簽訂「保證合同」；對於抵押貸款和質押貸款，銀行須與借款人簽訂抵押合同或質押合同。需辦理公證或登記的，還應依法辦理公證和登記手續。

（六）貸款發放

借款合同生效後，商業銀行就應按合同規定的條款發放貸款。在發放貸款時，借款人應先填好借款借據，經商業銀行經辦人員審核無誤，並由信貸部門負責人或主管行長簽字蓋章，送銀行會計部門，將貸款足額劃入借款人帳戶，供借款人使用。

（七）貸款檢查

貸款發放以後，銀行要對借款人執行借款合同的情況即借款人的資信狀況進行跟蹤調查和檢查。檢查的主要內容包括：借款人是否按合同規定的用途使用貸款；借款人資產負債結構的變化情況；借款人還款能力即還款資金來源的落實情況等。對違反國家有關法律、法規、政策、制度和借款合同規定使用貸款的，檢查人員應及時予以制止並提出處理意見。對問題突出、性質嚴重的，要及時上報主管領導甚至上級行並採取緊急措施，以盡量減少貸款的風險損失。

（八）貸款收回

貸款到期後，借款人應主動及時歸還貸款本息，一般可由借款人開出結算憑證歸還本息，也可由商業銀行直接從借款人帳戶中扣收貸款本息。貸款到期後，由於客觀情況發生變化，借款人經過努力仍不能還清貸款的，短期貸款必須在到期10日前、中長期貸款在到期日的180天前，向商業銀行提出貸款展期申請。如果商業銀行同意展期，應辦理展期手續。每筆貸款只能展期一次，短期貸款展期不得超過原貸款期限；中長期貸款展期不得超過原貸款期限的一半，且最長不得超過3年。貸款展期後，如展期期限上原貸款期限達到新的檔次利率期限，則按新期限檔次利率計息。如果銀行不同意展期，或展期以後仍不能到期還款，即列為逾期貸款，銀行應對其進行專戶管理，並加大催收力度。

六、貸款定價

貸款是商業銀行主要的盈利資產，貸款利潤的高低與貸款價格有著直接的關係。貸款價格高，利潤就高，但貸款的需求將因此而減少；相反，貸款價格低，利潤就低，但貸款需求將會增加。合理確定貸款價格，既能為銀行取得滿意的利潤，又能為客戶所接受，是商業銀行貸款管理的重要內容。

(一) 貸款價格的構成

商業銀行貸款價格的構成包括貸款利率、貸款承諾費、補償餘額和隱含價格。

1. 貸款利率

貸款利率是一定時期客戶向貸款人支付的貸款利息與貸款本金之比率。它是貸款價格的主體，也是貸款價格的主要內容。貸款利率分為年利率、月利率與日利率。年利率是貸款利率的基本形式，通常以百分比來表示。商業銀行貸款利率有一個基本水平，它主要取決於中央銀行的貨幣政策和有關的法令規章、資金供求狀況和同業競爭狀況。貸款利率的確定應以收取的利息足以彌補支出並取得合理利潤為依據。商業銀行貸款所支付的費用包括資金成本、提供貸款的費用以及今後可能發生的損失等。合理的利潤水平是指應由貸款收益提供的，與其銀行或企業相當的利潤水平。

2. 貸款承諾費

貸款承諾費是指銀行對已承諾給顧客而顧客又沒有使用的那部分資金收取的費用。也就是說，銀行已經與客戶簽訂了貸款意向協議，並為此做好了資金準備，但客戶並沒有實際從銀行貸出這筆資金。承諾費就是對這筆已做出承諾但沒有貸出的款項所收取的費用。承諾費是顧客為了取得貸款而支付的費用，因而構成了貸款價格的一部分。

3. 補償餘額

補償餘額是應商業銀行要求，借款人保持在商業銀行的一定數量的活期存款和低利率定期存款。它通常作為銀行同意貸款的一個條件而寫入貸款協議中。要求補償餘額的理由是：一方面，顧客不僅是資金的使用者，還是資金的提供者，而且只有首先成為資金的提供者，才能成為資金的使用者。存款是商業銀行業務的基礎，是貸款的必要條件，商業銀行發放貸款應該成為現在和將來獲得存款的手段。從另一方面講，這也是商業銀行變相提高貸款利率的一種方式，因此，它也成為貸款價格的一個組成部分。

4. 隱含價格

隱含價格是指貸款定價中的一些非貨幣性內容。商業銀行在決定給客戶貸款後，為了保證客戶能償還貸款，常常在貸款政策協議中加上一些附加性條款。附加條款可以是禁止性的，即規定融資限額及各種禁止事項；也可以是義務性，即規定借款人必須遵守的特別條款。附加條款不直接給銀行帶來收益，但可以防止借款人經營狀況的重大變化給銀行造成利益損失，因此，它也可以視為貸款價格的一部分。

(二) 影響貸款價格的主要因素

按照一般的價格理論，影響貸款價格的主要因素是信貸資金的供求狀況。然而，由於信貸資金是一種特殊的商品，其價格的決定因素就更加複雜。通常，在貸款定價時銀行應當考慮的因素主要有下面六種：

1. 資金成本

銀行的資金成本分為資金平均成本和資金邊際成本。資金平均成本是指每一單位的資金所花費的利息、費用額。它不考慮未來利率、費用變化後的資金成本變動，主要用來衡量銀行過去的經營狀況，如果銀行的資金來源構成、利率、費用等不變，銀行可以根據資金平均成本來對新貸款定價。但如果銀行資金來源構成、利率和費用等都處於變動狀態中，它對貸款定價的意義就不大。資金邊際成本是指銀行每增加一個單位的可投資資金所需要花費的利息及費用額。因為它反應的是未來新增資金來源的成本，所以，在資金來源結構變化尤其是在利率市場化的條件下，以它作為新貸款定價的基礎較為合適。

資金邊際成本根據資金來源的種類、性質、期限等不同而不同，每一種類資金來源都會有不同的邊際成本。銀行通常不能按某一種資金來確定貸款價格，因而需要計算全部新增資金來源的平均邊際成本。這種平均邊際成本就是新增一個單位的資金來源所平均花費的邊際成本。

2. 貸款風險程度

由於貸款的期限、種類、保障程度及貸款對象等各種因素的不同，貸款的風險程度也有所不同。不同風險程度的貸款，銀行為此所花費的管理費用或對可能產生的損失的補償費用也不同。這種銀行為承擔貸款風險而花費的費用，稱為貸款的風險費用，也是貸款的風險成本。銀行在貸款定價時必須將風險成本計入貸款價格之中。一筆貸款的風險程度並由此而引起的銀行貸款的風險費用受多種複雜因素的影響，如貸款的種類、用途、期限、貸款保障、借款人信用和財務狀況、客觀經濟環境的變化等。所以，要精確地預測一筆貸款的風險費用顯然是比較困難的。在實踐中，為了便於操作，銀行通常根據歷史上某類貸款的平均費用水平並考慮未來各種新增因素後來確定貸款風險費用率。

3. 貸款費用

商業銀行向客戶提供貸款，需要在貸款之前和貸款過程之中做大量的工作，如進行信用調查、分析、評估，對擔保品進行鑒定、估價、管理，對貸款所需的各種材料、文件進行整理、歸檔、保管。所有這些工作，都需要花費人力、物力，發生各種費用。在貸款定價時，應將這些費用考慮進去，作為構成貸款價格的一個因素。

4. 借款人的信用及其與銀行的關係

借款人的信用狀況主要是指借款人的償還能力和償還意願。借款人的信用越好，貸款風險越小，貸款價格也應越低。如果借款人信用狀況不好，過去的償債記錄不能令人滿意，銀行就應以較高的價格和較嚴格的約束條件限制其借款。借款人與銀行的關係也是銀行貸款定價時必須考慮的重要因素。這裡所指的關係，是指借款人與銀行的正常業務關係，如借款人在銀行的存款狀況、借款人使用銀行服務的情況等。那些在銀行有大量存款、廣泛使用銀行提供的各種金融服務，或長期地有規律地借用銀行貸款的客戶，就是與銀行關係密切的客戶。對於關係密切的客戶，在制定貸款價格時，可以適當低於一般貸款的價格。

5. 商業銀行貸款的目標收益率

商業銀行都有自己的盈利目標。為了實現該目標，銀行對各項資金運用都應當確定收益目標。貸款是銀行主要的資金運用項目，貸款收益率目標是否能夠實現，直接影響到銀行總體盈利目標的實現。因此，在貸款定價時，必須考慮能否在總體上實現銀行的貸款收益率目標。當然，貸款收益率目標本身應當制定得合理。過高的收益率目標會使銀行貸款價格失去競爭力。

6. 貸款資金供求狀況

市場供求狀況是影響價格的一個基本因素。貸款作為一種金融商品，自然也受這一規律的制約。貸款需求是指借款人某一時期希望從銀行取得貸款的數量，貸款供給是指所有銀行在該時期內能夠提供的貸款數量。當貸款供大於求時，貸款價格應當降低；當貸款供不應求時，貸款價格應當適當提高。

(三) 貸款定價方法

1. 目標收益率定價法

這是根據銀行貸款的目標收益率來確定貸款價格的方法。在為一筆貸款定價時，貸款主管人員必須考慮發放貸款的預期收益，給借款人提供資金的成本、管理和收貸費用以及借款風險等。目標收益率定價法的公式如下：

稅前產權資本（目標）收益率＝（貸款收益－貸款費用）/應攤產權成本

貸款收益＝貸款利息收益＋貸款管理手續費

貸款費用＝借款者使用的非股本資金的成本＋辦理貸款的服務和收款費用

應攤產權資本＝銀行全部產權資本對貸款的比率×未清償貸款餘額

2. 基礎利率定價法

基礎利率定價法，又稱交易利率定價法。這種定價方法允許借款額超過某一最低限額（如 30 萬元~50 萬元）的借款人，在幾種基礎利率中選擇，以決定該筆貸款的利率和展期期限。最通行的基礎利率是國庫券利率、大額定期存單利率或銀行同業拆借利率等。客戶可以從商業銀行認可的利率表中選擇基礎利率，也可以選擇到期日。所確定的貸款利率為同期市場利率加上一定數額。在到期日，經借貸雙方同意，貸款可以展期。而後，客戶必須再做一次同樣的選擇，即再次選擇基礎利率和到期日。這樣，在一個特定的時間裡，利率是固定的，但展期利率是未知數。

3. 成本加成定價法

成本加成定價法也叫宏觀差額定價法。它是借入資金的成本加上一定利差決定貸款利率的方法。這種定價法的特點在於不考慮承諾費、服務費和補償餘額等因素，貸款價格主要依據資金總成本及一定的利潤目標來確定。其計算公式是：

貸款利率＝貸款成本率＋利率加成

其中，貸款成本包括資金成本、貸款服務成本和營業成本，利率加成則是銀行應取得的合理利潤。中國商業銀行目前使用的就主要是這種方法。

4. 優惠加數定價法和優惠乘數定價法

這兩種方法是西方商業銀行普遍使用的貸款定價方法。優惠加數是在優惠利率基礎上加若干個百分點而形成的利率。優惠乘數則是在優惠利率基礎上乘以一個系數而形成的利率。不同借款人的風險等級是不同的，銀行為控制信用風險，根據借款人的風險等級來確定該借款人所適用的優惠利率，優惠利率不同，優惠加數和優惠乘數也不同。優惠加數和優惠乘數兩種定價方法在概念上相似，但它們所得的利率標價是不同的，尤其是在優惠利率隨市場利率變動而變動時，兩者之間會有不同的變化。當利率上升時，優惠乘數利率會以更快的速度上升；反之，則以更快的速度下降。為了避免利率的劇烈波動給借貸雙方帶來利率風險，通常可以在協議中限定利率波動的上下限。

5. 保留補償餘額定價法

這種方法是將借款人在銀行保留補償餘額看成其貸款價格的一個組成部分，在考慮了借款人在銀行補償餘額的多少後決定貸款利率的一種定價方法。在這種方法下，借款人補償餘額不同，貸款利率也有所不同。

七、貸款的信用風險管理

(一) 信用分析

信用分析是對債務人的道德品格、資本實力、還款能力、擔保及環境條件等進行系統分析，以確定是否給予貸款及相應的貸款條件。對客戶進行信用分析是銀行管理貸款信用風險的主要辦法，通過對客戶進行信用分析，銀行可以瞭解該客戶履約還款的可靠程度，從而為有針對性地加強貸款管理、防範信用風險提供依據。

借款人所具有的道德水準、資本實力、經營水平、擔保及環境條件等都各不相同，這使得不同的借款人的還款能力和貸款風險也不盡相同。因此，許多商業銀行對客戶的信用分析就集中在這五個方面，即所謂的「五C」：品格（Character）、能力（Capacity）、資本（Capital）、擔保（Collateral）及環境條件（Condition）。也有些商業銀行將信用分析的內容歸納為「五W」因素，即借款人（Who）、借款用途（Why）、還款期限（When）、擔保物（What）及如何還款（How）。還有的銀行將這些內容歸納為「五P」因素，即個人因素（Personal）、目的因素（Purpose）、償還因素（Payment）、保障因素（Protection）和前景因素（Perspective）。借鑑國外商業銀行的經驗，結合中國國情，我們可以把貸款信用分析的內容分為以下五個方面：

1. 借款人的品格

借款人的品格是指借款人不僅要有償還債務的意願，還要具備承擔各種義務的責任感。所以，借款人的品格是一個綜合性的概念，它包括借款人的背景、年齡、經驗、借款人有無不良的行為記錄、借款人的團隊及協調合作情況、借款人的性格作風、其現代經營管理觀念及上下屬關係等。由於借款人的品格無法計量，因而銀行既可以根據過去的信用記錄和累積的經驗進行一系列調查，對借款

人的品格進行評估，也可以通過專門的徵信機構瞭解借款人的信用狀況，以評估其品格。但評估只表明借款人的主觀還款意願，並不能表明其確實能還本付息。結合中國情況，在評估借款人的主觀還款意願和承擔義務的責任感時，必須充分考慮中國的實際情況。如果借款人存在不良的還款記錄，要進一步分析其深層原因，看其是由於國家政策調整等因素造成的，還是由於借款人經營管理不善、擠占挪用貸款造成的。對於前者，不能簡單地歸結為借款人的品格問題。

2. 借款人的能力

能力是指借款人運用借入資金獲取利潤並償還貸款的能力，而獲取利潤的大小，又取決於借款人的生產經營能力和管理水平。分析、評估借款人的償還能力，主要從兩個方面進行：

一是企業的銷售收入、生產成本、產品質量以及生產競爭力。這方面可以通過企業經營的一些經濟技術指標來反應，如企業的資本比率、流動比率、設備利用率、折舊率、淨值收益率、毛利率和淨利率、銷售收入增長率和生產占用率等。

二是企業經營者的經驗和能力，主要分析企業主要決策者的決策能力、組織能力、用人能力、協調能力和創新能力。隨著現代企業制度的建立，企業家階層在企業中的地位將日益提高，從一定意義上講，企業家能力已經成為企業生產經營能力的具體體現。因此，從企業自身和企業家本身這兩個方面瞭解企業領導班子的基本情況，對於瞭解並掌握企業的經營作風、管理水平和信用程度，都具有重要意義。

3. 借款人資本

借款人資本是借款人財產的貨幣價值，反應了借款人的財力和風險承擔能力，也在一定程度上反應了企業經營者的經營成就，成為其從商業銀行取得貸款的一個決定性因素。在評估借款人資本時，要正確區別其帳面價值與實際價值，以及資本的穩定性和變現能力。

4. 借款人的貸款擔保

企業為貸款而提供的擔保狀況，也是影響貸款信用風險的一個重要因素。貸款擔保的作用在於為銀行貸款提供一種保護，即在借款人無力還款時，銀行可以通過處分擔保品或向保證人追償而收回貸款本息，從而使銀行少擔風險、少受損失，保證貸款本息安全。評價貸款的擔保，要看企業提供的擔保品是否適合於做擔保品，擔保品的整體性、變現性、價格穩定性、保險性、貸款保證人的擔保資格、經濟實力和信用狀況，以及保證人的擔保能力是否與擔保貸款額度相符等。

5. 借款人經營的環境條件

借款人經營的環境條件是指借款人自身的經營狀況和外部環境。借款人自身的經營狀況包括經營範圍、經營方向、銷售方式、原材料供應渠道、競爭能力和對市場的應變能力、企業生產受季節性因素影響的程度、企業的生產設備、生產能力、生產規模、技術水平、人員素質、經濟效益、發展前景等因素，而這些因素都是借款人的可控因素。借款人經營的外部環境是指借款人所在地區的經濟發

展狀況。外部經營環境對借款人而言具有不可控性，但對其經營狀況有著重要影響，並視不同行業、不同企業、不同性質的貸款而有所區別。有的借款人對環境變動的敏感性強一些，有的借款人的敏感性則弱一些；期限長的貸款受環境變動的影響大，因而風險也大。所以，商業銀行在發放貸款時，必須對借款人的經營環境變動做出分析、預測，並採取必要的措施作為應變手段，以保證貸款的安全。

對借款人進行信用分析，一方面要進行靜態分析，另一方面又要進行動態分析；既要注重定性分析，更要注重定量分析。因此，在實際的信用分析過程中，商業銀行既需要對借款人過去的信用狀況做全面的瞭解和分析，也要根據借款人生產經營發展的變化趨勢，對借款人未來的經營狀況和還款能力做出科學的預測，並在定性分析的基礎上，運用財務比率分析和現金流量分析等定量分析方法，準確估計借款人的財務狀況和還本付息能力。

(二) 信用分析技術

1. 財務報表分析

對企業的財務報表分析主要是對資產負債表、損益表和財務狀況變動表進行分析。資產負債表是反應企業財務狀況的綜合性報表；損益表是反應企業在一定時期內業務經營的成本、費用及盈虧狀況的報表；而財務狀況變動表則反應在一定時期內企業的資產、負債、資本等變動狀況。從反應企業還款能力和貸款風險的需要出發，財務報表分析的重點如下：

(1) 資產項目分析

資產項目包括流動資產、固定資產和無形資產三大類。商業銀行重點分析的內容有：

①應收帳款。這是企業償還短期債務的主要資金來源，也是企業流動資產中流動性僅次於現金的資產。對應收帳款的分析，重點掌握的內容有：一是應收帳款的分佈。應收帳款集中於少數大戶，壞帳的風險要大於應收帳款分散在眾多小戶。二是應收帳款帳齡的分佈。帳齡過長的應收帳款往往預示著不正常現象，風險較大。三是應收帳款的抵押情況。如果企業應收帳款有抵押出去的，就應從應收帳款中扣除，因為這些帳款已不能作為新貸款的還款來源。

②存貨。這是指企業購入的原材料以及在產品、半成品和產成品，是企業流動資產的重要組成部分，也是償債的主要物質基礎。商業銀行評價企業的存貨，應從五個方面進行重點分析：一是存貨的規模是否合理。即按企業現有的生產能力和生產規模來衡量存貨是否過量，其中重點看原材料儲備是否過多、產成品是否積壓。二是存貨保留時間的長短。如果某種存貨保留時間過長，則表明這種存貨已不適用，需要從流動資產中扣除。三是存貨的流動性狀況。即存貨是否能在市場上銷售變現。流動性差、變現能力低的存貨會占壓資金，形成還貸風險。四是存貨有無陳舊變質風險。五是存貨是否全額保險。

③固定資產。固定資產是企業資本的一部分，是可用於最後的債務清償的財產。當商業銀行向企業發放中長期貸款，特別是發放以固定資產作為抵押的貸款

時，就需要瞭解該企業固定資產的狀況。主要瞭解的情況有：一是瞭解企業是否按規定提足了折舊。如果沒有按規定提足折舊，表明固定資產中含有虛假成分。二是瞭解企業固定資產是否全額保險，沒有保險的固定資產可能給商業銀行貸款帶來不安全因素。三是瞭解企業固定資產的變現能力。如果企業的固定資產使用範圍窄、變現能力差，因此當貸款到期，企業不能還本付息時，商業銀行就很難通過變現固定資產來取得還款資金。

④投資。企業在進行生產和經營的同時，還進行短期金融資產的投資，購買有價證券。有價證券代表企業的債權或者股權，也能夠給企業帶來投資收益。商業銀行要分析企業的證券投資情況主要有：一是要分析企業所持有的各種有價證券的合法性、流動性和盈利性，以及有價證券的期限、數額、結構是否合理；二是要瞭解有價證券發行人的信用狀況，以分析可能影響企業償債能力的財務關係或約定義務；三是發放以有價證券作為質押的貸款時，對企業證券投資的審查就更為重要。

（2）負債及資本項目分析

商業銀行對負債與資本項目的分析是為了瞭解企業的資金來源構成，借以判斷企業的償債能力和商業銀行貸款的風險。

①負債。企業的負債包括短期負債（流動負債）和長期負債。短期負債主要包括應付帳款、應付票據、應交稅金和短期借款等。對短期負債的分析：一是要瞭解企業短期負債的準確數額，是否有因漏計而沒有發現的，可能會造成商業銀行對企業償債能力高估；二是要瞭解短期負債的期限，是否有已過期的，可能會被處以逾期罰款。長期負債主要包括長期借款和其發行的中長期債券。分析長期負債的重點是長期負債的到期日和企業償還長期負債的安排，以對企業的償還能力做出正確評價。

②資本。企業資本的大小既能反應企業財力是否雄厚和債務狀況的好壞，又能反應企業的風險承受能力大小。對資本項目的主要分析有：一是要瞭解企業的資本是否存在虛假成分。二是要分析企業的資本結構，特別是對股份制的企業而言，普通股資本所占比例較大的企業，其資本實力也比較穩定；反之，則比較脆弱。三是要考察企業是否按規定補充自有資本。如是獨資企業，商業銀行還要考慮其企業以外的收益、資產、負債和資本狀況等因素，這些因素都有可能影響企業的償債能力。

（3）損益表的分析

損益表反應了一定時期企業的經營成果。由於損益表是動態的報表，它可以彌補資產負債表只反應靜態數據的不足。通過損益表，可以瞭解企業的經營業績、經營成果和獲利能力的大小。商業銀行對損益表的分析主要有：一是瞭解企業銷售收入、銷售成本、各項費用的真實性，主要是對各種帳戶和原始憑據的核對。二是採取縱向比較和橫向比較的方法，將損益表中各項指標與上年度、同行業和同等條件的其他企業進行比較。如發現企業在某一方面的費用過高或收入低於同行業或同等條件的企業，應進一步查明原因，並限期整改。

(4) 財務狀況變動表分析

商業銀行對企業財務狀況變動表的分析，有助於商業銀行瞭解企業在一定時期內營運資產的變動和企業的流動性狀況。如果企業上年的銷售大幅上升，則說明企業淨收入增加較快，企業的資產也有增加；如果企業為了與較高的銷售水平相適應，則存貨相應增加，應收帳款也上升，固定資產投資也有所擴大；如果企業用發行股票或長期債券或增加短期借款的方式籌措資金，實現其資產的擴張，則說明該企業可保持良好的流動性；如果財務狀況變動表顯示當年的主要資金來源是應付帳款和應付票據，則說明企業雖有盈利能力，但其當年的流動性已受應付帳款和應付票據債務的影響，銀行在做瞭解時，應著重分析企業如何改善其流動性狀況。

2. 財務比率分析

商業銀行對企業進行財務比率分析，是對企業財務狀況的進一步的量化分析。商業銀行通過對財務比率進行分析，可以瞭解企業的經營管理、債務負擔、盈利能力等情況，從而據此評判企業的償債能力。商業銀行進行信用分析的財務比率主要有四類：

(1) 流動性比率

①流動比率。這是衡量企業短期償債能力時最常用的指標。其計算公式是：

流動比率＝流動資產/流動負債

流動資產包括現金、有價證券、應收帳款和存貨等。流動負債包括應付帳款、應付票據、短期借款、應交稅金和應計費用等。流動比率表明企業的短期債務可由預期的該項債務到期前變為現金的資產來償還的能力。流動比率因企業的經營規模和經營性質不同而不同，一般在 1.5～2.5 之間較為合適。在正常情況下，流動比率越高，償債能力越強，債權人的債權越有保障。但流動比率高可能是因為存貨積壓和產品滯銷的結果，也可能是因為資金未能在生產過程中充分利用的結果。因此，商業銀行對此要進行具體的分析。

②速動比率。這是企業速動資產與流動負債的比率，也稱酸性試驗比率，是考察企業資產迅速變現能力的指標。其計算公式是：

速動比率＝速動資產/流動負債

速動資產是指可以迅速變現用來償付流動負債的流動資產，它主要由現金、有價證券和應收帳款構成。其可以表示為流動資產減去存貨。存貨不包括在速動資產中，是因為在流動資產中，存貨的流動性最差，且受殘損變質、價格漲落和不易銷售等因素的影響。因此，速動比率比流動比率更能夠反應企業的短期償債能力。這一比率通常應保持在 1 以上，即每一單位的流動負債至少需要一個單位的能迅速變現的資產作為保證。

③現金比率。為了進一步評價企業即期的償債能力，商業銀行還要對企業的現金比率進行分析。其計算公式是：

現金比率＝（現金+等值現金）/流動資產

公式中的現金是指庫存現金和銀行存款，等值現金是指企業所持有的高流動

性的有價證券。現金比率越高，說明企業即期償債能力越強。通常這一比率應保持在5%以上。

（2）盈利能力比率

①銷售利潤率。這一指標反應了企業每一單位的銷售額可帶來的利潤數。其計算公式是：

銷售利潤率＝（銷售總額-稅金-銷售成本）/銷售總額

②資產收益率。這是反應企業每一單位的資產的盈利能力的指標。其計算公式是：

資產收益率＝純收益率/資產總額

③普通股收益率。這是反應企業普通股股東獲利程度的指標。該指標對於企業的普通股股東而言具有重要的意義，也是最能反應企業實際盈利能力的指標。其計算公式是：

普通股收益率＝(扣除稅款和利息後的純收益-優先股股息)/普通股權益額

④股票市盈率。這是權益股票的市價與股票盈利水平的比率，它反應了投資者對該權益股票的偏好和對權益前景的信心。其計算公式是：

市盈率＝每股市價/每股盈利

（3）結構性比率

結構性比率包括負債比率、股東權益比率、償還能力比率等。這些比率可從不同的方面來分析、評估企業的償債能力。

①負債比率。負債比率是企業負債總額與資產總額的比率，它反應了企業的負債程度。其計算公式是：

負債比率＝負債總額/資產總額

②負債淨值比率。這是企業負債總額與企業資本淨值總額的比率。其計算公式是：

負債淨值比率＝負債總額/資本淨值

這一比率反應企業資本承擔負債的能力。資本淨值是企業最後的和可靠的清償能力。這一比率越高，表明與企業資本淨值相對應的負債越多，企業的負債程度越高，則償債的壓力或負擔也就越重，最後有可能因負擔過重而喪失清償能力。

③流動負債率。這一指標反應了企業短期負債在全部負債中的比重。其計算公式是：

流動負債率＝流動負債/全部負債

這一比率越高，表明企業長期負債的負擔較輕，因而，對長期負債的債權較有保障。但這一比率較高也反應了企業短期負債的償債壓力相對較大，因而需要有較多的流動資產來作為還款保證。

④流動資產率。這是企業流動資產與總資產或總負債的比率。其計算公式是：

流動資產率＝流動資產/總資產

流動資產率＝流動資產/總負債

這兩個指標都用來反應企業以流動資產償還債務的能力。其中，流動資產對總資產的比率還可以反應企業的固定資產率。在同行業內，這一比率越大，企業的流動性越好。流動資產的負債比率反應企業在不變賣固定資產的條件下以流動資產償還債務的能力。

⑤股東權益比率。這一指標反應股東對資產的佔有率。這一比率越高，說明股東實力越雄厚。其計算公式是：

股東權益比率＝股東權益/總資產

這一比率的倒數是財務槓桿倍數，其公式是：

財務槓桿倍數＝總資產/股東權益

這一比率反應一定量的資本能帶動的資產數。這個比率越大，股東獲得的槓桿收益就越多。這個比率越大，同時說明企業的資本比率越低，其承擔的風險也越大。因此，在貸款決策時，一般要求企業將財務槓桿比率控制在一定的範圍之內。

⑥償還能力比率。這是企業在扣除利息和稅收之前的利潤與借款利息之比，用來反應企業支付貸款利息的能力。這一比率越大，其償還利息的能力也越大。該比率也稱利息保障倍數。其計算公式是：

償還能力比率＝未扣除利息和稅金前的利潤/（利息費用+債務本金+優先股股息+租賃費用）

（4）經營能力比率

經營能力比率主要是通過對各種週轉比率的分析，來評估企業在各種業務活動中的效率及經營管理水平。

①資產週轉率。這是企業的銷售淨額與資產總額的比率。其計算公式是：

資產週轉率＝銷售淨額/資產總額

式中銷售淨額是指銷售收入減去銷售退回和折扣的餘額。資產週轉率反應企業銷售能力和全部資產的週轉速度。這一比率越高，表明企業以一定的資產實現的銷售收入越多，資產週轉速度越快。

②固定資產週轉率。這是企業銷售淨額與固定資產淨值之比。其計算公式是：

固定資產週轉率＝銷售淨額/固定資產淨值

這是衡量企業固定資產利用率的財務指標，它表示每一單位銷售額需要使用多少固定資產。這一比率越高，固定資產的利用率也就越高。但在具體運用這一指標時，要進行具體分析，主要原因是：一是即使銷售額不變，由於固定資產淨值減少，週轉率也會呈上升趨勢。而物價上漲時，銷售額自然上升，週轉率也隨之上升。固定資產使用年限越長，其週轉率越高，這同時表明企業的設備需要更新改造。二是當對不同企業的固定資產週轉率進行對比分析時，由於採用不同的折舊計算方法，兩個指標也會有所差別，其可比性不強。

③存貨週轉率。這是企業銷售成本與平均存貨額的比率。其計算公式是：

存貨週轉率＝銷售淨成本/平均存貨額

其中：平均存貨額＝(年初存貨額+年末存貨額)/2

存貨週轉率是對企業現有存貨流動性的估算，是衡量企業銷售能力和存貨是否過多的指標，它反應企業在一定時期內存貨週轉或變現的速度。存貨週轉率以次數來表示，次數越多，則變現速度越快，償債能力也越強。這一指標在不同行業中是有差別的，各行業都有一個合適的存貨週轉率。低於行業平均週轉率，表明存貨流動性較差，而週轉次數過多，也可能表明存貨不足或斷檔，使企業失去銷售機會。在分析這一指標時，還要注意計價方法對週轉率的影響，在物價上漲時期，採用後進先出法要高於先進先出法。

④應收帳款週轉率。這是企業銷售淨額與應收帳款平均餘額的比率。其計算公式是：

應收帳款週轉率＝銷售淨額/應收帳款平均餘額

應收帳款週轉率反應企業應收帳款的變現速度和收回賒銷帳的能力。這一比率越高，表明企業收帳速度越快，資產流動性越高，償債能力也越強。根據應收帳款週轉率，可進一步計算應收帳款的帳齡，也即收回應收帳款的平均天數，即：應收帳款帳齡＝360天/應收帳款週轉率。這一比率是用時間長短來衡量應收帳款的週轉速度和企業的收帳能力。帳齡越長，表明企業應收帳款的週轉速度越慢，企業有過多的資金滯留在應收帳款上。

3. 現金流量分析

在商業銀行貸款業務的實際操作過程中，經常出現這樣的情況：一家盈利的企業可能因不能償還到期貸款而面臨清算，而一家虧損企業卻能償還貸款並繼續維持經營。因此，判斷一個企業是否能夠償還貸款，僅看其盈利能力是不全面的。利潤是償還貸款的來源，但不能直接用於償還貸款。償還貸款最實際、最可靠的是現金，因此商業銀行最注重的是當時企業的現金流量。所以，商業銀行對現金流量的分析在企業信用分析中具有十分重要的地位。

(1) 現金流量

現金流量是現金的流出量和流入量的總稱。這裡的現金包括兩個部分，即現金和現金等價物。現金就是指企業的現金資產，包括庫存現金、活期存款和其他貨幣性資金，但企業在使用中受到限制的存款和其他貨幣資金如已辦理質押的活期存款、不能隨時支取的定期存款等，不包括在現金範圍內。現金等價物是指企業持有的期限短、流動性強、易於轉換為已知金額現金、價值變動風險很小的投資。按照《國際會計準則7——現金流量表》的規定，一項投資被確認為現金等價物，應當是在證券市場上流通的3個月以內到期的債券投資。

根據中國的會計準則，現金流量的內容分為三個部分，即經營活動產生的現金流量、投資活動產生的現金流量和籌資活動產生的現金流量。每一種現金流量又都分為現金流出量和現金流入量。現金流入量與現金流出量的差額，就是現金淨流量。其中，經營活動的現金流入包括企業的銷售現金流入、利息與股息的現金收入、增值稅銷項稅款和出口退稅、其他業務現金收入；經營活動的現金流出

包括企業購貨現金支出、營業費用現金支出、支付利息、繳納所得稅和其他業務現金支出。投資活動的現金流入包括出售證券和固定資產所產生的現金收入及收回對外投資資本金；投資活動的現金流出包括企業購買有價證券和固定資產所產生的現金支出。融資活動的現金流入包括企業取得的短期和長期貸款以及發行股票或債券的現金收入；融資活動的現金流出則有分配股利和償還借款本金的現金支出。

（2）現金流量表的編製與分析

現金流量表的編製和分析方法主要有：

現金流量表是根據企業資產負債表和損益表的有關數據來編製的，它反應了企業在一定時期內現金流量的規模、方向和結構，商業銀行可以據此評估企業的借款能力和財務實力。在現金流量表中，現金來源是指所有能增加現金（或相當於現金）資產的交易，現金運用是指所有會減少現金資產的交易，現金來源必須等於現金運用。在現金流量變動表中，任何負債的增加或非現金資產的減少都是現金來源，負債的減少和非現金資產的增加都是現金運用。股票的發行或盈餘的淨增加代表現金來源，營業收入也是現金來源，而現金支出、納稅和分紅則是現金運用。這些項目的關係如下表4-1所示：

表 4-1　　　　　　　　　　現金來源與現金運用的關係

現金來源	現金運用
負債增加	負債減少
非現金資產減少	非現金資產增加
發行新股票	股票的償付或退股
增加公積金	公積金減少
營業收入	現金支出
非現金費用	納稅
	紅利分配

通過企業的現金流量表測算，如果考察期該企業的現金流量大於0，說明該企業有一定的還款能力。判斷企業現金流量是否足以償還債務，還可以通過兩個比率來衡量。這兩個比率為：

比率一：業務中的現金流量/（紅利+到期的長期負債）

比率二：業務中的現金流量/（紅利+到期的長期負債+年初短期負債餘額）

如果比率一大於1，說明目前企業的償債能力較強；如果比率二大於1，說明企業償付能力很強，不僅能償付現有債務，並能舉借新債。根據現金流量的計算方法，我們還可以根據需要對企業在一年中的某一期間的現金流量進行計算，也可以對未來年度的現金流量進行測算，從而為估算企業短期償債能力和未來償債能力提供依據。

（三）貸款損失的控制與處理

商業銀行發放貸款以後，由於各種原因，會產生或大或小的損失風險。為了

有效地控制風險，商業銀行應針對貸款的不同情況，對貸款進行科學的分類，並在此基礎上，採取相應措施，防範貸款風險，控制貸款損失。

1. 貸款分類

為了準確地把握貸款風險，在貸款經營管理中，應對不同質量貸款進行分類管理。長期以來，中國銀行採取的貸款分類辦法是將貸款分為四個檔次：正常貸款、逾期貸款、呆滯貸款和呆帳貸款。這種貸款分類方法主要是以貸款是否逾期和逾期時間長短作為判斷貸款風險大小的依據，實質上是對貸款風險的一種事後統計，不利於商業銀行對貸款風險進行事前控制。

1998年起，根據中國人民銀行制定的《貸款風險分類指導原則》，中國銀行開始實行新的貸款五級分類辦法，即從貸款償還的可能性出發，將貸款分為五個檔次，並且以此來評估貸款質量，揭示貸款的真實價值。新的貸款分類有：

（1）正常貸款

正常貸款是指借款人一直能正常還本付息的貸款。商業銀行對借款人最終償還貸款有充分的把握，各方面情況正常，不存在任何影響貸款本息及時全額償還的因素，沒有任何理由懷疑貸款會遭到損失。

（2）關注貸款

關注貸款是指借款人可以償還貸款本息，但潛在的問題發展下去將會影響貸款的償還的貸款。這類貸款的特徵有：①宏觀經濟、市場、行業等外部環境對借款人的經營產生不利影響，並可能影響其償債能力；②企業改制（如分立、租賃、承包、合資等）對銀行債務可能產生不利影響；③借款人的主要股東、關聯企業或母子公司等發生了重大不利變化；④借款人的一些關鍵財務指標如流動性比率、資產負債率、銷售利率等低於同行業平均水平或有較大下降；⑤借款人未按規定用途使用貸款；⑥固定資產貸款項目出現重大的、不利於貸款償還的調整，如基建項目工期延長、概算調整幅度較大；⑦借款人還款意願差，不積極與銀行合作；⑧貸款抵押或質押品價值下降，或銀行對其失去控制，貸款保證人的財務狀況出現疑問等；⑨銀行對貸款缺乏有效的監督，銀行信貸檔案不齊全，重要文件遺失，且對還款造成實質性影響；⑩違反貸款審批程序，如越權發放貸款等。

（3）次級貸款

次級貸款是指缺陷已很明顯的貸款。具體表現為借款人正常經營收入已不足以保證還款，需要通過出售、變賣財產或對外融資乃至執行抵押擔保來還款。這類貸款包括：①借款人支付出現困難，且難以獲得新的資金；②不能償還對其他債權人的債務；③借款人內部管理出現問題，妨礙債務的償還；④借款人採用隱瞞事實等不正當手段套取貸款；⑤借款人經營虧損，淨現金流量為負數；⑥借款人不得不拍賣抵押品、履行擔保等來尋求還款資金。

（4）可疑貸款

可疑貸款是指已肯定要發生一定損失的貸款。只是因為存在借款人重組、兼併、合併、抵押物處理和訴訟未決等待定因素，損失金額還不能確定。這類貸款

包括：①借款人處於停產、半停產狀態；②貸款項目如基建項目處於停建、緩建狀態；③借款人已資不抵債；④企業借改制之機逃廢銀行債務；⑤銀行已訴諸法律來收回貸款；⑥貸款經過了重組，仍然逾期，或仍不能正常歸還本息，還款狀況未得到明顯改善。

（5）損失貸款

損失貸款是指全部或大部分已經損失的貸款。其特徵是：①借款人和擔保人被依法宣布破產，經法定清償後，仍不能還清貸款；②借款人死亡、失蹤，以其財產或遺產清償後，未能還清的貸款；③借款人遭受重大自然災害和意外事故，損失巨大且不能獲得保險補償，確實無力償還貸款；④經國務院專案批准核銷的逾期貸款；⑤貸款企業雖未破產，工商部門也未吊銷其營業執照，但企業早已關停，或名存實亡的由於體制原因和歷史原因造成的債務人主體消亡而被懸空的貸款。

在上述五類貸款中，前兩類屬於正常貸款或基本正常貸款，而後三類則已出現明顯的問題，屬於不良貸款。

2. 不良貸款發生的表象

形成不良貸款的主要原因是借款人方面的因素。雖然在貸款發放時，借款人的情況是良好的，但隨著各種因素的發展變化，借款人的財務狀況和還款能力也會發生變化，從而給貸款帶來風險。在實踐中，我們可以看到，大多數借款人在違約之前，往往會表現出各種各樣的不正常現象。如果信貸管理人員能夠密切地監測借款人各方面情況的變化，就能給貸款提供預警信號，及時採取措施，防患於未然。

商業銀行信貸人員通過對一些表面現象的分析，就可以確定是否會產生不良貸款。主要表象有：

（1）企業在商業銀行的帳戶上反應的預警信號。如果企業在商業銀行的帳戶上出現以下一些不正常現象，可能表明企業的還款出現了問題：①經常止付支票或退票；②經常出現透支或超過規定限額透支；③應付票據展期過多；④要求借款用於償還舊債；⑤要求貸款用於炒作本公司股票或進行投機性活動；⑥貸款需求的規模和時間變動無常；⑦銀行存款余額持續下降；⑧經常簽發空頭支票；⑨貸款的擔保人要求解除擔保責任；⑩借款人被其他債權人追討債務，或索取賠償；⑪借款人不能按期支付利息，或要求貸款展期；⑫從其他機構取得貸款，特別是抵押貸款。

（2）在企業財務報表上反應的預警信號。企業財務報表上如果出現以下情況，則可能存在影響貸款償還的因素：①銀行不能按時收到企業的財務報表；②應收帳款的帳齡明顯延長；③現金狀況惡化；④應收款和存貨激增；⑤成本上升及收益減少；⑥銷售上升但利潤減少；⑦銷售額下降得不合理；⑧改變或違反會計準則，如折舊計提、存貨計價等；⑨主要財務比率發生異常變化；⑩呆帳增加，或拒做呆帳及損失準備；⑪審計不合格等。

（3）在企業人事管理及與商業銀行的關係方面的預警信號。當企業在人事

管理上出現一些異常變化時，也可能影響到貸款的安全。如：①企業主要負責人之間不團結；②企業管理人員對商業銀行的態度發生變化，缺乏坦誠的合作態度；③在多家商業銀行開戶，或經常轉換往來銀行，故意隱瞞與某些銀行的往來關係；④董事會、所有權發生重要的變動；⑤公司關鍵人物健康出現問題，且接班人不明確或能力不足；⑥主要決策人投機心理過重；⑦某負責人獨斷專行，限制了其他管理人員積極性的發揮；⑧無故更換會計師或高層管理人員；⑨對市場供求變化和宏觀經濟環境變化反應遲鈍，應變能力差，用人不當，各部門之間不能相互協調配合，缺乏長遠的經營戰略，急功近利；⑩借款人婚姻、家庭出現危機等。

（4）在企業經營管理方面表現出來的預警信號。在企業的經營管理方面，如出現下述現象，當視為不正常現象：①經營管理混亂，環境髒、亂、差，員工紀律鬆散；②設備陳舊、維修不善、利用率低；③銷售旺季過後，存貨仍大量積壓；④喪失一個或多個主要客戶；⑤關係到企業生產能力的某些主要客戶的訂貨變動無常；⑥企業的主要投資項目失敗；⑦企業的市場份額逐步縮小，企業的生產規模不適當地擴大等。

3. 不良貸款的控制與處理

對於已經出現風險信號的不良貸款，商業銀行應採取有效措施，盡可能控制風險的擴大，減少風險損失，並對已經產生的風險損失做出妥善處理。

（1）督促企業整改，積極催收到期貸款。商業銀行一旦發現貸款出現了產生風險的信號，就應立即查明原因。如果這些信號表明企業在經營管理上確實存在問題，並有可能對貸款的安全構成威脅，商業銀行就應當加強與企業的聯繫，督促企業調整經營策略，改善財務狀況。如果經查實問題比較嚴重，商業銀行信貸人員應及時向主管行長匯報，必要時可向上級行匯報。問題原因查清後，商業銀行應與企業一起研究改進管理的措施，並由企業做出具體的整改計劃，商業銀行督促其實施。對於已經到期而未能償還的貸款，商業銀行要敦促借款人盡快歸還貸款。如果借款人仍未還本付息，以種種理由為借口拖延還款，商業銀行應主動派人上門催收。必要時，可從企業在商業銀行的帳戶上扣收貸款。

（2）簽訂貸款處理協議，借貸雙方共同努力，確保貸款安全。在所有已經出現風險信號的貸款中，最終不能償還的貸款畢竟是少量的，大多數貸款通過採取有效措施，是可以全部或大部分收回的。因此，對於已經形成的不良貸款，商業銀行要認真地分析企業還款能力不足的原因，與企業共同探討改善經營管理、增強企業還貸能力的途徑。在借貸雙方協商一致的情況下，簽訂貸款處理協議，通過雙方共同的努力，來保證貸款的安全。處理不良貸款的措施有：

①貸款展期。對於那些確因客觀原因而使企業不能按期償還的貸款，商業銀行可以適當延長貸款期限，辦理貸款展期。但根據規定，辦理貸款展期的期限不超過原貸款期限；中長期貸款的展期期限，不得超過原貸款期限的一半，且最長不超過三年。

②借新還舊。在中國，有些貸款是作為企業鋪底流動資金來使用的，這種貸

款主要是依靠企業補充的資本金來償還的。企業沒有足夠的資本金補充理由的情況下，部分貸款將較長期地被企業占用。對於這種貸款，只要企業的生產經營基本正常，商業銀行可以通過借新還舊的方式來處理。

③追加新貸款。有些貸款不能按時償還的原因是由於企業生產經營資金或項目投資資金不足，不能形成生產能力或不能及時生產出產品而造成的。對於這種情況，商業銀行應在充分論證，確認其產品有銷路、有較好經濟效益的前提下，適當追加貸款，並最終收回舊貸款和新貸款。

④追加貸款擔保。商業銀行發現貸款風險明顯增大，或企業原提供的擔保已不足以補償貸款可能產生的損失時，商業銀行應及時要求企業提供新的追加擔保。追加擔保，既可以是企業的財產抵押或質押，也可以是保證人擔保。

⑤對借款人的經營活動做出限制性規定。如果借款人不能按期還本付息，銀行認為有必要的時候，可以通過貸款處理協議，對借款人的經營活動做出限制性的規定，限制企業從事有可能影響銀行貸款安全的活動。如在還貸以前不準進行設備和廠房投資、不準繼續生產已經積壓的產品等。

⑥商業銀行參與企業的經營管理。對於那些因經營管理不善而導致貸款風險增大的企業，商業銀行可以在貸款處理協議中要求允許商業銀行官員參加企業的董事會或高級管理層，參與企業重大決策的制定，要求特別派員充當審計員，甚至可能要求撤換或調整企業現有的管理班子。

（3）落實貸款債權債務，防止企業逃廢銀行債務。為防止企業在改制過程中逃廢銀行債務，商業銀行應區別企業重組的不同形式，明確並落實相應的債權債務。

①企業實行承包、租賃經營的，發包方或出租方、承包方或租賃方必須在協議中明確各自的還貸責任，並辦理相應的抵押、擔保手續。對已設抵押或擔保的財產，須經擁有抵押權或擔保權的商業銀行同意，方可承包、租賃經營。

②企業實行兼併時，被兼併方所欠貸款本息，由兼併企業承擔；實行合併的企業的原有債務，由合併後新的企業承擔。

③企業劃分核算單位或分立時，分立各方在簽訂劃分債權債務協議時，要經銀行同意；無協議者，則由分立各方按資本或資產的劃分比例承擔相應的債務。

④企業實行股份制改造時，貸款銀行要參與資產評估，核實資產負債，不準用銀行貸款入股。對實行全體股份制改造的，所欠貸款債務由改造後的股份公司全部承擔；對實行部分股份制改造的，所欠貸款要按改造後的股份公司占用借款企業的資本或資產的比例承擔。如借款企業無力償還貸款，該股份公司還要承擔連帶債務責任。

⑤企業實行合資經營時，應先評估後合資。用全部資產合資的，合資企業要承擔全部貸款債務；用部分資產合資的，合資企業要按資本或資產的劃分比例承擔貸款債務。如借款企業無力償還貸款，該合資企業要承擔連帶債務責任。借款企業未經銀行同意，不能動用已向銀行設立抵押權的資產，只能按照規定以自有資金或自有資金的一定比例與其他企業合資。

⑥企業被有償轉讓時，轉讓收入要按法定程序和比例清償貸款債務。企業已設定抵押權或其他擔保權的財產，不得轉讓。

⑦企業解散時，要先清償債務，並經有關部門批准。在貸款債務未清償以前，不得解散。

⑧企業申請破產時，商業銀行要及時向法院申報債權，並會同有關部門對企業資產和債權債務進行全面清理。對破產企業已設定財產動用或擔保的貸款應優先受償；無財產擔保的貸款按法定程序和比例受償。

（4）依靠法律武器，收回貸款本息。當借款人不能按期償還貸款，或經過銀行努力催收後仍不能收回貸款本息的，商業銀行就應當依靠法律武器追償貸款。首先，如果借款人無力還款，商業銀行應依法處分貸款抵押（質押）物，或追究保證人的擔保責任，由處分抵押（質押）物的收入或保證人的收入歸還貸款本息。如果抵押（質押）物的處分收入或保證人的收入仍不足以還貸且貸款沒有設定擔保責任，商業銀行應當對借款人或貸款保證人提起訴訟，請求法庭予以解決。

由於通過法庭解決債務問題，需要花費一定的訴訟成本，因此，商業銀行在訴諸法律以前，應當做出利弊權衡。如果所欠債務數量不大，或即使勝訴也不可能追回貸款，商業銀行可主動放棄訴訟，改用其他方式追償。商業銀行在向法院提起訴訟之前，應當對借款人和保證人的財產和收入情況進行調查。如果經調查，其財產和收入的確存在，則應在勝訴以後，通過沒收財產、拍賣資產、扣押收入和清算債務等方式，抵償貸款本息。

（5）呆帳衝銷。經過充分的努力，最終仍然無法收回的貸款，應列入呆帳，由以後計提的貸款呆帳準備金衝銷。按目前中國的做法，呆帳準備金按年初貸款餘額的1%差額提取。呆帳準備金由各商業銀行總行統一掌握。各分支機構將有關的呆帳資料報送各商業銀行總行，並經各有關總行審核、批准后，從呆帳準備金中衝銷。

第三節　商業銀行證券投資業務

商業銀行的證券投資已成為商業銀行重要的資產業務，它不僅為商業銀行帶來豐厚的利潤，還在銀行流動性管理、資源優化配置以及合理避稅等方面起到了積極作用。

一、商業銀行證券投資的功能

商業銀行的總目標是追求利潤最大化，商業銀行證券投資的基本目標是在一定風險水平下使投資收入最大化。基於這個基本目標，商業銀行證券投資的主要功能有：

（一）獲取收益

商業銀行貸款的發放受到諸多因素的限制，商業銀行必須找到新的資金出路

來獲取收益,證券投資是商業銀行的資金產生效益的投資途徑。商業銀行證券投資的收益包括利息收益和資本收益。利息收益是指銀行購買一定量的有價證券後,依證券發行時確定的利率從發行者那裡取得的收益。資本收益則是指銀行購入證券後,在出售時或償還時收到的本金高於購進價格的餘額。商業銀行證券投資的收入扣除資金成本後就得到銀行投資利潤。

(二) 分散風險

商業銀行資產管理的核心就是控制風險,而降低風險的一個做法是實行資產分散化以分散風險。商業銀行證券投資在分散風險方面有特殊的作用。一是證券投資為銀行資產分散提供了一種選擇,因為這是一個新的資金運用途徑。二是證券投資選擇面廣,可以更加靈活和分散,而且,證券投資不受地域限制,可以購買全國甚至購買全世界的各種證券。三是證券投資獨立性強,可以更有效地分散風險從而降低風險。

(三) 保持流動性

商業銀行的現金資產具有高度的流動性,在流動性管理中具有重要作用。但現金資產無利息收入,為保持流動性而持有過多的現金資產會增加銀行的機會成本,降低盈利性。流動性很強的短期證券是商業銀行理想的高流動性資產。它們既可以隨時變現,又有一定的利息收入,是商業銀行流動性管理中的二級準備。

(四) 合理避稅

商業銀行投資的證券大都集中在國債和地方政府債券上,而國債和地方政府債券往往享有減免稅收的優惠政策,故銀行可以利用證券組合達到避稅的目的,使收益進一步提高。

二、商業銀行證券投資的主要類別

近年來,隨著金融市場上不斷推出新的投資工具和銀行業經營範圍的擴大,類似的可供銀行選擇的證券投資種類越來越多。主要有以下幾種:

(一) 政府債券

政府債券有三種類型:中央政府債券、政府機構債券和地方政府債券。

(1) 中央政府債券是指由中央政府的財政部發行的借款憑證。按照其發行的期限長短可分為國庫券(Tressury Bill)和中長期國債(Treasury Notes and Bonds)。其中國庫券是政府發行的短期債券,期限為1年以內,所籌集資金主要用於中央政府財政預算平衡後的臨時性開支。由於國庫券期限短、風險低、流動性高,成為商業銀行流動性管理中的重要工具。國庫券往往不含票息,也稱零息債券,其交易以貼現方式進行。中長期國債是政府發行的中長期債務憑證,2~10年為中期國債,10年以上為長期國債,所籌集資金用於平衡中央財政預算赤字。中長期國債多為含票息證券。

中央政府債券與其他證券相比具有以下特點:一是安全性高。中央政府債券是所有證券中風險最低的。中央政府債券是以國家信用作為擔保的,所以拒付的可能性很小,按期回收本息的可靠程度很高。二是流行性強。中央政府債券風險

小，安全性高，轉手比較容易。而且，其供給需求彈性均較穩定，不存在大起大落的價格變化。三是抵押代用率高。商業銀行可以將持有的中央政府債券作為向中央銀行再貸款的抵押品。

（2）政府機構債券是指除中央財政部門以外其他政府機構所發行的債券，如中央銀行發行的融資券、國家政策性銀行發行的債券等。政府機構證券特點與中央政府債券十分相似，違約風險很小，故在二級市場上的交易十分活躍。

政府機構債券通常以中長期債券為主，流動性不如國庫券，但它的收益率比較高。它雖然不是政府的直接債務，但通常也受到政府擔保，因此債券信譽比較高，風險比較低。政府機構債券通常要繳納中央所得稅，不用繳納地方政府所得稅，稅後收益率較高。

（3）市政債券是由地方政府發行的，所籌資金多用於地方基礎設施建設和公益事業發展。市政債券就其償還的保障來講，劃分為兩類：第一類稱一般義務債券（General Obligation Bonds），這種債券的本息償還由地方政府徵稅能力做保證；第二類為收益債券（Revenue Bonds），這種債券的本息償還以所籌資金投資項目的未來收益作保證。由於地方政府的財政狀況差異較大，地方徵稅能力大大弱於中央政府，故這類債券有一定的違約風險。為了在不提高成本的前提下順利籌措所需資金，地方政府往往採取減稅和免稅的優惠政策，使投資者增加收益，故這種債券的實際收益率並不低。

地方政府債券的發行和流通市場不如國家債券活躍，除了一些信用較高的地方政府發行的債券可以在全國範圍內發行並流通外，大部分都集中在本地，流動性不強。

（二）公司債券

公司債券是企業對外籌集資金而發行的一種債務憑證。發行債券的公司向債券持有者做出承諾，在指定的時間按照票面金額還本付息。公司債券可分為兩類：一類是抵押債券，是指公司以不動產或動產抵押而發行的債券，如債券到期公司不能還本付息，債務人就可以依法請求拍賣抵押品，將所得收入償還債務人；另一類是信用債券，是指公司僅憑信用發行債券。一般情況下，只有那些信譽卓著的大公司才有資格發行信用債券，因為大公司實力雄厚，信譽度高，容易被投資者接受。而那些中小型公司由於不具備大公司的優勢，只能發行抵押債券。

由於公司經營狀況差異很大，且市場變化無常，故公司債券違約風險較大。為了保障商業銀行投資的安全，許多國家在銀行法中規定，僅允許商業銀行購買信用等級在投資級別以上的公司債。對於何為投資級別的信用等級，在各國有一定差別，例如在美國，規定投資級別的債券是指權威信用評估機構所評信用等級在 BB 以上的債券。

（三）股票

股票是股份公司發給股東證明其投資並憑以領取股息的憑證，是資本市場上的長期投資工具。股票的投資者即為股份公司的股東，股東在法律上有參加企業

管理的權利，有權分享公司的利益，同時也要分擔公司的責任和風險，但是無權向公司要求退回投資的股金。投資者購買股票後不能退股，但可以通過股票市場轉讓股權，收回投資的股本。

股票是代表財產所有權的有價證券，股票的收益除股息、紅利外，還有買賣股票的差價收益。股票的市場價格受多種因素的影響，不僅取決於預期的股息率，還受到股份企業的經營狀況、國家的政治局勢、政府的經濟政策和投資者的心態等多種因素的影響。由於股票投資的風險較大，因而大多數西方國家在法律上都禁止商業銀行投資工商企業股票，只有德國、奧地利、瑞士等少數國家允許。但是，隨著政府管制的放鬆和商業銀行業務綜合化的發展，股票成為商業銀行的投資對象已是必然趨勢。

(四) 商業票據

商業票據是在商業交易基礎上產生的、用來證明交易雙方的債權債務關係的書面憑證。如果是由一家信譽卓著的大公司發行的商業票據，它的安全性可能要比企業貸款高，而且由於期限短、流動性強，適合銀行提高資產流動性的需要。商業票據分為商業匯票和商業本票兩種形式。商業匯票是由債權人簽發的要求債務人按約定的期限向指定的收款人或持票人支付一定金額的無條件支付命令，往往由商品交易的賣方簽發。由於商業匯票是由債權人簽發的，因此必須經過承兌才具有法力效力。所謂承兌，是指票據到期前，付款人承諾在票據到期日支付票據的行為。具體做法是：付款人在票據上註明「承兌」字樣和承兌日期並簽章。由債務人承兌的匯票稱為商業承兌匯票；由銀行受債務人委託承兌的匯票稱為銀行承兌匯票。商業本票是債務人向債權人簽發的、承諾在約定的期限內支付一定款項的債務憑證。由於商業本票是由債務人簽發的，因此無需承兌。商業本票往往由實力雄厚、信譽卓著的大公司簽發。

目前，較為發達的商業票據市場是歐洲票據市場和美國票據市場。中國金融市場尚處於初級階段，證券種類發展不完善。目前中國商業銀行證券投資可供選擇的品種有國庫券、重點建設債券、財政債券和國家建設債券、基本建設債券、特種國債、保值公債和金融債券、國家重點企業債券和地方企業債券等。

三、銀行證券投資的風險和收益

銀行證券投資強調把風險控制在一定範圍內的前提下，通過組合投資技術使投資收益最大化。在金融市場上，投資風險指投資者投資對象未來收益的不確定性。潛在的投資風險與潛在的投資收益正相關。

(一) 證券投資的風險類別

商業銀行證券投資的風險是指商業銀行在進行證券投資中存在的本金或收益損失的可能性。證券投資遭受損失的可能性越大，風險就越大。在商業銀行經營總原則指導下，商業銀行證券投資組合管理的目標是在控制風險的前提下增加收益。主要投資風險有：

1. 信用風險

信用風險是指債務人到期不能償還本息的可能性，故也稱違約風險。這種風險主要受證券發行人的經營能力、資本大小、事業的前途、穩定性等因素的影響。

由於商業銀行投資主要集中在政府證券上，這類證券多以財政稅收作為償付本息保障，故違約風險不高。商業銀行證券投資中還有一部分是公司債券和外國債券，這部分債券存在著違約的可能性。

2. 通貨膨脹風險

通貨膨脹風險是指由於不可預期的物價波動而使證券投資實際收入下降的可能性。商業銀行投資主要購買固定利率收入債券，當物價上漲率超過所投資證券的稅後收益率時，商業銀行投資產生實際損失。需強調的是，不可預期的物價上漲對商業銀行的影響很大，如果投資決策中未對通貨膨脹溢價因素給予恰當考慮，當通貨膨脹率超過預期物價上漲率時，商業銀行投資收益將大幅度下降。

3. 利率風險

利率風險指由於市場利率水平波動而引起證券價格變動，從而給商業銀行證券投資造成資本損失的可能性。利率波動從兩個方面對商業銀行證券投資帶來風險：第一，債券市場價格與市場利率反向變動，固定收入債券的價格隨利率上升而下降。當銀行因各種需要而在未到期前出售證券時，有可能因市場價格下降而產生資本損失。債券價格隨市場利率波動的程度依各種債券的期限和特性而定。一般來講，最終償還期越長，息票支付水平越低，則證券市場波動幅度越大。第二，商業銀行重投資的收益水平會因利率下降而減少。在利率下降過程中，商業銀行投資證券的息票收入和到期證券本金償還有可能不得不按較低的市場利率重投資。

4. 流動性風險

流動性風險指商業銀行投資的某些證券由於難以交易而使商業銀行收入損失的可能性。有些證券由於發行規模小或其他特徵，使其可交易性大大降低。銀行若需中途出售這些證券，將不得不大幅降低價格，才有可能吸引其他投資者購買。

（二）商業銀行證券投資收益的計算

商業銀行證券投資收益主要來自證券利息收入和資本收入兩個方面。這些收益根據不同計算標準形成不同的收益率。

1. 票面收益率

票面收益率有三種：

第一種是在證券票面上及證券上（或發行證券時）標明的收益率。如證券票面上標有「年利率10%」的字樣，這10%就是該證券的票面收益率。

第二種是票面規定的收益額與票面面額之間的比率。這種證券票面上並未標明收益率但附有息票，載明每期支付利息的數額，每期剪下息票兌取利息，用利息除以本金，就可以得到利息率，即票面收益率。

第三種是預扣利息額與票面金額的比率。這種證券票面上並未標明收益率或利息額,而是通過貼現發行預先扣除應付的利息。這種收益率是貼現利息率。票面收益率的計算公式為:

票面收益率＝年息票利息/債券面值×100%

2. 當期收益率

當期收益率是指證券票面收益額與證券現行市場價格的比率。有價證券的價格並不總與其票面價格一致,它會隨著市場行情的變化而變化,往往與債券面值不一致。這時如果仍然使用票面收益率,就不能真實地反應證券的收益狀況。當期收益率的計算公式為:

當期收益率＝當期年息票利息/當期證券市場價格×100%

這一收益率考慮了證券市場價格的變化,更能反應證券的實際收益水平。

3. 到期收益率

到期收益率是考慮了證券的票面收益、票面價格、購買價格及到期期限價格等因素後得出的,更為精確和全面。

它的計算方法是:用證券利息收入加上證券資本收益(或減損失)每期分攤額,然後除以證券平均價格。其中,證券資本收益(或損失)的平均每期分攤額是用證券購入價格與到期餘額(或出售證券時的價格)之間的差額除以持券期間。到期收益率的計算公式為:

$$到期收益率 = \frac{每期利息+(到期出售價格-購入價格)/持券期間}{(購入價格+到期出售價格)/2} \times 100\%$$

式中的持券期間是指銀行實際持有證券的時間,既不是證券的發行日期至到期日時間,也不是銀行購入日至到期日的時間。

到期收益率充分反應了證券的購入成本、票面價值、票面收益率、持券時間及出售價格等因素,反應了銀行在證券投資上實際獲得的全部收益或者虧損。因此,這一收益率又被人們稱為實際收益率。

四、商業銀行的證券投資策略

商業銀行證券投資策略是指銀行將投資資金在不同種類、不同期限的證券中進行分配,盡可能對風險和收益進行協調,使風險最小而收益率最高,從而做到有效證券組合。商業銀行證券投資的主要策略有分散投資法、期限分離法、靈活調整法和證券調整法。

(一)分散投資法

分散投資法是指商業銀行不應把投資資金全部用來購買一種證券,而應當購買多種類型的證券,這樣可以使商業銀行持有的各種證券收益和風險相互抵消,從而使銀行能夠穩妥地獲得中等程度的投資收益,不會出現大的風險。證券投資分散主要有以下四個方法:期限分散法、地域分散法、類型分散法、發行者分散法。

1. 期限分散法

期限分散法是指在證券的期限上加以分散,將資金分別投入到各種期限的證

券上。因為證券的價格和利率之間有反向變化的關係，如果持有證券的期限太過集中，那麼利率變動時，這種組合的風險防範能力就較低，從而使投資資金遭受損失。如果投資資金在各種期限的證券上分散，那麼，在利率變化時，各種證券的價格變化方向不一致，從而可以抵消價格的變化，使資金不致遭受重大損失。

商業銀行證券投資在期限上分散的主要方法是梯形期限法，即根據商業銀行資產組合中分佈在證券上的資金量，把它們均勻地投資在不同期限的同質證券上，在由到期證券提供流動性的同時，可由占比重較高的長期證券帶來較高收益率。由於該方法中的投資組合很像階梯形狀，因此得名。

梯形期限法是中小銀行在證券投資中較多採用的，其優點表現在：①管理方便，易於掌握。商業銀行只需將資金在期限上均勻分佈，並定期進行重投資安排即可。②商業銀行不必對市場利率走勢進行預測，也不需頻繁進行證券交易業務。③這種投資組合可以保障商業銀行在避免因利率波動出現投資損失的同時，使銀行獲取至少是平均利潤率的投資回報。

梯形期限法具有以下幾個缺陷：①過於僵硬，缺少靈活性。當有利的投資機會出現時，不能利用新的投資組合來擴大利潤，特別是當短期利率提高較快時。②作為二級準備證券的變現能力具有局限性。由於實際償還能力為1年的證券只是 $1/n$，故有應急流動性需要時，商業銀行出售中長期證券有可能出現投資損失。

2. 地域分散法

地域分散法是指商業銀行不止購買某一地區發行的證券，而是購買各地發行的證券，使商業銀行能夠避免由於某一地區經濟衰退而給投資業務造成重大損失的可能性。

3. 類型分散法

類型分散法是指商業銀行持有的證券不是集中於某一種類證券，而是由各種類型的證券構成，如工業、農業、交通業等。由於各種類型的證券價格變動是不一致的，投資於多種類型的證券將使銀行免受因集中投資於某一種證券而該證券價格下跌對商業銀行資產造成的損失。

4. 發行者分散法

發行者分散法是指商業銀行所持證券的債務人要多種多樣，而不能集中投資於某一債務人發行的債券，其目的同樣是為了分散投資風險。

（二）期限分離法

期限分離法和分散化投資法正好相反。分散化投資法是將全部資金平均分攤在從短期到長期的各種證券上，而期限分離法是將全部資金投放在一種期限的證券上，或短期或長期。如果商業銀行投資的證券大幅度上漲，商業銀行會得到很高的收益；但如果商業銀行投資的證券價格大幅度下降，商業銀行將遭到巨大損失。由此可以看出，這種投資方法具有很大的風險，不能保證商業銀行獲取中等程度的收益；但商業銀行一旦獲利，收益也會很高。期限分離法有三種不同的戰略：短期投資戰略、長期投資戰略和杠鈴投資戰略。

1. 短期投資戰略

短期投資戰略是指當銀行面臨高度流動性需求的情況下，且銀行分析認為，一段時期內短期利率將趨於下跌，銀行就把其絕大部分投資資金全部投放在短期證券上，幾乎不購買其他期限的證券。這種投資戰略具有高度的靈活性和流動性，當銀行需要資金時，可以迅速地把短期證券賣出。但是，這種投資戰略的收益性要取決於證券市場上利息率變動的情況。如銀行購買證券後市場上短期利率普遍下跌，短期證券的價格就會上漲，銀行就會獲得資本收入；反之，如果市場短期利率上升，則短期證券價格下跌，銀行就會遭到較大的損失。

2. 長期投資戰略

長期投資戰略是銀行將其絕大部分資金投資於長期證券上，幾乎不持有任何其他期限的證券。由於長期利率的變化並不頻繁，從而長期證券的價格波動不大，銀行投資的資本收入和損失不太明顯，而且長期證券票面收益率比其他期限的票面收益率都要高，所以這種投資戰略可使銀行獲得較高的收益。但是，長期投資戰略缺乏短期投資戰略的靈活性和流動性，商業銀行在需要現金時難以轉手長期證券，或者在證券轉讓時可能遭到較大的資本損失。所以，商業銀行一般在其流動性需求較低時才會採取這種戰略。

3. 杠鈴投資戰略

杠鈴投資戰略是把證券劃分為短期債券和長期證券兩個組別，商業銀行資金只分佈在這兩類證券上，而對中期證券一般不予考慮。這種證券組合結構反應在圖上形似杠鈴，故得此名。杠鈴投資戰略要求所投資長期證券在其償還期達到中期時就賣出，並將其收入重投資長期證券；所投資短期證券到期後若無流動性補充需要，再投資於短期證券。短期證券的期限由銀行根據貨幣市場狀態和證券變現能力自行決定，但一般在 3 年以內，而長期證券的期限則在 7~8 年以內。杠鈴投資戰略能使商業銀行證券投資實現流動性、靈活性和盈利性的高效組合。

短期證券保證了商業銀行的流動性，長期證券的收益率較高，其投資組合的收益率不低於在梯形結構方法下的投資組合收益率。特別是在利率波動時，投資損益相互抵消。如果市場利率普遍上升，長期證券市價下跌，出售長期證券時資本利得會減少，但到期短期證券的本利和未來收入卻可以按不斷上升的市場利率重投資；當市場利率下降時，短期證券重投資的收益率會降低，但長期證券市價上升，出售時的資本利得提高。杠鈴投資戰略比其他投資方法更符合商業銀行流動性、安全性、盈利性原則的效率要求。但該方法對商業銀行證券轉換能力、交易能力和投資經驗要求較高，對那些缺乏這方面能力和人才的商業銀行來講，其他方法也許更為有效。

（三）靈活調整法

靈活調整法是針對分散化投資法和期限分離法在投資中資金轉換靈活度差的特點，實施一種依情況變化而隨機組合、靈活調整的方式。它的基本內容是，商業銀行的投資不固守一個模式，而是隨著金融市場上證券收益曲線的變化隨時調整。當商業銀行預期長期利率將下降，長期證券的價格將上漲時，商業銀行就把

短期投資資金轉移到長期證券上；當商業銀行預期短期利率將下降，短期證券的價格將上漲時，商業銀行就把長期投資資金轉移到短期證券上。

靈活調整法完全由商業銀行通過對各種證券收益曲線的分析，預測未來市場利率的變化趨勢，從而相繼做出投資組合的調整。對於一般的商業銀行來說，如果沒有太大的把握是不會採取靈活調整法的，只有那些資本規模較大、投資分析能力較強的大商業銀行，才會將其作為增加收入的方法。

(四) 證券調整法

證券調整法是指當市場處於暫時性不均衡而使不同證券產生相對的收益方面的優勢時，用相對劣勢的證券調換相對優勢的證券以套取無風險的收益。調整的主要方法有以下幾種：

(1) 價格調換。價格調換是指銀行發現市場上有一種證券與自己已持有的證券在票面收益率、期限、風險等級和其他方面都一樣，只是市價比較低時，就出售自己持有的證券來換取這種證券，以賺取價格差異。

(2) 收益率調換。收益率調換是指銀行發現市場上有一種證券與自己已持有的證券在期限、票面價值、到期收益率、風險等級等其他方面都一樣，只是票面收益率比較高時，就出售已持有的證券來換取這種證券，以獲得證券投資的收益。

(3) 市場內部差額調換。市場內部差額調換是指如果兩種證券在期限、票面利率、風險等級等各方面，除了其中一項不同外其他各項都一樣，而這項不同將產生不同的價格或者收益影響，就可以將所持有的價格或者收益較差的證券調換為較好的證券。

(4) 利率預期調換。當市場利率發生變化時，對不同證券的影響是不同的，根據對利率走勢的預測，將因利率變化對收益率產生較差影響的證券調換成產生較好影響的證券。

(5) 減稅調換。有的西方國家規定，證券交易的收益要繳納一定的所得稅，繳納方法一般是超額累進制，即收益每增加一個等級，納稅等級就增加一級。銀行為了少繳稅額，經常運用減稅調換的方式。在銀行的資本收益達到或超過某一限額時，將自己手中持有的價格下跌的證券在市場上出售，使銀行在資本上受到一定損失，但使銀行的資本收益保持在一定的限額之下，適用較低的所得稅率，從而使銀行獲得更多的淨收益。

復習與思考題

1. 簡述商業銀行的貸款種類。
2. 簡述商業銀行的貸款政策。
3. 影響商業銀行貸款定價的因素有哪些？
4. 簡述商業銀行證券投資的功能。
5. 商業銀行證券投資的種類有哪些？

第五章 商業銀行中間業務

> **學習目標**
>
> ◆ 瞭解中間業務的概念和分類
> ◆ 掌握中間業務各分類業務的經營內容
> ◆ 熟悉支付結算方式和結算工具

第一節 商業銀行中間業務概述

一、中間業務和表外業務的概念

商業銀行的中間業務是商業銀行利用其機構、信息、技術、信譽和資金等優勢，不動用自身資金，代理客戶承辦支付和其他委託事宜，並據以收取手續費和佣金的一種業務。其主要業務有結算、代理、諮詢、信託等業務，其服務對象是各類銀行及非銀行金融機構、企事業單位、社會團體和個人。

商業銀行的表外業務是指商業銀行從事的，按通行的會計準則不列入資產負債表內，不影響其資產總額，但能影響商業銀行當期的損益，改變商業銀行的資產報酬率的經營活動。主要包括貸款承諾、擔保、互換、期貨、期權、遠期合約等。

廣義上的中間業務包括表外業務。但中間業務和表外業務是既有聯繫，又有區別的。

中間業務和表外業務的聯繫，主要表現在：

（1）中間業務和表外業務都是收取手續費的業務。手續費是商業銀行向客戶提供各種金融服務所得的報酬和佣金，擴大了商業銀行的利潤來源，增強了商業銀行的盈利能力，這是商業銀行開展中間業務和表外業務的根本動力。

（2）中間業務和表外業務都是以接受委託方式開展業務活動。中間業務的特點是不直接作為信用活動中的一方出現，不動用或少動用商業銀行自己的資金，不以債權人或債務人的身分進行融資活動，只是以中間人身分提供各種金融服務；表外業務也是一種受託業務。

（3）中間業務和表外業務的透明度很低。中間業務和表外業務大多不反應在資產負債表上，其規模和質量不在財務報表上反應，金融管理當局難以瞭解銀行整體的經營水平，從而使整個業務經營透明度降低。

中間業務和表外業務的區別，主要表現在：

(1) 中間人的身分不同。中間業務是銀行利用自身的機構、技術、設施和信息等優勢開展的仲介性服務，既不是資產業務，也不是負債業務；在開展業務時，商業銀行都是以交易雙方當事人之外的第三方身分接受委託，為第三方辦理委託事項的業務；表外業務的初衷不僅僅是獲取手續費和佣金收入，更多的是轉移或防範風險，使得業務中間人角色發生了變化，成了交易雙方中的一方，即交易的直接當事人。

(2) 風險程度不同。中間業務只是按照客戶要求辦理相關業務，屬於代理性質，商業銀行只承受操作風險，因此風險較小；表外業務風險相對較大，如貸款承諾一旦變為實際的貸款業務，如果銀行資金緊張，很可能發生流動性風險。

(3) 受金融監管部門的管理嚴格程度不同。中間業務由於在經營過程中，只面臨操作風險，並不存在利率風險和信用風險，金融監管機構監管相對寬鬆，而表外業務則金融監管嚴格。

(4) 發展的時間長短不同。中間業務與銀行資產負債業務相伴而生，長期存在，而表外業務發展時間在近20年，時間較短。

西方發達國家商業銀行中間業務的發展，經歷了從不自覺階段發展到自覺階段的歷程。20世紀80年代以後，隨著世界經濟的發展，國際資本流動頻繁，匯率、利率波動劇烈，出現了金融創新，也極大地刺激了商業銀行的中間業務的發展，中間業務收入已是銀行營業收入的重要來源，如英國匯豐銀行等國際先進銀行在非利息收入中，中間業務收入占比在40%~70%之間。國際先進銀行的發展經驗表明，要保證商業銀行可持續發展，應嚴格控制信貸等資產負債業務，大力發展中間業務。中間業務收入同銀行盈利能力呈正相關關係，發展水平越高的銀行中間業務收入占比越高。研究資料表明，近年來匯豐銀行等國際先進銀行在非利息收入高達40%的基礎上，仍保持了中間業務收入年均17.4%的增長，遠高於其他資本總額年均7.8%的增速。同業已將其中間業務作為經營結構轉型的標杆，作為長期發展戰略的重要內容。

二、中間業務發展的原因

自20世紀70年代以後，商業銀行中間業務得到迅速發展，既有外部金融環境的因素，也有商業銀行內部經營策略的因素。其主要原因有：

(一) 規避資本管制，增加盈利渠道

在20世紀70年代，西方許多發達國家為了維護商業銀行體系安全，就開始對商業銀行的資本規模提出了要求，特別是英、美等國，美國在20世紀70年代還提出了著名的「紐約公式」，對商業銀行的資本需要量做出了具體的規定。

1988年7月，美國、英國、法國、義大利等12國中央銀行在瑞士巴塞爾簽署了《巴塞爾協議》，對商業銀行的資本結構和各類資產風險權數做出了統一的規定。它一方面起到了保護商業銀行經營管理安全的作用，使商業銀行不一味追求資產的規模，而要注重資產的質量管理；另一方面也限制了表外業務的發展，

從而使銀行的盈利水平受到限制。商業銀行為了維持銀行的盈利水平，紛紛設法規避資本管制給銀行經營管理的限制，注重發展對資本沒有要求或資本要求很低的中間業務，使得銀行在不增加資本的情況下，仍可以擴大業務規模，增加收入，提高銀行的盈利水平。

(二) 適應金融環境變化，擴展業務範圍

20世紀70年代中期以來，西方主要發達國家放鬆了對金融的管理限制，使金融環境發生了變化，主要變化表現在兩方面：一是由於減少了對證券交易的限制，促進了融資證券化發展；二是金融監管機構逐步放鬆了對利率的管制，促進了利率市場化。

融資證券化給非銀行金融機構和非金融機構大量進入證券市場提供了方便，投資銀行業有了長足的發展，直接融資規模迅速擴大，這些非銀行金融機構和非金融機構通過發行利率水平較高的有價證券，吸引了大量的社會資金，以此和銀行爭奪資金來源，導致「脫媒」現象出現，使商業銀行的資金來源減少，直接威脅著商業銀行的生存和發展。

利率市場化雖然使商業銀行獲得了決定存貸利率的自主權，但是商業銀行的資金成本要受到許多限制。在通常情況下，商業銀行不可能通過大幅度提高存款利率來爭奪資金；同時，商業銀行為了保持一定的利差收益，也不可能大幅度降低貸款利率水平；再加上商業銀行的審查又比較嚴格，在直接金融較快發展的情況下，資金需求者在融資市場上的選擇餘地較多，因此，商業銀行原來擁有的貸款需求市場不斷受到「蠶食」。

在融資證券化和利率市場化的環境中，商業銀行資產來源減少，商業銀行存貸差縮小，商業銀行的資產運用受到諸多限制，商業銀行經營又面臨著更大的困難。許多商業銀行因無法擺脫此種困境而步履維艱，一些中小商業銀行被迫關門；一些資產實力雄厚、規模較大的商業銀行依靠自身客戶眾多、技術先進、信息靈通、人才優秀、信譽良好、實力雄厚、經驗豐富、資金充裕等優勢，擴展經營業務範圍，選擇和轉向開展中間業務的經營，從而促使了中間業務迅速發展。

(三) 改變經營策略，轉移和分散風險

自1973年布雷頓森林體系瓦解後，各主要資本主義國家普遍實行浮動匯率制，匯率多變又給各國商業銀行的國際業務和外匯頭寸管理帶來重重困難，商業銀行經營經常要面對匯率變動帶來的風險；同時，國際上又爆發了石油危機，加劇了西方發達國家的滯脹，也使許多國家陷入國際收支不平衡的困境。進入20世紀80年代，又發生了拉美國家債務危機，嚴重影響了國際商業銀行的資產質量和資信等級。在商業銀行資信等級下降的情況下，商業銀行的存款來源減少，商業銀行面臨著資金缺口擴大、流動性風險增大問題。這些問題的出現，迫使銀行尋找新的經營方式和經營策略，以達到分散風險的目的，而中間業務如互換、期貨、期權等則有分散風險或轉移風險的功能，給商業銀行提供了控制資金成本和套期保值的投資手段，中間業務也因此而有了較大的發展。

(四) 發展金融創新服務，滿足客戶多樣化需要

中間業務具有多樣性、靈活性，只要交易雙方同意，便可達成交易協議。隨

著金融管制放鬆和金融自由化，金融創新也層出不窮，各種非銀行金融機構也相繼推出許多集融資與服務於一體的金融業務，資金來源越來越廣泛。客戶對商業銀行的需求不再僅僅局限於借款，同時也對商業銀行的服務提出了更多的要求，客戶往往在向商業銀行存款或借款的同時，要求銀行能為他們提供各種防範風險和轉移風險的方法，使他們能避免或是減少因利率、匯率波動造成的損失。商業銀行為了鞏固和客戶的關係，便大力發展代理客戶進行的金融衍生工具業務，這也推動了中間業務的發展。

（五）發揮銀行自身優勢，促進中間業務發展

商業銀行在從事中間業務中有其獨特的有利條件。和其他金融機構相比，商業銀行的優勢在於機構眾多、信譽良好、技術先進、資金雄厚等，並且具有規模經濟效益，集聚大量優秀的專業人才。這些優勢使得商業銀行在從事中間業務中成本較低，風險相對較少，容易取得客戶的信任。特別是商業銀行為往來客戶辦理擔保業務，就是充分利用商業銀行資產雄厚、信譽良好等優勢，不動用商業銀行自身的資金，成本支出較低。同時，客戶得到商業銀行的擔保，所支付費用也比較低廉，對客戶也具有較大的吸引力。因此，商業銀行從事中間業務，既加強了與客戶的聯繫，又獲取了良好的經濟效益，共同促進了中間業務的發展。

（六）廣泛應用信息技術，推動中間業務發展

20世紀80年代以來，計算機技術的應用和信息產業的迅速發展，對商業銀行中間業務的開展起了廣泛的積極的推動作用。信息技術在商業銀行業務中得到廣泛運用，數據處理計算機化、資金劃撥電子化、信息傳遞網路化，乃至出現了網路銀行和電子銀行，既大大地加快了銀行處理業務的速度，同時也為商業銀行從事中間業務獲得較高經濟效益提供了幫助。借助於信息網路和先進的信息處理技術，商業銀行還可以推出許多金融工具，對風險進行比較準確的預測，提高了風險監控效果。商業銀行可以在更廣闊的市場上大力發展各種服務性的業務和金融衍生工具交易，為客戶提供更有效的財務管理、投資諮詢業務，從而使商業銀行中間業務規模逐步超過了其傳統的業務，中間業務成了商業銀行經濟效益新的增長點。

三、中間業務的種類

（一）支付結算類中間業務

支付結算類業務是指由商業銀行為客戶辦理因債權債務關係引起的與貨幣支付、資金劃撥有關的收費業務。

1. 結算工具

結算業務借助的主要結算工具包括銀行匯票、商業匯票、銀行本票和支票。

（1）銀行匯票是出票銀行簽發的、由其在見票時按照實際結算金額無條件支付給收款人或者持票人的票據。

（2）商業匯票是出票人簽發的、委託付款人在指定日期無條件支付確定的金額給收款人或持票人的票據。商業匯票分銀行承兌匯票和商業承兌匯票。

（3）銀行本票是銀行簽發的、承諾自己在見票時無條件支付確定的金額給收款人或者持票人的票據。
（4）支票是出票人簽發的、委託辦理支票存款業務的銀行在見票時無條件支付確定的金額給收款人或持票人的票據。
2. 結算方式
結算方式主要包括同城結算方式和異地結算方式。
（1）匯款業務，是由付款人委託銀行將款項匯給外地某收款人的一種結算業務。匯款結算分為電匯、信匯和票匯三種形式。
（2）托收業務，是指債權人或售貨人為向外地債務人或購貨人收取款項而向其開出匯票，並委託銀行代為收取的一種結算方式。
（3）信用證業務，是由銀行根據申請人的要求和指示，向受益人開立的記載有一定金額、在一定期限內憑規定的單據在指定地點付款的書面保證文件。
3. 其他支付結算業務
其他支付結算業務包括利用現代支付系統實現的資金劃撥、清算，利用銀行內外部網路實現的轉帳等業務。
（二）代理類中間業務
代理類中間業務指商業銀行接受客戶委託，代為辦理客戶指定的經濟事務、提供金融服務並收取一定費用的業務，包括代理政策性銀行業務、代理中國人民銀行業務、代理商業銀行業務、代收代付業務、代理證券業務、代理保險業務、代理其他銀行銀行卡收單業務等。
（1）代理政策性銀行業務，指商業銀行接受政策性銀行委託，代為辦理政策性銀行因服務功能和網點設置等方面的限制而無法辦理的業務，包括代理貸款項目管理等。
（2）代理中國人民銀行業務，指根據政策、法規應由中央銀行承擔，但由於機構設置、專業優勢等方面的原因，由中央銀行指定或委託商業銀行承擔的業務，主要包括財政性存款代理業務、國庫代理業務、發行庫代理業務、金銀代理業務。
（3）代理商業銀行業務，指商業銀行之間相互代理的業務，例如為委託行辦理支票托收等業務。
（4）代收代付業務，是商業銀行利用自身的結算便利，接受客戶的委託代為辦理指定款項的收付事宜的業務，例如代理各項公用事業收費、代理行政事業性收費和財政性收費、代發工資、代扣住房按揭以及消費貸款還款等。
（5）代理證券業務，是指銀行接受委託辦理的代理發行、兌付、買賣各類有價證券的業務，還包括接受委託代辦債券還本付息、代發股票紅利、代理證券資金清算等業務。此處有價證券主要包括國債、公司債券、金融債券、股票等。
（6）代理保險業務，是指商業銀行接受保險公司委託代其辦理保險業務的業務。商業銀行代理保險業務，可以受託代個人或法人投保各險種的保險事宜；也可以作為保險公司的代表，與保險公司簽訂代理協議，代保險公司承接有關的

保險業務。代理保險業務一般包括代售保單業務和代付保險金業務。

（7）其他代理業務，包括代理財政委託業務、代理其他銀行銀行卡收單業務等。

（三）擔保類中間業務

擔保類中間業務指商業銀行為客戶債務清償能力提供擔保，承擔客戶違約風險的業務。它主要包括銀行承兌匯票、備用信用證、各類保函等。

（1）銀行承兌匯票，是由收款人或付款人（或承兌申請人）簽發，並由承兌申請人向開戶銀行申請，經銀行審查同意承兌的商業匯票。

（2）備用信用證，是開證行應借款人要求，以放款人作為信用證的受益人而開具的一種特殊信用證，以保證在借款人破產或不能及時履行義務的情況下，由開證行向受益人及時支付本利。

（3）各類保函業務，包括投標保函、承包保函、還款擔保函、借款保函等。

（4）其他擔保業務。

（四）承諾類中間業務

承諾類中間業務，指商業銀行在未來某一日期按照事前約定的條件向客戶提供約定信用的業務，主要指貸款承諾，包括可撤銷承諾和不可撤銷承諾兩種。

（1）可撤銷承諾附有客戶在取得貸款前必須履行義務的特定條款，在銀行承諾期內，客戶如沒有履行義務條款，則銀行可撤銷該項承諾。可撤銷承諾包括透支額度等。

（2）不可撤銷承諾是銀行不經客戶允許不得隨意取消的貸款承諾，具有法律約束力，包括備用信用額度、回購協議、票據發行便利等。

（五）交易類中間業務

交易類中間業務，指商業銀行為滿足客戶保值或自身風險管理等方面的需要，利用各種金融工具進行的資金交易活動，主要包括金融衍生業務。

（1）遠期合約，是指交易雙方約定在未來某個特定時間以約定價格買賣約定數量的資產，包括利率遠期合約和遠期外匯合約。

（2）金融期貨，是指以金融工具或金融指標為標的的期貨合約。

（3）互換，是指交易雙方基於自己的比較利益，對各自的現金流量進行交換，一般分為利率互換和貨幣互換。

（4）期權，是指期權的買方支付給賣方一筆權利金，獲得一種權利，可於期權的存續期內或到期日當天，以執行價格與期權賣方進行約定數量的特定標的的交易。按交易標的分，期權可分為股票指數期權、外匯期權、利率期權、期貨期權、債券期權等。

（六）基金託管業務

基金託管業務是指有託管資格的商業銀行接受基金管理公司委託，安全保管所託管的基金的全部資產，為所託管的基金辦理基金資金清算款項劃撥、會計核算、基金估值、監督管理人投資運作。包括封閉式證券投資基金託管業務、開放式證券投資基金託管業務和其他基金的託管業務。

（七）諮詢顧問類業務

諮詢顧問類業務，指商業銀行依靠自身在信息、人才、信譽等方面的優勢，收集和整理有關信息，並通過對這些信息以及銀行和客戶資金運動的記錄和分析，並形成系統的資料和方案，提供給客戶，以滿足其業務經營管理或發展的需要的服務活動。

（1）企業信息諮詢業務，包括項目評估、企業信用等級評估、驗證企業註冊資金、資信等級證明、企業管理諮詢等。

（2）資產管理顧問業務，指為機構投資者或個人投資者提供全面的資產管理服務，包括投資組合建議、投資分析、稅務服務、信息提供、風險控制等。

（3）財務顧問業務，包括大型建設項目財務顧問業務和企業併購顧問業務。大型建設項目財務顧問業務指商業銀行為大型建設項目的融資結構、融資安排提出專業性方案。企業併購顧問業務指商業銀行為企業的兼併和收購雙方提供的財務顧問業務，銀行不僅參與企業兼併與收購的過程，而且作為企業的持續發展顧問，參與公司結構調整、資本充實和重新核定、破產和困境公司的重組等策劃和操作過程。

（4）現金管理業務，指商業銀行協助企業，科學合理地管理現金帳戶頭寸及活期存款餘額，以達到提高資金流動性和使用效益的目的。

（八）銀行卡業務

銀行卡，是指商業銀行向社會發行的具有消費信用、轉帳結算、存取現金等全部或部分功能的信用支付工具。銀行卡業務的分類方式一般包括以下幾類：

（1）依據清償方式，銀行卡業務可分為貸記卡業務、準貸記卡業務和借記卡業務。借記卡可進一步分為轉帳卡、專用卡和儲值卡。

（2）依據結算的幣種不同，銀行卡可分為人民幣卡業務和外幣卡業務。

（3）按使用對象不同，銀行卡可以分為單位卡和個人卡。

（4）按載體材料的不同，銀行卡可以分為磁性卡和智能卡（IC卡）。

（5）按使用對象的信譽等級不同，銀行卡可分為金卡和普通卡。

（6）按流通範圍，銀行卡還可分為國際卡和地區卡。

（7）其他分類方式，包括商業銀行與營利性機構/非營利性機構合作發行聯名卡/認同卡。

（九）其他類中間業務

其他類中間業務包括保管箱業務及其不能歸入以上八類的業務。

四、中國商業銀行中間業務的發展概況

在進入21世紀特別是中國加入世貿組織之後，中國商業銀行面臨著越來越強的市場競爭和經營風險，依靠傳統的存貸款利差獲取利益的能力正在逐步削弱。在生存壓力與發展需求的推動之下，中國商業銀行紛紛開展中間業務，但其發展還處於起步階段，在經營管理上還存在著許多問題。主要存在的問題有：

（一）經營理念落後，盈利觀念淡薄

中國銀行長期在「統收統支，統存統貸」的體制下，中國銀行只重視資產

和負債業務的發展，不重視中間業務的發展。隨著中國經濟金融體制改革的不斷深化，中國商業銀行的中間業務有了一定程度的發展，但與社會經濟發展對商業銀行拓展中間業務的要求、與西方商業銀行發達的中間業務發展相比，無論是在業務數量還是在業務質量上，都存在較大的差距。其主要原因是經營理念落後，市場競爭意識差，盈利觀念淡薄，對中間業務的重要性認識不足，對中間業務的創新發展缺乏動力，沒有形成對中間業務有效的監督管理機制。

(二) 分業經營限制，金融市場欠發達

中國《商業銀行法》規定銀行業實行嚴格的分業經營，商業銀行在涉及證券、保險業務領域時不能提供相應的綜合理財業務。分業經營極大地限制了中間業務的拓展空間，割裂了商業銀行與資本市場的聯繫，商業銀行的中間業務受到很大的局限。

中國金融市場相對不發達，企業債券市場和商業票據市場在規模、流通機制等方面還都很不完善；股票市場雖歷經改革，有所發展，但仍存在市場分割、投機嚴重等問題；金融衍生品中的擔保類、承諾類等中間業務與企業債券市場、商業票據市場的興衰高度相關。而更高層次的中間業務如金融衍生品交易服務等要以高度發達的金融市場特別是金融衍生品市場為依託。中國現階段金融市場欠發達，嚴重阻礙了中國商業銀行中間業務的發展。

(三) 發展規模較小，業務品種單一

現階段中國商業銀行中間業務的發展規模較小，業務品種較為單一，其中間業務規模一般占資產總額的比例很低，中間業務品種也主要是一些傳統的服務性和風險性業務，如備用信用證以及銀行承兌匯票、保函等與貿易服務密切相關的金融服務業務。在諮詢業務方面，也僅開辦了查帳等簡單的服務業務；而為企業擔當財務顧問、投資顧問，為公司的合併、收購、重組提供諮詢服務等方面業務則涉及很少。各類擔保、貸款或投資承諾、貨幣互換與利率互換、票據發行便利、遠期利率協議等新興中間業務未得到有效開展。

從管理上看，目前中國商業銀行在中間業務的發展上，從上到下缺乏主管機構和總體規劃，缺乏明確的業務範圍和發展目標。從政策法規看，中國金融監管當局重表內輕中間的現象，十分缺乏配套的政策法規，中間業務基本處於無法可依的狀態，同時缺乏自上而下的激勵與規範，不利於中國商業銀行中間業務的整體發展。

(四) 技術力量不足，缺乏專業人才

隨著科學技術革命的飛速發展，特別是計算機技術和通信技術前所未有的發展，並廣泛應用於金融領域，徹底改變了金融業的傳統操作方式，銀行業務成本大幅降低。數據處理電腦化、信息傳遞網路化和資金轉帳電子化為中間業務實現規模經濟創造了有利條件，特別是信息處理技術的發展，使銀行有條件不斷設計出新的衍生金融工具，並將全球主要金融市場的業務緊密聯繫起來。中國商業銀行雖然擁有較先進的網路服務系統，但與西方國家商業銀行相比，計算機技術與信息產業的發展以及其他科技水平仍明顯落後，與中間業務快速發展的要求仍存

在著一定差距，特別是軟件程序開發能力不足，計算機應用配套能力欠佳，管理信息系統有待完善。

商業銀行是一個高技術、高智能型行業，而中間業務更是知識與技術密集型的產品，是人才、技術、資金、網路、信息和信譽於一體的集合，涉及金融、財會、法律、稅收、管理、計算機等諸多領域。商業銀行要拓展中間業務需要大批複合型金融人才，這些人才需要熟悉國際金融業務，精通先進電子技術，掌握現代管理和瞭解法律法規等多方面知識。但目前在中國商業銀行的從業人員中普遍存在的現象是：懂得一般操作的人員多，缺乏精通管理的人員；懂得傳統業務的人員多，缺乏精通創新業務的人員；懂得單項業務的人員多，缺乏精通計算機、外語和國際業務等多項業務的人員。中國商業銀行中間業務經營及管理人員的數量與素質明顯不足。

五、加快中國商業銀行中間業務發展的措施

根據中國商業銀行在發展中間業務過程中存在的問題，為加快中國商業銀行中間業務發展，需要進一步採取多種正確的措施。主要措施有：

（一）切實轉變觀念，提高思想認識

中國商業銀行的各級領導必須在經營思想、經營方式和經營策略等方面盡快轉變觀念，要把拓展中間業務上升到關係本行前途命運的高度來認識，切實將拓展中間業務工作納入重要的日程，與做好存款業務、提高信貸資產質量工作一起，齊抓並進；要正確把握好開拓創新的中間業務和開展傳統的資產負債業務的關係，確立雙並重、同開展的基本業務思想，加快中間業務的發展。

中國商業銀行的廣大員工要提高對開辦中間業務的重要性的認識，認識到開辦中間業務是增強市場競爭力、轉移和分散風險、滿足客戶多樣化需要、增加效益渠道的措施。廣大員工通過強化服務意識，轉變服務態度，改變服務作風，運用服務技巧，提高服務質量，樹立一切工作都是為了商業銀行發展的全新觀念，進一步推動中間業務發展，增加商業銀行自身的利潤來源。

（二）推進混業經營，營造寬鬆環境

現階段中國金融機構實行分業經營、分業管理，這一現狀限制了銀行、證券、保險企業之間的業務互通，使中國商業銀行在拓展中間業務時受到許多限制。金融機構由分業經營向混業經營轉變是現代商業銀行發展的趨勢，特別是在中國金融業開放後，金融市場競爭更加激烈，擴大商業銀行業務範圍，允許商業銀行適度混業經營，不但可以提高中國商業銀行自身的收益水平，而且更重要的是能夠有效地發揮中國商業銀行拓展中間業務範圍帶來的經濟效應。

中國商業銀行中間業務創新需要有一個寬鬆的金融政策環境。中國一些金融政策和制度制約著中國商業銀行的中間業務發展，使得中國商業銀行的部分中間業務品種仍不能得到開發，特別是出於防範風險的目的，衍生金融工具業務的開展受到嚴格的限制，不僅政策空間較小，而且交易市場十分狹窄。因此，中國商業銀行的中間業務的創新，不僅需要中國商業銀行自身努力，而且需要營造相應

的金融環境，特別是金融政策環境，積極推進金融業混業經營。只有放開對中間業務的限制、放開金融市場、推出創新產品、創造有效需求，才能夠從根本上推動中國商業銀行中間業務的發展。

（三）擴大經營規模，豐富業務品種

西方國家金融業的監管寬鬆，以及混業經營的發展，使得西方商業銀行的金融服務能夠順利地向存貸款業務延伸和發展，自主經營中間業務，因而其中間業務不但品種豐富，而且技術成熟，中間業務呈多樣化發展。中國商業銀行的中間業務品種雖然在近年來有了較大程度的增加，但相對於西方商業銀行中間業務的創新品種，中國商業銀行中間業務不但規模較小，而且品種單一，對盈利的貢獻度較低，不能滿足中間業務全面發展的需要，而且受中國金融市場不成熟和金融業分業經營的影響，金融創新受到一定程度的抑制，衍生金融工具交易等新興的、高附加值的中間業務品種開展比較緩慢。

中國商業銀行中間產品開發要按市場機制進行，並從有針對性地滿足客戶需要著手。從新產品創意開始，要明確中間業務新產品的利益點，明確新產品的主要購買者或購買群體；在中間業務創新產品設計前首先要對新產品開發的成本、利潤、資金回收、行銷方案以及銀行資金的預算進行分析；在產品試銷階段，要確定潛在的客戶是否會接受該項新產品，要保證產品能夠發揮其應有的功能；在建立了供貨系統並實施了市場行銷計劃之後，就要開始組織新產品的批量生產，將產品推向市場。因此，為了更好地進行中間業務創新，中國商業銀行應盡快建立根據成本—收益的分析方式，通過對客戶的需求調查，建立嚴格地按新產品開發程序進行中間業務產品開發的機制，以擴大中間業務規模，開發出更多的中間業務品種，滿足市場需要。

（四）加大科技投入，引進和培養人才

中國商業銀行建立現代計算機信息網路系統是開展中間業務的基礎和關鍵，加大對現代通信技術、計算機技術、網路技術、數據採集及處理技術等的投資力度，建立完善的計算機網路和信息系統，形成多功能、多元化、高效率的網路服務，提高中間業務的科技含量，提高中間業務綜合競爭力，為加速發展中間業務提供技術的支持和可靠的保證。

中國商業銀行要加快對中間業務的發展，要採取切實可行的用人機制，主要措施：一是大量培養中間業務人才。中國商業銀行可以從現有的從業人員中選拔精通中間業務、善於鑽研中間業務的人員，安排到中間業務崗位上，對他們進行中間業務方面較高層次的知識培訓，為中間業務的拓展奠定基礎。二是引進中間業務人才。中國商業銀行可以面向社會、大專院校以及其他金融機構等，引進一些具有較高理論知識和豐富實踐經驗的專門人才，充實到中間業務發展的人才隊伍中來，以促進中間業務的管理與發展。

第二節　商業銀行支付結算類中間業務

一、支付結算類中間業務概述

（一）支付結算類中間業務的概念

支付結算是指商業銀行對經濟單位之間因商品交易、勞務供應、資金調撥及其他往來而產生的債權債務關係或貨幣收付關係進行清償的一種傳統業務。中國人民銀行在 2002 年 4 月 22 日頒布的《商業銀行中間業務暫行規定》中明確了支付結算的概念：支付結算類業務是指由商業銀行為客戶辦理債權債務關係引起的與貨幣支付、資金劃撥有關的收費業務。商業銀行在辦理支付結算業務時主要利用匯票、本票、支票等結算工具，結算方式主要有同城結算方式和異地結算方式。它是商業銀行一項業務量大、風險度小、收益穩定的典型的傳統的中間業務。

（二）支付結算類中間業務的意義

支付結算類業務是在銀行存款業務基礎上產生的中間業務，是商業銀行業務量最大的一項中間業務，充分體現了商業銀行支付仲介職能的作用，商業銀行通過支付結算業務成為全社會的轉帳結算中心和貨幣出納中心。規範和發展商業銀行的支付結算類中間業務，對於促進市場經濟和穩定社會發展具有重大的意義：①拓寬商業銀行收入渠道，為商業銀行帶來安全、穩定的收益；②集聚社會閒散資金、擴大商業銀行信貸資金來源；③加速資金週轉，促進商品流通，提高資金運轉效率；④節約現金，調節貨幣流通，節約社會流通費用；⑤加強資金管理，提高票據意識，增強信用觀念；⑥嚴格實行經濟合同制度和經濟核算制度；⑦綜合反應結算信息，監督國民經濟活動，維護金融秩序穩定。

（三）支付結算的任務、原則和紀律

1997 年 9 月 19 日中國人民銀行頒布的《支付結算辦法》對於支付結算的任務、原則和紀律做出了明確的規定：

1. 關於支付結算任務

支付結算工作的任務，是根據經濟往來組織支付結算，準確、及時、安全辦理支付結算，按照有關法律、行政法規和本辦法的規定管理支付結算，保障支付結算活動的正常進行。

2. 關於單位、個人和銀行辦理支付結算必須遵循的原則

（1）恪守信用、履約付款；

（2）誰的錢進誰的帳，由誰支配；

（3）銀行不墊款。

3. 關於支付結算紀律

（1）單位和個人辦理支付結算，不準簽發沒有資金保證的票據或遠期支票，套取銀行信用；不準簽發、取得和轉讓沒有真實交易和債權債務的票據，套取銀

行和他人資金；不準無理拒絕付款，任意占用他人資金；不準違反規定開立和使用帳戶。

（2）銀行辦理支付結算，不準以任何理由壓票、任意退票、截留挪用客戶和他行資金；不準無理拒絕支付應由銀行支付的票據款項，不準受理無理拒付、不扣少分滯納金；不準違章簽發、承兌、貼現票據，套取銀行資金；不準簽發空頭銀行匯票、銀行本票和辦理空頭匯款；不準在支付結算制度之外規定附加條件，影響匯路暢通；不準違反規定為單位和個人開立帳戶；不準拒絕受理、代理他行正常結算業務；不準放棄對企事業單位和個人違反結算紀律的制裁；不準逃避向人民銀行轉匯大額匯劃款項。

二、結算工具

結算工具是指商業銀行用於支付結算過程中的各種票據。票據是由出票人簽發的，自己承諾或委託付款人在見票時或在指定日期無條件支付一定金額並可以流通轉讓的有價證券。中國《票據法》規定：中國所稱的票據主要是指銀行匯票、商業匯票、銀行本票、支票，各種票據的簽發、取得和轉讓，必須有真實交易關係和債權債務關係。票據是辦理支付結算的工具，票據是國際通行的支付結算工具。由於票據具有要式性、無因性和流通性等特點，票據的簽發、取得和轉讓必須具有真實的交易關係和債權債務關係，因而票據具有支付功能、匯兌功能和信用功能。

（一）銀行匯票

銀行匯票是出票銀行簽發的，由其在見票時按照實際結算金額無條件支付給收款人或者持票人的票據。銀行匯票的出票銀行為銀行匯票的付款人。單位和個人各種款項結算，均可使用銀行匯票。銀行匯票可以用於轉帳，填明「現金」字樣的銀行匯票也可以用於支取現金。簽發銀行匯票必須記載下列事項：標明「銀行匯票」的字樣；無條件支付的承諾；出票金額；付款人名稱；收款人名稱；出票日期；出票人簽章。欠缺上列記載事項之一的，銀行匯票無效。

銀行匯票的提示付款期限為自出票日起 1 個月，持票人超過付款期限提示付款的，代理付款人不予受理。申請人使用銀行匯票，應向出票銀行填寫「銀行匯票申請書」，填明收款人名稱、匯票金額、申請人名稱、申請日期等事項並簽章，簽章為其預留銀行的簽章。申請人和收款人均為個人，需要使用銀行匯票向代理付款人支取現金的，申請人須在「銀行匯票申請書」上填明代理付款人名稱，在「匯票金額」欄先填寫「現金」字樣，後填寫匯票金額。申請人或者收款人為單位的，不得在「銀行匯票申請書」上填明「現金」字樣。出票銀行受理銀行匯票申請書，收妥款項後簽發銀行匯票，並用壓數機壓印出票金額，將銀行匯票和解訖通知一併交給申請人。簽發轉帳銀行匯票，不得填寫代理付款人名稱，但由人民銀行代理兌付銀行匯票的商業銀行，向設有分支機構地區簽發轉帳銀行匯票的除外。簽發現金銀行匯票，申請人和收款人均必須為個人，收妥申請人交存的現金後，在銀行匯票「出票金額」欄先填寫「現金」字樣，後填寫出票金

額，並填寫代理付款人名稱。申請人或者收款人為單位的，銀行不得為其簽發現金銀行匯票。收款人受理申請人交付的銀行匯票時，應在出票金額以內，根據實際需要的款項辦理結算，並將實際結算金額和多餘金額準確、清晰地填入銀行匯票和解訖通知的有關欄內。未填明實際結算金額和多餘金額或實際結算金額超過出票金額的，銀行不予受理。

收款人可以將銀行匯票背書轉讓給被背書人。銀行匯票的背書轉讓以不超過出票金額的實際結算金額為準。未填寫實際結算金額或實際結算金額超過出票金額的銀行匯票不得背書轉讓。持票人向銀行提示付款時，必須同時提交銀行匯票和解訖通知，缺少任何一聯，銀行均不予受理。銀行匯票的實際結算金額低於出票金額的，其多餘金額由出票銀行退交申請人。

(二) 商業匯票

商業匯票是出票人簽發的，委託付款人在指定日期無條件支付確定的金額給收款人或者持票人的票據。商業匯票分為商業承兌匯票和銀行承兌匯票。商業承兌匯票由銀行以外的付款人承兌。銀行承兌匯票由銀行承兌。

商業匯票的付款人為承兌人。在銀行開立存款帳戶的法人以及其他組織之間，必須具有真實的交易關係或債權債務關係，才能使用商業匯票。

商業承兌匯票的出票人，為在銀行開立存款帳戶的法人以及其他組織，與付款人具有真實的委託付款關係，具有支付匯票金額的可靠資金來源。

銀行承兌匯票的出票人必須具備下列條件：在承兌銀行開立存款帳戶的法人以及其他組織；與承兌銀行具有真實的委託付款關係；資信狀況良好，具有支付匯票金額的可靠資金來源。出票人不得簽發無對價的商業匯票用以騙取銀行或者其他票據當事人的資金。

簽發商業匯票必須記載下列事項：標明「商業承兌匯票」或「銀行承兌匯票」的字樣；無條件支付的委託；確定的金額；付款人名稱；收款人名稱；出票日期；出票人簽章。欠缺記載上列事項之一的，商業匯票無效。

商業承兌匯票可以由付款人簽發並承兌，也可以由收款人簽發交由付款人承兌。銀行承兌匯票應由在承兌銀行開立存款帳戶的存款人簽發。商業匯票可以在出票時向付款人提示承兌後使用，也可以在出票後先使用再向付款人提示承兌。見票後定期付款的匯票，持票人應當自出票日起1個月內向付款人提示承兌。匯票未按照規定期限提示承兌的，持票人喪失對其前手的追索權。

商業匯票的付款人接到出票人或持票人向其提示承兌的匯票時，應當向出票人或持票人簽發收到匯票的回單，寫明匯票提示承兌日期並簽章。付款人應當在自收到提示承兌的匯票之日起3日內承兌或者拒絕承兌。付款人拒絕承兌的，必須出具拒絕承兌的證明。

商業匯票的付款期限，最長不得超過6個月。商業匯票的提示付款期限為自匯票到期日起10日。商業承兌匯票的付款人開戶銀行收到通過委託收款寄來的商業承兌匯票，將商業承兌匯票留存，並及時通知付款人。

銀行承兌匯票的出票人應於匯票到期前將票款足額交存其開戶銀行。承兌銀

行應在匯票到期日或到期日後的見票當日支付票款。承兌銀行存在合法抗辯事由而拒絕支付的，應自接到商業匯票的次日起 3 日內，出具拒絕付款證明，連同商業銀行承兌匯票郵寄持票人開戶銀行轉交持票人。銀行承兌匯票的出票人於匯票到期日未能足額交存票款時，承兌銀行除憑票向持票人無條件付款外，對出票人尚未支付的匯票金額按照每天萬分之五計收利息。

（三）銀行本票

銀行本票是銀行簽發的，承諾自己在見票時無條件支付確定的金額給收款人或者持票人的票據。單位和個人在同一票據交換區域需要支付各種款項，均可以使用銀行本票。銀行本票可以用於轉帳，註明「現金」字樣的銀行本票可以用於支取現金。銀行本票分為不定額本票和定額本票兩種。

銀行本票的出票人，為經中國人民銀行當地分支行批准辦理銀行本票業務的銀行機構。簽發銀行本票必須記載下列事項：標明「銀行本票」的字樣；無條件支付的承諾；確定的金額；收款人名稱；出票日期；出票人簽章。欠缺記載上列事項之一的，銀行本票無效。

銀行本票的提示付款期限為自出票日起最長不得超過 2 個月。持票人超過付款期限提示付款的，代理付款人不予受理。銀行本票的代理付款人是代理出票銀行審核支付銀行本票款項的銀行。申請人使用銀行本票，應向銀行填寫「銀行本票申請書」，填明收款人名稱、申請人名稱、支付金額、申請日期等事項並簽章。申請人和收款人均為個人，需要支取現金的，應在「支付金額」欄先填寫「現金」字樣，後填寫支付金額。申請人或收款人為單位的，不得申請簽發現金銀行本票。出票銀行受理銀行本票申請書，收妥款項簽發銀行本票。用於轉帳的，在銀行本票上劃去「現金」字樣；申請人和收款人均為個人需要支取現金的，在銀行本票上劃去「轉帳」字樣。

出票銀行在銀行本票上簽章後交給申請人。申請人或收款人為單位的，銀行不得為其簽發現金銀行本票。申請人應將銀行本票交付給本票上記明的收款人。收款人受理銀行本票時，應審查下列事項：收款人是否確為本單位或本人；銀行本票是否在提示付款期限內；必須記載的事項是否齊全；出票人簽章是否符合規定，不定額銀行本票是否有壓數機壓印的出票金額，並與大寫出票金額一致；出票金額、出票日期、收款人名稱是否更改，更改的其他記載事項是否由原記載人簽章證明。收款人可以將銀行本票背書轉讓給被背書人。被背書人受理銀行本票時，除按照《票據法》第一百零六條的規定審查外，還應審查下列事項：背書是否連續，背書人簽章是否符合規定，背書使用粘單的是否按規定簽章；背書人為個人的，需核實身分證件。

銀行本票見票即付。跨系統銀行本票的兌付，持票人開戶銀行可根據中國人民銀行規定的金融機構同業往來利率向出票銀行收取利息。在銀行開立存款帳戶的持票人向開戶銀行提示付款時，應在銀行本票背面「持票人向銀行提示付款簽章」處簽章，簽章須與預留銀行簽章相同，並將銀行本票、進帳單送交開戶銀行。銀行審查無誤後辦理轉帳。未在銀行開立存款帳戶的個人持票人，憑註明

「現金」字樣的銀行本票向出票銀行支取現金的，應在銀行本票背面簽章，記載本人身分證件名稱、號碼及發證機關，並交驗本人身分證件及其複印件。持票人對註明「現金」字樣的銀行本票需要委託他人向出票銀行提示付款的，應在銀行本票背面「持票人向銀行提示付款簽章」處簽章，記載「委託收款」字樣、被委託人姓名和背書日期以及委託人身分證件名稱、號碼、發證機關。被委託人向出票銀行提示付款時，也應在銀行本票背面「持票人向銀行提示付款簽章」處簽章，記載證件名稱、號碼及發證機關，並同時交驗委託人和被委託人的身分證件及其複印件。

持票人超過提示付款期限不獲付款的，應在票據權利時限內向出票銀行做出說明，並提供本人身分證件或單位證明，可持銀行本票向出票銀行請求付款。申請人因銀行本票超過提示付款期限或其他原因要求退款時，應將銀行本票提交到出票銀行。申請人為單位的，應出具該單位的證明；申請人為個人的，應出具該本人的身分證件。出票銀行對於在本行開立存款帳戶的申請人，只能將款項轉入原申請人帳戶；對於現金銀行本票和未在本行開立存款帳戶的申請人，才能退付現金。如銀行本票喪失，失票人可以憑人民法院出具的其享有票據權利的證明，向出票銀行請求付款或退款。

(四) 支票

支票是出票人簽發的，委託辦理支票存款業務的銀行在見票時無條件支付確定的金額給收款人或者持票人的票據。支票上印有「現金」字樣的為現金支票，現金支票只能用於支取現金。支票上印有「轉帳」字樣的為轉帳支票，轉帳支票只能用於轉帳。支票上未印有「現金」或「轉帳」字樣的為普通支票，普通支票既可以用於支取現金，也可以用於轉帳。在普通支票左上角劃兩條平行線的，為劃線支票，劃線支票只能用於轉帳，不得支取現金。

單位和個人在同一票據交換區域的各種款項結算，均可以使用支票。支票的出票人，為在經中國人民銀行當地分支行批准辦理支票業務的銀行機構開立可以使用支票的存款帳戶的單位和個人。簽發支票必須記載下列事項：標明「支票」的字樣；無條件支付的委託；確定的金額；付款人名稱；出票日期；出票人簽章。欠缺記載上列事項之一的，支票無效。

支票的付款人為支票上記載的出票人開戶銀行。支票的金額、收款人名稱，可以由出票人授權補記。未補記前不得背書轉讓和提示付款。簽發支票應使用碳素墨水填寫，中國人民銀行另有規定的除外。簽發現金支票和用於支取現金的普通支票，必須符合國家現金管理的規定。

支票的出票人簽發支票的金額不得超過付款時在付款人處實有的存款金額。禁止簽發空頭支票。支票的出票人預留銀行簽章是銀行審核支票付款的依據。銀行也可以與出票人約定使用支付密碼，作為銀行審核支付支票金額的條件。出票人不得簽發與其預留銀行簽章不符的支票；使用支付密碼的，出票人不得簽發支付密碼錯誤的支票。出票人簽發空頭支票、簽章與預留銀行簽章不符的支票、使用支付密碼地區支付密碼錯誤的支票，銀行應予以退票，並按票面金額處以5%

但不低於 1 千元的罰款；持票人有權要求出票人賠償支票金額 2% 的賠償金。對屢次簽發違規支票的，銀行應停止其簽發支票權。

　　支票的提示付款期限為自出票日起 10 日，但中國人民銀行另有規定的除外。超過提示付款期限提示付款的，持票人開戶銀行不予受理，付款人不予付款。持票人可以委託開戶銀行收款或直接向付款人提示付款。用於支取現金的支票僅限於收款人向付款人提示付款。

　　持票人委託開戶銀行收款的支票，銀行應通過票據交換系統收妥後入帳。持票人委託開戶銀行收款時，應進行委託收款背書，在支票背面背書人簽章欄簽章、記載「委託收款」字樣、背書日期，在被背書人欄記載開戶銀行名稱，並將支票和填製的進帳單送交開戶銀行。持票人持用於轉帳的支票向付款人提示付款時，應在支票背面背書人簽章欄簽章，並將支票和填製的進帳單交送出票人開戶銀行。收款人持用於支取現金的支票向付款人提示付款時，應在支票背面「收款人簽章」處簽章；持票人為個人的，還需交驗本人身分證件，並在支票背面註明證件名稱、號碼及發證機關。出票人在付款人處的存款足以支付支票金額時，付款人應當在見票當日足額付款。存款人領購支票，必須填寫「票據和結算憑證領用單」並簽章，簽章應與預留銀行的簽章相符。存款帳戶結清時，必須將全部剩餘空白支票交回銀行註銷。

　　匯票、本票和支票都可流通轉讓，票據收款人在票據到期日前，可將票據及其所載權利自由轉讓予他人，受讓人也可同樣再轉讓予他人。票據轉讓的方式一般有交付轉讓和背書轉讓兩種。無論是出讓還是受讓，都有法律明文規定，受法律保護。在所有票據中，只有遠期匯票在到期前，才需辦理承兌。因為即期匯票和已到期匯票，僅需付款提示，無須辦理承兌；本票是承兌式信用證券，更無須向自己申請承兌。銀行對遠期商業匯票承兌，意味著同意貼現，故存在一定風險，必須堅持謹慎原則，進行嚴格審查。

三、支付結算方式

（一）匯款

1. 國內匯兌

　　匯兌是匯款人委託銀行將其款項支付給收款人的結算方式。單位和個人的各種款項的結算，均可使用匯兌結算方式。匯兌分為信匯、電匯兩種，由匯款人選擇使用。簽發匯兌憑證必須記載下列事項：標明「信匯」或「電匯」的字樣；無條件支付的委託；確定的金額；收款人名稱、匯款人名稱；匯入地點、匯入行名稱；匯出地點、匯出行名稱；委託日期；匯款人簽章。匯兌憑證上欠缺上列記載事項之一的，銀行不予受理。匯兌憑證記載的匯款人名稱、收款人名稱，其在銀行開立存款帳戶的，必須記載其帳號。欠缺記載的，銀行不予受理。委託日期是指匯款人向匯出銀行提交匯兌憑證的當日。

　　匯兌憑證上記載收款人為個人的，收款人需要到匯入銀行領取匯款，匯款人應在匯兌憑證上註明「留行待取」字樣；留行待取的匯款，需要指定單位的收

款人領取匯款的，應註明收款人的單位名稱；信匯憑收款人簽章支取的，應在信匯憑證上預留其簽章。匯款人確定不得轉匯的，應在匯兌憑證備註欄註明「不得轉匯」字樣。

匯款人和收款人均為個人，需要在匯入銀行支取現金的，應在信匯、電匯憑證的「匯款金額」大寫欄，先填寫「現金」字樣，後填寫匯款金額。匯出銀行受理匯款人簽發的匯兌憑證，經審查無誤後，應及時向匯入銀行辦理匯款，並向匯款人簽發匯款回單。匯款回單只能作為匯出銀行受理匯款的依據，不能作為該筆匯款已轉入收款人帳戶的證明。

匯入銀行對開立存款帳戶的收款人，應將匯給其的款項直接轉入收款人帳戶，並向其發出收帳通知。收帳通知是銀行將款項確已收入收款人帳戶的憑據。未在銀行開立存款帳戶的收款人，憑信匯、電匯的取款通知或「留行待取」的，向匯入銀行支取款項時，必須交驗本人的身分證件，在信匯、電匯憑證上註明證件名稱、號碼及發證機關，並在「收款人簽蓋章」處簽章；信匯憑簽章支取的，收款人的簽章必須與預留信匯憑證上的簽章相符。銀行審查無誤後，以收款人的姓名開立應解匯款及臨時存款帳戶，該帳戶只付不收，付完清戶，不計付利息。支取現金的信匯、電匯憑證上必須有按規定填明的「現金」字樣，才能辦理。未填明「現金」字樣，需要支取現金的，由匯入銀行按照國家現金管理規定審查支付。

收款人需要委託他人向匯入銀行支取款項的，應在取款通知上簽章，註明本人身分證件名稱、號碼、發證機關和「代理」字樣以及代理人姓名。代理人代理取款時，也應在取款通知上簽章，註明其身分證件名稱、號碼及發證機關，並同時交驗代理人和被代理人的身分證件。轉帳支付的，應由原收款人向銀行填製支款憑證，並由本人交驗其身分證件辦理支付款項。該帳戶的款項只能轉入單位或個體工商戶的存款帳戶，嚴禁轉入儲蓄和信用卡帳戶。轉匯的，應由原收款人向銀行填製信匯、電匯憑證，並由本人交驗其身分證件。轉匯的收款人必須是原收款人。原匯入銀行必須在信匯、電匯憑證上加蓋「轉匯」戳記。匯款人對匯出銀行尚未匯出的款項可以申請撤銷。申請撤銷時，應出具正式函件或本人身分證件及原信匯、電匯回單。匯出銀行查明確未匯出款項的，收回原信、電匯回單，方可辦理撤銷。

匯款人對匯出銀行已經匯出的款項可以申請退匯。對在匯入銀行開立存款帳戶的收款人，由匯款人與收款人自行聯繫退匯；對未在匯入銀行開立存款帳戶的收款人，匯款人應出具正式函件或本人身分證件以及原信、電匯回單，由匯出銀行通知匯入銀行，經匯入銀行核實匯款確未支付，並將款項匯回匯出銀行，方可辦理退匯。轉匯銀行不得受理匯款人或匯出銀行對匯款的撤銷或退匯。匯入銀行對於收款人拒絕接受的匯款，應即辦理退匯。匯入銀行對於向收款人發出取款通知，經過2個月無法交付的匯款，應主動辦理退匯。

2. 國外匯款

國外匯款指商業銀行憑藉自己的資信度，通過國外分支行或代理行之間的資

金劃撥，為各類客戶辦理匯款受授或了結債權債務關係的一種業務。國外匯款的方式與國內匯兌相同。根據結算工具傳遞方向與資金運動方向是否一致，國際匯款可分為順匯和逆匯。兩者一致的稱為順匯，又稱匯付法；兩者相反的稱為逆匯，又稱出票法。順匯的種類可分為：電匯（T/T）、信匯（M/T）和票匯（D/D）三種。電匯成本較高，所以費用較高；信匯、票匯成本較低且銀行無償佔用客戶款項的時間較長，所以費用較低。

  國際匯款結算方式一般涉及四個當事人，即付出款項的匯款人、接受匯款的收款人、辦理匯出匯款的銀行（匯出行）、受匯款行委託解付匯款的銀行（匯入行或解付行）。此外，如匯出行和匯入行之間沒有建立直接的帳戶往來關係，還要由其他代理銀行參與匯款業務。

  銀行匯出的匯款如發生收款人不在當地或收款人拒收等情況，可以退匯。退匯是指匯款在解付以前撤銷手續。若匯款已解付而匯款人要求退匯時，匯入行不能向收款人追索，只能由匯款人自己向收款人交涉退回。在票匯的情況下，在寄發匯票之前可要求註銷匯票退款；如匯款人已將匯票寄出而又要求退匯，匯出行一般不予受理。匯款人若遺失匯票，可以書面形式向匯出行提出申請，要求掛失止付。如在掛失止付前匯款已被冒領，則由匯款人自行負責。匯出匯款後如超過預計解付期限而收款人尚未收到款項，匯款人可持匯款回單向匯出行查詢，經查明未接到國外付款行的解訖通知，匯出行應立即向匯入行發出查詢。

  國外匯入匯款，原則上應在匯款頭寸收妥後解付。若雙方約定或代理合約已有規定，可在匯款頭寸收到之前根據通知列明的提前解付辦法，經上級批准後墊款解付，但仍須嚴格審查，謹慎從事。在匯入行通知收款人取款後，若超過一定期限（對該期限各國有不同規定）收款人仍不來取款，該項匯款就告失效，由匯入行通知匯出行註銷；票匯超過規定期限後，收款人來銀行取款時，匯入行要在取得匯出行的重新授權後才能照付。

  匯款結算中使用何種貨幣，一般由匯款人確定。匯款人從現匯帳戶中支取原幣，以原貨幣匯出國外時，不需要按買賣價格折算；如需匯出不同貨幣時，應按買入價和賣出價套算後匯出。當匯出銀行向匯款人收取本幣、匯出外幣時，按銀行買入外匯匯率計算。匯入行代解匯款時，如匯款貨幣是本幣，則不存在貨幣套算問題；如匯款貨幣是外幣，匯入行可根據收款人的意見直接支付外幣或套算成本幣後解付。

  (二) 托收承付

  托收承付是根據購銷合同由收款人發貨後委託商業銀行向異地付款人收取款項，由付款人向銀行承諾付款的結算方式。使用托收承付結算方式的收款單位和付款單位，必須是國有企業、供銷合作社以及經營管理較好並經開戶銀行審查同意的城鄉集體所有制工業企業。

  辦理托收承付結算的款項，必須是商品交易，以及因商品交易而產生的勞務供應的款項。代銷、寄銷、賒銷商品的款項，不得辦理托收承付結算。收付雙方使用托收承付結算必須簽有符合《經濟合同法》的購銷合同，並在合同上訂明

使用托收承付結算方式。

收付雙方辦理托收承付結算，必須重合同、守信用。收款人對同一付款人發貨托收累計三次收不回貨款的，收款人開戶銀行應暫停收款人向該付款人辦理托收；付款人累計三次提出無理拒付的，付款人開戶銀行應暫停其向外辦理托收。

收款人辦理托收，必須具有商品確已發運的證件（包括鐵路、航運、公路等運輸部門簽發運單、運單副本和郵局包裹回執）。沒有發運證件，屬於下列情況的，可憑其他有關證件辦理托收：

（1）內貿、外貿部門系統內商品調撥，自備運輸工具發送或自提的；易燃、易爆、劇毒、腐蝕性強的商品，以及電、石油、天然氣等必須使用專用工具或線路、管道運輸的，可憑付款人確已收到商品的證明（糧食部門憑提貨單及發貨明細表）。

（2）鐵道部門的材料廠向鐵道系統供應專用器材，可憑其簽發註明車輛號碼和發運日期的證明。

（3）軍隊使用軍列整車裝運物資，可憑註明車輛號碼、發運日期的單據；軍用倉庫對軍內發貨，可憑總後勤部簽發的提貨單副本，各大軍區、省軍區也可比照辦理。

（4）收款人承造或大修理船舶、鍋爐和大型機器等，生產週期長，合同規定按工程進度分次結算的，可憑工程進度完工證明書。

（5）付款人購進的商品，在收款人所在地轉廠加工、配套的，可憑付款人和承擔加工、配套單位的書面證明。

（6）合同規定商品由收款人暫時代為保管的，可憑寄存證及付款人委託保管商品的證明。

（7）使用鐵路集裝箱或將零擔湊整車發運商品的，由於鐵路只簽發一張運單，可憑發運證件單位出具的證明。

（8）外貿部門進口商品，可憑國外發來的帳單、進口公司開出的結算帳單。

托收承付結算每筆的金額起點為1萬元。新華書店系統每筆的金額起點為1千元。托收承付結算款項的劃回方法，分郵寄和電報兩種，由收款人選用。簽發托收承付憑證必須記載下列事項：標明「托收承付」的字樣；確定的金額；付款人名稱及帳號；收款人名稱及帳號；付款人開戶銀行名稱；收款人開戶銀行名稱；托收附寄單證張數或冊數；合同名稱、號碼；委託日期；收款人簽章。托收承付憑證上欠缺記載上列事項之一的，銀行不予受理。

1. 托收

收款人按照簽訂的購銷合同發貨後，委託銀行辦理托收。

（1）收款人應將托收憑證並附發運證件或其他符合托收承付結算的有關證明和交易單證送交銀行。收款人如需取回發運證件，銀行應在托收憑證上加蓋「已驗發運證件」戳記。

對於軍品托收，由駐廠軍代表檢驗產品或由指定專人負責財務監督的，收款人還應當填製蓋有駐廠軍代表或指定人員印章（要在銀行預留印模）的結算通

知單，將交易單證和發運證件裝入密封袋，並在密封袋上填明托收號碼，同時，在托收憑證上填明結算通知單和密封袋的號碼。然後，將托收憑證和結算通知單送交銀行辦理托收。沒有駐廠軍代表使用代號明件辦理托收的，不填結算通知單，但應在交易單證上填寫保密代號，按照正常托收辦法處理。

（2）收款人開戶銀行接到托收憑證及其附件後，應當按照托收的範圍、條件和托收憑證記載的要求認真進行審查，必要時，還應查驗收付款人簽訂的購銷合同。凡不符合要求或違反購銷合同發貨的，不能辦理。審查時間最長不得超過次日。

2. 承付

付款人開戶銀行收到托收憑證及其附件後，應當及時通知付款人。通知的方法，可以根據具體情況與付款人簽訂協議，採取付款人來行自取、派人送達、對距離較遠的付款人郵寄等。付款人應在承付期內審查核對，安排資金。承付貨款分為驗單付款和驗貨付款兩種，由收付雙方商量選用，並在合同中明確規定。

（1）驗單付款。驗單付款的承付期為 3 天，從付款人開戶銀行發出承付通知的次日算起（承付期內遇法定休假日順延）。付款人在承付期內，未向銀行表示拒絕付款，銀行即視為承付，並在承付期滿的次日（法定休假日順延）上午銀行開始營業時，將款項主動從付款人的帳戶內付出，按照收款人指定的劃款方式，劃給收款人。

（2）驗貨付款。驗貨付款的承付期為 10 天，從運輸部門向付款人發出提貨通知的次日算起。對收付雙方在合同中明確規定，並在托收憑證上註明驗貨付款期限的，銀行從其規定。付款人收到提貨通知後，應即向銀行交驗提貨通知。付款人在銀行發出承付通知的次日起 10 天內，未收到提貨通知的，應在第 10 天將貨物尚未到達的情況通知銀行。在第 10 天付款人沒有通知銀行的，銀行即視為已經驗貨，於 10 天期滿的次日上午銀行開始營業時，將款項劃給收款人；在第 10 天付款人通知銀行貨物未到，而以後收到提貨通知又沒有及時送交銀行的，銀行仍按 10 天期滿的次日作為劃款日期，並按超過的天數，計扣逾期付款賠償金。採用驗貨付款的，收款人必須在托收憑證上加蓋明顯的「驗貨付款」字樣戳記。托收憑證未註明驗貨付款，經付款人提出合同證明是驗貨付款的，銀行可按驗貨付款處理。

（3）不論驗單付款還是驗貨付款，付款人都可以在承付期內提前向銀行表示承付，並通知銀行提前付款，銀行應立即辦理劃款；因商品的價格、數量或金額變動，付款人應多承付款項的，須在承付期內向銀行提出書面通知，銀行據以隨同當次托收款項劃給收款人。付款人不得在承付貨款中，扣抵其他款項或以前托收的貨款。

3. 逾期付款

付款人在承付期滿日銀行營業終了時，如無足夠資金支付，其不足部分，即為逾期未付款項，按逾期付款處理。

（1）付款人開戶銀行對付款人逾期支付的款項，應當根據逾期付款金額和

· 136 ·

逾期天數，按每天萬分之五計算逾期付款賠償金。逾期付款天數從承付期滿日算起。承付期滿日銀行營業終了時，付款人如無足夠資金支付，其不足部分，應當算成逾期1天，計算當天的賠償金。在承付期滿的次日（如法定休假日，逾期付款賠償金的天數計算相應順延，但在以後如法定休假日應當計算逾期天數）銀行營業終了時，仍無足夠資金支付，其不足部分，應當算成近期2天，計算2天的賠償金。其餘以此類推。銀行審查拒絕付款期間，不能算成付款人逾期付款，但對無理的拒絕付款而增加銀行審查時間的，應從承付期滿日起計算逾期付款賠償金。

（2）賠償金實行定期扣付，每月計算一次，於次月3日內單獨劃給收款人。在月內有部分付款的，其賠償金隨同部分支付的款項劃給收款人，對尚未支付的款項，月終再計算賠償金，於次月3日內劃給收款人；次月又有部分付款時，從當月1日起計算賠償金，隨同部分支付的款項劃給收款人，對尚未支付的款項，從當月1日起至月終再計算賠償金，於第3月的3日內劃給收款人。第3月仍有部分付款的，按照上述方法計扣賠償金。賠償金的扣付列為企業銷貨收入扣款順序的首位。付款人帳戶餘額不足全額支付時，應排列在工資之前，並對該帳戶採取「只收不付」的控制辦法，待一次足額扣付賠償金後，才準予辦理其他款項的支付。因此而產生的經濟後果，由付款人自行負責。

（3）付款人開戶銀行對付款人逾期未能付款的情況，應當及時通知收款人開戶銀行，由其轉知收款人。

（4）付款人開戶銀行要隨時掌握付款人帳戶逾期未付的資金情況，俟帳戶有款時，必須將逾期未付款項和應付的賠償金及時扣劃給收款人，不得拖延扣劃。在各單位的流動資金帳戶內扣付貨款，要嚴格按照國務院關於國有企業銷貨收入扣款順序的規定（即從企業銷貨收入中預留工資後，按照應繳納稅款、到期貸款、應償付貨款、應上繳利潤的順序）扣款；同類性質的款項按照應付時間的先後順序扣款。

（5）付款人開戶銀行對不執行合同規定、三次拖欠貨款的付款人，應當通知收款人開戶銀行轉知收款人，停止對該付款人辦理托收。收款人不聽勸告，繼續對該付款人辦理托收的，付款人開戶銀行對發出通知的次日起1個月之後收到的托收憑證，可以拒絕受理，註明理由，原件退回。

（6）付款人開戶銀行對逾期未付的托收憑證，負責進行扣款的期限為3個月（從承付期滿日算起）。在此期限內，銀行必須按照扣款順序陸續扣款。期滿時，付款人仍無足夠資金支付該筆尚未付清的欠款的，銀行應於次日通知付款人將有關交易單證（單證已做帳務處理或已部分支付的，可以填製應付款項證明單）在2日內退回銀行。銀行將有關結算憑證連同交易單證或應付款項證明單退回收款人開戶銀行轉交收款人，並將應付的賠償金劃給收款人。對付款人逾期不退回單證的，開戶銀行應當自發出通知的第3天起，按照該筆尚未付清欠款的金額，每天處以萬分之五但不低於50元的罰款，並暫停付款人向外辦理結算業務，直到退回單證時為止。

4. 拒絕付款

對下列情況，付款人在承付期內，可向銀行提出全部或部分拒絕付款：

（1）沒有簽訂購銷合同或購銷合同未訂明托收承付結算方式的款項。

（2）未經雙方事先達成協議，收款人提前交貨或因逾期交貨付款人不再需要該項貨物的款項。

（3）未按合同規定的到貨地址發貨的款項。

（4）代銷、寄銷、賒銷商品的款項。

（5）驗單付款，發現所列貨物的品種、規格、數量、價格與合同規定不符，或貨物已到，經查驗貨物與合同規定或發貨清單不符的款項。

（6）驗貨付款，經查驗貨物與合同規定或與發貨清單不符的款項。

（7）貨款已經支付或計算有錯誤的款項。

不屬於上述情況的，付款人不得向銀行提出拒絕付款。

5. 重辦托收

收款人對被無理拒絕付款的托收款項，在收到退回的結算憑證及其所附單證後，需要委託銀行重辦托收，應當填寫四聯「重辦托收理由書」，將其中三聯連同購銷合同、有關證據和退回的原托收憑證及交易單證，一併送交銀行。經開戶銀行審查，確屬無理拒絕付款，可以重辦托收。

收款人開戶銀行對逾期尚未劃回，又未收到付款人開戶銀行寄來逾期付款通知或拒絕付款理由書的托收款項，應當及時發出查詢。付款人開戶銀行要積極查明，及時答覆。付款人提出的拒絕付款，銀行按照本辦法規定審查無法判明是非的，應由收付雙方自行協商處理，或向仲裁機關、人民法院申請調解或裁決。

未經開戶銀行批准使用托收承付結算方式的城鄉集體所有制工業企業，收款人開戶銀行不得受理其辦理托收；付款人開戶銀行對其承付的款項除應按規定支付款項外，還要對該付款人按結算金額處以5%的罰款。

（三）委託收款

委託收款是收款人委託銀行向付款人收取款項的結算方式。單位和個人憑已承兌商業匯票、債券、存單等付款人債務證明辦理款項的結算，均可以使用委託收款結算方式。委託收款在同城、異地均可以使用。委託收款結算款項的劃回方式，分郵寄和電報兩種，由收款人選用。簽發委託收款憑證必須記載下列事項：標明「委託收款」的字樣；確定的金額；付款人名稱；收款人名稱；委託收款憑據名稱及附寄單證張數；委託日期；收款人簽章。欠缺記載上列事項之一的，銀行不予受理。

委託收款以銀行以外的單位為付款人的，委託收款憑證必須記載付款人開戶銀行名稱；以銀行以外的單位或在銀行開立存款帳戶的個人為收款人的，委託收款憑證必須記載收款人開戶銀行名稱；以未在銀行開立存款帳戶的個人為收款人的，委託收款憑證必須記載被委託銀行名稱。欠缺記載的，銀行不予受理。

收款人辦理委託收款應向銀行提交委託收款憑證和有關的債務證明。

銀行接到寄來的委託收款憑證及債務證明，審查無誤辦理付款。以銀行為付

款人的，銀行應在當日將款項主動支付給收款人。以單位為付款人的，銀行應及時通知付款人，按照有關辦法規定，需要將有關債務證明交給付款人的應交給付款人，並簽收。

付款人應於接到通知的當日書面通知銀行付款。按照有關辦法規定，付款人未在接到通知之日的次日起 3 日內通知銀行付款的，視同付款人同意付款，銀行應於付款人接到通知之日的次日起第 4 日上午開始營業時，將款項劃給收款人。付款人提前收到由其付款的債務證明，應通知銀行於債務證明的到期日付款。付款人未於接到通知之日的次日起 3 日內通知銀行付款，付款人接到通知之日的次日起第 4 日在債務證明到期日之前的，銀行應於債務證明到期日將款項劃給收款人。

銀行在辦理劃款時，付款人存款帳戶不足支付的，應通過被委託銀行向收款人發出未付款項通知書。按照有關辦法規定，債務證明留存付款人開戶銀行的，應將其債務證明連同未付款項通知書郵寄被委託銀行轉交收款人。

付款人審查有關債務證明後，對收款人委託收取的款項需要拒絕付款的，可以辦理拒絕付款。以銀行為付款人的，應自收到委託收款及債務證明的次日起 3 日內出具拒絕證明，連同有關債務證明、憑證寄給被委託銀行，轉交收款人。以單位為付款人的，應在付款人接到通知之日的次日起 3 日內出具拒絕證明，持有債務證明的，應將其送交開戶銀行。銀行將拒絕證明、債務證明和有關憑證一併寄給被委託銀行，轉交收款人。

在同城範圍內，收款人收取公用事業費或根據國務院的規定，可以使用同城特約委託收款。收取公用事業費，必須具有收付雙方事先簽訂的經濟合同，由付款人向開戶銀行授權，並經開戶銀行同意，報經中國人民銀行當地分支行批准。

（四）信用證結算

信用證結算通用於國際和國內，是當今世界國際貿易領域使用最廣泛的結算方式。信用證是指開證銀行根據申請人的要求和指示，向受益人開立的具有一定金額、在一定期限內憑規定的單據在指定地點付款的書面保證文件。信用證結算方式就是付款人根據貿易合同，請當地銀行開立以收款人為受益人的信用證，銀行經審核同意並收取一定保證金後即開具信用證，收款人接到信用證後履行合同，開證銀行接到有關單據後向收款人付款，付款人再向開證銀行付款的結算方式。

信用證結算涉及的基本當事人有：

（1）開證申請人，一般為進口商或購貨商；

（2）開證行，即應開證申請人要求開立信用證的銀行；

（3）受益人，即信用證保證金額的合法享有人，一般為出口商或銷貨商。

信用證結算的其他當事人有：

（1）通知行，即代理開證行將信用證或開證電報的內容通知受益人的銀行；

（2）保兌行，指接受開證行的委託和要求，對信用證的付款責任以本行名義實行保付的銀行；

（3）議付行，指具體辦理議付的銀行；

（4）償付行，一般指開證銀行的付款代理行。

信用證可從不同的角度劃分為若干種類：

（1）根據開證行是否可以撤證劃分，可分為可撤銷信用證和不可撤銷信用證；

（2）根據是否要求受益人提供規定的單據劃分，可分為光票信用證和跟單信用證；

（3）根據有無另外保證劃分，有保兌信用證和不保兌信用證；

（4）根據受益人可否轉讓使用信用證的權利劃分，有可轉讓信用證和不可轉讓信用證；

（5）根據付款要求劃分，可分為即期付款信用證、遠期付款信用證、承兌信用證和議付信用證。

此外，還有預支信用證、背對背信用證、對開信用證和循環信用證等。在國際貿易中普遍使用的是不可撤銷的跟單信用證，這種信用證需出口商提供貨運單據後才由開證銀行付款。

信用證結算方式的基本特點：

（1）有商業銀行信用作為保障。由開證行負第一位的付款責任，付款承諾是一定兌現的，因而出口商收款有保證。

（2）信用證是獨立的文件。它雖然以貿易合同為依據，但不依附於貿易合同。開證行只對信用證負責，只要表面上「單證一致」「單單一致」，銀行就需履行付款責任。

（3）只管單據。在信用證結算方式下，受益人要保證收款，就一定要提供相應單據，開證行要拒付也一定要以單據上的不相符點為理由。

（五）保函結算方式

保函是指銀行應某商業交易一方當事人的要求，以其自身的信譽向商業交易的另一方擔保該商業交易項下的某種責任或義務的履行，而做出的一種具有一定金額、一定期限、承擔某種支付責任或經濟賠償責任的書面付款保證承諾。保函有兩個基本特徵：

（1）保函是由保證人為債務人向債權人做保證，保證其履行合約中的義務。因此保函有三個當事人：委託人，一般是債務人；受益人，一般是債權人；保證人，通常是銀行或其他金融機構。

（2）在保函中，委託人負有首要責任；只有在委託人不清償債務時，保證人才有責任支付，保證人的責任是從屬性的。

隨著國際貿易的發展，國際市場上的競爭日趨激烈，國際貿易方式也相應發生了一些變化，招標購買和投標競賣已成為當前的一種趨勢，這使得保函結算方式在貿易合同項下有了廣泛的發展。一般說來，貿易合同項下的保函，主要有投標保函、履約保函、定金保函、付款保函、質量保函、延期付款保函和補償貿易保函等類型。

四、其他支付結算業務

(一) 國際銀行支付結算系統

隨著電子計算機和現代通信設施在銀行業中的廣泛應用,改變了過去商業銀行資金往來完全通過票據交換和郵電部門轉移的局面。國際性和地區性的網路化電子資金調撥系統的建立,使異地包括國際銀行資金結算業務時間縮短,從原來的幾周、幾天縮短到 3~5 分鐘。國際著名的電子資金清算系統有:全球銀行間金融電訊協會(SWIFT)、紐約銀行支付清算系統(CHIPS)和倫敦自動支付清算系統(CHAPS)等。現代國際銀行業的支付結算系統正在向著「無人自動服務、無現金交易、無憑證結算」的方向發展。現將其主要內容簡述如下:

1. 無人自動服務

無人自動服務是指由銀行設置大量的自動付款機(CD)、自動存款機(AD)、自動出納機(ATM)及幣券兌換機等為客戶提供的服務。這些自動服務設備的效率很高,一次自動取款時間平均為 33 秒左右。如中國香港特區的匯豐銀行一臺 ATM 每天可處理 600 多筆業務,相當於 4 個櫃臺營業員的工作量;美國花旗銀行僅在紐約街頭巷尾就設置了 468 個 ATM 辦理存取款業務,承擔了該行全部出納業務的 30% 左右;在日本,城市銀行的 ATM 普及率達 100%,地方銀行也在 90% 以上;新加坡有當地 5 大銀行組建的全國計算機網路,客戶利用自動提款卡(EASI-CSRD)能在世界各地 33 個國家和地區的 3 萬個 ATM 上取款。近年來,隨著計算機多媒體技術的發展和應用,以及信息高速公路建設在世界範圍的飛速發展,出現了電話銀行、電視銀行、企業銀行、跨國多功能同步交易等嶄新的自動服務項目。

2. 無現金交易

無現金交易主要是指銀行同業自動財務轉帳系統和售貨點終端機轉帳系統。

(1) 銀行同業自動財務轉帳系統(被稱作 GIRO 系統)。目前許多國家的企業、公司在發放工資、退休養老金、社會保險金和股息紅利時,不再向有關人員支付現金,而是把記錄有每個收款人的實發金額的數據磁帶交給其開戶行,然後集中在票據交換所進行數據交換,再由各銀行將錄有收款人帳號及金額的數據磁帶取回,並利用本行計算機記入顧客事先指定的帳戶。同時,顧客如需交納各項公用事業費、電話費等款項,也可由銀行按預先簽訂的協議,根據委託單位提交的錄有付款人帳號及金額的數據磁帶,通過數據交換,由各行把有關數據磁帶取回,在顧客的往來帳戶或活期儲蓄帳戶中扣除。每月末,由開戶行分別向顧客寄送一份對帳用的清單。

(2) 售貨點終端機轉帳系統(被稱作 POST 系統),是指連接銀行和商店的供顧客選購商品時的一種自動支付的專用設備。使用時,顧客將由開戶銀行發給的提款卡並入終端,即可把貨款由銀行從自己的帳戶轉入商店的帳戶上。這是連接銀行商店和顧客的一體化網路,它比只能處理銀行和顧客間存取款和收付業務的 ATM 更完善。

3. 無憑證結算

在計算機技術高度普及的情況下，快速高效的電子信息交換或電子數據處理正在代替傳統結算記帳必須有紙面憑證的做法，無憑證結算正成為發展趨勢。

（1）銀行間的資金收付處理系統。這種系統是由各商業銀行利用終端設備，通過 MODEM（調整解調器）及通信專線，同裝置在中央銀行的主處理機連接。劃轉資金時，必須經雙方銀行確認後，方可在各自的中央銀行往來存款帳戶上轉帳。為確保這一系統的安全可靠，每個國家都設置了多重的密碼管理措施。

（2）銀行間電子轉帳系統。計算機大型化和遠距離網路化改變了異地和國際資金調撥通過電傳、電報及郵寄等傳統通信手段進行處理的方式。現在歐、美、日等一些金融高度發達的國家和地區，通過電子資金調撥系統辦理一筆異地或國際銀行間的資金結算業務，只需 3~5 分鐘的時間，而在將來的信息高速公路上則只需要幾秒鐘。這種電子轉帳系統有美國的 FERWLRE、瑞士的同業往來清算系統等。其中，最主要的還是全球銀行間金融電訊協會（SWIFT）。近年來，西方還出現了衛星銀行，通過衛星通信網路將國內總行和國外分行連接起來，辦理客戶的國際結算業務。

（二）中國現代化支付系統

中國現代化支付系統（CNAPS）是中國人民銀行按照中國支付清算需要，並利用現代計算機技術和通信網路自主開發建設的，能夠高效、安全處理各銀行辦理的異地、同城各種支付業務及其資金清算和貨幣市場交易的資金清算的應用系統。它是各銀行和貨幣市場的公共支付清算平臺，是中國人民銀行發揮其金融服務職能的重要的核心支持系統。

中國人民銀行通過建設現代化支付系統，將逐步形成一個以中國現代化支付系統為核心，商業銀行行內系統為基礎，各地同城票據交換所並存，支撐多種支付工具的應用和滿足社會各種經濟活動支付需要的中國支付清算體系。中國現代化支付系統已建成了包括第一代人民幣跨行大額即時支付系統、小額批量支付系統、支票影像交換系統和境內外幣支付系統、電子商業匯票系統以及中央銀行會計集中核算系統，形成了比較完整的跨行支付清算服務體系。現代化支付系統由大額支付系統（HVPS）和小額批量支付系統（BEPS）兩個應用系統組成。

中國現代化支付系統為各銀行業金融機構及金融市場提供了安全高效的支付清算平臺，對經濟金融和社會發展的促進作用日益顯現。隨著中國社會經濟的快速發展，金融改革繼續深入，金融市場日益完善，支付方式不斷創新，對中國人民銀行的支付清算服務提出了許多新的、更高的要求，因而要建立滿足社會各種經濟活動支付需要的、功能更加完善的中國現代化支付系統。

第三節　商業銀行代理類中間業務

一、代理類中間業務的概述

（一）代理類中間業務的概念

代理類中間業務是指商業銀行接受政府、企事業單位、其他商業銀行和金融機構，以及居民個人的委託，以代理人的身分代客戶辦理指定的經濟事務、提供金融服務並收取一定的手續費的業務。代理類中間業務具有顯著的特點：

（1）委託人和代理銀行簽訂契約。委託人和代理商業銀行一般要用契約方式規定雙方的權利和義務，明確代理的範圍、內容、期限以及違約處理等，並因此而形成一定的法律關係。

（2）委託人不轉移財產所有權。在代理過程中委託人的財產所有權不變，商業銀行則充分運用自身的機構、信譽、技能、信息等資源優勢，代客戶行使監督管理權，提供各種金融服務。

（3）在代理業務中，商業銀行一般不動用自己的資產，不為客戶墊款，不參與收益分配。

（4）代理業務是有償服務。按代理業務數量和風險程度收取代理手續費，是風險較低、收益穩定的典型的中間業務。

（二）發展代理類中間業務的意義

商業銀行代理類中間業務的種類繁多，服務範圍廣泛，並隨著市場經濟和社會的發展，在不斷改進和完善傳統代理類中間業務的基礎上，源源不斷地推出創新品種。特別是改革開放以來，中國商業銀行的代理類中間業務的服務對象不斷擴大，原來只局限於服務政府部門和企事業單位，但隨著個人金融服務需求的增長，擴大到了以居民個人為服務對象。因此，發展代理類中間業務有著重要的積極的意義。其意義主要表現在：

（1）發展代理類中間業務對提高企業的經濟效益和社會的經濟效益有著巨大的推動作用。企事業單位在為社會服務和日常經營過程中，有大量的定期和不定期的、規則和不規則的公共事業費用收支，還有企業股票、債券、基金等紅利、本息等支付。這些費用涉及面廣，收付頻繁。如果由企事業單位自身辦理，不但由於網點少，不方便客戶收付，而且還因設立機構、購買設備、招聘人員而提高了企事業單位的成本支出。因此，商業銀行發展代理類中間業務可以充分利用自身的網點眾多、技術先進、設備齊全、信息集中、業務嫻熟等優勢為企事業單位和個人辦理委託代理業務，不僅對於降低企事業單位的成本費用支出，提高企業經濟效益有著積極的意義，而且對於方便客戶辦理業務，提高社會整體效益有著巨大的推動作用。

（2）發展代理類中間業務對穩定社會經濟秩序、促進單位和個人行為的規範化有著積極作用。商業銀行通過辦理代理類中間業務，特別是對企業單位的無

形財產進行保存和保護，能有效防止商業秘密的泄漏和被盜；通過代理遺產處置之類的經濟事務，能保證居民個人的正當權益不受侵害，有利於維護良好、穩定的經濟秩序。商業銀行通過辦理代理類中間業務能及時發現企業經營管理中存在的問題，並向企業提出相關合理化建議，實施糾正措施，從而有利於企業改善經營管理，促進企業經營行為的規範化。

(3) 發展代理類中間業務能增加商業銀行的收入渠道，提高商業銀行的利潤水平。商業銀行充分發揮商業銀行電子化程度高、資金實力強、人才素質好、業務網點多的資源優勢，從而能在不改變銀行資產負債規模的條件下，通過開展代理類中間業務，拓寬商業銀行的收入渠道，使商業銀行獲得更多的利潤，成為商業銀行新的利潤增長點；同時，有利於穩定和擴大商業銀行的客戶關係，增加商業銀行的資金來源，為商業銀行的業務拓展提供了一個嶄新的天地。

二、代理類中間業務種類

代理類中間業務包括代理政策性銀行業務、代理中國人民銀行業務、代理商業銀行業務、代收代付業務、代理證券業務、代理保險業務、其他代理業務等。

(一) 代理政策性銀行業務

代理政策性銀行業務是指商業銀行接受政策性銀行委託，代為辦理政策性銀行因服務功能和網點設置等方面的限制而無法辦理的業務，包括代理結算、代理專項資金管理、代理現金支付、代理貸款項目管理等。目前，中國的政策性銀行有：國家開發銀行、中國農業發展銀行和中國進出口銀行。這三家政策性銀行是由政府創立的，不以營利為目的，專門為貫徹、配合政府社會經濟政策或意圖，在特定的業務領域內，直接或間接地從事政策性融資活動，充當政府發展經濟、促進社會進步、進行宏觀經濟管理工具的金融機構。

(二) 代理中國人民銀行業務

代理中國人民銀行業務是指根據政策、法規應由中國人民銀行承擔，但由於機構設置、專業優勢等方面的原因，由中國人民銀行指定或委託商業銀行承擔的業務，主要包括財政性存款代理業務、國庫代理業務、發行庫代理業務、金銀代理業務。

(三) 代理商業銀行業務

代理商業銀行業務是指商業銀行之間相互代理的業務。由於受商業銀行規模大小、服務產品、服務手段等因素的影響，各商業銀行形成了規模大小不一、服務產品不同、服務手段多樣的狀況。為方便顧客，商業銀行之間互相代辦業務。代理商業銀行業務可分為以下兩類：

1. 代理國內商業銀行業務

對於實行單一銀行制的國家的商業銀行而言，代理商業銀行的業務較為普遍和重要。如美國是實行單一銀行制的典型的國家，代理商業銀行業務是歷史上長期的商業銀行之間業務的主要形式。自20世紀80年代以來，美國對商業銀行的單一銀行制進行了改革，對商業銀行開設分支行的限制逐漸放寬，但代理商業銀

行業務至今仍是各商業銀行的一項重要業務。中國商業銀行實行的是總分行銀行制，國有銀行的分支機構眾多，遍布全國，從而限制了國內代理商業銀行業務的發展。但自改革開放以來，新建立的股份制商業銀行紛紛誕生，由於其機構網點少，其輻射不到的地區和領域的業務就需要由其他商業銀行代理，國內代理商業銀行業務應運而生，並隨之迅速發展。

2. 代理國際商業銀行業務

跨國商業銀行規模巨大，但都不可能在世界所有國家和地區遍設海外機構，國際業務的全球性和海外機構的局限性，是產生代理國際商業銀行業務的主要原因。因此，商業銀行的國際業務在未設有海外機構而又有國際業務的地方和領域，都可以通過其他國際商業銀行代為辦理，代理國際商業銀行業務就為不同國家或地區或不同貨幣金融中心的商業銀行提供了業務上的溝通手段。代理商業銀行為對方商業銀行或對方商業銀行的客戶提供各種商業銀行業務，主要業務有：為對方接受存款、發放貸款、調撥資金、國際結算、買賣有價證券等。代理國際商業銀行業務關係一般都是雙向的，即一家商業銀行以對方商業銀行為代理銀行時，對方商業銀行也同時以這家商業銀行為代理銀行。在一般情況下，一家商業銀行的代理銀行的數量要遠遠超過其海外機構的數量。

(四) 代收代付業務

代收代付業務是商業銀行利用自身網點眾多、技術先進等優勢，接受客戶的委託，代客戶辦理指定款項的收付事宜的業務。代收代付業務具有涉及面廣、收付頻繁、金額不大、筆數較多、資金成本低等特點，它是商業銀行結算工作中的主要部分。

1. 代收代付業務的主要種類

(1) 代收業務主要是為企事業單位和個人代理各項公用事業收費、行政事業性收費和各項經營性收費，具體代收業務項目有：水費、電費、煤氣費、電視收視費、交通違法罰款、學校收費、醫療費、稅收款項、固定電話費、移動電話費、個人住房及汽車分期付款業務等。

(2) 代付業務主要是為企事業單位和個人支付各項公用事業費和各項經營性支出費用，具體付費項目有：代發工資、養老保險金、醫療保險金、股票股利、股票分紅、債券利息、社保（含失業保險金）等。

2. 代收代付業務的服務渠道

商業銀行的代收代付業務的主要服務渠道有委託批量扣款、網上銀行、電話銀行、自動終端機和營業櫃臺等渠道。

3. 代收代付業務的辦理程序

企事業單位在委託商業銀行代理收付款時，需事先與商業銀行簽訂代理收付業務協議，明確代理收付業務的內容、範圍、對象、時間、金額、方式和費用等。在辦理收付業務之前，委託單位要向商業銀行出具收付款項目的合法依據及有關單據。在辦理代理付款時，委託人還必須先將代付款項交存商業銀行，商業銀行將代收款項收妥後，即轉入委託單位的銀行帳戶。商業銀行代理收付款項

時，只負責按規定辦理具體的收款手續，不負責收付雙方的任何經濟糾紛。代理手續費由委託人與商業銀行按金額和業務筆數協商計收。

(五) 代理融通業務

代理融通業務又稱代收帳款或應收帳款權益售與，是指商業銀行接受客戶委託，以代理人的身分代為收取應收帳款，並為委託者提供資金融通的一種代理業務。

代理融通業務的產生和發展，主要是出於滿足工商企業擴大銷售和收回貨款的需要。國外工商企業經常採取賒銷方式來擴大產品銷路，一旦購買方拖延不付，賒銷方就會陷於資金週轉不靈的困境，因此需要有一種力量和辦法來維持和保證商業信用關係，使之不受干擾和中斷，以利於各經濟單位的正常運作。尤其是國際貿易的發展，國際市場競爭日益加劇，出口商為爭取海外市場，更需要商業銀行為其在海外的客戶提供信用服務。而商業銀行分支機構眾多，在本國和世界範圍形成巨大的網路，具有較高的信譽，故有能力為工商企業提供代理融通服務。

代理融通業務通常涉及三個方面的當事人：一是商業銀行，二是出售應收帳款、取得資金融通的工商企業，三是取得商業信用、賒欠工商企業貨款的顧客。三者的關係在於工商企業向顧客賒銷貨物和勞務，然後把應收的賒銷帳款轉讓給銀行，由銀行向企業提供資金融通並到期向顧客收帳，並由工商企業向銀行支付一定的手續費和墊款利息。

商業銀行從事代理融通業務，有較高的利息收入和其他服務的手續費收入，並對賒欠顧客事先有資信調查，並規定授信額度，因此資金風險較小，而且對賒銷企業的資金融通有法律追索權，也比較可靠。但商業銀行從事代理融通業務必須投入很多人力、物力進行資信調查，如放款對象是經營出口的企業，調查範圍就要擴大到國際領域，所花費用更大，同時還要承擔債務風險和被詐欺的風險。

由於工商企業與賒帳顧客之間的往來具有延續性，因此代理融通是一項有發展潛力的業務，是國外商業銀行普遍從事的一種長期的代理業務。中國商業銀行目前尚未開展這一業務，但中國正處於經濟深化改革和轉軌時期，巨大的企業應收帳款問題亟待解決，代理融通業務有著很大的發展潛力。通過開辦代理融通業務，可以探索出適合中國國情的商業信用和銀行信用的結合點，進一步密切和客戶的關係，有利於拓寬和促進其他業務的發展，給商業銀行帶來新的利潤增長點。

(六) 保付代理業務

1. 保付代理業務的概念

保付代理 (Factoring) 業務，簡稱保理業務，是指商業銀行以購買票據的方式購買借款企業的應收帳款，並在帳款收回前提供融通資金之外的各項服務，如信用分析、催收帳款、代辦會計處理手續、承擔倒帳風險等。

2. 保付代理業務的程序

出口商以賒銷方式出售商品，因為能將其應收帳款出售給保付代理機構。其

業務辦理程序為:

首先,出口商要向本國商業銀行保付代理機構提出申請,在雙方簽訂協議以後,由出口商將進口商的名稱及有關交易的具體情況提供給保付代理機構。

其次,由出口方的保付代理機構要求進口方的保付代理機構對進口商的資信度進行調查,並將調查結果及可以向進口商提供賒銷金額的具體建議反饋給出口方保付代理機構。如進口商的資信度可靠,進口方保付代理機構就對進口商的交易加以確認,並對出口商確定一個信貸額度,額度內的壞帳由保付代理機構負責,超額部分由出口商自負。出口商待貨物裝運後,立即將發票、匯票、提單等全部單據售與出口方的保付代理機構,保付代理機構在扣除利息和承購費後,在給定的貸款額度內按匯票金額的80%~90%立即或按雙方確定的日期把貨款支付給出口商,其餘10%~20%的金額留存銀行,以供充抵退貨或其他貨物風險,待帳款收妥後再歸還出口商。進口方的保付代理機構則負責向進口商催收貨款,並向出口方保付代理機構劃付。

3. 保付代理業務的特點

(1) 保付代理業務對出口商來說,將單據賣斷給保付代理機構以後,只要出口的商品品質和交貨條件符合合同規定,就能收到貨款。

(2) 保付代理機構對出口商沒有追索權,全部信貸風險和匯率風險都轉嫁給保付代理機構承擔。

(3) 作為出售應收債權的出口商,大多數是中小企業,對國際市場瞭解不多,而商業銀行保付代理機構卻熟知海外市場的情況,有條件對進口商進行深入的資信調查。因此保付代理業務可以幫助中小出口商打入國際市場。

4. 保付代理業務的作用

保付代理機構除了為企業進行融資外,還提供托收、催收帳款、代辦會計處理等一系列綜合服務,其作用十分明顯:

(1) 對出口商而言,有利於出口商加速資金週轉,節省管理賒帳的人力物力。此外,出口商通過保付代理業務出賣票據後,可以立即收到現金而又不增加企業的負債,從而有利於出口商進一步融資的需要。

(2) 對進口商而言,保付代理業務節省了向銀行申請開立信用證和交付押金的手續,從而減少了資金積壓,降低了進口成本,同時也能迅速得到進口物資。其不利之處是貨價成本相應提高。

(3) 對商業銀行保付代理機構而言,除了可按應收帳款的1%~2%收取手續費外,還可獲得一定的利息收入,這些費用通常都會轉移到出口貨價中。但貨價提高的金額一般仍低於因交付開證保證金而使進口商蒙受的利息損失。

5. 保付代理業務的分類

(1) 按出口商出售單據後是否可以立即獲得現金劃分,可分為到期保付代理業務和標準保付代理業務兩類。到期保付代理業務是指保付代理機構在出口商出售單據時不立即支付現金,而是允諾在票據到期時再無追索權向出口商支付票據金額,這是最傳統的保付代理業務。標準保付代理業務是指出口商運出貨物取

得單據後，立即把單據賣給保付代理機構，獲取現金，這是目前流行的保付代理業務。

（2）按保付代理業務是否公開劃分，可分為公開保付代理業務和不公開保付代理業務兩種類型。公開保付代理業務是在票據上寫明讓進口商將貨款付給某一保付代理機構；不公開保付代理業務是按一般托收程序收款，而進口商並不知道該票據是在保付代理業務下承辦的。

6. 保付代理業務的費用構成

保付代理業務費用由兩部分構成：承購手續費和利息。承購手續費是保付代理機構為出口商提供服務而收取的酬金，手續費的多少取決於出口交易的性質、金額和風險的大小，一般占應收帳款金額的 1%～2%。利息是指保付代理機構從向出口商付現到票據到期收回貨款這一段時期的融資成本。利率通常參照當時市場的優惠利率而定，一般情況下高 2 個百分點左右。

（六）基金託管業務

1. 基金託管業務的概念

基金託管業務是指有託管資格的商業銀行接受基金管理公司委託，安全保管所託管的基金的全部資產，為所託管的基金辦理基金資金清算款項劃撥、會計核算、基金估值、監督管理人投資運作。基金託管業務包括封閉式證券投資基金託管業務、開放式證券投資基金託管業務和其他基金的託管業務。

2. 基金託管業務的相關規定

商業銀行既開展基金託管業務，又從事基金代理業務，兩種業務可能給投資人帶來潛在的利益衝突。為此，中國的《商業銀行中間業務暫行規定》第九十七條、第九十八條、第九十九條、第一百條對商業銀行開展基金託管業務中的內部控制做出了規定：商業銀行從事基金託管業務，應當在人事、行政和財務上獨立於基金管理人，雙方的管理人員不得相互兼職；商業銀行應當以誠實信用、勤勉盡責的原則保管基金資產，嚴格履行基金託管人的職責，確保基金資產的安全，並承擔為客戶保密的責任；商業銀行應當確保基金託管業務與基金代銷業務相分離，基金託管的系統、業務資料應當與基金代銷的系統、業務資料有效分離；商業銀行應當確保基金託管業務與自營資產相分離，對不同基金獨立設帳，分戶管理，獨立核算，確保不同基金資產的相互獨立。

（七）其他代理業務

1. 代理保險業務

代理保險業務是指商業銀行接受保險公司委託代其辦理的保險業務。商業銀行代理保險業務，可以受代個人或法人投保各險種的保險事宜，也可以作為保險公司的代表，與保險公司簽訂代理協議，代保險公司承接有關的保險業務。代理保險業務的業務範圍主要涵蓋財產保險、人壽保險、代收保險費、代售保單業務和代付保險金業務。

2. 代理證券業務

代理證券業務是指銀行接受委託辦理的代理發行、兌付、買賣各類有價證券

的業務，還包括接受委託代辦債券還本付息、代發股票紅利、代理證券資金清算等業務。有價證券主要包括國債、公司債券、金融債券、股票等。

商業銀行開辦代理證券業務，屬於受託代理性質，應與委託方簽訂業務協議，明確業務與責任；商業銀行既不是發行人，也不是有價證券的買賣人，只負責經辦代理發行、收款、付息、資金轉帳等事務，從中收取手續費，不承擔資金交易損失、還本付息等責任。根據中國的《商業銀行中間業務暫行規定》第七條和第八條，代理證券業務中，除代理發行、代理兌付和承銷政府債券業務外，其他代理證券業務適用審批制。為防止商業銀行資金違規流入股市，目前中國商業銀行不能開辦代理股票買賣業務。

3. 現金管理業務

現金管理業務是指商業銀行協助企業科學地分析現金流量，使企業能科學、合理地管理現金（包括活期存款）餘額，並將閒置的現金進行投資，增加企業收益。商業銀行協助企業進行現金管理，使企業既不佔壓資金，又能保證靈活週轉，通過合理安排資金而獲取最佳經濟效益；同時，商業銀行按規定也可收取一定的手續費，並進一步加強與客戶的緊密關係。應特別指出的是，作為代理業務的現金管理完全不同於長期以來中國商業銀行的現金管理工作。中國商業銀行的現金管理是按現金收支計劃和有關政策管理社會現金流通量，是屬於國家行為的宏觀管理職能；而作為代理業務的現金管理則是商業銀行的一種服務行為，是一種微觀經營性管理。

4. 代理清欠業務

代理清欠業務是指商業銀行接受單位和個人的委託，對委託人被拖欠的款項進行催款、清理，並按清欠的性質、金額和難易程度收取手續費的業務。代理清欠的業務範圍主要包括：商品交易的貨款、勞動供應的款項以及被長期拖欠的其他款項等。代理清欠業務的手續費一般分兩次收取：第一次是在商業銀行受理催收業務時收取的業務手續費，無論欠款是否收回，一概不退還；第二次是收回欠款後，商業銀行按實際收回金額的一定百分比收取手續費。

5. 代理監督業務

代理監督業務是指商業銀行接受經濟合同當事人的委託，代為監督簽約各方認真履行合同的有關規定，以保證當事人的合法權利，銀行相應收取一定費用的業務。代理監督業務的內容主要有：監督供貨合同的執行，保證供貨方按時、按質、按量交貨，購貨方按時、按期付清貨款；監督工程合同的執行，保證建設項目的質量，檢查所用材料是否合格、費用是否超支；監督其他委託事項，如基金的託管、贈與款項的使用等。

6. 代理會計事務業務

代理會計事務業務是指商業銀行接受單位或個人經濟戶的委託，代為辦理某些財務會計事項並收取一定費用的業務。該項業務既有綜合性事務，也有單項事務，具體內容有受託幫助建帳、制定財務會計的有關規章制度、編製預算、決算報告和財務管理的建議，受聘擔任常年會計顧問，輔導培訓會計人員等。商業銀

行代理會計事務必須嚴格遵守法規、條例和財經制度，手續費則按事務工作量的大小由雙方商定。

7. 代理保管業務

代理保管業務是指商業銀行以自身所擁有的保管箱、保管庫等設備條件，接受單位和個人的委託，代為保管各種貴重金屬、契約文件、設計圖紙、文物古玩、珠寶首飾以及股票、債券等有價證券的業務。代理保管的方式主要有出租保管箱、密封保管、露封保管等。銀行按保管物品的不同，按年一次收取手續費。

8. 代購代銷業務

代購代銷業務是指商業銀行接受委託單位的委託向國外尋求客戶，代購進口商品或代銷出口商品並收取一定手續費的業務。銀行在辦理這種業務時，可代為詢價、洽談、簽約、辦理國際結算。

9. 代客理財業務

代客理財業務是指客戶將一定數量的金額交存商業銀行，委託商業銀行代為管理，商業銀行則將該資金靈活運用於報酬率較高的資產，到期按協議支付給客戶一筆高於同期存款利率的收益。

10. 代辦集資業務

代辦集資業務是指地方政府或經濟組織為興辦某一重點項目，經上級有關部門和中央銀行的批准，委託商業銀行代為集資的業務。商業銀行可立帳代收資金，代辦到期還本付息，代理集資款項的使用與監督事務。

11. 個人外匯、證券買賣業務

個人外匯、證券買賣業務是指商業銀行接受客戶委託，代理買賣外匯、證券，以取得證券收入或手續費收入的業務。中國的中國銀行、交通銀行率先開辦了個人外匯買賣的「外匯寶」業務。目前代客買賣證券業務因受分業經營的限制而暫時停辦。由於這項業務的風險較小，銀行除可取得手續費收入外，還可吸收保證金存款，因而頗有發展潛力。

總之，商業銀行的代理業務種類繁多，除上述代理業務品種外，還有執行遺囑、代理客戶買賣房地產、黃金、代理客戶安排旅遊、婚禮、子女教育等業務。

第四節　商業銀行諮詢顧問類中間業務

一、諮詢顧問類中間業務概述

（一）諮詢顧問類中間業務的概念

諮詢顧問類中間業務是指商業銀行依靠自身在信息、人才、信貸、信譽等方面的優勢，收集和整理有關信息，並通過對這些信息以及銀行和客戶資金運動的記錄和分析，形成系統的資料和方案，提供給客戶，以滿足其業務經營管理或發展的需要的服務活動。目前中國商業銀行諮詢顧問類中間業務主要有企業信息諮詢業務、資產管理顧問業務、財務顧問業務和現金管理業務四類。

諮詢顧問類中間業務按照信息的銀行屬性和社會屬性的不同劃分，可分為無償信息諮詢業務和有償信息諮詢業務。無償信息諮詢業務包括初期信息諮詢、義務性信息諮詢和交換性信息諮詢等；有償信息諮詢業務是指商業銀行運用已有的信息資源向客戶提供信息並收取費用的一般信息諮詢，以及商業銀行追加一定的勞動量進行信息資料收集、加工、處理後才能正確提供的高級信息諮詢。我們介紹的主要是有償信息諮詢業務。

(二) 開展諮詢顧問類中間業務的意義

商業銀行開展諮詢顧問業務是現代後工業信息社會發展的必然趨勢。在現代市場經濟社會裡，信息是一種寶貴的資源，也是一種寶貴的財富。商業銀行憑藉其社會資金運動總樞紐這一得天獨厚的條件，以及擁有大型計算機信息數據庫和高素質金融人才的優勢，能及時捕獲大量的信息資源，並通過科學的加工處理迅速向社會反饋，以適應知識經濟社會各方面徵詢信息的需求。商業銀行開展諮詢顧問類中間業務對社會經濟的發展具有重大的意義。其重要意義主要表現為：

(1) 商業銀行開展諮詢顧問類中間業務能為社會提供信息，促進社會經濟的有效發展。在現代化的市場經濟社會中，要充分利用市場機制來調節經濟，其前提是各行各業必須能廣泛地獲取信息，及時瞭解市場動態。商業銀行作為社會經濟信息的聚集地，通過諮詢顧問類中間業務，不斷地傳遞、反饋信息，為社會各界提供信息服務，使各經濟單位能依據市場信息的變化不斷修正其生產和交易計劃，從而使整個社會的生產交易行為能與社會經濟的發展需要相適應。同時，信息服務還可以加強商品市場、金融市場、技術市場和勞務市場的溝通和聯繫，促進市場機制的完善，進而實現生產、流通和消費的良性循環。

(2) 商業銀行開展信息諮詢類中間業務能增進企業間的相互瞭解，提高企業的經濟效益。商業銀行為社會提供信息能使經濟活動中的交易雙方彼此瞭解對方的資信情況，通過信息溝通而減少糾紛，使交易雙方的經濟利益不受損失，並加速資金週轉，進而提高企業的經濟效益。尤其是在國際經濟交往中，由於國際市場瞬息萬變，稍有不慎，就極易在激烈競爭中導致本國經濟單位的經濟損失。商業銀行通過諮詢業務，發揮參謀作用，可以有效維護本國經濟單位的利益。如商業銀行可通過諮詢業務為國內企業引進技術出謀劃策，通過多家對比幫助企業選定最佳方案，使引進的技術設備既適合本國國情，又降低費用成本。

(3) 商業銀行開展諮詢顧問類中間業務能拓寬自身的業務領域，增加商業銀行收益。商業銀行利用所掌握的國內外資料和國際電信設備，可為客戶提供短期匯率預測信息，使客戶減少匯率變動的損失。此外，商業銀行還可以利用國內外銀行間的諮詢網路，對交易的有關方面進行資信調查，及時識破各種掮客的詐騙活動等。商業銀行從事諮詢顧問類業務，能充分利用和挖掘銀行固有的資源優勢，大大拓寬了商業銀行的業務領域，增加了銀行收益，因而成為商業銀行新的利潤增長點。

(三) 中國商業銀行諮詢顧問類中間業務的發展狀況

中國商業銀行的諮詢顧問類中間業務起步於 20 世紀 80 年代中期。在 20 世

紀80年代中期以前，中國商業銀行為社會提供的經濟金融信息諮詢業務是以無償為主要特徵的。自20世紀80年代中期以後，中國商業銀行的有償信息諮詢業務發展較快，已成為商業銀行業務擴張的重要的業務領域，並為中國社會經濟的持續高速增長做出了相應的貢獻。特別是中國工商銀行在改革開放初期以提供經濟金融信息為主；20世紀80年代中期以資信評估為主；進入20世紀90年代後，對信息諮詢顧問類中間業務進行了多樣化、系統化和規範化的建設，業務品種增多，業務範圍廣泛，主要具體業務有：信息諮詢、資信評估、資產評估、工程監理和審價、審計等業務，以及有關經濟、金融、法律等信息的服務諮詢。

中國商業銀行的諮詢顧問類中間業務雖然發展迅速，但與國際商業銀行相比，還存在較大的差距，主要表現為業務發展不平衡、業務範圍不寬、經營水平不高和服務手段單一等。在今後發展諮詢顧問類中間業務時，應重點健全和完善商業銀行的諮詢顧問機構，加大先進設備和技術的投入，建設具有系統性、廣泛性、有用性和動態性的信息數據庫，努力引進和培養諮詢顧問的從業人員，重點研究和制定中國諮詢顧問類中間業務的風險處理辦法等，以加速中國商業銀行諮詢顧問類中間業務與國際接軌的步伐，促進中國商業銀行諮詢顧問類中間業務的快速健康發展。

二、諮詢顧問類中間業務的種類

(一) 評估類信息諮詢業務

評估類信息諮詢業務主要包括工程項目評估、企業信用等級評估和驗證企業註冊資金。

1. 工程項目評估

工程項目評估包括市政工程項目、建築項目、企事業單位和個人的各類固定資產投資項目、企業的技術改造項目等的評估。對工程項目進行評估的意義重大：一是可以為政府、企事業單位和個人的投資決策提供科學依據；二是為商業銀行自身的投資性貸款提供安全保障，它是實現資源優化配置、保證工程項目實施、提高經濟效益的重要手段。

工程項目評估依據委託單位提出的諮詢委託書、項目建議書和可行性研究報告等，運用系統工程和價值工程的理論和方法，通過大量的定量分析，對項目的市場前景、原料供應、工藝技術、投資概算、經濟效益等方面做出綜合評價，推出定性結論。其評估的主要內容有：

(1) 項目概論；
(2) 市場前景預測；
(3) 工藝技術和設計分析；
(4) 投資概算計劃；
(5) 財務預算和財務效益分析；
(6) 經濟效益和社會效益分析；
(7) 不確定性分析；

（8）總結和建議。

工程項目評估的一般程序為：

（1）受託單位接受委託單位的委託書後，預審評估條件是否齊全完備；

（2）受託單位組織有關專家成立評估小組，到委託單位進行評估；

（3）評估結束形成書面報告後，受託單位領導及有關專家組成評審小組對評估報告進行審定；

（4）受託單位向委託單位通報評估結果，送交評估報告。

2. 企業信用等級評估

企業信用等級評估是商業銀行信息諮詢部門開辦的一項信用認定業務。開展企業信用等級評估業務對商業銀行開展有關業務具有重大的意義，也對企業開展經營活動有著重要作用。它是商業銀行在開展信貸業務時，擇優選擇貸款企業的前提，是企業市場定位的重要標示，因而是促進企業改善經營管理、提高信譽等級的有效措施。

按國際慣例，企業信用等級評估一般從企業的資金信用、經濟效益、經營管理和發展前景四個方面進行評估，企業的信用等級分為 AAA、AA、A、BBB、BB、B、CCC、CC、C 共三等九個信用等級。

企業信用等級評估的程序為：

（1）委託企業提出申請，填寫委託書，與受託單位簽訂合同；

（2）受託單位組織評估小組到企業進行調查，寫出評估報告；

（3）由專家評審委員會進行評審，確定委託單位的信用等級；

（4）頒發信用等級證書，並予以跟蹤監測，及時加以調整。信用等級證書的有效期為一年。

3. 驗證企業註冊資金

驗證企業註冊資金業務是指商業銀行諮詢部門接受工商行政管理部門的委託，對準備登記開業和已登記開業的新老企業法人自有資金數額的真實性和合法性進行核實和驗證的業務。這項業務的主要對象不僅包括新辦企事業單位和私營、個體工商企業登記註冊資金的驗證，也包括老企業、事業單位確認和變更註冊資金的驗證。

驗證企業註冊資金業務的主要要求：

（1）驗證註冊資金的真實性。指註冊資金必須實有和自有，任何借入資金都不得視為自有資金。企業單位可以用技術、專利、商標等無形資產進行投資，但不能作為註冊資金。

（2）驗證註冊資金來源的合法性。國有企業投資註冊開辦的國有企業，可用企業公積金和上級主管部門的撥款；集體企業投資註冊開辦的集體企業，可用公積金和生產發展基金；事業單位投資註冊開辦的第三產業，原則上用自有資金，不得以任何形式動用當年經費和各項專用資金等。驗資程序較為簡單，主要是申請驗資手續，進行驗證，最後出具驗資證明。

（二）委託仲介類信息諮詢業務

委託仲介類信息諮詢業務主要包括技術貿易仲介諮詢、資信諮詢、專項調查

和委派常年諮詢顧問等業務。

1. 技術貿易仲介諮詢業務

商業銀行開展技術貿易仲介諮詢業務，對開拓技術市場、溝通技術貿易渠道、促進科技成果迅速轉化為現實生產力具有十分積極的作用。

商業銀行開展這項業務的主要內容是：

（1）參與技術轉讓；
（2）參與技術開發；
（3）提供技術諮詢；
（4）參與技術服務；
（5）參與技術協作。

商業銀行從事這項業務時，應注重積極溝通信息，實事求是地評價和介紹技術項目，協助雙方認真審定技術內容、交易方式、交易價格等，協助簽訂交易合同，並督促雙方履行合同條款。

商業銀行開展技術貿易仲介業務，須與社會科研部門、技術部門、技術市場管理部門、科技諮詢部門等密切協作或聯合開展業務，並聘請信息員，密切科技部門和生產部門的聯繫。

2. 資信諮詢業務

商業銀行開展資信諮詢業務，是以中間人的身分，通過提供企業主要財務資料和對企業資信度做出公正評價，以滿足企業在生產經營活動中瞭解交易對方信用程度的需要。

資信諮詢業務有一般性資信諮詢和風險性資信諮詢之分。對一般性資信諮詢業務的辦理，要求委託方必須簽訂諮詢委託書，並提供有關資料，明確諮詢內容和要求，商定經濟責任和收費標準；商業銀行則按合同要求簽發資信等級證明，為委託單位提供交易雙方的經營狀況、付款（交貨）的信用能力等情況。對於風險性資信諮詢，商業銀行除向委託單位提供交易雙方的一般資信資料外，還負有監督、保證按期付款（交貨）的經濟責任。

3. 專項調查諮詢業務

專項調查諮詢業務是根據特定的目的和要求，在指定的範圍內，由商業銀行諮詢部門組織力量，運用多種方法，收集相關資料，通過加工整理出諮詢報告，為經濟組織和工商企業出謀劃策。

專項調查是一種適應性很強的業務，範圍可寬可窄，靈活確定。其主要內容有：

（1）行業和產品的市場現狀、趨勢或供銷中某一特定問題的調查；
（2）投產某個商品的市場銷售、經濟效益、資金需求等方面的調查；
（3）同行業、同產品對比、找差距、上等級的調查；
（4）橫向經濟聯合項目調查；
（5）補償貿易的可行性調查；
（6）外匯行情、物價趨勢的調查等。

4. 委託常年諮詢顧問業務

委託常年諮詢顧問業務指的是客戶委託銀行對其日常經營管理提供諮詢。鑒於這種需要的經常性和重複性特點，商業銀行諮詢部門可以委託群體或個人常年諮詢顧問的方式滿足客戶的需要。這項業務要求諮詢顧問經常或定期進駐客戶單位，全面深入地瞭解客戶單位的經營管理情況，關注其動態的發展變化，使單位決策和諮詢論證密切結合，進而提出正確的建議。

(三) 綜合信息類諮詢業務

1. 企業管理諮詢業務

企業管理諮詢業務是指根據企業的要求，由商業銀行諮詢部門委派專門人員，在調查研究的基礎上，運用科學的方法，對企業經營管理中存在的問題進行定性和定量分析，提出切合實際的改善企業管理狀況的建議，並在實施過程中進行指導的業務。

企業管理諮詢業務有綜合管理諮詢業務和專題管理諮詢業務之分。綜合管理諮詢業務指對企業經營管理全過程或經營方針進行諮詢；專題管理諮詢業務是對企業經營管理的某個方面、某個系統提供諮詢，如組織機構設置、市場行銷或新產品開發、成本管理等。企業管理諮詢業務是以提高企業管理素質和經濟實效為目的的創造性勞動和服務工作。隨著中國市場經濟的發展，企業間競爭日趨激烈，對這一業務有著廣泛的需求。

2. 常年經濟信息諮詢業務

常年經濟信息諮詢業務是指商業銀行充分利用眾多信息網路和豐富的信息資源優勢，通過提供信息資料、召開信息發布會和舉辦業務技術輔導講座等途徑，把各種動態信息，包括綜合金融信息、宏觀經濟信息、行業產品信息和有關政策、法規、制度等及時、準確地傳播給諮詢客戶和社會各界的業務。

3. 個人理財業務

商業銀行個人理財業務是指商業銀行利用其網點、技術、人才、信息和資金等相關的資源優勢，憑藉其長期以來形成的可靠可信度，以個人客戶為服務對象，針對其短期、中期和長期需求或收益目標，合理分配資產投資和融資的方式，提供包括個人財務設計、投資理財、代理首付、代理保管、轉帳匯兌結算、資金融通、信息諮詢等在內的全方位、綜合性金融服務。

(四) 投資銀行業務

投資銀行業務是指商業銀行為客戶提供財務諮詢、擔任投資顧問、從事企業產權交易和收購、兼併、重組等仲介性服務的業務。投資銀行業務是商業銀行經營觀念轉變的產物，現已盛行於西方金融界。

投資銀行業務使銀企關係由傳統的主從關係轉變為相互依存關係，從單純的信貸關係轉變為銀行參與企業的發展，作為企業財務顧問，為企業如何在國內外金融市場低成本籌集資金、最有效地運用資金出謀劃策。從國際銀行業的經營實踐看，一旦商業銀行介入投資銀行活動，商業銀行的收益便頓然改觀，商業銀行的競爭力便能超過非銀行金融機構。因為投資銀行業務是一項多種金融服務相結

合的和特定條件下的金融創新，是一種高附加值的高級智力服務。投資銀行業務不僅可為商業銀行帶來豐厚的非利息收入，而且有利於加強對貸款企業的監督，密切與客戶的聯繫，鞏固和擴大商業銀行業務的市場份額。

中國商業銀行的投資銀行業務剛開始起步。1996年8月招商銀行正式成立了投資銀行部，專門負責開展投資銀行業務，率先填補了中國銀行界在這一領域的空白。隨著經濟、金融體制改革的全面深化進行，中國的投資銀行業務有著十分廣闊的前景。特別是隨著政府機構職能的轉換和國有企業改革的全面加速展開，大量的企業將要進行股份制改造，企業的兼併、收購、重組將不斷發生，企業的產權轉讓將十分頻繁，這一切都迫切需要提供投資銀行的全面仲介性金融服務。另外，隨著現代企業制度的建立，必將突破計劃經濟時代的銀企關係模式，除了貸款外，企業將越來越要求銀行能提供全面的金融仲介服務，以獲得長期穩固的全方位金融支持。現階段，發展投資銀行業務正逐漸成為中國商業銀行的共識，投資銀行業務必將成為中國商業銀行新的業務領域，也是收益新的增長點。

第五節　商業銀行擔保類中間業務

一、擔保類中間業務的概念

擔保類中間業務是指商業銀行應某一交易中的一方申請，承諾當申請人不能履約時由商業銀行承擔對另一方的全部義務的行為。擔保類中間業務不占用商業銀行的資金，但形成商業銀行的或有負債，即當申請人（被擔保人）不能及時履行其應盡的義務時，商業銀行就必須代為履行付款等職責。商業銀行在提供擔保時，要承擔信用風險、匯率風險和政治風險等多項風險，因此是一項風險較大的中間業務。1988年西方10國中央銀行簽訂的《巴塞爾協議》將商業銀行擔保業務的信用轉換系數定為100%。

二、擔保類中間業務的種類

（一）備用信用證

1. 備用信用證的概念

備用信用證（Standby Credit Letter，SCL）是商業銀行擔保類中間業務的一種主要類型，一般是為債務人的融資提供擔保。當某個信用等級較低的企業試圖通過發行商業票據或債券籌資時，通常會面臨許多不利的發行條件，在此情況下發行企業可以向一家商業銀行申請備用信用證作為擔保，當發行企業破產或因某種因素無法及時還本付息時，則由發證商業銀行承擔債務的還本付息的責任。備用信用證是一種銀行信用，商業銀行通過發放備用信用證給企業，由銀行信用代替了商業信用，使發行企業的信用等級提高，即從較低企業信用等級提高到了一個較高企業信用等級。

備用信用證是一種廣泛的擔保文件，其支付只憑出示特定的證據，而不允許

商業銀行介入事實上或法律上的糾紛。從開證銀行角度看，備用信用證業務中商業銀行擔負的付款責任和信用證業務中一樣都是第一性的，「備用」一詞主要體現在開證銀行通常是第二付款人，即只有當借款人自己不能履約時，才由商業銀行承擔付款責任。但在多數情況下，備用信用證是「備而不用」的，這一點也是備用信用證與信用證的區別。而開證行一旦付款，借款人必須補償銀行的損失。在實際辦理業務中，為防範風險，商業銀行一般只給信譽好的客戶開立備用信用證。商業銀行開立備用信用證要收取一定數額的手續費。

2. 備用信用證的類型

（1）按照用途的不同劃分，可分為履約保證備用信用證、預付款保證備用信用證、投標備用信用證、直接付款備用信用證等。

①履約保證備用信用證是指用於支持一項除支付金錢以外的義務的履行，包括對由於申請人在基礎交易中違約所致損失的賠償的保證。

②預付款保證備用信用證是指用於擔保申請人對受益人的預付款所應承擔的義務和責任。這種備用信用證通常用於國際工程承包項目中業主向承包人支付的合同總價10%~25%的工程預付款，以及進出口貿易中進口商向出口商支付的預付款等。

③投標備用信用證是指用於擔保申請人中標後執行合同義務和責任，若投標人未能履行合同，開證人必須按備用信用證的規定向受益人履行賠款義務。投標備用信用證的金額一般為投保報價的1%~5%（具體比例視招標文件規定而定）。

④直接付款備用信用證是指用於擔保到期付款，尤指到期沒有任何違約時支付本金和利息。其已經突破了備用信用證備而不用的傳統擔保性質，主要用於擔保企業發行債券或訂立債務契約時的到期支付本息義務。

（2）按可否撤銷來劃分，備用信用證可分為可撤銷的備用信用證和不可撤銷的備用信用證。

①可撤銷的備用信用證（Revocable SCL）。在可撤銷的備用信用證中附有在申請人財務狀況出現某種變化時，開證行可以撤銷或修改信用證的條款，以保護自身的利益。

②不可撤銷的備用信用證（Irrevocable SCL）。不可撤銷的備用信用證的開證行不可以單方面撤銷或修改信用證。對於受益人而言，開證行不可撤銷的付款承諾使其有了一個確定的收款保障，但不可撤銷的備用信用證的手續費要高一些。

3. 備用信用證的作用

（1）借款人利用備用信用證，可使其自身由較低的企業信用等級上升到一個較高的企業信用等級，在融通資金中處於一個相對有利的地位，能以較低的成本獲得資金。

（2）商業銀行開立備用信用證業務的成本較低。由於申請備用信用證的客戶大多是與商業銀行業務關係穩定、信譽良好、經濟效益好的客戶，這就大大降低了商業銀行調查審查、信用評估所耗費的支出。

（3）商業銀行開立備用信用證給商業銀行自身帶來較高的盈利。在通常情

況下，備用信用證發生議付的情況很少，這就使商業銀行在幾乎不占用自有資金的情況下，僅僅靠商業銀行自身良好信譽的優勢就可以獲得一筆可觀的手續費收入，從而拓寬了商業銀行的收益渠道。

(4) 商業銀行開立備用信用證使受益人獲得很高的安全性，特別是在交易雙方不很熟悉、不很瞭解的情況下，更顯示出這種安全性的重要。

4. 備用信用證的交易程序

(1) 訂立合同

借貸雙方先就開立備用信用證條件進行磋商，訂立開立備用信用證合同，明確規定以備用信用證方式提供擔保，其中包括規定備用信用證的開證商業銀行、種類、金額、到期日、開證日等有關內容。

(2) 申請開證

借款人向開證商業銀行遞交申請書。在開證申請書中，明確提出開立備用信用證的要求，以及受益人的名稱、地址等詳細情況，備用信用證的種類、到期日，還需要開證申請人向開證商業銀行提交保證與聲明。借款人申請備用信用證時，有的要根據開證商業銀行的要求繳納一定的押金，押金的有否與多少取決於開證申請人的資歷、信譽等因素。

(3) 開證與通知

開證商業銀行經過調查審查、信用評估接受開證備用信用證申請後，必須按開證申請書規定的內容，向指定的受益人開立備用信用證，並將備用信用證直接或間接傳遞給受益人。

(4) 審核與修改

受益人在收到備用信用證之後，應立即認真審核，主要是審核備用信用證中所列條款與信貸合同中的有關條款是否完全一致。如有差錯，應立即通知開證商業銀行進行修改。修改信用證的傳遞方式與開證時一樣。

(5) 執行合同

受益人收到信用證經審查無誤，或收到修改通知書認可後，即可根據借款合同的規定向借款人提供貸款。受益人履行合同後，如果沒有在合同規定的時間內得到借款人的償還，則應編製並取得信用證規定的全部單據，開立匯票，連同信用證正本，通過一定方式傳遞給開證銀行，要求開證銀行履約付款。

(6) 支付和求償

開證銀行收到受益人寄來的匯票和借款人未履約付款的證明後，經檢驗認為與信用證中的規定相符，則應按票款對受益人進行支付，同時開證行隨即取代受益人，成為借款人的債權人，獲得具有要求賠償所墊付資金的權利。

(二) 商業信用證

1. 商業信用證的概念

商業信用證是指進口商請求當地商業銀行開出的一種證書，授權出口商所在地的另一家銀行通知出口商，在符合信用證規定的條件下，願意承兌或付款承購出口商交來的匯票單據。信用證結算業務實際上就是進出口雙方簽訂合同以後，

進口商主動請求進口地商業銀行為自己的付款責任做出的保證。商業信用證是國際貿易結算中的一種重要方式。

商業信用證的產生主要是因為在國際貿易中，進出口商之間可能因缺乏瞭解而互不信任。進口商不願先將貨款付給出口商，唯恐出口商不按約發貨；出口商也不願先發貨或將單據交給進口商，主要是擔心進口商不付款或少付款。在這種情況下，銀行就可以出面在進出口商之間充當一個中間人或保證人的角色，一面收款，一面交單，並代客融通資金，信用證結算方式由此產生。現在信用證結算已成為當今國際貿易和國內異地交易中使用最廣泛、最重要的結算方式。

對於商業信用證，人們通常把它看成一種結算工具。而實際上，從銀行角度來看，商業信用證業務又是一種重要的表外業務。在這項業務中，銀行以自身的信譽來為進出口商之間的交貨、付款做擔保，一般來說不會占用其自有資金，因此是銀行獲取收益的又一條重要途徑。

2. 商業信用證的種類

商業信用證的種類很多，按照不同的標準劃分有不同的信用證種類：

（1）按是否跟單劃分，可劃分為跟單信用證和光票信用證

跟單信用證是憑跟單匯票或僅憑單據付款的信用證。國際貿易結算中所使用的信用證絕大部分是跟單信用證。

光票信用證是憑不附帶單據的匯票付款的信用證。

（2）按可否撤銷劃分，可劃分為可撤銷信用證和不可撤銷信用證

可撤銷信用證是指開證行對所開信用證不必徵得受益人同意即有權隨時撤銷的信用證。

不可撤銷信用證是指信用證一經開出，在有效期內，非經信用證各有關當事人的同意，開證行不能片面修改或撤銷的信用證。此種信用證在國際貿易中使用最多。

（3）按付款期限方式劃分，可劃分為即期信用證和遠期信用證

即期信用證是開證銀行或付款銀行收到符合信用證條款的匯票和單據後，立即履行付款義務的信用證。

遠期信用證是開證銀行或付款銀行收到符合信用證的單據時，不立即付款，而是等到匯票到期履行付款義務的信用證。

（4）按可否轉讓劃分，可劃分為可轉讓信用證和不可轉讓信用證

可轉讓信用證是指開證行授權通知行在受益人的要求下，可將信用證的全部或一部分轉讓給第三者，即第二受益人的信用證。可轉讓信用證只能轉讓一次，信用證轉讓後，即由第二受益人辦理交貨，但原證的受益人即第一受益人，仍須負責買賣合同上賣方的責任。如果信用證上允許可以分裝，信用證可分別轉讓給幾個第二受益人，這種轉讓可看成一次轉讓。

不可轉讓信用證是指受益人不能將信用證的權利轉讓給他人的信用證。

（5）按其他類型劃分，可分為背對背信用證、對開信用證、循環信用證等

背對背信用證是受益人要求通知行在原有的信用證基礎上開立一個新的信用

證，主要適用於兩國不能直接進行貿易時，通過第三方來進行貿易。背對背信用證和可轉讓信用證都產生於中間交易，為中間商人提供便利。

對開信用證是指雙方互為進口方和出口方，互為對開信用證的申請人和受益人。為實現雙方貨款之間的平衡，採用互相開立信用證的辦法，把出口和進口聯繫起來。

循環信用證是指可多次循環使用的信用證，當信用證金額被全部或部分使用完後，仍又恢復到原金額。買賣雙方訂立長期合同，分批交貨，進口方為了節省開證手續和費用，即可開立循環信用證。循環信用證可分為按時間循環的信用證和按金額循環的信用證兩種。

3. 商業信用證的特點

（1）商業信用證是由開證銀行承擔第一付款責任的書面文件。商業信用證結算方式是一種銀行信用，由開證銀行以自己的信用做出付款保證，開證行提供的是信用而不是資金，在符合信用證規定的條件下，首先由開證銀行承擔第一性付款的責任。它不同於一般的擔保業務中的保證人只負第二性付款責任，即在被擔保人不付款的情況下才代為付款。商業信用證的開證銀行是第一付款人，出口商憑信用證發運貨物後，就能取得銀行付款，無需擔心進口商是否履行付款責任。因此，開證銀行的資本和信用是出口商發運貨物後是否能如期取回貨款的主要原因。

（2）商業信用證是一項獨立的、自足性的文件。商業信用證雖以貿易合同為基礎，但它一經開立，就成為獨立於貿易合同之外的另一種契約。貿易合同是買賣雙方之間簽訂的契約，只對買賣雙方有約束力；商業信用證則是開證銀行與受益人之間的契約，開證銀行和受益人以及參與信用證業務的其他銀行均應受信用證的約束，但這些銀行當事人與貿易合同無關，故不受合同的約束。對此，《跟單信用證統一慣例》第三條明確規定：信用證與其可能依據的銷售合約或其他合約是性質上不同的業務。即使信用證中包含有關於該合約的任何援引，銀行也與該合約完全無關，並不受其約束。因此，開證銀行只需對信用證負責，只要出口商提供的單證符合信用證的規定，則開證銀行就有付款的責任，而不管實際中的交易情況如何，即信用證業務是以單證而不是貨物作為付款依據的。

（3）商業信用證業務處理的是單據，要求做到單單一致、單證一致。《跟單信用證統一慣例》第四條明確規定：在信用證業務中，各有關方面處理的是單據，而不是與單據有關的貨物、服務或其他行為。可見，信用證業務是一種純粹的憑單據付款的單據業務。只要單據與單據相符、單據與信用證相符，只要能確定單據在表面上符合信用證條款，銀行就得憑單據付款。因此，單據成為銀行付款的唯一依據。這也就是說，商業銀行只管單據是否與信用證相符，對於貨物的品質、包裝是否完好、數（重）量是否完整等，不負責任。所以，在使用信用證支付的條件下，受益人要想安全、及時地收到貨款，必須做到「單單一致」、「單證一致」。

4. 商業信用證的作用

商業信用證是國際結算的重要組成部分，信用證業務集結算和融資為一體，為國際貿易提供綜合服務，對進出口商及商業銀行都有積極作用。

(1) 對出口商的作用

①憑藉單據，收回貨款。信用證支付的原則是單證嚴格相符，出口商交貨後提交的單據，只要做到與信用證規定相符，「單證一致、單單一致」，商業銀行就保證支付貨款。信用證支付為出口商收取貨款提供了較為安全的保障。

②履約交貨，收取外匯。在進口管制和外匯管制嚴格的國家，進口商要向本國申請外匯得到批准後，方能向商業銀行申請開證，出口商如能按時收到信用證，說明進口商已得到本國外匯管理當局使用外匯的批准，因而可以保證出口商履約交貨後，按時收取外匯。

③資金融通，擴大出口。出口商在交貨前，可把進口商開來的信用證作為抵押，向出口地銀行借取打包貸款，用以收購、加工、生產出口貨物和打包裝船；或出口商在收到信用證後，按規定辦理貨物發運，並提交匯票和信用證規定的各種單據，改做押匯取得貨款。這是出口地銀行對出口商提供的資金融通，從而有利於資金週轉，擴大出口。

(2) 對進口商的作用

①嚴格審核，保證收到單據。在信用證方式下，開證行、付款行、保兌行的付款及議付行的議付貨款都要求做到單證相符。必須對單據表面的真偽進行審核。因此，可以保證進口商收到的是代表貨物的單據，特別是提單，它是貨物所有權的憑證。

②條款約束，保證收到貨物。進口商申請開證時可以通過控制信用證條款來約束出口商出貨的時間、交貨的品質和數量，如在信用證中規定最遲的裝運期限以及要求出口商提交由信譽良好的公證機構出具的品質、數量或重量證書等，以保證進口商按時、按質、按量收到貨物。

③信譽良好，獲取資金融通。進口商在申請開證時，通常要交納一定的押金，如開證行認為進口商資信度較好，進口商就有可能在少交或免交部分押金的情況下履行開證義務。如採用遠期信用證，進口商還可以憑信託收據向銀行借單，先行提貨、轉售、到期再付款，這就為進口商提供了資金融通的便利。

(3) 對商業銀行的作用

①不占用資金，收取手續費。商業銀行開立商業信用證所提供的是信用保證，而不是資金。開立信用證既不必占用自有資金，還可以得到開證手續費收入。在辦理商業信用證業務中，商業銀行每做一項服務均可取得各種收益，如開證費、通知費、議付費、保兌費、修改費等各種手續費用。因此，開辦商業信用證可增加商業銀行的營業收入。

②收取押金，增加資金來源。開證行接受進口商的開證申請，即承擔開立信用證和付款的責任，這是銀行以自己的信用做出的保證。所以，進口商在申請開證時要向銀行交付一定的押金或擔保品，為商業銀行利用資金提供了便利。

5. 商業信用證的交易程序

(1) 進口商申請開證

進口商（開證人）在與其交易對象訂立商品買賣合同之後，通過填寫開證申請書，向開證商業銀行提出申請。開證申請書中主要包括兩方面內容：一是要求開立的信用證中所含的內容，即進口商（開證人）按照買賣合同條款要求開證行在信用證上所列明的條款；二是進口商（開證人）向開證商業銀行的聲明或保證，用以明確雙方的責任。

(2) 進口方銀行開立信用證

開證行根據進口商（開證人）的申請向受益人開立信用證。所開信用證的條款必須與開證申請書所列一致。

(3) 出口方銀行通知受益人

出口方銀行收到開證銀行開來的信用證後，應對信用證的密押（電開）或簽字印鑒（信開）進行核對，確認無誤後立即通知受益人。

(4) 審查與修改信用證

受益人接到信用證後應立即根據合同條款認真審查信用證，如發現有的信用證條款不能接受，應及時要求進口商（開證人）通知開證銀行修改。

(5) 進口方銀行接受單據

開證銀行收到議付行寄來的匯票和單據後，應立即根據信用證條款進行檢驗，如果認為單證與信用證條款相符，應在合理的時間內將票款償還議付銀行。

(6) 進口商贖單提貨

開證銀行將票款撥付議付行後，應立即通知進口商（開證人）付款贖單。開證人收到通知後，也應立即到開證行檢驗單據，在確認無誤後將全部票款及有關費用一併向開證銀行付清並贖取單據。進口商付款贖單後，即可憑裝運單據提貨。

(三) 銀行承兌匯票

銀行承兌匯票是由在承兌銀行開立存款帳戶的存款人出票，向開戶銀行申請並經銀行審查同意承兌的，保證在指定日期無條件支付確定的金額給收款人或持票人的商業匯票。對出票人簽發的商業匯票進行承兌是銀行基於對出票人資信度的認可而給予的信用支持。

商業銀行的票據承兌是一種傳統的銀行擔保業務。銀行承兌匯票的出票人必須具備下列條件：在承兌銀行開立存款帳戶的法人以及其他組織；與承兌銀行具有真實的委託付款關係；資信狀況良好，具有支付匯票金額的可靠資金來源。

商業銀行在辦理承兌匯票業務時，一般經過出票人或持票人向銀行申請承兌，銀行的信貸部門負責按照有關規定和審批程序，對銀行承兌匯票出票人的資格、資信度、購銷合同和匯票記載的內容進行認真審查，必要時可由出票人提供擔保。符合規定和承兌條件的，與出票人簽訂承兌協議。

銀行承兌匯票票面必須記載的事項有標明「銀行承兌匯票」的字樣、無條件支付的委託、確定的金額、付款行名稱、收款人名稱、出票日期、出票人簽章

七項。欠缺其中之一的，銀行承兌匯票無效。銀行承兌匯票的出票人應於銀行承兌匯票到期前將票款足額交存其開戶銀行。承兌銀行應在銀行承兌匯票到期日或到期日後的見票當日支付票款。

銀行承兌匯票的出票人於銀行承兌匯票到期日未能足額交存票款時，承兌銀行除憑票向持票人無條件付款外，對出票人尚未支付的銀行承兌匯票的金額按規定計收利息。

(四) 銀行保函業務

1. 銀行保函業務的概念

銀行保函業務是指銀行應客戶的申請而開立的有擔保性質的書面承諾文件，一旦申請人未按其與受益人簽訂的合同的約定償還債務或履行約定義務時，由銀行履行擔保責任。它是一種銀行保證文件。保函業務不占用銀行的資金，但一經銀行開出，就產生一筆或有的債務。在申請人未及時履行其應盡的義務時，商業銀行就得無條件地承擔付款責任。

2. 銀行保函業務的特點

(1) 銀行信用作為保證，易於為客戶接受；

(2) 保函是依據商務合同開出的，但又不依附於商務合同，是具有獨立法律效力的法律文件。當受益人在保函項下合理索賠時，擔保銀行就必須承擔付款責任，而不論申請人是否同意付款，也不管合同履行的實際事實。即函業務是獨立的承諾並且基本上是單證化的交易業務。

3. 銀行保函業務的種類

根據保函在基礎合同中所起的不同作用和擔保人承擔的不同的擔保職責，保函可以具體分為以下幾種：

(1) 借款保函是指銀行應借款人要求向貸款行所做出的一種旨在保證借款人按照借款合約的規定按期向貸款方歸還所借款項本息的付款保證承諾。

(2) 融資租賃保函是指承租人根據租賃協議的規定，請求商業銀行向出租人出具的一種旨在保證承租人按期向出租人支付租金的付款保證承諾。

(3) 補償貿易保函是指在補償貿易合同項下，商業銀行應設備或技術的引進方申請，向設備或技術的提供方所做出的一種旨在保證引進方在引進後的一定時期內，以其所生產的產成品或以產成品外銷所得款項來抵償所引進之設備和技術的價款及利息的保證承諾。

(4) 投標保函是指商業銀行應投標人申請向招標人做出的保證承諾，保證在投標人報價的有效期內投標人將遵守其諾言，不撤標、不改標，不更改原報價條件，並且在其一旦中標後，將按照招標文件的規定在一定時間內與招標人簽訂合同。

(5) 履約保函是指商業銀行應供貨方或勞務承包方的請求而向買方或業主方做出的一種履約保證承諾。

(6) 預付款保函又稱還款保函或定金保函，是指商業銀行應供貨方或勞務承包方申請向買方或業主方保證，如申請人未能履約或未能全部按合同規定使用

預付款時，則商業銀行負責返還保函規定金額的預付款。

（7）付款保函是指商業銀行應買方或業主申請，向賣方或承包方所出具的一種旨在保證貸款支付或承包工程進度款支付的付款保證承諾。

此外，其他的保函品種還有來料或來件加工保函、質量保函、預留金保函、延期付款保函、票據或費用保付保函、提貨擔保、保釋金保函及海關免稅保函等具體業務品種。

第六節　商業銀行金融衍生工具類中間業務

一、金融衍生工具的概述

（一）金融衍生工具的概念

金融衍生工具，又稱派生金融工具，是與原生金融工具相對應的一個定義，它是在原生金融工具如即期交易的商品合約、債券、股票、外匯等基礎上派生出來的。衍生金融工具即是指從傳統金融工具中派生出來的新型金融工具。國際互換和衍生協會（ISDA）將金融衍生工具描述為：「旨在為交易者轉移風險的雙邊合約。合約到期時，交易者所欠對方的金額由基礎商品、證券或指數的價格決定。」國際清算銀行（BIS）對金融衍生工具的定義：「金融衍生工具是一種金融合約，其價值取決於基礎資產價格。」金融衍生工具是通過對貨幣利率、債務工具的價格、外匯匯率、股票價格或股票指數、商品期貨價格等金融資產的價格走勢預期而定值，並從這些金融產品的價值中派生出自身價值的金融產品。金融衍生工具的主要種類包括遠期、期貨、互換和期權。

（二）衍生金融工具的主要特點

（1）衍生性。金融衍生工具是由作為標的的基本金融工具派生而來的，是金融衍生工具的本質特徵。金融衍生工具從基本金融工具的基礎上發展、衍生而來，一般以一個或幾個基本金融工具作為標的，其價值隨著作為標的的基本金融工具的價格變動而變動。

（2）契約性。金融衍生工具是一種面向未來的、代表權利與義務關係的合約，具有明顯的契約性質。這一特性表明金融衍生工具是在合約買賣後的未來某一時點或時期進行交易，而並非已經發生的交易事項。契約性的存在使得金融衍生工具具有很大的不確定性。

（3）槓桿性。槓桿性是指金融衍生工具可以以較少的資金成本獲得較多的投資，從而提高投資的收益率。但從負面效果來說，初始淨投資少的槓桿作用，也把市場風險成倍地放大了，加上衍生金融工具在未來結算，注定了它是高風險、高收益的交易。

（4）風險性。金融衍生工具的風險性就是指金融衍生工具作為資產或權益在未來發生損失的可能性。金融衍生工具交易的損失有時是無限的，投資者面臨著極高的風險，其主要風險為信用風險、市場風險、流動性風險、結算風險、運

作風險和法律風險等。金融衍生交易潛在的收益和風險不像基礎金融業務那樣透明，一旦交易者對行情判斷失誤而且風險管理不夠完善，就會遭受慘重的損失。

（5）創新性。金融衍生工具的形式是多樣的，即通過把不同的時間、不同的基礎工具、不同現金流量的種種工具組合起來，形成不同的金融衍生工具。正是因為金融衍生工具的不斷創新，使得金融衍生工具的會計準則制定和實施總帶有滯後性。

（三）金融衍生工具的產生與發展

1. 金融衍生工具的產生

在 20 世紀 70 年代初，在以美元為中心的布雷頓森林貨幣體系崩潰後，國際貨幣匯率制度開始從固定匯率制度走向浮動匯率制度。由於當時西方國家經濟出現滯脹，造成利率和匯率日益劇烈波動，風險不斷增大；隨著高科技的迅速發展，國際金融出現證券化趨勢，國際游資增大了投機的力度。面對日益增加的金融風險，企業和金融機構迫切需要能有效迴避或減少風險的金融工具。在此情況下，1972 年 5 月 16 日，美國芝加哥商業交易所設立的國際貨幣市場推出了世界第一張外匯期貨合約，它是外匯風險的急遽增加等原因導致的結果，其標的貨幣最初有七種，分別是英鎊、加拿大元、德國馬克、日元、瑞士法郎、墨西哥比索和義大利里拉。國際貨幣市場開辦外匯期貨交易取得了巨大的成功，有力地推動了金融期貨的發展。

2. 金融衍生工具的發展

（1）國際金融衍生工具的發展。隨著 20 世紀 90 年代計算機技術的突飛猛進，金融衍生工具的發展也實現了突飛猛進。經過 30 餘年的發展，國際市場上的金融衍生品已從當初的幾種簡單形式發展到 1,200 餘種，而由它們衍生出來的各種複雜的產品組合更是不可勝數，其發展幾乎已經到了「各取所需」的地步。在現階段的全球金融衍生工具市場中，特別是場外交易市場的規模仍在快速地增長。根據國際清算銀行（BIS）的統計報告，2006 年年底，全球場外衍生金融產品名義本金餘額為 415.2 萬億美元，較 2005 年年底增長了 39.5％。

（2）中國衍生金融工具的發展。中國自 20 世紀 80 年代初，開始逐步開展金融衍生工具交易。在中國出現金融衍生工具的時間不長，只有 20 年的歷史，目前中國金融市場上的金融衍生品主要有遠期外匯買賣、遠期結售匯業務、可轉換公司債、股票期權、買斷式回購等。其主要的發展歷程為：一是 1992 年 12 月，上海證券交易所推出了中國第一個金融衍生品國債期貨。二是 1993 年 3 月 10 日，海南證券交易報價中心推出深圳綜合指數的期貨交易。三是 1997 年 1 月中國人民銀行發布了《遠期結售匯業務暫行管理辦法》，並於同年 4 月 1 日授權有著外貿背景的中國銀行獨家辦理貿易項目下的人民幣遠期結售匯業務。四是 2004 年 1 月 31 日國務院發布 9 條意見，明確要求穩步發展期貨市場，特別鼓勵研究開發與股票和債券相關的新品種及其衍生品，同年中國銀監會正式頒布《金融機構衍生產品交易管理暫行辦法》，為金融機構從事衍生品交易制定了專門的辦法。五是中國人民銀行於 2005 年 6 月 15 日在銀行間債券市場推出債券遠期交易，並

積極推動利率互換等金融衍生品的研究與開發，同年中國外匯交易中心推出遠期外匯交易以配合人民幣匯率制度的改革。

二、金融衍生交易類中間業務的概念

金融衍生交易類中間業務是指商業銀行為滿足客戶保值或自身風險管理等方面的需要，利用各種金融工具進行資金的交易活動。

三、金融衍生交易類中間業務的種類

(一) 遠期利率協議

1. 遠期利率協議的概念

遠期利率協議（Forward Rate Agreement，FRA）是一種遠期合約，是交易雙方約定在未來某一日，交換協議期間內一定名義本金基礎上分別以合同利率和參考利率計算的利息的金融合約。遠期利率協議建立在雙方對未來一段時間利率的預測存有差異的基礎上，具有預先決定籌資成本或預先決定投資報酬率的功能，從而達到規避利率波動的目的。

遠期利率協議的買方預測未來一段時間內利率將趨於上升，因此，希望現在就把利率水平確定在自己願意支付的水平——協議利率上。如果未來利率上升，他將以從賣方獲得的差額利息收入來彌補實際籌資所需增加的利息費用；如果未來利率下降，他在實際籌資中所減少的利息費用也將為支付給賣方的差額利息所抵消——無論如何，都可實現固定未來利率水平的願望。

遠期利率協議的賣方則預測未來一段時間內利率將趨於下降，因此，希望現在就把利率水平確定在自己願意接受的水平——協議利率上。如果未來利率下降，他將以從買方獲得的差額利息收入來彌補實際投資所帶來的利息收入下降；如果未來利率上升，他在實際投資上所帶來的利息收入增加也將為支付給買方的差額利息所抵消——無論如何，也可實現固定未來利率水平的願望。

總之，遠期利率協議是一種雙方以降低收益為代價，通過預先固定遠期利率來防範未來利率波動，實現穩定負債成本或資產保值的一種金融工具。

2. 遠期利率協議產生的原因

（1）商業銀行資產和負債期限不匹配是產生遠期利率協議業務的主要原因。實現資產和負債的期限匹配是商業銀行經營管理的目標，但商業銀行在日常經營管理中，資產和負債的期限經常不能實現完全匹配，尤其是面臨資產期限比負債期限長的情況，致使商業銀行經常面臨利率敞口風險。特別是當資產與負債的期限嚴重失調時，如果商業銀行對利率的預測的自信度過高，採取投機態度和行為，則有可能使自己陷入嚴重困境，從而引發危機。在此情況下，商業銀行一般採取傳統的措施，即主要利用遠期市場來抑制資產和負債的期限嚴重失調。其主要措施是：一是通過遠期存款或貸款交易，即交易的一方約定在未來某一段時間內，以預定的利率在交易的另一方那裡存一筆款或貸一筆款，以保證無論利率如何變化，都能以既定的利率存款或貸款。二是商業銀行通過遠期債券、存單等有

價證券市場，進行與利率敞口期限相一致的前後反向買賣，以達到套期保值的目的。這些措施和行為，一方面能防止利率波動引起的風險，擴大了商業銀行的資產和負債總額；另一方面也面臨著較大的信用風險，容易導致本利的巨大損失。

（2）國際金融市場上利率變化無常是產生遠期利率協議業務的另一個原因。進入20世紀80年代以後，國際金融市場上利率變化無常而又波動劇烈，這給商業銀行經營帶來了更大的挑戰，面臨了更大的風險，從而對資產和負債的期限匹配提出了更嚴格的要求。正是在此形勢下，一些信譽卓著、規模巨大的商業銀行開始嘗試訂立遠期利率協議，開展辦理遠期利率協議業務。

（3）遠期利率協議業務的優點促使遠期利率協議業務迅速發展。遠期利率協議業務的優點是利用了交易雙方因借貸地位不同等原因所致的利率定價分歧，免除了在交易成立之初即支付資金的不便，同時還採取了名義本金、差額利息支付、貼現結算等有特色的方式。對於受資本充足比率困擾，面臨增加收益壓力的商業銀行而言，遠期利率協議有利於它們削減本來用於風險管理的現金資產總額，提高了經營效益。正因為如此，遠期利率協議業務迅速流行於國際金融市場上。

3. 遠期利率協議的特點

（1）成本較低，無須支付保證金

遠期利率協議不但使商業銀行的風險管理費用縮小，而且遠期利率協議無須支付保證金即可進行交易；直到起息日結算之前，遠期利率協議資金流動量小，不需支付大額的資金，只需一次支付少量資金。

（2）靈活性大，有利於雙方交易

遠期利率協議業務在交易範圍上極具靈活性；交易的幣種主要有美元、英鎊、德國馬克、瑞士法郎和日元；交易的期限在3個月到2年之間都可選擇，一般情況下，交易期限主要有3個月、6個月、9個月，但在實際操作中，有時期限更長，並不一定是整數的期限，其他非整數期限也可以通過交易雙方的協商而達成；交易的金額通常在2,000萬～5,000萬美元之間，實際上，也可以交易更大金額；對交易者而言，遠期利率協議業務具有較大的靈活性和方便性，極大地方便了雙方的交易。

（3）保密性好，有利於促進業務發展

遠期利率協議交易不需要在交易所以公開競價進行，避免了交易所公開競價的形式，這使得一些信譽良好、規模巨大、不想引起市場關注的商業銀行和公司更傾向於使用隱密性好、保密性強的遠期利率協議，滿足了它們保密的要求，避免增加不必要的成本開支。

隨著遠期利率協議市場的迅速發展，英國銀行家協會遠期利率協議（簡稱FRABBA）已逐漸為倫敦、紐約等金融市場所接受，日益成為遠期利率協議交易的標準化文件，這有利於提高遠期利率協議交易的速度和質量，使每一筆遠期利率協議交易僅需由一個電傳確認即可成交，從而增加了遠期利率協議的便利程度。

4. 遠期利率協議的類型

(1) 普通遠期利率協議

在普通遠期利率協議中，交易雙方僅達成一個遠期利率合同，並且僅涉及一種貨幣。普通遠期利率協議（Plain Vanilla FRA）交易量最大，它在幣種、期限、金額、協議利率等方面都可因交易需要而調整，它是其他各類遠期利率協議的基礎。

(2) 對敲的遠期利率協議

對敲的遠期利率協議（FRA Strip），是指交易者同時買入或賣出一系列遠期利率合同的組合，通常包括一個合同的到期日與另一個合同的起息日，但各個合同的協議利率不盡相同。此時，遠期利率協議充當了一種續短為長的連續式套期保值工具，由於固定了每一次短期債務轉期時的遠期利率，從而使整個相對長期的利率得以提前確定。

(3) 合成的外匯遠期利率協議

合成的外匯遠期利率協議（Synthetic FRA in a Foreign Currency），是指交易者同時達成遠期期限相一致的遠期利率協議和遠期外匯交易。通過遠期外匯交易固定買入賣出的匯率，通過遠期利率協議固定遠期利率，從而變相地固定了相應外匯的利率。

(4) 遠期利差協議

遠期利差協議（Forward Spread Agreement，FSA）被交易雙方用來固定兩種貨幣利率之間的差異。通常，典型的使用者是其資產和負債各由不同的貨幣構成的銀行和公司，由於它們的這種財務結構隱含著這樣一種風險，即負債貨幣利率上升的同時，資產貨幣利率可能下降，因此，唯恐利差擴大的一方成為利差協議的買方，唯恐利差縮小的一方成為利差協議的賣方，通常在結算日由一方以美元的形式來完成差額利息的支付，從而使雙方要承擔結算上的美元匯率風險。

5. 遠期利率協議的交易程序

遠期利率協議是根據英國銀行家協會遠期利率協議（FRABBA）這一標準文件進行交易的。該協議的主要內容分 A、B、C、D、E、F 六部分：A 部分介紹了遠期利率協議的發生、結算利率、遠期利率協議文件的影響及今後的發展；B 部分是有關術語的定義，包括英國銀行家協會遠期利率協議指定銀行（BBA Designated Bank）、營業日、買方、賣方、合約金額、合約貨幣、合約期限等 16 個專用術語定義；C 部分簡要說明了報價的習慣做法，即除非協議雙方指定以外，標準的遠期利率協議的期限是指交易日後的一個整數的月份為起息日；D 部分是遠期利率協議的條款和條件，包括陳述和擔保、確認、結算、支付、取消、違約、豁免、適用法律等詳細內容；E 部分是超過 1 年期的遠期利率協議結算金額過程；F 部分是確認樣本。

遠期利率協議的交易程序為：

(1) 交易者通過路透終端機（FRAT）畫面得到遠期利率協議市場定價信息，並向有關報價銀行詢價，進而表達交易意願。遠期利率協議市場定價是每天

隨著市場變化而變化的,該市場定價僅作為參考,實際交易的價格要由每個報價銀行來決定。遠期利率協議的報價與貨幣市場上貨幣拆借利率表達方式類似,但遠期利率協議多了合約的指定遠期期限。如果一商業銀行某日的美元遠期利率協議報價是「3×6」和「7.94~8.0」。則其中「3×6」表示期限,表示從交易日後的第3個月開始為該交易的起息日,而交易日後的第6個月為到期日,期限為3個月;「7.94~8.0」表示利率價格,前者是報價銀行的買價,後者是報價銀行的賣價。如果報價銀行向交易對方買一個3×6的遠期利率,那麼該銀行在結算日支付美元合約利率7.94%給對方,而相應收取結算日的即期市場美元利率;如果報價銀行出售一個3×6的遠期利率,則它在結算日那天可以收取8%的合約美元利率,而相應支付結算日的即期市場美元利率。

(2) 報價銀行對交易者的資信狀況做出評估後,在協議日以電傳的形式對交易加以確認。舉例如下:

遠期利率協議合同

確認注意:

致:(交易對手方)

發自:××銀行

我們很高興在此確認以下我們之間達成的遠期利率協議交易。該交易受1985年英國銀行家協會制定的利率協議條款和條件的約束。

合約幣種和金額:

決定利率日期:

結算日: 到期日:

合約利率(年利率,利率基準日以360天或365天計算)

賣方名稱:

買方名稱:

非標準各項和條件(若有):

任何遠期利率協議的付款請貸記以下我行帳戶:

請速使用電話或電報確認以上交易。

如果交易者對電傳內容無異議,並按要求的方式加以確認的話,則此交易就宣告成立。

(3) 報價銀行在結算日以電傳形式確認結算。舉例如下:

遠期利率協議合同

協議日期:

結算日:

確認注意:

致:(交易對手方)

發自:××銀行

我們之間根據1985年英國銀行家協會制定的遠期利率協議的條款和條件達成以下遠期利率協議交易:

合約幣種與金額：

決定利率日期：

結算日：

合約期限（天數）

合約利率（年利率，利率基準以360天或365天計算）

賣方名稱：

到期日：

買方名稱：

非標準各項和條件（若有）：

結算利率（年利率）：

結算金額（美元、英鎊等）：

結算指示：

我方將在結算日支付××金額至貴方以下帳戶：

我方將在結算日收到××金額，請貸記我方以下帳戶：

值得一提的是，遠期利率協議的結算日並不是整個交易期限的到期日，而是整個交易的起息日。在上述合同中，如果規定結算日即交易日後的第3個月後的這一天，那麼由於是在起息日進行差額利息支付，因此就應當採用貼現方式。

結算金額＝（本金×利差×實際天數/360天或365天）／（1+市場利率×實際天數/360天或365天）

6. 遠期利率協議的定價

遠期利率協議產生之時，它僅僅是單純的風險管理工具。隨著遠期利率協議的優點越來越為市場所認識，越來越多的規模巨大的金融機構和公司都傾向於利用它來管理風險。因此，商業銀行利用自身善於洞察市場需求的特點，不失時機地承擔起遠期利率協議市場製造者的角色，通過不斷地報價來充當交易的仲介人，並從中獲取收益。商業銀行做出這種選擇並不是偶然的，其主要原因是：

第一，商業銀行利用自身擁有的資金、信息優勢，這使它有可能成為遠期利率協議的交易仲介，通過自身風險管理和進一步尋求交易的對手方來衝銷相應的遠期利率協議風險頭寸。

第二，商業銀行作為經常性的大規模的市場製造者，利用其自身套期保值能力所提供的遠期利率報價，較之其客戶完全憑藉自身套期保值所產生的實際遠期利率而言必然更加經濟些，這就使商業銀行能夠通過報價進而充當交易仲介來與其客戶分享這種套期保值轉換所帶來的收益。

就商業銀行而言，遠期利率協議的定價由三部分組成：

一是遠期利率。遠期利率的高低主要取決於交易期限、幣種、金額等條件和報價銀行的市場活動能力，遠期利率構成整個定價的主要基礎。

二是啟用費或年差價。啟用費的高低因報價商業銀行自身實力和具體交易要求而不同，價差較大。

三是利差收益。利差收益即商業銀行從事遠期利率協議交易所需獲得的服務

報酬，通常是25個基本點。

以下就遠期利率協議定價的核心——遠期利率的創造舉例說明。

由於商業銀行通常通過現貨資金市場來創造相應的遠期利率，即出售一個遠期利率協議意味著銀行需要創造一個遠期貸款利率，買入一個遠期利率協議意味著銀行需要創造一個遠期存款利率。所以如果某商業銀行向客戶出售一個3×6的1,000萬美元遠期利率協議，就意味著該銀行必須創造一個從3個月以後開始的為期3個月的1,000萬美元貸款利率。如果此時現貨資金市場美元利率如下：

3個月（年利率）　　11.00%~11.20%
6個月（年利率）　　11.802~12.00%

為保證能在交易日的3個月之后發放一筆為期3個月的1,000萬美元貸款，銀行必須按即期利率12%借入一筆期限為6個月的資金，並以即期利率11%把該資金即期拆放3個月，從而這筆即期拆入的資金數額應為1,000/（1+0.11×3/12）= 973.236,0萬美元，其6個月後的本利和為973.236,0×（1+12%×6/12）=1,031.630,2萬美元。因此，為保持借放款收支平衡，交易日的3個月之後為期3個月的1,000萬美元貸款利率應為（1,031.630,2-1,000）/1,000×12/3 = 12.65%。利用現貨資金市場操作具有期限、金額等方面的靈活性，容易與客戶的需要相吻合，但缺點也存在，即如果銀行要從事相應的抵補交易，則容易導致資產負債規模擴大。

商業銀行提供遠期利率的另一條途徑是利用金融期貨市場的遠期價格發現功能，通常是根據利率期貨的買價確定出售的遠期利率，根據利率期貨的賣價確定買入的遠期利率。如果銀行要向客戶出售一個3×6的遠期利率，此時銀行所能得到的利率期貨市場3個月後到期的利率期貨報價是 88.94/88.95，則銀行根據期貨的買價88.94，出售給客戶的遠期利率，確定為11.06%。在這種情況下，提供遠期利率協議的銀行假定在遠期期間期貨交易額有差價風險，將在整個遠期期間收取啟用費或年差價。利用利率期貨來為遠期利率定價，具有簡便易行、抵補操作占用資金少的特點，但並不能保證遠期利率協議的結構與期貨合約的規模和日期完全一致。

7. 中國開展遠期利率協議業務的可能性

遠期利率協議是盛行於國際金融市場上的一種先進的風險管理工具，是西方國家成熟的市場經濟體制和發達的金融業所孕育的產物。它要成為中國商業銀行開闢的新型的風險管理之路，必須具備相關條件：

（1）利率市場化進程是遠期利率協議產生的基本條件

遠期利率協議是針對利率的反覆易變而產生的，因此，變化的信貸資金市場供求能否經常決定利率的漲落，便直接影響著遠期利率的興衰。就此而言，國內並不具備遠期利率協議產生的市場環境，中國的利率水平目前基本上仍由中央銀行制定，並且在一個時期內具有相當強的穩定性，這就使銀行和客戶缺乏來自利率風險方面的足夠強的壓力刺激。相比之下，國際金融市場上利率波動頻繁，變幻莫測，因而中國從事國際金融業務的商業銀行應當利用遠期利率協議。

(2) 銀行和客戶的資信度高是遠期利率協議產生的主要條件

遠期利率協議是一種場外交易的金融工具，它沒有交易所的監督，因此純粹是交易雙方之間的信用交易，對交易雙方的信譽有著極高的要求。從國內來看，銀行與大型企業之間甚至銀行之間的債務拖欠時有發生，這種銀行、企業之間不到位的信用意識將導致遠期利率協議的信用風險非常突出。從國際上看，國際金融市場上擁有為數不少的高資信度銀行和跨國公司，中國商業銀行在國際金融市場上可望找到比較理想的合作者。

(3) 金融市場發達程度是遠期利率協議產生的根本條件

遠期利率協議的定價實質上反應了商業銀行從事套期保值的能力，因而要求同業拆借市場、利率期貨市場相當成熟，使商業銀行有充分實現套期保值策略的場所。從國內來看，同業拆借市場和國債市場雖然已有了發展，但離發達的金融市場尚有相當大距離；然而從國際上看，中國商業銀行嘗試遠期利率協議還是具有相當完善的市場條件的。

綜上所述，我們從近期和遠期來預測中國商業銀行對遠期利率協議的運用。一是從近期來講，儘管國內不具備實現遠期利率協議的基本條件，但國際金融市場上優越的市場環境以及中國商業銀行外匯資金業務迅速上升所帶來的外匯利率敞口風險，很有可能促成對遠期利率協議的利用，從而獲得此項金融創新技術的交流，並進而摸索、累積遠期利率協議交易的經驗，為人民幣的遠期利率協議交易做好準備。二是從遠期看，隨著中國利率市場化的實現以及人民幣自由兌換等關鍵條件的改善，遠期利率協議有望成為中國商業銀行從事國際、國內金融業務中必不可少的工具。

(二) 互換業務

1. 互換業務的概念

互換 (Swap)，是兩個或兩個以上的交易對手方根據預先制定的規則，在一段時期內交換一系列款項的支付活動。這些款項有本金、利息、收益和價格支付流等，既可以是一項，也可以是多項，以達到多方互利的目的。通常，互換的最低交易單位是 1,000 萬美元，美元以外的貨幣經換算後，要相當於這一金額，使用較多的貨幣是美元、歐元、瑞士法郎、英鎊、日元和歐元單位；期限通常是 5~7 年，超過 10 年的也時而有之；一般都是以市場利率、匯率或其他價格為基礎，由雙方協商決定價格條件；同時，有多種多樣的資金流向安排可供協商選擇，如到期一次償還、分期償還、本利均等償還等。

2. 互換業務產生的原因

互換的產生可以追溯到 20 世紀 70 年代初期布雷頓森林體系的崩潰，匯率反覆易變使得一些金融工具產生了，尤其是背對背貸款 (Back to Back Loan)。所謂背對背貸款，即交易雙方彼此向對方提供各自所需要的幣種的貨幣貸款，兩份貸款的放款日期和到期日完全相同，同時貸款的一切支付流與現貨和期貨交易的支付流完全相同。背對背貸款使非居民有可能繞過外匯管制，獲得所需貨幣的貸款。但在商業銀行等金融機構看來，背對背貸款有兩個令其望而卻步的缺陷：第

一，在大多數情況下，背對背的貸款在雙方的資產負債表上都是一份新債務；第二，兩份貸款是在兩份協議上分別成交的，如果一方不能如約償還債務時，另一方仍有義務繼續履行債務的支付。貨幣互換正是為了克服背對背貸款的以上兩個缺陷，而被作為新的金融交易技術並獲得了普遍認可。貨幣互換在通常情況下，既不增加交易雙方資產負債表的資產額，也不增加它們的負債額，一般以表外業務的形式出現。此外，互換交易是通過一份合同成交的，當一方不能如約償還債務時，另一方也可中斷債務支付的義務，因此在一定程度上互換交易限制了單個協議的信貸風險。既然互換可以用來把一種貨幣的債務轉化為另一種貨幣的債務，作為貨幣互換思想的自然延伸，利率互換也應運而生。

互換業務因使參與交易的各方都能不同程度地獲取利益而備受青睞。通常，籌資者的規模、收益能力、信用級別各不相同，同時不同籌資場所上信息的對稱性程度也不同，其結果不僅使不同的籌資者在同一籌資場所的籌資成本存在差異，而且使同一籌資者在不同的籌資場所籌資成本也有很大差異。一般來說，從銀行借款時，銀行有能力審查企業資信狀況，而且期限短，優良企業的籌資優勢較之一般企業並不明顯；但是購買公司債券的一般投資者，作為債權人審查企業的能力是有限的，優良企業對債權人支付的風險費（Risk Premium）比一般企業要少得多。同樣的道理，國際金融市場較之國內金融市場，對籌資者之間存在著的信用能力的差別反應要強烈、敏感得多。如果市場是完善的，那麼不同的市場對兩個籌資者資信狀況的相對評價應該是一致的。然而，現實經濟中不同的市場對兩個籌資者資信狀況的相對評價總是存在著不一致，互換正是旨在借助各個籌資者的比較優勢來對市場之間的這種差異進行套利，並將這部分好處分配給有關各方。這正是互換業務具有吸引力的原因所在。

互換業務實際上是指運用互換這種技術進行包括籌措資金在內的一系列財務活動，因此也稱其為互換融資（Swap Finance）。企業在日常的財務管理中，總是力求保持適當的資產負債結構，以達到安全性、流動性和收益性的最佳組合。一般而言，資產具有較大的流動性和可轉換性。與資產不同，債務一旦形成就必須履行下去，直至到期為止。因此相比之下，資產可以流動，而負債基本沒有流動性可言。互換業務就是基於尋求使債務與資產一樣可以互相交換而產生的交易方法。隨著商品互換和股權互換的產生，互換業務的概念正在經濟、金融領域中不斷地延伸。

熟悉和掌握互換業務的商業銀行，已經跨入了一個新的業務時代。第一，互換業務拓寬了商業銀行的經營收益。借助於互換業務，商業銀行充分發揮了其巨大的信息優勢和活動能力，既分享了在不同金融市場之間的套利，又獲得了撮合交易的手續費。由於互換業務交易的起始金額巨大，因此互換業務交易收入相當可觀。第二，互換業務豐富了商業銀行風險管理的手段。互換業務有利於商業銀行規避不利的市場條件和管制，它是比較利益原理在國際金融領域的運用，既可降低商業銀行的籌資成本，又可扭轉其浮動利率負債和固定利率資產造成的結構上的劣勢，從而有助於銀行的穩定經營。第三，互換業務促進了商業銀行提供全

面的金融服務。目前歐洲債券市場上債券發行的 70%～80% 均與互換業務有聯繫。通過提供優越的互換業務交易方案，商業銀行可以獲得承擔企業債券發行的業務，並進而設計出適合於互換業務目的的債券。商業銀行以互換業務作為有力的依託，正躋身於各種直接融資服務領域。

3. 互換業務的特點

互換是一種場外交易活動，所以它有著較大的靈活性，並且能很好地滿足交易雙方保密的要求。因此，互換業務有兩個特點：

（1）可保持債權債務關係不變；

（2）能較好地限制信用風險。

一般而言，互換業務以企業的債務作為交易對象更受到法律制約。作為債務交換的互換交易，真正處理的只是債務的經濟方面，而對原債權債務人之間的法律關係沒有任何影響，即可以保持債權債務關係不變，這是互換交易的主要特點。

由於互換交易是對手方之間通過一份合同成交的，雙方相互交換資金，所以一旦一方的當事人停止了支付，另一方的當事人也可以不履行義務，因此在一定程度上限制了單個協議的信用風險。

4. 互換交易類型

互換的種類有利率互換、貨幣互換、商品互換和股權互換等。商業銀行經常進行的互換交易主要是利率互換和貨幣互換。

（1）利率互換

利率互換（Interest Swap）是指兩筆債務以利率方式相互交換，一般在一筆象徵性本金數額的基礎上互相交換具有不同特點的一系列利息款項支付。在利率互換中，本金只是象徵性地起計息作用，雙方之間只有定期的利息支付流，並且這種利息支付流表現為淨差額支付。利率互換是交易量最大的一類互換，它的類型主要有三種：

①息票利率互換（Coupon Swap），即從固定利率到浮動利率的互換。

②基礎利率互換（Basis Swap），即從以一種參考利率為基礎的浮動利率到以另一種參考利率為基礎的浮動利率的互換。

③交叉貨幣利率互換（Cross-Currency Interest Rate Swap），即從一種貨幣的固定利率到另一種貨幣浮動利率的互換。

（2）貨幣互換

貨幣互換（Currency Swap）是指雙方按約定匯率在期初交換不同貨幣的本金，然後根據預先規定的日期，按即期匯率分期交換利息，到期再按原來的匯率交換回原來貨幣的本金，其中利息的互換可按即期匯率折算為一種貨幣而只進行差額支付。貨幣互換實際上是利率互換，即不同貨幣的利率互換。

5. 互換的交易程序

（1）選擇交易商

互換使用者之間的直接交易，往往因高昂的搜尋成本、缺乏流動性和具有一定的信用風險等問題而難以成功，因此，互換使用者一般都傾向於借助互換交易

商來完成互換交易。互換交易商都是活躍在利率和貨幣互換市場上的大型銀行。使用者在選擇互換交易商時，除了需要比較他們的信譽外，還需要比較他們收取的利率差價或佣金。在交易量最大的利率互換市場上，交易商提出的互換價格用利率來表示，以基點為單位。如果利率用美元來表示，那麼固定利率通常以同期限的美國政府票據的收益率為基礎，按半年複合計算方法計算的年收益率標價，一年確定為 365 天；浮動利率通常以倫敦同業拆放利率為基礎，按年拆放利率標價，一年確定為 360 天。

（2）參與互換的使用者與互換交易商就交易條件進行磋商

通常，雙方在電話中就互換的利率、支付的時間、互換的期限等主要問題達成口頭協議後，在 24 小時之內用電報、電傳、信件的方式加以確認。雙方經過確認以後，需要正式簽署互換文件，互換才正式在法律上生效。互換交易的協議是採用國際互換交易協會（International Swap Dealers Association，ISDA）擬定的標準文本——利率和貨幣互換協議（Interest Rate and Currency Exchange Agreement，簡稱主協議，1987 年版）。在主協議項下，交易雙方的每一筆互換均受主協議條款和條件的約束。有了這樣一個主協議，交易雙方對於每一筆交易僅需有一個信件或電傳，確認每筆互換交易日、生效日、到期日、利息、金額、結算帳戶等，即可迅速成交、履行合約。因此，主協議中所明確的權利和義務，對交易者來說是十分重要的。如果協議中的條款和條件有不妥當之處，對交易的某一方必定會不利，也許會造成潛在的經濟損失。熟悉主協議和互換確認的各項內容，特別是有關的主要條款，是交易者的必備條件。

（3）互換交易的實施

互換交易的實施主要是一系列款項的交換支付。

假定 A 公司在 1995 年 12 月 30 日發行了 1 億美元的歐洲債券，銀行做利率互換把它變成浮動利率債務，如圖 5-1 所示：

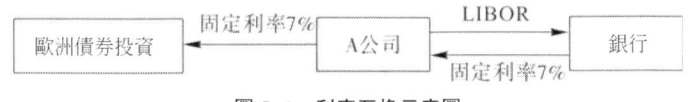

```
                   固定利率7%              LIBOR
歐洲債券投資 ←─────────── A公司 ─────────────→ 銀行
                                      ←─────────────
                                         固定利率7%
```

圖 5-1　利率互換示意圖

該公司外債付息是每半年（每年 6 月 30 日和 12 月 31 日）按年利率 7% 支付。第一次利息交換清算是 7% 的固定利率和 8% 的 LIBOR 之差額；第二次的利息交換清算是 7% 的固定利率與 6% 的 LIBOR 之間的差額。

所以，第一次利率互換，它應收取的利率是 7%，應支付的利率是 8%，兩者之間的差額 1% 是應付的，所以該公司應支付銀行利息 50 萬美元。第二次利率互換的 LIBOR 利率低於固定利率，所以該公司收取的利息為 50 萬美元。

6. 互換業務的定價

互換的定價主要涉及利率和匯率的確定。典型的一筆利率互換價格是指市場一定期限的浮動利率與一個固定利率的交易，而以固定利率表示利率互換價格。典型的一筆貨幣互換價格是用交換貨幣的遠期匯率來表示，而遠期匯率是根據利

率平價理論計算出兩種貨幣的利差，用升水或貼水表示，加減即期匯率。此外，在相當多的貨幣互換交易中，本金交換的通常做法是用即期匯率，期間的利息互換又是根據相應貨幣的利率互換價格來進行結算。因此貨幣互換從本質上講也是種利率互換，以利率互換來說明互換的定價具有一般代表性。

利率互換價格決定於一個固定利率的報價狀況，而浮動利率是根據市場利率決定的，一般是使用6個月LIBOR。固定利率往往是指一定年限的國庫券收益率加上一個利差作為報價。例如，一個5年期國庫券收益率為8.2%，利差是68個基本點，那麼這個5年期利率互換的價格為8.88%。按照市場慣例，這是利率互換的賣價，其意是按此價格，報價人願意出售一個固定利率而承擔浮動利率的風險。如果是買價，就是一個5年期國庫券收益率8.2%加63個基本點，即為8.83%，其意是按此價格，報價人願意購買一個固定利率而不願承擔浮動利率風險。由於債券流通市場上有不同年限的國庫券買賣，因此國庫券的收益率是組成利率互換定價的最基本部分，而利差的大小主要取決於互換市場的供需狀況和競爭的程度。利率互換價格中的利差，是支付浮動利率的對手方抵補風險的一個費用。利差一般是50個基本點到70個基本點。不同的報價人根據各自頭寸情況、市場供需情況，以及交易對手的國別、信用風險的不等，可以有不同的報價。

利率互換參考價格可以直接從路透終端機中得到。由於互換經常被用來滿足客戶的特殊需要，因此互換的定價往往因交易而異，而理解互換定價的關鍵又是套利。這種套利是基於不同資信級別的借款人之間的成本差異而產生的。通常，高資信度的借款人在固定利率與浮動利率兩個市場上都具有籌資優勢，但更傾向於發揮自己在固定利率市場上的比較優勢；低資信度借款人在兩個市場上都不具有絕對優勢，但傾向於發揮自己在浮動利率市場上的比較優勢。按照同一債務到期日和同一融資方式，不同資信級別的借款人的融資成本總是存在一個差異——資信利差（Quality Spread）。在任何一個給定的融資時期，它都是市場對借款人之間資信狀況差異的一個度量，重要的是，這種資信狀況差異隨時間推移有放大的趨勢，即低資信度借款人的籌資成本曲線較高資信度借款人的籌資成本曲線要陡峭。

如果某一AAA級資信度的借款人能夠按照LIBOR-30bps的利率發行6個月的商業票據（CP1）和按照8.95%的固定利率進行5年期籌資，同時，某一A級資信度的借款人能夠按照LIBOR+60bps的利率發行6個月的商業票據（CP2）和按照10.55%的固定利率進行5年期籌資，那麼，在浮動利率市場上，兩者的資信利差是90個基本點，在固定利率市場上，兩者的資信利差是160個基本點，從而兩個市場間的資信利差差異（Quality Spread Differential，QSD）為70個基本點。一般認為，資信利差差異是互換交易的利益源泉，正是對此差異的套利導致了各交易對手方籌資成本的節約。如果對手方「1」是高資信度借款人，在互換中支付浮動利率。對手方「2」是低資信度借款人，在互換中支付固定利率，則總的資信利差差異可表示如下：

$$QSD = (Y_2 - Y_1) - [(LIBOR + X_2) - (LIBOR + X_1)]$$

其中，Y_1、Y_2 分別表示各自籌資的固定利率；$LIBOR+X_2$、$LIBOR+X_1$ 分別表示各自籌資的浮動利率。

由此可見，利率互換定價的實質，是如何根據交易各方的力量分割套利所得。分割的比例則取決於雙方籌資需求的強烈程度對比、信譽實力對比等。如果銀行作為互換的一方，還要視銀行自身的互換組合情況。一般銀行本身只要有可衝銷的互換頭寸，總是傾向於較低的報價成交；反之，則要求較高的報價作為不相匹配風險的補償。通常，相對於直接採用浮動利率籌資而言，高資信度借款人通過互換創造了複合的浮動利率借款；相對於直接採用固定利率籌資而言，低資信度借款人通過互換則創造複合的固定利率借款。如果雙方實現了如下的利益分享：

$QSD = G_1 + G_2$

其中，G_1、G_2 分別表示各自從互換中的得利。該互換交易必然有如圖 5-2 所示的價格設計。

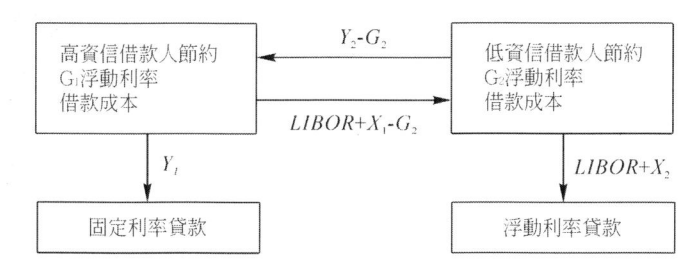

圖 5-2 互換交易示意圖

7. 中國發展互換業務的可能性

互換業務在中國的發展將取決於以下條件：

（1）經濟主體融資渠道多元化

互換是交易各方充分利用在不同市場上籌資的比較優勢來實現利益共享，經濟主體如果面臨直接、間接、國際、國內等多重融資渠道的選擇，必然有利於發現自己的比較優勢，創造出潛在的互換機會。中國的一些銀行、企業已有了債券融資、境外融資的經歷，這是中國開展互換業務的基礎。

（2）金融市場的發達程度

金融市場的發展不僅為拓寬融資渠道創造出付息形式各異的債務工具，而且為開展互換的金融機構提供了套期保值和定價的場所。互換是一組遠期合約的批量式組合，其定價需要發達的現貨、期貨、遠期、期權市場所產生的連續的收益曲線。儘管中國金融市場還不是很發達，但由於互換是個國際性很強的業務，因此，國內金融市場的欠發達並不會嚴重阻礙互換業務的開展。

（3）商業銀行獲取金融信息的能力

互換銀行需要與大型機構有密切的關係，熟悉其財務狀況、籌資能力及需求信息，同時還要精於分析，深諳金融行情，善於捕捉有利可圖的交易機會。中國

商業銀行長期與各大企業有密切的聯繫，有望提出令人滿意的互換方案。但是在國際金融市場上，與發達的商業銀行比，信息獲取能力則尚欠缺。

(4) 具有高資信度的客戶

由於違約風險至關重要，因而互換交易基本限於在各國政府以及大的金融機構、企業之間進行，幾乎沒有個體交易者。國內銀行、企業的信用意識不夠強也勢必增大開展互換的阻力，使互換交易的範圍相當有限。相比之下，在國際金融市場上，則易於找到更為理想的交易對手。

總之，在中國開展互換業務雖已具備了一些基本條件，有的商業銀行也開展了一些互換業務，但尚不成熟。中國的商業銀行應加強與國際金融市場的聯繫，承擔起中國與國際金融機構間的互換經紀人的角色，並隨著時機的成熟，進一步向作為仲介的互換交易商邁進。

(三) 金融期貨和金融期權

1. 金融期貨

(1) 金融期貨的概念

期貨交易（Futures Transaction），是指交易雙方在集中性的市場以公開競價的方式所進行的期貨合約的交易。而期貨合約是指由交易雙方訂立的，約定在未來某日期按成交時所約定的價格交割一定數量某種商品的標準化合約。

所謂金融期貨交易（Financial Futures）是指以某種金融工具或金融商品（例如外匯、債券、存款證、股票指數等）作為標的物的期貨交易方式。一般情況下，金融期貨交易是以脫離了實物形態的貨幣匯率、借貸利率、各種股票指數等作為交易對象的期貨交易。

世界上第一張金融期貨合約是 1972 年 5 月 16 日由美國芝加哥商業交易所設立的國際貨幣市場所推出的外匯期貨合約。它是外匯風險的急遽增加等原因導致的結果。其標的貨幣最初有七種外幣，分別為英鎊、加拿大元、德國馬克、日元、瑞士法郎、墨西哥比索和義大利里拉。以後又增加了荷蘭盾、法國法郎、澳大利亞元，與此同時停止了義大利里拉和墨西哥比索的交易。

國際貨幣市場開辦外匯期貨交易取得了巨大成功，有力地推動了金融期貨的發展。這種發展主要體現在三方面：一是金融期貨品種不斷豐富，從外匯期貨的產生開始，人們就不斷對金融期貨加以創新，主要表現為 20 世紀 70 年代推出了各種利率期貨，20 世紀 80 年代又推出了各種股票指數期貨。目前實際交易中金融期貨種類繁多，僅利率期貨這一類就有數十種之多。二是金融期貨市場不斷發展，出現了一批著名的專業性金融期貨市場，如倫敦國際金融期貨交易所（LIFFE）、新加坡國際貨幣交易所（SIMEX）、東京國際金融期貨交易所（TIFFE）和法國國際期貨交易所（MATIF）。另外，20 世紀 80 年代以來出現的金融期貨市場之間的國際連接（International Links）更促進了金融期貨交易的國際化。最典型的例子就是 SIMEX 與芝加哥商品交易所 CMD 之間的相互對沖（Mutual Offset）交易方式，不僅增加了市場流動性，延長了交易時間，而且還為投資者或投機者規避隔夜風險提供了可能。三是金融期貨交易的規模不斷壯大。

這種規模的擴大不僅表現為絕對數量的增加，而且也表現為在期貨交易總量中的比例提高。從 1985 年開始，美國的利率期貨交易量超過了其他農產品期貨交易量，成為成交量最大的一種期貨交易。

（2）金融期貨的種類

商業銀行經營的金融期貨交易主要有三種：貨幣期貨、利率期貨和股票指數期貨。黃金期貨性質尚存有爭議，這裡不予敘述。

①貨幣期貨（Currency Futures）。貨幣期貨又稱為外匯期貨（Foreign Exchange Futures）或外幣期貨（Foreign Currency Futures），是指在集中性的交易市場以公開競價的方式進行的外匯期貨合約的交易。外匯期貨合約是指由交易雙方訂立的，約定在未來某日期以成交時所確定的匯率交收一定數量的某種外匯的標準化契約。

②利率期貨（Interest Rate Futures）。利率期貨是指交易雙方在集中性的市場以公開競價的方式所進行的利率期貨合約的交易。利率期貨合約是指由交易雙方訂立的，約定在未來某日期以成交時確定的價格交收一定數量的某種利率相關商品（即各種債務憑證）的標準化契約。利率期貨以各種利率的載體作為合約的標的物，實際上利率期貨就是附有利率的債券期貨。

最早出現的利率期貨是美國芝加哥商品交易所（CBOT）於 1975 年 10 月推出的美國國民抵押協會（Government National Mortgage Association）抵押證期貨。利率期貨一經產生，便迅速發展壯大，目前利率期貨交易量占了全世界衍生工具場內交易量的一半還多。中國曾經推出的國債期貨就屬於利率期貨的一種類型。

③股票指數期貨（Stock Index Futures）。股票指數期貨，全稱為股票價格指數期貨，又可簡稱為股指期貨或期指，是指以股票市場的價格指數作為標的物的標準化期貨合約的交易。

最早出現的股票指數期貨是美國堪薩斯市期貨交易所（KCBT）於 1982 年 2 月 24 日推出的價值線綜合指數期貨合約。目前被作為股指期貨合約標的物的股票指數主要有如下幾種：道瓊斯股價平均指數（Dow Jones Averages）、標準普爾綜合股價指數（Standard&Poors Composite Index）、紐約證券交易所綜合股價指數（New York Stock Exchange Composite Index）、主要市場指數（Major Market Index）、價值線綜合股價指數（Value Line Composite Index）、金融時報指數（Financial Times Stock Exchange Index）、日經 225 股指數（Nikkei 225 Index）、東京證券交易所股價指數（TOPIX）、恒生指數（Hang Seng Index）等。

2. 金融期權

（1）金融期權的概念

金融期權（Financial Options）是一種能夠在合約到期日之前（或在到期日當天）買入或賣出一定數量的基礎金融產品的權利。通常買方可以有權執行合約，也可以放棄執行該合約，而賣方只有執行的義務而無放棄的權利。

最早出現的金融期權是以現貨股票作為交易對象的股票期權。這種股票期權早在 19 世紀即已在美國產生。但在 1973 年之前，這種交易都分散在各店頭市場

進行，因而交易的品種單一，交易規模也相當有限。金融期權獲得真正發展的契機是在 1973 年 4 月 26 日，全世界第一家集中性的期權交易市場——芝加哥期權交易所（Chicago Board Options Exchange，CBOE）正式成立。此後金融期權交易得到了極大的發展，主要表現在：①作為期權合約標的物的股票的種類大大增加；②越來越多的交易所競相開辦股票期權業務；③業務種類從原來的看漲期權擴展到看跌期權交易；④交易量大幅增加。

(2) 金融期權的分類及盈虧分析

①金融期權的分類。根據金融期權合同和期權交易行為的不同，可把金融期權交易分為四種：買入看漲期權（Buy Call 或 Long Call）、賣出看漲期權（Sell Call 或 Short Call）、買入看跌期權（Buy Put 或 Long Put）、賣出看跌期權（Sell Put 或 Short Put）。

②金融期權的盈虧分析。合同的買入者為了獲得以後的選擇權，必須支付一定數量的權利金（Premium）給賣出者。從權利、義務角度來看，合同雙方的權利與義務具有明顯的不對稱性，具體表現為：合同簽訂後，買方有執行交割的權利，而無必須執行的義務，主動權在他手中；而賣出者只有被動接受執行交割指令的義務，而無相應的權利，但有一定的經濟補償，即獲得權利金。

下面分別是對四種交易情況的盈虧分析：

A. 在買入看漲期權中，買方預期合約價格會上漲。合同的買方有權在到期日或到期日之前按協議價買入合約規定的金融工具，他為此付出的代價是交付一筆權利金給合同的賣方。在合同有效期內，當合約市價低於協議價時，買方將選擇不執行合約，其損失是權利金；當合約市價高於協議價，買方會選擇執行合約點此時隨著合同市價的上升，合同買方的損失逐漸減少；當市價超過盈虧平衡後的，執行合同就會給買方帶來一定的收益，這種收益是隨著市價的上升而增加，理論上可以達到無窮大。

B. 在買入看跌期權中，買方預期合約價格會下跌。如果合約市價真的下跌，並低於合約中的協議價格，那麼買方可通過執行合約即以協議價出售標的物，從而獲取一定的利潤；如果市價高於協議價，則買方不會執行合同，只損失權利金。與買入看漲期權不同，買入看跌期權的收益有一個比較明確的上限。

C. 與買入期權相反，期權的賣出方的損益狀況是：有收益時，收益存在一個上限，即權利金；而發生損失時，其可能的損失卻是無限的，一般來說要遠大於權利金。即當期權買方要求執行期權合約時，對賣方來說就意味著收益小於權利金甚至虧損；當期權買方放棄執行合約時，即意味著賣方可獲得權利金收入。

(3) 金融期權的衍變

經過幾十年的發展，金融期權已由最初的股票期權衍變出三大類：股權期權、利率期權、貨幣期權。此外還有其性質尚存爭議的黃金及其他商品期權。

①股權期權是指買賣雙方以某種與股票有關的具體的基礎資產為標的物所達成的期權協議。主要又分為兩種：

A. 股票期權。它以某種股票作為合約的標的物。

B. 股票指數期權。它以某種股票價格指數作為合約的標的物。
②利率期權是指買賣雙方以與借貸票據有關的具體的基礎資產為標的物所達成的期權協議。主要分為三種：

A. 實際證券期權，即在一定的時間裡按照一定的價格買進或賣出國庫券、政府票據、政府債券的權利。

B. 債券期貨期權，即在一定的時間裡按照一定的價格買進或賣出政府債券期貨的權利。

C. 利率協定。利率協定是一種以減少利率波動的不利影響為目的而達成的期權協定。利率協定有三種形式，即上限協定、下限協定和上下限協定。

③貨幣期權是指買賣雙方以與外匯有關的基礎資產為標的物所達成的期權協議。主要有貨幣現貨期權和貨幣期貨期權之分。

④黃金及其他商品期權是指買賣雙方以與黃金及其他商品相關的基礎資產為標的物所達成的期權協議。黃金期權又包括金塊期權和黃金期貨期權。

（4）商業銀行對期權交易的參與

商業銀行主要從三個層次上參與期權交易：

①第一個層次是場外期權交易。商業銀行通過電話或路透交易系統直接與客戶進行交易，這種交易既包括面向非銀行客戶的零售市場，又包括面向金融機構的批發市場。由於場外交易市場具有保密性好、交易成本低、可以根據客戶特別需要制定期權等特點，其交易規模已遠遠超過了交易所中的期權交易量。

②第二個層次是交易所期權交易。在這種交易中，商業銀行通常以獲得交易席位的方式來成為交易所的做市者。參與標準化程度高的交易所期權交易，可以使商業銀行從忙於促成交易中解脫出來，致力於期權交易戰略策劃。

③第三個層次是隱含型期權交易。它主要是把期權經營思想與商業銀行日常業務融合而產生的創新。如可轉換債券、貨幣保證書和包銷協議等。這些由期權與其他金融工具相融合創新出的金融產品大大地拓寬了商業銀行的期權經營領域。

（5）期權交易對商業銀行經營管理的意義

①期權是商業銀行進行風險管理的有力工具。期權的優點體現在它能夠在降低風險管理成本的同時，使商業銀行不喪失在有利條件下獲利的可能性。這一點在對或有資產和或有負債的風險管理中體現得尤其明顯。

②期權使商業銀行獲得了有力的財務槓桿。商業銀行可以充分利用自身在融資、信息收集、規模交易方面的優勢，運用適當的期權交易獲得巨額收入。

③期權為商業銀行管理頭寸提供了一種進取型管理工具。商業銀行可以通過出售期權來對其日常經營的巨額外匯、債券、股權頭寸進行積極管理，從而獲取可觀的權利金收入。

目前，中國國內開展期權業務的基本條件尚未具備，但是隨著商業銀行對外業務的增加，完全可以介入國際金融市場的期權交易，一方面作為期權買方進行風險管理，另一方面也可作為期權賣方進行積極的管理頭寸。通過對國際期權市

場的瞭解，在摸索、累積期權業務的經驗中，可以嘗試低風險的交易戰略，從而為條件成熟時向全面的期權經營過渡做好技術準備。

第七節　商業銀行承諾類中間業務

一、票據發行便利

(一) 票據發行便利的概念及其產生的原因

票據發行便利（Note-Issurance Facilities，NIFs）是一種具有法律約束力的中期週轉性票據發行融資的承諾，是商業銀行的一種承諾業務。借款人根據事先與商業銀行等金融機構簽訂的一系列協議，可以在一定期限內，而期限一般為5~7年，以自己的名義週轉性發行短期票據，從而以比較低的成本取得中長期的資金融通。承諾包銷的商業銀行依照協議負責承購借款人未能按期售出的全部票據，或承擔提供備用信貸的責任。商業銀行的包銷承諾為票據發行人提供了轉期的機會，從而有力地保障了企業獲得資金的連續性。對商業銀行借款者而言，票據通常是短期存款憑證；而就非銀行借款者來說，票據通常採取本票的形式。

在票據發行便利中，發行的票據是可以循環的，大部分票據的期限為3個月或6個月，有時票據期限範圍可以更大一些，長的可達一年，短的可至一個星期或零星的幾天。大多數歐洲票據以美元計值，面額很大，通常為50萬美元或更多些，其銷售對象主要是專業投資者或機構投資者，而不是私人投資者。持票人在他們的資產負債表中把票據列為一項資產，而商業銀行的包銷承諾通常不在資產負債表中列示，因此票據發行便利是一種表外業務。

票據發行便利起源於辛迪加（Syndicate）貸款，是近年來國際金融市場上證券化浪潮的結果。在辛迪加貸款中，銀團貸款的主要商業銀行有三種：牽頭銀行、代理銀行和參與銀行。在辛迪加貸款中，各家商業銀行合併為一個集中的整體為客戶服務，每一家商業銀行既提供資金，又承擔風險。主要的幾家大的商業銀行一般是集貸款安排、貸款管理、資金提供與風險承擔於一身，即商業銀行在參與辛迪加貸款後，增加了盈利，但也增加了經營的風險。而商業銀行所獨有的貸款組織、貸款安排上的優勢以及信息集中的優勢卻沒有得到充分的利用。

隨著世界信息網路和新的服務公司的發展、先進的計算機技術在國際支付系統和交易處理上的廣泛應用，國際金融市場上各種類型的參與者都可以獲得比以前更多的信息。這促使資金盈餘者更多地把資金投向直接金融市場，而不再像過去那樣主要依賴於商業銀行的仲介作用。特別是新興的投資銀行，正在逐步地經營一些本屬於商業銀行的業務，而對這種新的融通資金趨勢的挑戰，商業銀行必須勇於挑戰，改變過去一些舊的經營觀念。於是票據發行便利應運而生了。

票據發行便利業務作為辛迪加貸款的低成本替代品，其優點有：

(1) 票據發行便利業務和辛迪加貸款業務一樣，有眾多商業銀行參與，一方面能滿足對巨額資金的需求，另一方面又能有效地分攤風險。

（2）票據發行便利業務充分發揮了商業銀行在金融市場安排和信息提供上的優勢，幫助借款人實現了以短期資金的利息成本來獲得中期資金的利益。

（3）票據發行便利業務最重要的是，原來在辛迪加貸款中由單個商業銀行承擔的不同職能可以分解開來由不同的商業銀行來承擔。發行銀行只提供純粹的票據行銷服務和在借款人需要資金時的融資機制，從而使商業銀行在沒有資金盈餘的情況下，也可以參與該項業務，為自身增加收益。承包銀行主要是承擔提供期限轉變便利的責任，因此承包銀行只是提供臨時性的融資。

（4）票據發行便利也充分利用了借款人自身良好的信譽。通過票據發行便利融資的借款人一般都是具有良好信譽的企業，運用票據發行便利可以使它們以比商業銀行優惠利率還低的短期票據利率來獲得中期資金，充分發揮了其本身的優勢。

總之，票據發行便利業務是商業銀行適應國際金融市場上的證券化趨勢而進行的一項成功的金融創新業務。它把本屬於表內業務的銀團貸款成功地轉化為表外業務，減輕了對資本充足率要求的壓力，同時使商業銀行與企業建立了一個更廣泛的合作，適應了融資發展的需要。

（二）票據發行便利的種類

票據發行便利根據有無包銷可分為兩大類：包銷的票據發行便利和無包銷的票據發行便利。其中前者又可分為循環包銷便利、可轉讓的循環包銷便利、多元票據發行便利和無包銷的票據發行便利。

1. 循環包銷便利

循環包銷便利（Revolving Underwriting Facility，RUF）是最早形式的票據發行便利。在這種形式下，包銷的商業銀行有責任承包攤銷當期發行的短期票據。如果借款人的某期短期票據推銷不出去，承包銀行就有責任自行提供給借款人所需資金，其金額等於未如期售出部分的金額。

2. 可轉讓的循環包銷便利

可轉讓的循環包銷便利（Transferable Revolving Underwriting Facility）是指包銷人在協議有效期內，隨時可以將其包銷承諾的所有權利和義務轉讓給另一家機構。這種轉讓，有的需要借款人同意，有的則無須借款人同意，完全是根據所簽的協議而定。可轉讓的循環包銷便利的出現增加了商業銀行在經營上的靈活性和流動性，便於相機抉擇，更加符合商業銀行的經營原則。

3. 多元票據發行便利

多元票據發行便利（Multiple Component Facility）允許借款人以更多的、更靈活的方式提取資金，它集短期預支條款、擺動信貸（Swing Line）、銀行承兌票據等提款方式於一身，使借款人無論在選擇提取資金的期限上，還是在選擇提取何種貨幣方面都獲得了更大的靈活性。

4. 無包銷的票據發行便利

無包銷的票據發行便利是於 1984 年下半年開始出現的一種 NIFs 形式。1985 年由於一些監督官員在測定銀行資本適宜度時採取了把包銷承諾也包括進去（即

包銷承諾也轉為表內業務的一部分）的做法，有力地刺激了無包銷的票據發行便利的發展。近年來所安排的票據發行便利中，更多的是部分或全部沒有包銷承諾的。無包銷的票據發行便利就是沒有「包銷不能售出的票據」承諾的 NIFs。無包銷的 NIFs 一般採用總承諾的形式，通常安排銀行為借款人出售票據。無包銷的票據發行便利出現的最根本原因是採取這種形式的借款人往往是商業銀行的最高信譽客戶。它們有很高的資信度，完全有信心憑藉其自身的信譽就能夠售出全部票據，而無須銀行的承諾包銷支持，從而可為自己節省一筆包銷費用，降低融資成本。

（三）票據發行便利的交易主體構成

票據發行便利主要由四部分交易主體構成：借款人、發行銀行、包銷銀行和投資者。

1. 借款人

票據發行便利業務的產生是為了滿足一些資信度較高的借款人通過直接融資渠道籌資的需要。因此票據發行便利市場上的借款人一般都是資信度比較高的企業，它們都認為自身的高信譽在融資中是一種有利條件，應充分利用。因此它們大都開始從原來的間接融資轉向直接融資方式。從商業銀行角度來講，它把票據發行便利特別是其中的承諾包銷看成一種表外業務。商業銀行只希望在不占用自有資金的情況下取得承諾費收入。借款人的信譽越高，商業銀行需要實際履行包銷業務的可能性就越小，因此，商業銀行在選擇票據發行便利業務的對象時，為了自己的利益，通常會從嚴把關，只讓一些真正信譽好的借款人進入這一市場。

2. 發行銀行

票據發行便利業務中的發行銀行的票據發行功能類似於銀團貸款中的貸款安排。發行銀行先後經歷了兩種形式。最初，發行銀行是由牽頭銀行來承擔，牽頭銀行作為獨家出售代理人發揮作用，並負責出售所發行的任何票據。從 1983 年開始出現了由商業銀行投標小組負責的票據發行便利。投標小組成員對所發行的任何一種票據，在預先確定的最大幅度內都可投標。這一技術允許借款人從市場條件的改善中獲利，同時也讓借款人知道按最高成本所能獲得的資金。由於是以競價投標所得出的票據發行方案，其價格等發行條件更合理一些，比以前的由牽頭銀行獨家壟斷發行有了較大的進步。1984 年以後，投標小組方法通過連續投標小組制度得到了進一步推廣。

3. 包銷銀行

包銷銀行承擔了相當於承擔風險的票據包銷職能。其最主要的職責就是按照協議約定，提供期限轉變便利，以保證借款人在期內不斷獲得短期資金。一旦借款人的票據未能如期售完，包銷銀行就有責任購買所有未售出的票據，或提供同等金額的短期貸款。包銷人（包銷團的成員銀行）採用投標小組方法，有權在票據銷售期限內的任何時間裡，按票據在市場上的銷售價格，向牽頭銀行購買它們所能買到的不超過其分配額度的票據，這樣包銷銀行也能夠得到可以出售給客戶的票據，使票據發行不再完全由牽頭銀行或投標小組壟斷，競價投標方式形成

的票據發行也使包銷銀行履約包銷的可能性大大降低，使其真正發揮了保證的職能。

4. 投資者

投資者即資金提供人或票據持有者，他們只承擔期限風險。當借款人在票據到期前遭受破產而不能還款時，票據持有人就會受到損失。但進入票據發行便利市場的借款人資信度都比較高，特別是一些採用無包銷票據發行便利的借款人，因此這種期限風險比較小，投資於這種票據比較安全，且流動性也比較高。

（四）票據發行便利的程序

在辦理票據發行便利時，主要程序為：

（1）由發行人（借款人）委任包銷人（underwriter）和投標小組（Tender Panel）成員。

（2）在發行人與包銷人和投標小組成員之間簽訂一系列文件。其中包括便利協議（Facility Agreement）、票據發行和付款代理協議（Notes Issuing and Paying Agency Agreement）、投標小組協議（Tender Panel Agreement）。

（3）在各項協議簽訂後，如果發行人是美國某一公司，則所安排發行的時間表如下：

①發行日前5天，發行人向便利代理人提出要求，代理人邀請投標小組成員投標；

②發行日前3天，代理人將收到投標；

③發行日前2天，將中標的投標人的名字通知發行人，並將分配額度通知中標的投標小組成員，隨後決定倫敦銀行同業拆放利率（LIBOR）；

④發行日前1天，通知中標的投標小組成員和發行人總的包銷價格；

⑤發行日，由投標小組成員將資金劃付到發行人在紐約的帳戶上。

（五）票據發行便利在市場經營中應注意的事項

票據發行便利作為表外業務，雖然不直接形成銀行負債的增加，但其承諾履約的不確定性也同樣使商業銀行面臨一些風險，其中最主要的有流動性風險和信用風險。

票據發行便利作為一項金融業務的創新，在看到其帶來的利益的同時，也要充分關注到它可能帶來的風險。實踐證明，嚴格把關、謹慎經營是商業銀行開展票據發行便利業務成功的關鍵所在。商業銀行開展票據發行便利業務必須嚴格遵守流動性、安全性、盈利性的「三性」原則。具體應注意的事項有：

1. 嚴格把好市場准入關

商業銀行作為市場仲介主體，無論是以發行銀行還是以包銷銀行的身分出現，都應該對提出票據發行便利要求的借款人的資信狀況做詳細認真的調查，絕不可為了獲得一點較高的手續費或承諾費，就輕易讓信譽較差的企業進入票據發行便利市場。包銷銀行在與借款人簽訂的便利協議中一定要訂有在承諾有效期內借款人資信度下降時的特別處理條款。此外，銀行對票據發行人的信用風險問題要給予特別關注，一定要定期分析借款人的經營狀況、財務狀況，以及市場對借

款人的評價,保持迅速反應的能力。

2. 加強自我約束性的內部管理

為了有效控制票據發行便利可能帶來的風險,銀行就必須加強自身的約束管理,建立起一套完善的評估體系,使銀行所從事的所有票據發行便利業務的風險處於一個安全的範圍內。《巴塞爾協議》(1988年)為各國銀行提供了一個度量表外業務風險的方法:以信用轉換系數乘以項目金額,得出的數額按照表內同等性質的項目進行風險加權;並將此納入評估銀行資本充足與否的風險管理中去。根據《巴塞爾協議》的規定,票據發行便利的信用轉換系數為50%,這也為銀行進行內部管理提供了一個很有價值的參考。

3. 注意保持銀行的流動性

銀行在從事票據發行便利時,一定要注意自身的流動性問題。一定要把對商業銀行的流動性要求與票據發行便利的承諾額掛勾,以加強對流動性風險的防範。當銀行承接了承諾額較大的票據發行便利業務時,要在表內資產負債上做相應的調整:如適當增加流動性資產,減少流動性負債,提高流動性比例。同時要注重客戶的分散問題。如果一家銀行的所有票據發行便利業務都集中在一家借款者身上,甚至是一筆業務上,其風險是顯而易見的。因此銀行在開展此項業務時一定要努力使每筆業務量大小適中,但客戶較多,且分散性好。最好不是同一行業的借款人,從而不會因某個行業的整體不景氣而使流動性出現危機。要限制對單個借款人的承諾額,比如說不能超過銀行自有資本的10%等,一定要有效地防範風險的過度集中。

4. 選擇高資信度的企業和銀行

票據發行便利是高資信度客戶的自發需求,它本質上是一種直接信用,主要依賴於借款人自身的信譽來籌資。因此,選擇在國際、國內金融市場上享有較高聲譽的客戶進行合作,對於票據發行便利的成功至關重要。

中國商業銀行雖已具備了一些在國內從事票據發行便利的條件,但還不成熟,從事票據發行、包銷的經驗也不足。因此,一方面,中國商業銀行可以先利用成熟的國際金融市場,積極探索從事國際票據發行便利的經驗,為國內借款人籌措資金,爭取躋身於國際性票據發行便利市場,分享國際業務收入;另一方面,積極參與完善國內金融市場,選擇資信度高、業務關係穩定的客戶,為其在國內提供票據發行便利創造條件,並以此為契機帶動商業票據的廣泛應用。

二、貸款承諾

貸款承諾(Loan Commitment)是銀行與借款客戶之間達成的一種具有法律約束力的正式契約,銀行將在有效承諾期內,按照雙方約定的金額、利率,隨時準備應客戶的要求向其提供信貸服務,並收取一定的承諾佣金。貸款承諾業務也是銀行承諾業務之一。

(一)貸款承諾的類型

(1)定期貸款承諾(Term Loan Commitment)。在定期貸款承諾下,借款人

可以全部或部分地提用承諾金額，但僅能提用一次。如果借款人不能在規定的期限內提用所承諾的全部資金，那麼承諾金額實際就降至已提用的金額。

(2) 備用承諾（Standby Commitment）。備用承諾又可分為如下三種：

①直接的備用承諾（straight standby commitment）。在這種備用承諾下，借款人可以多次提用承諾，一次提用部分貸款並不會失去對剩餘承諾在剩餘有效期內的提用權利。然而一旦借款人開始償還貸款，儘管償還發生在承諾到期之前，已償還的部分就不能被再次提用。

②遞減的備用承諾（Reducing Standby Commitment）。這種備用承諾是在直接的備用承諾基礎上，附加承諾額度將定期遞減的規定，當剩餘未使用的承諾不足以扣減時，銀行可要求借款人提前償還本金，以補足扣減的承諾額。這種承諾意在鼓勵提用承諾的借款人盡早提用或盡早償還。

③可轉換的備用承諾（Convertible Standby Commitment）。這是在直接的備用承諾基礎上，附加一個承諾轉換日期規定。在此日期之前，借款人可按直接的備用承諾多次提用。如果一直未用，那麼在此日期以後，備用承諾將變成定期貸款承諾，僅能提用一次。如果已發生了提用（在此日期前），那麼在此日期後，承諾額就降至已提用而又未償還的金額，未提用部分自動失效。

(3) 循環承諾（Revolving Commitment）。循環承諾又可分為如下三種：

①直接的循環承諾（Straight Revolving Commitment）。即在這種循環承諾下，借款人在承諾有效期內可多次提用，並且可反覆使用已償還的貸款。只要借款在某一時點上使用的貸款不超過全部承諾額即可。

②遞減的循環承諾（Reducing Revolving Commitment）。即在直接的循環承諾的基礎上，附加一個定期遞減的規定，每隔一定時期扣減一定承諾額。

③可轉換的循環承諾（Convertible Revolving Commitment）。即在轉換日之前是直接的循環承諾，在轉換日之後是定期貸款承諾，承諾額就降至已提用而又未償還的金額，未提用的承諾自動失效。

(二) 貸款承諾的定價

貸款承諾的定價是指承諾佣金的確定。收取承諾佣金的理由是，為保證將來應付所承諾的貸款需求，銀行必須保持一定的放款能力，這就需要放棄高收益的貸款和投資，保持一定的流動性資產，這使銀行喪失了獲利機會，需要借款人提供一定費用作為補償。

貸款承諾定價的核心是佣金費率的確定。佣金費率的確定是非規範且不統一的，通常由銀行和借款人協商確定。影響佣金費率的因素主要有借款人的信用狀況、借款人與銀行的關係、借款人的盈利能力、承諾期限長短、借款人借款的可能性等，通常佣金費率不超過 1%。在佣金費率確定以後，可從整個承諾金額、未使用的承諾金額、已提用的承諾金額中商定一個作為計費基礎。習慣上，多採用未使用的承諾金額，根據承諾期限計算總的承諾佣金。

(三) 貸款承諾的交易程序

(1) 借款人向銀行提出貸款承諾申請，並提交詳細的財務資料，由銀行進

行信貸審查，確定提供承諾的可行性。

（2）需要承諾的借款人和有承諾意向的銀行就貸款承諾的細節進行協商，主要在承諾類型、額度、期限、佣金、償還安排、保護性條款等方面謀求一致，並在此基礎上簽訂貸款承諾合同。

（3）借款人在借款之前，在合同規定的時間內通知銀行，銀行將在限定的時間內把借款金額劃至借款人存款帳戶。

（4）借款人按期繳納佣金和利息，並按合同規定的償還計劃歸還本金。

（四）貸款承諾的優點

（1）對借款人而言，貸款承諾有如下優點：

首先，貸款承諾為其提供了較大的靈活性，獲得貸款承諾保證後，借款人可以根據自身的經營情況，靈活地決定使用貸款的金額、期限，從而達到有效、合理地使用資金，減少資金冗餘。

其次，貸款承諾保證了借款人在需要資金時有資金來源，提高了他的資信度，從而可以使其在融資市場上處於一個十分有利的地位，降低融資成本。

（2）對承諾銀行而言，貸款承諾為其提供了較高的盈利性。因為一般情況下，借款人只是把貸款承諾作為一個後備性的保障，而不會經常使用。因此銀行在不需要動用資金的情況下，僅憑信譽實力就可獲得收入。

復習與思考題

1. 什麼是中間業務？中間業務的種類有哪些？
2. 中間業務和表外業務有哪些區別和聯繫？
3. 商業銀行結算業務應遵循什麼基本原則？主要的結算方式和工具有哪些？
4. 商業銀行的諮詢顧問類中間業務有哪些類型？
5. 商業銀行擔保類中間業務的類型有哪些？
6. 簡述互換業務的交易程序和特點。
7. 簡述票據發行便利的特點。
8. 試分析遠期利率協議的發展趨勢。

第六章　商業銀行國際業務

> **學習目標**
>
> ◆ 瞭解商業銀行國際業務的組織機構
> ◆ 掌握商業銀行的國際業務
> ◆ 掌握國際信貸、國際結算等業務的風險
> ◆ 瞭解商業銀行業務國際化的歷史趨勢及國際銀行業面臨的問題
> ◆ 瞭解中國商業銀行經營國際業務的意義和發展戰略

　　隨著金融市場逐步完善並趨於一體化，以及國際分工的不斷深化，跨國公司的資產規模、經營方式、產業結構發生了重大的變革，國際金融市場迅猛發展，資金流量大大超過世界所有國家的實物經濟生產的發展，外匯交易額增速也遠遠超過國際貿易的增長速度。國際經濟和金融形勢的迅速發展，為各國商業銀行拓展國際業務提供了廣闊的空間和巨大的商機，商業銀行業務國際化成了商業銀行尋求自身發展的重要手段。為擴大國際業務的範圍與規模，越來越多的商業銀行抓住機遇，紛紛到國外設立分支機構，成了跨國銀行。它們通過提高金融服務的水平和質量，擴大了商業銀行的資產規模，增加了商業銀行的收入水平。

第一節　商業銀行國際業務概述

一、商業銀行國際業務的概念

　　商業銀行國際業務的定義有多種，從廣義上來說，商業銀行國際業務是指所有涉及非本國貨幣或外國客戶的業務。從這個定義而言，商業銀行的國際業務包括兩層含義：一是指跨國銀行在國外的業務活動，二是指本國銀行在國內所從事的與外幣有關的業務。根據此兩層含義，商業銀行國際業務可分為進出口融資業務、國際信貸業務、國際結算業務、外匯業務和其他業務等幾種類型。商業銀行的國際業務起源於國際貿易的發展。在傳統業務劃分上，貿易融資是一種主要的國際銀行業務。國際銀行業務的真正發展是 20 世紀 70 年代以後，這期間，主要發達國家先後放寬了金融管制，國際金融市場逐步完善並趨於一體化，加之計算機的廣泛應用，國際銀行業務便成為各國商業銀行逃避本國管制、尋求更大發展空間、追逐更高利潤的重要手段。現階段，很多跨國銀行的國際業務收入已超過了國內收入，商業銀行業務國際化成了當前商業銀行發展的大趨勢之一，而且這種發展趨勢還將繼續深入發展。

二、商業銀行國際業務的組織機構形式

商業銀行的國際業務必須通過一定的組織機構才能完成。現階段，大型銀行乃至跨國銀行大多數通過其國外分行和分支機構或國外代理行等來經營國際業務，這些境外的機構的性質和業務範圍常常受到所在國家或地區的法律環境、規章制度、對外開放程度、金融管制、文化歷史傳統等影響。中小型銀行則直接通過總部的國際業務部進行有關業務。因此，商業銀行的國際組織機構的形式存在較大的差異。主要有以下幾種組織機構形式：

（1）國際業務部。國際業務部設在總行，它負責經營和管理銀行所有國際業務，包括國際借貸、融資租賃和國際市場上的證券買賣等。行內其他國際業務機構的經營情況通過國際業務部上報總行。

（2）國外代表處（Representative Office）。一般情況下，在不允許開設分行或認為有必要建立分行但尚沒有條件建立的國家或地區，商業銀行可先設立代表處。這是商業銀行在國外設立機構、經營國際業務的第一步。國外代表處的主要作用是擴大總行在該國家和地區的聲譽和影響，為總行招攬業務，宣傳和解釋總行所在國政府的經濟政策，調查、收集和分析東道國的政治和經濟等方面的信息以及東道國客戶的信用狀況和環境，為總行是否在該國家和地區開設分行，進一步發展業務，以及今後在該地區採用的經營戰略提供決策依據。國外代表處不對外經營，僅向總行及其客戶提供支持性服務，因此，各國對商業銀行在國外設立代表處的限制相對較少。國外代表處是跨國銀行進入一個新的國家或地區開展業務的方便途徑，也是設立國外分行前的必經之路。

（3）國外代理行（Agency Bank）。國外代理行是指與跨國銀行建立了長期、固定業務代理關係的當地銀行。跨國銀行的國際業務有著廣泛的地區性，而跨國銀行受成本等因素影響，不可能在世界各地均開有國外分行，銀行國際業務的廣泛性與其國外分行數量的有限性往往形成矛盾。為拓展自身在海外的國際業務，商業銀行必須在海外尋找代理行，建立代理關係，簽訂合約，相互委託業務。代理行按是否開有帳戶分成兩類：一是互有帳戶關係的代理行，建立這種關係的代理行間可直接劃撥頭寸；二是雖無帳戶，但有印押關係的代理行，這些代理行間的頭寸須通過有帳戶關係的第三家銀行來進行。代理行關係往往是雙向的，互相提供服務，並為身處不同國家或不同貨幣金融中心的銀行之間提供財務上的溝通便利，方便不同系統銀行間資金劃撥清算、代收、代付的處理。銀行國際業務的處理在很大程度上依賴於國外代理行，它們是銀行國際業務的重要組織機構，就國外代理行機構的數量而言，它往往多於國外分行。在無法設立分支機構的情況下，國外代理行形式有利於跨國商業銀行有效地處理相關的國際業務。

（4）國外分行（Foreign Branches）。銀行的國外分行從法律上講是總行的一個組成部分，不是獨立法人實體，不能獨立地承擔法律責任，其對外開展的各項業務要得到總行的授權，是從屬於總行的能獨立經營業務的分行，其資產、負債等均為總行的一部分，其財務數據要並入總行的財務報表。國外分行的業務經營

受東道國法律法規的約束，可以在當地法律允許的範圍內從事存款、貸款、國際結算、貿易融資、證券買賣業務以及中間業務等一般性銀行業務。國外分行是大型銀行和跨國銀行開展業務的主要形式。國外分行一般都設在國際金融中心，有廣泛的市場，有機會迅速地收集各方面信息，並在銀行之間和貨幣市場上吸收更多的存款。國外分行的設立是銀行業務國際化的產物，其數量的多少是衡量跨國銀行規模大小的重要標志。跨國銀行將設立國外分行作為其國際業務組織機構的主要選擇。美國商業銀行的國際業務約有六成是通過其國外分行的經營實現的。

（5）國外子銀行（Foreign Subsidiary）。商業銀行國外子銀行不同於國外分行，從法律上看，商業銀行國外子銀行是一個獨立的法人實體，是在東道國境內按照東道國的法律註冊的銀行，能獨立地開展業務並承擔法律責任。它的財務獨立於總行，其資產、負債和信用政策並非總行的完整的組成部分，其財務數據只有在滿足一定的股權比例要求時才並入總行。國外子銀行與其在國內的母行之間的關係是被控股與控股關係。國外子銀行經營的國際業務以國際借貸為主，同時也包括融資租賃、信息諮詢等業務。隨著投資銀行與商業銀行的相互滲透，許多跨國銀行在海外組建投資銀行或商業銀行的子銀行，從事證券買賣業務等。

（6）國際聯合銀行。國際聯合銀行是幾個跨國銀行一起投資組建的銀行，其中任何一家銀行都不能持有國際聯合銀行50%以上的股權。國際聯合銀行的組建是跨國銀行國際性貸款面廣、量大的特徵對跨國銀行組織形式提出的必然要求，其主要目的是有利於經營辛迪加貸款。目前，國際聯合銀行主要以國際貨幣市場為依託從事歐洲貨幣貸款。

（7）銀行俱樂部。銀行俱樂部是一種鬆散的組織形式，銀行俱樂部成員之間僅僅是一種國際合作關係。由於銀行俱樂部成員大多來自歐洲，也被稱為歐洲銀行集團。這類集團已有一定的數量，比較有名的如歐洲銀行國際公司、阿爾法集團、歐洲聯營銀行公司、歐洲聯合合作金庫等。銀行俱樂部的組織形式以及成員的來源決定了銀行俱樂部建立的目的為：協調和促進各成員行間的國際業務；分散各自的經營風險，適應歐洲貨幣聯盟的發展前景；與美、日等跨國銀行抗衡等。

國際業務組織機構的形式與跨國銀行的組織結構、業務範圍、市場佈局、競爭策略、壟斷方式等密切相關。跨國銀行的經營環境在近幾十年來發生了巨大的變化：一是隨著金融自由化的發展，增強了資本的國際流動；二是因國際貿易的迅速發展，提高了國際結算和資金融通的需求。這些環境的變化，促使跨國銀行改變了經營策略，主要表現為：一是加強了跨國銀行的壟斷和集中度；二是形成了全球化的國際銀行網路，提高了銀行國際化程度；三是銀行業務因競爭需要出現了多樣化和全能化趨勢；四是更加注重利用貨幣市場，尤其是加強與歐洲貨幣市場和日漸成長的亞洲貨幣市場的聯繫；五是加強了對發展中國家和外國銀行的資本滲透。為了適應環境的變化，商業銀行紛紛想方設法，花大氣力設計和設立國際業務的組織機構，並在國際業務組織機構的法律規範、業務經營、區域選擇、組織形式和利益定位方面做出合理的決策。

三、商業銀行國際業務的主要種類

(一) 進出口融資

進出口融資（Trade Finances）是傳統的商業銀行國際業務，其產生可追溯到 13 世紀金融服務出現的初級階段。在當時，由於國際貿易主要是歐洲各國之間的貿易的融資需求，在歐洲出現了在國外開設分行的商人銀行。到 19 世紀，為掠奪殖民地的財富，英國、比利時以及後來的德國、日本等國的商業銀行先後在外國開設了銀行及分支機構。如在中國，1865 年成立的匯豐銀行公司（Hong Kong and Shanghai Banking Corporation），其主要目的是支持有關商人與中國進行茶葉、真絲與鴉片的貿易。在印度，1863 年成立的印度國民銀行（National Bank of India）經營對印度的貿易融資，它在眾多和印度有進出口貿易關係的國家都設有分行。在非洲，為與南非進行羊毛交易，1853 年成立了標準銀行（the Standard Bank），即現在的標準渣打銀行（the Standard Chartered Bank）的前身。該銀行的總部雖設在英國倫敦，卻不從事任何英國國內業務。所有這些銀行在當時都是具有殖民地性質的銀行，它的主要功能是為殖民地和宗主國之間的貿易融資。在經過一個多世紀以後，雖然國際環境已經發生了翻天覆地的變化，但是進出口融資仍然是跨國銀行的主要業務之一。

許多中小銀行在國外沒有設立機構，但也可以參與一些貿易融資業務活動，這些業務活動主要包括信用證、銀行承兌匯票（Banker's Acceptance）等短期貿易融資業務。跨國銀行也經常從事這些業務。

本書在進出口融資方面主要介紹信用證業務。信用證業務的主要內容有：

1. 信用證的概念

信用證（Letter of Credit, L/C）方式。信用證方式是最主要、最廣泛的國際結算方式。信用證是指開證銀行根據申請人（進口商）的申請和要求，對受益人（出口商）開出的授權出口商簽發以開證銀行或進口商為付款人的匯票，並對提交符合條款規定的匯票和單據保證付款的一種銀行保證文件。信用證是由開證銀行向出口商簽發的以開證銀行為付款人的信用擔保函。

2. 信用證的特點

信用證結算方式具有以下三個特點：

（1）開證銀行負第一性付款責任；

（2）信用證是一項獨立文件，不受商品交易合同的約束；

（3）信用證業務的處理以單據為準，而非貨物。開證銀行只對信用證負責，認單不認貨，只要出口商提供的單據符合信用證要求，即予付款。

3. 信用證的基本內容

信用證的基本內容有：信用證的性質、號碼、開證日期和有效期；信用證開證申請人、受益人、開證銀行的名稱及簽字；付款行、通知行的名稱和地址；信用證規定的出票人、付款人、匯票期限、出票條款；信用證規定提供的發票、提單、保險單及其他有關單據的名稱等。信用證方式的基本業務程序如圖 6-1 所示。

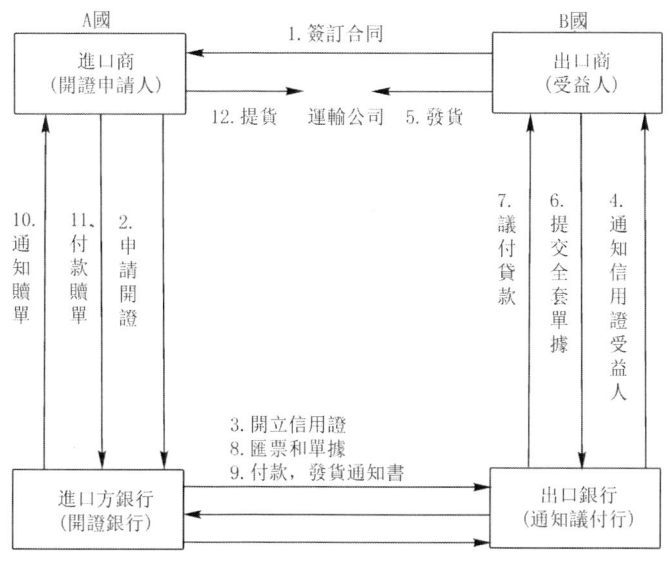

```
        A國                1.簽訂合同              B國
      進口商         ←─────────────         出口商
    (開證申請人)      ─────────────→        (受益人)
                    12.提貨  運輸公司  5.發貨

   10. 11. 2.                        7.  6.  4.
   通  付  申                        議  提  通
   知  款  請                        付  交  知
   贖  贖  開                        貸  全  信
   單  單  證                        款  套  用
                                        單  證
                                        據  受
                                            益
                                            人

                    3.開立信用證
                    8.匯票和單據
                    9.付款，發貨通知書
     進口方銀行    ←─────────────        出口銀行
     (開證銀行)    ─────────────→       (通知議付行)

              圖6-1  信用證基本業務程序
```

4. 信用證的種類

信用證按其性質、形式、付款期限和用途的不同，可分為不同的種類。其基本種類如下：

（1）根據是否附有貨運單據，可分為跟單信用證和光票信用證；

（2）根據開證行對信用證所承擔的責任，可分為可撤銷信用證和不可撤銷信用證；

（3）根據信用證有無開證行以外的其他銀行保兌，可分為保兌信用證和不保兌信用證；

（4）根據受益人使用信用證的權利是否可轉讓，可分為可轉讓信用證和不可轉讓信用證。

其他還有即期信用證和遠期信用證、循環信用證、對開信用證和背對背信用證。

（二）國際銀團貸款

國際銀團貸款，也稱為辛迪加貸款（Syndicated Loan），是指由一家或幾家銀行牽頭，多家跨國銀行參與，共同向某一國政府、某一工商企業或某一項目提供數量巨大、期限較長的一種國際貸款的方式。

1. 國際銀團貸款的產生

國際銀團貸款產生於 20 世紀 60 年代後期。在當時比較嚴重的國際債務危機的形勢下，各大商業銀行不敢大膽貸款，同時各國政府也出抬政策限制本國銀行的對外貸款規模。如瑞士政府規定，對外貸款累計總額不得超過該銀行資本的15%。隨著技術革命的興起，以自動化為特徵的資本密集型行業逐漸增加，國際

· 193 ·

資金需求巨大，動輒上億美元，甚至高達幾十億美元，大大超過了單獨一家商業銀行的承擔能力。歐洲貨幣市場首先採取銀團貸款方式，由幾家商業銀行聯合起來向一個項目貸款，商業銀行間彼此合作，共同調查研究，共同承擔風險，從而提高了借貸雙方的安全性。

2. 國際銀團貸款的發展

銀團貸款具有明顯的經營優勢，促使其迅速發展起來。1970年銀團貸款總規模為47億美元，1980年增長到760億美元，隨後增長更為迅速，尤其表現為單個項目資金需求量大幅度增長。特別是1987年英吉利海峽海底隧道工程採用國際銀團貸款形式，共有150家商業銀行聯合參與，涉及三種不同的貨幣，貸款總金額高達86億美元。目前國際資本市場借貸總額60%以上是銀團貸款，銀團貸款占發展中國家長期借款的85%以上。銀團貸款成了國際中長期信貸的主要形式。

為了增加銀團貸款的流動性，便於商業銀行的資產管理，近年來出現了銀團貸款交易。商業銀行可以根據自身資產結構、貸款結構及收益性的需要，重組自己的貸款，進入銀團貸款二級市場買賣銀團貸款。因貸款項目的特殊性，銀團貸款交易雖然比不上證券交易那樣活躍和廣泛，但是為商業銀行進行動態信貸資產管理開闢了新的渠道，並提高了銀行開展銀團貸款的積極性，對銀團貸款的擴大具有巨大的推動作用。如1997年美國大通銀行進行了35億美元的銀團貸款交易，正是這些交易支持了美國大通銀行資金的流動性，並使其能夠在1997年安排和組織1,000多億美元的銀團貸款。

中國銀團貸款業務起步較晚。1986年，中國首次運用國際銀團貸款為大亞灣核電站項目籌集資金131.4億法國法郎及4.29億英鎊。中國加入世界貿易組織後，銀團貸款業務有了一定的發展，大中型項目開始獲得美元貸款，從此國際銀團貸款成為中國獲得國際商業貸款的主要形式。其中有由外國銀行牽頭組織的銀團貸款大型項目，如2010年10月，山東鋼鐵集團公司獲得由東方匯理銀行、匯豐銀行、渣打銀行三家外資銀行提供的3.05億美元的銀團貸款。從20世紀90年代開始，中國銀行、中國建設銀行、中國農業銀行等國有控股商業銀行也開始參與國際銀團貸款，向境外企業或項目提供銀團貸款。但目前中國的銀團貸款在全國每年新增貸款中的占比仍然很低，業務開展在金融業日益市場化的背景下也表現出一定的局限性。

3. 國際銀團貸款的種類

為了滿足資金供求雙方不斷增長的需要，銀團貸款創新出一系列金融工具。按照不同的標準，銀團貸款有不同的分類形式，主要的分類形式有：按貸款期限可分為定期貸款和循環貸款；按貸款人與借款人的關係可分為直接銀團貸款和間接銀團貸款。此外還有備用貸款、備用信用證擔保貸款等。

（1）定期貸款和循環貸款

定期貸款是在確定時期內由貸款人提供一筆特定數量資金的貸款。在貸款有效期內，借款人通常有權利一次或分批提用貸款。貸款的償付按雙方協議規定的

方法可以進行分期償付，也可在貸款到期日一次付清。已償還的貸款不可再提款使用，對貸款的這種限制是定期貸款與循環貸款的主要不同點。

循環貸款與定期貸款不同的是，循環貸款的借款人可按自己的意願靈活使用、償付及反覆使用全部或部分貸款。這種循環特徵一般貫穿於整個貸款過程中，貸款一般在到期日一次還清全部餘額。

（2）直接銀團貸款和間接銀團貸款

直接銀團貸款是指銀團內各參與貸款銀行直接向某國家的借款人放貸，但必須與各參與貸款銀行協商，在貸款總協議中指定代理人辦理具體貸款事宜。

間接銀團貸款是指由牽頭銀行先向借款人貸款，然後再由該行將總貸款權分割售給其他各參與銀行。放貸後的管理工作由牽頭銀行長期負責，直到貸款全部償還。

（3）備用貸款

備用貸款是辛迪加貸款市場上常用的工具之一，是循環貸款業務的一種變種。它與循環貸款的區別在於備用貸款只是留做備用，借款人通常依靠發行商業票據獲得融資。如果所發行的票據不能滿足借款人的需要，借款人就可以支用備用貸款。

（4）以備用信用證提供擔保的貸款

銀行開立信用證作為擔保，正常情況下受益人（賣方）只需出示備用信用證便可按信用證項下金額提款使用。這一工具常用來支持私募債券的發售、行業票據的融資、槓桿租賃和出口信貸項下的融資等交易。

4. 國際銀團貸款的參與者

國際銀團貸款的參與者主要包括借款人、打包人與貸款銀行，銀團中的銀行有不同的角色和分工。主要角色有牽頭銀行、管理銀行、代理銀行、參與銀行和安排銀行等。

（1）牽頭銀行

牽頭銀行可以是一家，也可由多家組成管理小組。牽頭行是銀團貸款的組織者，通常選擇聲望高、實力強的大銀行擔任。牽頭銀行的主要職責是：辛迪加貸款的組織者和管理者；與借款人直接接觸，商定貸款期限和貸款的其他條件；與其他參與貸款銀行協商各自的貸款份額及各項收費標準；發揮牽頭銀行的技術優勢，為借款者和各銀行提供金融信息，分析金融市場動向。為了對貸款全局有更好的控制，借款人可以選擇與自己有良好關係的銀行作為牽頭銀行，有時有的資信狀況良好、實力雄厚的國際大銀行也會主動向借款人提出由自己充當牽頭銀行。被確定為牽頭銀行後，牽頭銀行立即準備向市場發布一份籌資備忘錄，向各商業銀行說明借款人的借款意向，介紹借款條件、借款人的經營狀況、財務狀況及資信狀況，組織貸款招標或邀請其他銀行參與這項貸款。

（2）管理銀行

若干管理銀行與牽頭銀行組成管理小組，共同管理借貸中的一切業務事務。管理銀行在貸款中承擔相對大的份額，管理銀行要協助牽頭銀行做好全部貸款工

作。在貸款中，如出現貸款總額低於借款要求時，管理銀行有責任補足缺額。它可以向借款人全部承貸，即擔保不足貸款的不足部分，也可以向借款人表示承擔部分缺額。若確實不能補足缺額，借款人只好減少借款額。

（3）代理銀行。代理銀行是牽頭銀行中的一家銀行，受借貸雙方的委託。其職責是按各參與銀行在貸款中所占份額分配給有關銀行，並收取借款人應負擔的各項費用等開支。無論是直接銀團貸款還是間接銀團貸款，代理銀行都將發揮應有的作用。

（4）一般參與銀行。一般參與銀行是指由牽頭銀行組織招標或邀請而以本行資金參與貸款的銀行。一般參與銀行可以是十幾家、幾十家甚至是上百家銀行。參與銀行也可以由借款人選擇，採用招標制或密商制即公開或不公開的方式選擇產生，各自承諾其貸款份額。參與銀行一般是分散在不同國家的大銀行。

（5）安排銀行。它類似於上述管理銀行的職能，但其作用越來越大。它不僅僅承擔組織和協調責任，有時候還以包銷團的方式對借款人做出承諾。借款人越來越喜歡選用安排銀行聯合包銷的形式組織銀團貸款，銀團安排銀行在銀團貸款中越來越多地出現。

5. 國際銀團貸款的操作

銀團貸款一般先由借款人公開招標，各家銀行提出報價後從中選出一家銀行作為牽頭銀行為其安排銀團貸款。在收到借款人的委託書後，管理銀行就可以安排銀團籌組工作。

一是測試市場反應，從而瞭解該貸款能否為市場所接受。

二是編製信息備忘錄分發給對此項貸款計劃有興趣的銀行，作為邀請其參加銀團貸款的一份重要法律文件。

三是銀團金額分配和貸款文件的簽署。具體程序如下：

（1）接受安排銀團貸款委託；

（2）進行項目評估和現金流量分析，包括瞭解項目的基本情況；向有關部門和項目單位提供國際金融市場上有關匯率、利率和獲得國際銀團貸款的可能程度信息，進行項目的評估和現金流量分析等；

（3）審閱項目的主要商務合同；

（4）制定融資結構，幫助企業進行借款的成本分析；

（5）製作項目融資備忘錄；

（6）經國家主管部門批准後，對外披露信息備忘錄；

（7）對外詢價並比較報價：國內銀行要向國外銀行提交一系列文件，包括借款人的申請書、本國政府的批准文件、借款人的法律地位證明文件、律師意見書以及國外銀行要求的其他文件；

（8）主要貸款分工，邀請國外資信度高的銀行作為代理銀行，組成管理小組；

（9）擬定貸款條件清單，國外貸款銀行將對其提出反饋意見；

（10）談判貸款條件清單；

（11）談判貸款文件；

（12）簽署貸款協議並刊登貸款通告，即在一流的國際報刊上刊登廣告，以表明借款人的籌資能力及良好的信譽。

銀團貸款協議是借貸雙方按已同意的條款擬定的協議，詳細列明貸款的執行細則。主要包括借款和還本付息的程序以及對借款人有約束力的條款以保障適當使用，並便於貸款人對借款人或借款項目的監督。貸款協議的另一個重要部分是違約事件，主要列明各種不同的違約情況，以便賦予貸款人中止貸款和要求提前還款的權利。通常一份貸款協議必須包括以下要點：

（1）銀團的法律地位及成員間的關係；

（2）借款人在貸款前必須滿足的先決條件；

（3）借款人的陳述與保證；

（4）關於法律變更引起的成本增加的條款；

（5）稅收和折扣條款：貸款人若取得借款國免徵利息預扣稅的證明，則借款國稅務機構應視同已經納稅，以此來換取銀團貸款降低利率的優惠；

（6）消極保證條款，即借款人對其他債權人的抵押保證問題所做的保證；

（7）交叉違約：簽約時必須嚴格確定交叉違約的範圍，否則將招致許多法律糾紛；

（8）提前償還貸款，該條款必須是在有利於借款人的情況下才列入。

多數國際銀團貸款通常包括外國出口信貸和國際商業信貸兩大部分。外國出口信貸期限長，能夠提供10年期以上的貸款，一般由借款國的大銀行轉貸。國外銀行比較願意提供大額貸款，但是借款人不僅要在設備採購方面受到特定國家的限制，而且還要多支付出口信貸保險費和國內機構轉貸費。外國出口信貸項下，借款人所需支付的成本包括：

（1）OECD國家不定期公布美元CIRR利率，這是OECD國家通行的出口信貸利率，而且大多採用固定利率形式。

（2）一次性支付的貸款管理，一般為貸款金額的0.1%~0.5%。

（3）一次性支付的出口信貸保險費，一般為貸款金額的1%~5%。

（4）國內銀行轉貸費，一般為貸款金額的0.5%左右。

（5）其他費用，如承諾費及其他雜費。

國際商業貸款提款前提條件少，比較靈活，借款人可以在全世界範圍內採購設備，資金使用不受限制，但是較難在國際金融市場上以合理的成本籌措到長期資金，而且這類貸款一般採用浮動利率，借款人需要承受一定的匯率和利率風險。國際商業貸款的成本包括：貸款利率——LIBOR+利差，利差大約為0.5%~3%，具體數額隨貸款期限和借款人的信用等級而變動；各種貸款費用（代理費、承諾費、安排費、車馬費、律師費）為1%左右；國內銀行轉貸費為0.5%左右。

（三）外匯買賣

外匯買賣是商業銀行重要的基本國際業務，是將一種貨幣按照既定的匯率兌換成另一種貨幣的活動。商業銀行開展外匯買賣業務的主要原因是：客戶有進行

貨幣兌換的需要；跨國銀行持有的外匯頭寸和外匯債權或債務受匯率變化而導致銀行外匯頭寸風險；外匯債權債務風險和對外貿易結算風險。為此，銀行有通過外匯買賣降低外匯風險的需要。與上述幾個原因相對應，商業銀行在外匯市場上從兩個方面開展外匯買賣；一是受客戶的需要辦理外匯買賣；二是為平衡外匯頭寸、防範外匯風險而在銀行同業市場上進行軋差買賣。

1. 外匯交易的方式

外匯市場特別是國際外匯市場上的外匯交易極其豐富，交易的方式多種多樣，隨著金融衍生工具的發展，外匯交易方法更是層出不窮，其中最基本的外匯交易方式有：

（1）現貨交易（Spot Transaction）

現貨交易是指交易雙方以即期外匯市場的價格成交，並在成交後的第二個營業日交割的外匯交易。定義中所指的交割是指買賣合同到期日，交易雙方在該日互相交換貨幣。比如，甲、乙兩家商業銀行按 1 美元：12 日元匯率達成一筆現貨交易，金額 1,000 萬美元。第三天甲銀行將 1,000 萬美元劃入乙銀行帳戶，而乙銀行則將 12,000 萬日元劃入甲銀行帳戶，這筆現貨交易就此結束。

現階段，現貨交易被廣泛使用，是外匯交易中最基本的交易。銀行在資金劃撥、匯出匯款、匯入匯款、出口收匯、進口付匯等時，常常需要滿足客戶對不同貨幣的需求，建立各種貨幣的頭寸。此外，現貨交易還可以用於調整持有外匯頭寸的不同貨幣的比例，以避免外匯風險。

（2）遠期交易（Forward Transaction）

遠期交易是指買賣交易雙方成交後，按雙方簽訂的遠期合同，在未來的約定日期進行外匯交割的交易方式。最常見的遠期外匯買賣期限為 1~6 個月和 1 年。為方便起見，在日常交易中，通常將成交 2 個交易日以後的任何一個交易日都視為遠期外匯買賣交割日。

商業銀行採用該交易的目的是滿足進出口商和資金借貸者為避免商業或金融交易遭受匯率波動的風險的需要，或商業銀行本身為了平衡期匯頭寸，或為了獲取匯率變動的差價的需要。

遠期交易較現匯交易有著更強的靈活性，交割時間、交易的價格等均可由商業銀行與交易對手方商定。

遠期交易交割日的起算日為成交後的第 2 個營業日，至於交割日期的確定，則由交易雙方在遵循「日對日、月對月、節假日順延、不跨月」的規則下商定。通常有固定交割日和擇期交割兩種，前者交易雙方按在交易合同中規定的日期交割，如果其中一方延誤交割日，則它必須向另一方支付利息和罰金。後者是指交易雙方在約定的某一時日交割。

銀行在交易價格的確定上，通常在考慮了諸如進出貿易 1：5 的應收和應付款、對外負債規模等影響未來外匯供求的因素後提出報價。

遠期交易的報價有直接遠期報價和掉期報價。直接遠期報價情況下，外匯的遠期匯率等於即期匯率加升水或即期匯率減貼水；掉期報價情況下，以基本點表

示的遠期匯率與即期匯率的差額作為報價。掉期匯率與遠期匯率可以轉換，在升水、貼水已知的情況下，可按表6-1的規則將掉期匯率轉換為遠期匯率。

表6-1

掉期匯率形式	計算方法	基本貨幣	標價貨幣
高/低	減	貼水	升水
低/高	加	升水	貼水

在業務操作中，交易員一般都採用掉期匯率報價方式，原因在於即期與遠期之間的差額對即期與遠期匯率的波動不敏感。

商業銀行在遠期外匯交易中應注意外匯風險的轉移。在遠期外匯交易中，客戶將外匯風險轉移給了商業銀行。因此，商業銀行必須將小筆的與客戶的遠期交易匯總起來，再通過銀行間做一筆反向的遠期交易，將風險轉移到銀行間的市場中。

（3）外匯期貨交易（Currency Futures Option）

外匯期貨交易是指在有形的外匯交易市場上，由清算所（Cleaning House）向下屬成員清算機構（Cleaning Firm）或經紀人以公開競價方式進行具有標準合同金額和清算日期的遠期外匯買賣。

外匯期貨交易與遠期交易在交割時間、合同形式等方面極為相似，但是在具體運作上，外匯期貨較之於外匯遠期交易，其主要特點有：

一是外匯期貨交易有具體的市場，比如國際貨幣市場和倫敦國際金融期貨交易所等，其中前者的交易額占世界外匯期貨交易總額的50%。

二是外匯期貨交易是一種固定的、標準化的形式，具體體現在合同規模、價格、交割期限、交割地點均標準化，而非通過協商確定。

三是外匯期貨交易的買方只報買價，賣方只報賣價，並由交易所確定每日現價。

四是外匯期貨交易的遠期合約大多很少交割，交割率甚至低於1%。

五是外匯期貨交易的買賣雙方無直接合同責任關係，買賣雙方與清算所則有合同責任關係。

六是外匯期貨交易也是一種採取按一定比例的保證金進行交易的方式。

外匯期貨交易也是商業銀行進行套期保值、防範匯率風險的手段之一。外匯期貨交易的風險巨大，在外匯期貨交易中如何控制風險是銀行外匯期貨交易經營管理的重要內容。

（4）外匯期權交易（Foreign Exchange Option）

外匯期權交易是買賣遠期外匯權利的交易。在此交易中，外匯期權的買方和賣方在規定時期內按雙方商定的條件，比如一定的匯率，購買或出售指定數量的外匯。在行市有利於買方時，買方將買入看漲期權，可以獲得在期權合約有效期內按某一具體履約價格購買一定數量某種外匯的權利；在行市不利時，賣方將賣

出看跌期權；在行市捉摸不定時，投資者傾向於購買雙向期權，即買方同時買進看漲期權和看跌期權。在外匯期權交易中，期權買方向賣方支付期權費，該費用被視為買方購買期權的價格。

外匯期權交易對買方而言，在期權有效期內無需按預定價格履行合同交割義務。這種狀態有利於買方對外匯資產和收益的保值。

外匯期權交易的本意是提供一種風險抵補的金融工具。商業銀行在外匯期權交易中既充當買方，也充當賣方。商業銀行作為期權買方時，承擔了買方可能違約的信用風險，因此，傾向於從同業批發市場和交易所場內而非客戶處購買期權來消除信用風險。商業銀行作為買方時，承擔期權合約下金融標的價格變化的市場風險。對於這種源於匯率或利率波動的市場風險的控制，國際銀行界有消極管理和積極管理之說。前者主張採用建立在徹底無為而治基礎上的集中保險法；後者建議採用中性套期保值法。

(5) 外匯互換交易（Swap Option）

外匯互換交易是指互換雙方在事先預定的時間內交換貨幣與利率的一種金融交易。雙方在期初按固定匯率交換兩種不同貨幣的本金，隨後在預定的日期內進行利息和本金的互換。

外匯互換交易主要包括貨幣互換和利率互換。這些互換內容也是外匯互換交易有別於掉期交易的標誌，因為後者是套期保值性質的外匯買賣交易，其雙面性的掉期交易中並未包括利率互換。

商業銀行在外匯互換交易中，可充當交易一方，或充當仲介人。商業銀行通過貨幣互換可以降低籌資成本；可以通過貨幣互換工具消除其敞口風險，盡量避免匯率風險和利率風險；貨幣互換屬於表外業務，可以規避外匯管制、利率管制和稅收方面的限制。因此，近年來，這種交易在國際金融市場上發展迅速。

商業銀行作為仲介參與互換的安排時，運用公開或非公開介紹的方式進行。在公開方式下，商業銀行安排互換雙方面對面直接談判。商業銀行在該過程中充當諮詢和仲介，因此不承擔風險，僅收取包含介紹費和諮詢費等在內的手續費。非公開方式下，互換雙方分別與銀行簽訂合約，為此，銀行承擔了交易雙方的違約風險，這種風險是雙重的。另外，銀行為撮合這類交易，向交易雙方或一方出售靈活性和適應性，這將導致互換雙方在期限或利息支付等方面承受不完全匹配的差額風險。因此，在非公開方式下，銀行必須加強對風險的管理與控制，否則將與運用這種金融工具的本意相違背。

2. 商業銀行經營外匯交易的策略

商業銀行經營外匯交易能給它帶來巨大的收益，但也帶來了對應的風險。因此，商業銀行在外匯交易中，除了遵守盈利性、安全性和流動性的經營原則之外，還要考慮其他方面因素，在總體的經營原則下，制定出合理的經營策略。

(1) 對匯率進行預測，做好外匯交易決策

匯率的波動經常受經濟和非經濟因素的影響，在這些因素中有宏觀和微觀兩個方面，因此，其應採取基本分析法和技術分析法對外匯市場進行分析，以此考

察匯率的中長期趨勢，並據此判斷是否進行交易，以及採用何種方式進行交易。但建立在短期波動預測上的過度短期投機行為不利於商業銀行外匯業務的拓展。

（2）選擇合適的交易方，確保外匯交易安全

在外匯交易中，選擇資信狀況良好、作風正派的交易方是外匯交易是否能安全、順暢實現的前提。在選擇交易方時主要考慮的因素有：

一是交易方的服務。交易方的服務應包括及時向對方提供有關交易信息、市場動態以及它們對經濟指標或未來匯率波動產生影響的程度預測等。

二是交易方的資信度。資信度與交易方的實力、信譽與形象等密切相關。交易方資信度的高低直接影響到交易的風險，如果交易方資信度不高，商業銀行在外匯交易過程中就會加大承擔信用轉移風險的概率。

三是交易方的報價速度。報價速度的快慢也是一個衡量標準。良好的交易方報價速度快，有利於商業銀行抓住機會，盡快促成外匯交易。

四是交易方報價的水平。極好的交易方應該在報價上顯示出很強的能力，它們的報價能基本反應市場匯率的動向，具有競爭力和代表性。

（3）建立外匯交易程序，完善外匯交易規則

外匯交易是商業銀行中具有高風險的一種國際業務，建立和完善外匯交易程序及規則，具有控制風險的功能。穩健原則應貫穿於整個外匯交易過程中。在進行外匯交易前，商業銀行應詳細瞭解和掌握外匯交易程序和規則，特別是面臨一個新的市場或面臨一種新的金融工具時，應及時瞭解交易環境，充分認識交易對方，做到全面瞭解、充分把握後才開始交易。在進行外匯交易時，應遵循各項交易規則，保證外匯交易正常進行。

（4）選擇素質高的交易員，確保獲取豐厚利潤

商業銀行應當選擇心理素質高、專業能力強、道德修養好的交易員。選擇和培養高素質的交易員，能使商業銀行做好外匯交易業務，給商業銀行帶來豐厚的利潤。

（四）離岸金融業務

離岸金融業務（Off-shore Banking Activities）是商業銀行國際業務中的重要組成部分。離岸金融是金融自由化、國際化的產物。從離岸金融歷史沿革及其對國際金融市場的推進作用看，它的產生使信貸交易實現了國際化，並為國際金融中心的擴散創造了條件。

1. 離岸金融業務的產生

離岸金融業務的產生是生產國際化、貿易國際化和資本國際化的結果。生產國際化、貿易國際化要求商業銀行的金融業務面向世界，跨國公司業務國際化使銀行擴展了其海外的業務，商業銀行業務國際化必然增加其在海外的分支機構，從而推動了離岸金融業務的發展。資本國際化流動及合理配置是對離岸金融業務發展的內在要求，離岸金融市場的出現，為資本的國際化提供了廣闊的舞臺和高效順暢的渠道。作為離岸銀行機構，由於其在國際資本流動方面所受限制和約束較少，從而提高了資本流動的效率，有助於資金、資源在全球市場按效益性、安

全性和流動性原則進行合理配置和有效利用。

離岸金融業務產生的理論基礎是金融創新理論和金融市場全球一體化理論。金融創新是各種金融要素的重新組合，是為了追求利潤而形成的市場變革。西方關於金融創新的理論頗多：根據約束誘導型創新理論，只要外部環境變化導致改變對企業的金融約束，出現了扣除創新成本之後的利潤最大化機會，金融企業就會去創新；根據迴避管制理論，金融機構會通過創新逃避政府管制以獲得企業應得利潤和管制以外的利潤機會；根據希克和涅漢斯的金融創新理論，金融創新的主要動機是交易成本下降。從西方金融創新的動因理論分析可知，離岸金融業務的產生和發展是金融創新的結果。

金融市場一體化要求國內金融市場和傳統的國外市場緊密連接；要求市場環境具備信息溝通靈敏、金融交易自由、交易成本低且呈一致性的特點；要求市場的覆蓋面廣，且極少甚至不受各國金融監管及其法律法規的影響。離岸金融市場具備了金融市場一體化的功能，符合一體化的要求和條件；同時，技術進步是離岸金融業務產生的直接推動力，它降低了交易成本，使全球的金融機構和市場連成一體成為現實。

2. 離岸金融業務的種類

現階段，世界上已出現了幾十個各種形式的離岸金融市場。按不同的標準劃分，有不同的離岸金融市場，其中按離岸金融市場的業務經營和管理來劃分，有內外混合型離岸金融市場、內外分離型離岸金融市場和避稅港離岸金融市場。不同種類的離岸金融市場有著不同的業務特點。

3. 離岸金融業務的形式

商業銀行從事離岸業務的形式很多，並且不少形式是離岸金融業務和在岸業務均採用的。通常銀行從事離岸業務的形式有存款形式、貸款形式和創新形式。

（1）存款形式

存款形式有通知存款、定期存款和存單等。通知存款就是隔夜至7天存款，可隨時發出通知提取。定期存款為7天、1個月、3個月，最長不超過5年，尤以1個月與3個月的定期存款最為常見，每筆存款不得低於5萬美元。存單是由商業銀行發行的一種存款證明，具有不記名和可轉讓的特點，可在二級市場出售。存單按期限可分為短期存單和中期存單（1~5年），按利率可分為固定利率存單和浮動利率存單。存單的幣種以美元居多，其最低面額為10萬美元，發行對象主要是銀行或非銀行金融機構投資者。20世紀70年代以來，存單很快就成為一種主要的籌資工具。存單在歐洲貨幣市場和亞洲貨幣市場比較流行。但在某些離岸金融市場，因擔心美元資產外流而對存單的發行進行了限制。

（2）貸款形式

貸款形式有銀行同業短期拆放、中長期放款和發行歐洲債券三種。商業銀行同業短期拆放主要憑信用，期限短則隔夜，長則不超過1年。中長期貸款金額大、期限長，一般採用銀團貸款形式，採用定期浮動計息，每3個月或6個月定期浮動一次。發行歐洲債券可分為發行固定價格債券、浮動利率票據、可轉換債

券以及合成債券四種做法。歐洲貨幣市場上還出現了新的離岸金融業務形式，主要有多種貨幣貸款、靈活償還期限、分享股權貸款和多種選擇貸款等。其中分享股權貸款是指貸款人願意接受低於市場的利率來分享貸款項目的股權，這種放款方式可使貸款雙方共同分擔項目風險，而多種選擇貸款是一種靈活的辛迪加貸款，銀行允許借款人在商業銀行的幫助下選擇幾種融資方式。

（3）創新形式

創新形式與規避風險、實現資產保值、降低經營成本、爭取客戶的要求一致。創新形式多為表外業務形式，最常見的有金融期貨、期權、互換、遠期利率協議和票據發行業務等。其中遠期利率協議是交易雙方為防範利率風險而把遠期利率確定在某一水平上的一種遠期合約。而票據發行業務（NIF）允許借款人以發行短期票據來獲得承銷機構包銷每一期票據並承擔不能全額出售的風險的承諾，借款人則以向包銷機構支付有關費用和利息為代價。

從上述商業銀行經營離岸業務的形式看，有其突出的特點：一是期限的短期性，二是業務的靈活性，三是業務的兼容性，其兼容性表現在不同業務的互相交叉上。

第二節　商業銀行國際業務管理

商業銀行國際業務發展與國際化已經成為當前商業銀行發展的趨勢之一，而且此種趨勢將繼續不斷強化。因此，加強商業銀行的國際業務管理，對於商業銀行的發展有著重要意義。

一、商業銀行國際信貸業務的風險管理

商業銀行的國際信貸業務風險是指一定時期內，在特定環境下，客觀存在的導致國際信貸活動損失的可能性。主要存在的國際信貸業務風險有：國家風險、市場風險、管理風險、信用風險、法律風險、利率風險等。

國際信貸業務是一種跨國界的經濟行為，其風險與國內信貸業務存在的風險相比更大，而且更難預測。在風險管理的策略上雖然兩者有相同之處，但是也不完全相同。因此，對商業銀行國際信貸業務的風險管理應採取行之有效的措施：

（一）加強對客戶信用分析，防範國際信貸業務風險

商業銀行對客戶信用的分析是國際信貸業務工作的基礎，也是做出國際信貸決策的主要依據，分析的重點一般集中在貸款對象的償還能力和貸款項目的經濟可行性上。西方商業銀行根據不同的借貸對象相應採取了不同的信用分析方法：

（1）若借款主體為個人，應採用「5C」信用分析法。「5C」法是商業銀行進行信用分析中常用的一種分析方法，主要是從五個方面進行分析，因其英文的第一個字母是「C」，故稱為「5C」法，即品格（Character）、資本（Capital）、能力（Capacity）、擔保（Collateral）、環境（Condition）。

（2）若借款主體為國家，要進行宏觀經濟總體評估。在借款主體為國家時，通常要對其進行經濟政策、產業結構、國際收支狀況等政治、經濟方面的分析，同時可以通過一系列的經濟指標，對該國的償債能力和具體的貸款項目所面臨的宏觀經濟形勢進行總體評估。

（二）慎重選擇幣種和計息方式，防範匯率和利率風險

商業銀行在防範匯率風險上，可以要求以「硬貨幣」作為借貸貨幣，以及採用外匯保值條款、物價指數保值條款或者是外匯交易保值等形式來防匯率波動帶來的風險。商業銀行在制定出合理的利率水平的條件下，可採取浮動利率或者利用期貨利率協定和歐洲貨幣期貨合同的方式來消除將來市場利率變動而帶來的風險。

（三）合理選擇適當的信貸形式，規避或減少信貸業務風險

商業銀行常用的信用貸款、抵押貸款和擔保貸款等幾種信貸形式，在風險防範上各有利弊，因此，商業銀行要根據貸款對象或者每一項目的風險程度，合理選擇信貸方式。

（四）加快貸款證券化的步伐，轉移信貸業務帶來的風險

貸款證券化是指商業銀行將那些流動性較低或可靠性較差的貸款，按照一定的折扣率出售給專門的仲介機構，仲介機構再把購來的貸款組合起來，以此為擔保發行證券，然後再利用發行證券的收入購入新的貸款。這種做法有利於銀行貸款風險的轉移，提高了資產質量，同時能及時回籠資金，加速資金週轉。

（五）建立貸款風險保險制度，分散信貸業務帶來的風險

建立貸款風險保險制度是指由保險公司開辦貸款風險保險，商業銀行一旦出現不良貸款，保險公司就要按保險合同中的有關條款規定負擔一定的賠償責任，以分擔一部分商業銀行的損失。

（六）提高貸款損失準備金，增強商業銀行抵禦風險的能力

要加強商業銀行自行承擔客戶不能按期歸還貸款本息的財務損失的能力。要做到這一點，關鍵就在於提高呆帳準備或壞帳衝銷的提取比例。在國內信貸和國際信貸風險都加大的現實情況下，中央銀行應在呆帳準備金提取、壞帳衝銷上賦予商業銀行更多的自主權。同時，商業銀行也應多渠道地籌措資本金，提高自有資本比率，以增強自身抵禦風險的能力。

（七）加強內部控制制度建設，減少信貸業務風險發生的可能性

商業銀行內部控製作為一種自律機制，包括組織機構的職責界定、貸款審批的權限和決策程序等，會計原則的對帳、控製單、定期核算、「雙人原則」的不同職責的分離、交叉核對、資產雙重控制和雙人簽字以及對資產和投資的實際控制四方面的內容。通過建立健全有效的內部控制制度，商業銀行一方面可以確保把風險控制在適當的範圍內，另一方面也有利於其自身發展戰略和經營目標的實現。

（八）強化監管主體的作用，制定法規控制信貸業務風險

商業銀行監管當局即銀監會，作為金融機構監管者，有權制定審慎法規並利

用其要求來控制風險，其中包括資本充足率、貸款損失準備金、資產分類、流動性和內部控制等諸多方面，目的就是要規範銀行行為，防止其無限度地增加風險。同時，中央銀行作為國家貨幣政策的制定者和實施者，要盡可能地消除各種宏觀經濟風險的影響，保持經濟的穩定發展。

二、國際結算業務的風險管理

(一) 國際結算業務的風險特點

由於商業銀行的國際結算業務本身具有國際性、科學性、融資性、知識性和業務慣例較多、業務發展較快等特點，使商業銀行國際結算業務過程中產生的風險具有以下特點：

(1) 商業銀行國際結算業務產生的風險涉及範圍的國際性；
(2) 商業銀行國際結算業務產生的風險與結算方式和結算工具的相關性；
(3) 商業銀行國際結算業務產生的風險與融資活動的相伴性；
(4) 商業銀行國際結算業務產生的風險形成原因的多樣性；
(5) 商業銀行國際結算業務產生的風險表現手段的詐欺性；
(6) 商業銀行國際結算業務產生的風險防範過程的複雜性。

(二) 防範國際結算業務風險的措施

商業銀行國際結算業務的風險性質和特點，決定了國際結算業務風險是指在國際的貨幣收支調撥過程中，由於技術上、經營上和管理上的問題而引起的一系列可能發生的危險。其種類主要包括：決策風險、經營風險、市場風險、政策風險、收益風險、匯率和利率風險。因此，為防範商業銀行辦理國際結算業務過程中帶來的風險，商業銀行必須採取有力的措施。其主要措施有：

1. 大力提高國際結算業務從業人員的素質，嚴格把好用人關

商業銀行要大力提高國際結算業務從業人員的素質，不斷提高其專業技術水平和分析問題的能力，除了存在不可抗力因素之外，業務風險的產生大多來自於業務人員的操作行為。商業銀行要從根本上防範風險，鏟除風險毒苗，必須提高從業人員各方面能力：

(1) 提高國際結算業務專業人員的業務能力。特別是對進出口商和進出口方銀行資信狀況以及有關國家和地區的外貿體制、外匯管制等情況的調查研究和判斷能力，提高國際結算專業人員處理票據、單據的能力，即能高速度、高質量地審查票據和單據，處理國際結算業務中的疑難問題。

(2) 提高信用證專業人員開證和審證的能力。即開證時適當掌握信用證條款的寬鬆程度，審證時能明白什麼信用證、什麼條款能接受，什麼信用證、什麼條款不能接受，什麼條款必須修改。

(3) 提高國際結算從業人員熟練、準確運用外語的能力。

2. 提高對國際結算風險的認識，樹立安全與效益並重的觀念

商業銀行的從業人員要端正經營思想，強化風險意識，使業務發展和經濟效益切實建立在安全經營之上，並使三者成為有機整體，決不偏廢。對國際結算業

務必須制定統一風險管理標準。商業銀行的國際結算業務與信貸業務一樣，國際結算業務也存在安全性和效益性之間相互統一的問題，即在經營國際結算業務時在遵守安全性的情況下，增加國際結算業務的效益性；在增加國際結算業務的效益性的同時，採取安全的措施增加經營國際結算業務的安全性，避免商業銀行經營國際結算業務風險的產生或將經營國際結算業務的風險降低到最低程度。因此，商業銀行中，無論是經營管理層，還是業務人員，都必須對經營國際結算業務的風險有一個正確的認識，增強經營安全意識，降低經營風險。

3. 加強對國際結算業務從業人員的培訓，實行必要的獎懲機制

商業銀行國際結算業務政策性強，涉及知識面廣，風險性大，需要商業銀行各級管理人員在端正自身經營思想的前提下，加強對業務人員的敬業愛行、遵紀守法、防範風險教育和對業務人員的業務技術、文化知識培訓，並配合以適當的獎懲措施，保證業務風險的控制。

4. 加強國際結算的業務管理，對業務重點實施嚴格的監督控制

商業銀行經營國際結算業務職能部門必須堅持開辦業務要制度先行的原則，完善各項業務規章制度。一是要抓住業務的風險環節，對遠期信用證的開立、保證金的落實、信用證的加保、貿易融資及有關帳務管理等進行重點監控。堅持業務過程中的事中監督，部門內部堅持定期自查，防止業務鏈產生脫節現象。二是要根據業務發展變化的現狀及趨勢，逐月逐季制定檢查重點，並由專人負責進行檢查，切實發揮業務部門的自我發現、自我反饋、自我修正的功能，從而確保外部檢查、監督無問題發生。三是要發揮內部稽核監督的作用，定期對國際結算業務的合法合規經營和貿易融資業務方面進行重點監控。

5. 嚴格遵守和執行國家外匯與外貿政策，防範政策風險的出現

商業銀行除了業務經營風險外，有許多來自於外匯與外貿政策等方面的政策風險，商業銀行要嚴格執行國家外匯外貿政策的各項規定，嚴格審核。同時要嚴格按照國際慣例辦事，要避免國際銀行間和銀企間不必要的糾紛，以免給商業銀行造成資金和聲譽上的損失和影響。要嚴格審查客戶資格，堅持按客戶委託指示行事。在受理客戶首次委託之前，應對客戶的進出口經營權資格進行嚴格審查，要求客戶提供授權人簽字樣本及印模授權書。對客戶的委託須憑書面指示受理，商業銀行不得自行其是，以區分銀企雙方責任，從而確保商業銀行資金受法律保護，不受侵犯。

6. 區分重點業務種類和環節，進行分門別類的風險管理

商業銀行要區分重點業務種類和環節，進行分門別類的風險管理。主要業務種類有：

（1）開立信用證。其業務重點環節為：

①審核開證申請書、貿易進口付匯核銷單、進口合同及外匯管理局要求的有效憑證；

②落實開證保證金；

③審核信用證條款是否有利於銀行風險控制，是否會使銀行陷入商業糾紛。

（2）貿易融資業務，其業務重點環節為：

①嚴格按統一授信額度執行；

②對授信額度內的融資業務要求企業提供抵押擔保；

③管理人員要每天查看貿易融資的收回情況，發現逾期要立即組織催討，直至歸還；

④對逾期融資業務要實施罰息辦法；

⑤對授信開證的，要設臺帳管理，督促企業按期繳足資金。

（3）受理保兌業務，其業務重點環節為：

①要根據開證行資信度、業務往來情況、收匯考核情況及所在國政治、經濟情況決定是否加保；

②對非代理行來證和超過180天的遠期來證不予加保。

三、外匯業務風險管理

商業銀行在經營外匯業務過程中，面臨著許多經營外匯業務帶來的風險。為了防範經營外匯業務的風險，商業銀行主要採取的措施有：

（一）健全和完善外匯業務規章制度，吸取國際先進的管理經驗

健全和完善商業銀行外匯業務制度應以《中華人民共和國商業銀行法》《中華人民共和國擔保法》《中華人民共和國票據法》等法律以及各項外匯管理法規為依據，並且要符合國際銀行業務慣例，吸取國外商業銀行的先進管理經驗。

從防範風險的角度看，商業銀行特別是國有控股商業銀行外匯業務制度應該包含的主要內容有：以整體風險控制為目標的資產負債比例管理；以局部風險控制為內涵的內部授權管理，以具體風險評估和控制為核心的外匯信貸風險管理和外匯資金業務管理。

（二）加強稽核和檢查力度，做到有法必依、執法必嚴、違章必究

商業銀行切實保證制度的執行是商業銀行外匯業務管理工作的重點之一。為此，商業銀行要明確職責，對上逐級負責，對下逐級督導。對於商業銀行開展的外匯信貸業務、外匯買賣及資金市場業務、外匯存款業務、外匯會計核算、國際結算和國際清算、代理行業務等都要堅持進行定期和不定期的稽核和檢查，及時發現薄弱環節，堵塞管理上的漏洞。對違反規章制度的責任人要按制度條款給予處分，對於造成經濟損失的要依法、依紀追究責任。

（三）強化帳戶集中管理，提高外匯資金運用效益，防範同業風險

商業銀行針對目前存在的外幣帳戶較分散、各家商業銀行對外匯資金的調控力度不足的問題，應組織力量認真深入調查研究，清理和適當集中境外外幣帳戶。要通過各種渠道瞭解和掌握各家代理行的資信狀況和經營情況。對代理行根據其國別風險和自身資信狀況實行區別對待，對某些代理行限制辦理風險較大的業務。對可能出現信用問題的銀行及時採取暫停或調低授信額度、抽回存放資金、對議付信用證要求其兌付等防範措施。外匯資金的同業拆放和其他資金業務要分散在多家銀行進行，根據各家銀行的資信狀況以及所在國的國別風險，確定

不同的授權額度，達到分散風險、預防風險的目的。

（四）培養和造就大批外匯專業人才，提高從事外匯業務人員素質

商業銀行不斷培養和造就外匯專業人才，對於提高商業銀行的外匯業務管理水平具有特別重要的意義。國內的商業銀行要通過崗位培訓、在職學習、專題研討、院校進修、海外實習和深造等途徑，培養外匯專業的實幹家和管理人才。對外匯業務經辦人員和管理人員要定期進行專業考試或考核，不合格的要調整工作崗位，對表現出色的要委以重任，以此促進商業銀行內部員工刻苦學習和認真實踐，提高業務人員的業務素質。

四、國際金融衍生品業務的風險管理

商業銀行在經營金融期權、金融期貨和互換業務等金融衍生品業務過程中存在著業務帶來的風險。為防範金融衍生品業務的風險，商業銀行必須採取的措施有：

（一）優化金融衍生品業務的經營和業務管理隊伍

商業銀行從業務組織上要保證金融衍生品業務的操作質量。在實際操作上，就是優化前方交易力量，強化後方複核、清算和分析隊伍。前後臺嚴格分清其工作範圍和工作職責，將前方交易人員分成兩部分進行管理：第一部分是金融衍生品的設計和交易人員，負責金融衍生品的開發和金融衍生品交易的市場風險管理，交易後必須在第一時間將詳細交易內容送達後臺；第二部分是金融衍生品的推廣人員，負責金融衍生品的推銷、介紹，代表商業銀行與客戶進行聯繫，嚴格按照有關規章制度辦理業務。

（二）商業銀行應加大內部稽核、審計和檢查力度

金融衍生品業務作為一種新型的銀行業務，有的大商業銀行往往只注重該類產品的開發、推廣和運用，而忽視了有關規章制度的建立健全，稽核、審計人員也由於對技術性很強的金融衍生品業務缺乏認識和理解，導致在開展稽核、審計工作時常常不得要領，難以擊中要害。如英國巴林銀行破產和日本大和商業銀行紐約分行巨額虧損事件曝光前，這兩大銀行的審計人員每年都進行了內部審計，但都因為對日經指數交易和美國債期貨交易一知半解而無功而返。中國商業銀行也有類似的事件發生。因此，審計人員要對金融衍生品業務有充分的認識和理解，更應加強對金融衍生品業務的稽核、審計和檢查工作。

（三）建立一整套嚴密的高效的授信制度，確定交易權限與調整機制

商業銀行可先由交易部門提出業務需求，再由獨立性很強的信用分析、評估部門提出具體的實施方案，最後由業務決策層討論決定。在確定國家授信額度時，主要考慮的因素有：

（1）國家資信等級。一般參照美國的著名評估機構標準普爾公司和穆迪投資服務公司的評估結果授原則上資信等級越高，信額度餘額越大；反之，資信等級越低，授信額度餘額越小。

（2）市場規範和成熟程度。

（3）法規健全和成熟度。
（4）綜合經濟國力。
（5）政治穩定度。必須時刻關注世界重大政治經濟事件，加強風險意識。

在確定交易行的授信額度時主要考慮的因素有：交易行資信等級、國際知名度、國別、業績表現、銀行經營特色。

（四）注重運用先進的科技手段，提高風險控制能力

商業銀行應加強計算機聯網監管建設，建立計算機風險管理網路系統，這是一個十分重要的環節。將各項有關金融衍生品風險管理的數量指標預先設置在計算機系統中，從技術上加強風險防範。商業銀行高層管理人員，可在任何時刻掌握交易產品的進展情況，隨機瞭解商業銀行的風險狀態，以便對交易做出相應的調整。

（五）改進傳統的清算交割規則，提高清算交割能力

傳統的清算交割規則採用交易行之間對收對付方法，由於不同貨幣發行國處於不同時區，造成不同貨幣的清算因時差而無法實現同步對收對付，或者即使兩個貨幣發行國處於同一時區，也因某一銀行無力支付或出現技術故障，導致另一銀行的資金風險。解決的辦法有：一是同步配對的對收對付的清算法。即延長各主要時區貨幣的清算時間，延長亞、歐國家貨幣的清算時間，同時將美洲國家貨幣的清算起始時間提前，從而相對增加亞、歐、美國家清算的交叉時間，並將同一筆交易的兩種貨幣清算進行配對，配對成功後才完成最終交割。二是差額結算法。若同一筆交易涉及同一貨幣，可將兩筆不同的金額進行對沖，確定差額後由其中一方商業銀行完成單向支付。

（六）尊重和遵守國際慣例，保證交易順利進行

國際金融衍生品交易一般都在國際銀行間進行，因而交易的形成、清算交割的處理、爭議糾紛的解決也必須遵照國際通行規則和國際慣例。

第三節　商業銀行國際業務發展

商業銀行國際業務的發展是一種歷史趨勢，商業銀行國際業務的發展，與世界經濟和貿易的增長、國際經濟關係的日益緊密和交通運輸、郵電通信等的發展密切相關。現階段中國商業銀行國際業務發展比較緩慢，但中國商業銀行的國際業務有著巨大的發展潛力。

一、商業銀行業務國際化的發展趨勢

第一批從事國際業務的商業銀行產生於中世紀後期，開展業務的範圍主要分佈在地中海沿岸地區。當時的地中海沿岸地區，特別是義大利，由於地理環境優越，社會生產力獲得了較大發展，各國各地的商業往來不斷擴大，隨著商品經濟迅速發展，成了當時的世界經濟貿易中心，於是以義大利的銀行為主，開展了國

際業務。

隨著世界經濟和貿易中心逐漸轉移到大西洋兩岸，荷蘭的阿姆斯特丹和英國的倫敦先後崛起，成為具有全球影響力的國際金融中心，因此，在16世紀以後，荷蘭和英國的商業銀行先後主宰了這個時期的國際業務。到了第一次世界大戰以前的1914年，英國的銀行業在世界各地建立起了約100家分支機構，當時的倫敦城還聚集了28家外國銀行機構，使得當時英國的銀行在世界金融市場中處於支配地位。

在第一次世界大戰至20世紀60年代這段時期，由於各國政府對國際資本流動的限制，尤其是對貨幣兌換的管制，大大制約了國際銀行業的發展。直至20世紀60年代以後，銀行業務的國際化發展才明顯加快。商業銀行業務國際化在初始階段時，只是從事為本國的工商企業提供外匯買賣、國外匯款、進出口押匯、國際市場調查及徵信等較為傳統的服務。這些傳統服務可在本國境內由銀行的專業職能部門聯繫國外代理行進行，不需要跨國開設分支行。但隨著國際貿易的發展、國際資本流動的增長和國際經濟交流的擴大，傳統的業務方式已不適應經濟形勢和社會發展的需要，於是發達國家的資產規模巨大、信譽良好的銀行紛紛在國外設立分支行和附屬機構，形成了跨國銀行，大力開展國際業務。據有關資料統計，1960年美國僅有8家商業銀行在國外設立了124家分行，海外分行的資產總額為119億美元；但到1984年，美國已有163家商業銀行在國外設有905家分行，海外分行的資產總額已達到4,522億美元。其他發達國家的商業銀行業務國際化也在迅猛發展。

商業銀行國際業務的發展，與世界經濟和貿易的增長、國際經濟關係的日益緊密和交通運輸、郵電通信等的發展密切相關。其主要原因為：

其一，第二次世界大戰結束後，跨國公司在國外的投資力度驚人，發展速度奇快。商業銀行為了適應客戶的需要，不能不向國外發展，否則無法立足於國際金融界。

其二，各國商業銀行在國內面臨的競爭對手增多以及金融管制嚴格等壓力，也迫使商業銀行不得不制定國際分散和擴展的戰略，尋求更大發展空間；否則難以開拓新的業務領域，保證銀行的市場地位、市場份額和盈利水平的增長。

其三，歐洲貨幣市場的發展也為商業銀行開拓國際業務提供了良好的環境和發展的機遇。由於歐洲貨幣市場不受政府的管理，因此發達國家的大型銀行都競相開展歐洲貨幣市場業務。任何規模巨大且信譽良好的銀行在面對龐大的貸款需求而感到資金不足時，都可以從歐洲貨幣市場拆借資金，滿足自身的資金需求。

其四，在20世紀70年代初期的石油危機後，產油國的美元及外匯儲備激增，而非產油國的儲備則大大減少，這一嚴重失衡現象也為國際商業銀行擴大媒介作用提供了新的機遇。

二、商業銀行國際業務發展存在的問題

商業銀行的國際業務發展面臨越來越激烈的競爭，面臨越來越多的問題。主

要的問題有：

(一) 國際業務客戶從證券市場籌集資金的渠道日益擴大

現階段，國際銀行的貸款業務面臨的競爭，主要來自這幾個方面：

一是來自證券市場的競爭。20世紀80年代，大量的國際貸款都面對同一個還債問題時，國際銀行從全球債務市場抽回了巨額資金。證券公司乘虛而入，在歐洲貨幣市場上為借款人發行票據和債券，使客戶減少了對銀行的貸款需求。

二是大型保險公司和其他大型非銀行金融機構加入了競爭。當國際銀行為自己購買大量證券時，銀行的貸款業務日益收縮，被迫進入低增長甚至負增長時期，同時向國際客戶提供的貸款利潤率也不斷下降。

三是由於限制銀行在世界範圍承擔風險的規定，使公眾對銀行的聲譽抱懷疑態度，同時證券交易商、保險公司和其他非銀行金融機構欲進一步開拓有利可圖的公司融資市場，限制了銀行的發展。

因此，銀行必須努力尋找新的利潤和資本來源滿足銀行和非銀行金融服務的需要，如提供良好的信用評估服務、重新組合貸款和證券以便再銷售、為客戶的全球融資活動提供信用擔保等。

(二) 選擇更好的國際貸款風險評估方法，防範國際貸款風險的產生

當前許多國際銀行面對的最大風險來自外國客戶借款。因為海外信息的可信度沒有國內信息的可信度高，對於國內的貸款管理要比遠在萬里之外的國家和地區容易，國際領域又缺少強制執行合同和執行破產程序的法律系統，國際貸款的風險往往大於國內貸款的風險。這種與國際貸款相關的風險構成國家風險。與國家風險相似但範圍較小的國際貸款風險，即稱為主權風險，也是外國政府干預國際貸款償還的風險。

鑒於此種情況，商業銀行在向國外發放貸款時，不但要對借款人的信用狀況進行分析，而且也要對借款人所在地的國家風險和主權風險進行評估。

三、商業銀行國際業務的發展戰略

商業銀行進入國際金融市場從事國際業務，必須制定獨特的、科學的發展戰略。商業銀行從事國際業務的發展戰略應根據不同的歷史發展階段而有所側重，制定發展戰略的總體原則是要從自身的實力和客觀條件出發，制定出適合自己的經營目標和策略。由於商業銀行從事國際業務所處的環境較為複雜，必須與國際政治經濟形勢相適應，因此，在經營管理上應更加科學、更為嚴謹，只有這樣才能贏得競爭並推動國際業務的不斷發展。

商業銀行制定國際業務經營管理戰略，主要考慮的因素有：

(一) 地區網點戰略

商業銀行根據國際業務全球佈局的戰略，區別主要地區、戰略側翼和衛星據點，選擇和配置經營網點。商業銀行再根據其所在國家和城市的政治、經濟、地理、市場、社會、人口、交通、環境等情況，確定國際業務經營範圍。

(二) 客戶結構戰略

客戶是商業銀行從事國際業務發展的決定因素，商業銀行要根據其所在國家

和城市人口的規模和性質，對客戶進行分析，細分客戶市場，分析不同類型的行業、不同類型的客戶結構，建立客戶檔案，從而確定客戶主輔層次，制定客戶行銷策略，選擇重點行銷客戶。

(三) 業務經營戰略

商業銀行根據其所在國家及城市的貨幣政策、外匯政策和財政政策、產業結構和企業分佈情況，以及資源種類和儲量、技術水平、投資環境等情況，確定提供金融產品和金融服務的種類，以及業務開發重點和業務推廣順序。

(四) 競爭發展戰略

商業銀行根據所在國家和城市有關外資銀行、合資銀行管理及金融法規和稅收法律等各項規定，東道國銀行和外國銀行的基本情況、經營特點、業務關係、經營範圍和業務重點，以及銀行之間的競爭情況、市場結構和控制能力等，確定業務競爭發展戰略。

(五) 發展前景戰略

在商業銀行國際業務領域中，商業銀行之間的競爭日益激烈，使許多商業銀行因市場競爭加劇造成成本增加，對於無利可圖的金融產品、金融服務甚至分支銀行，則可以完全放棄，以降低成本費用，提高利潤水平。商業銀行應付複雜的國際市場的戰略之一就是運用網路方法，提供網路服務，如美國著名的國際銀行——花旗銀行、美洲銀行、大通曼哈頓銀行都採用了全球網路戰略，為跨國公司提供世界範圍的服務網路。

四、中國商業銀行從事國際業務的意義

中國已加入世界貿易組織，中國的商業銀行要適應市場經濟發展的需要，必須順應世界金融的潮流，全面開拓和發展國際業務。中國商業銀行從事國際業務有著深遠的意義，其意義主要體現在：

(一) 有利於貫徹中國對外開放政策，為企業參與國際競爭提供金融服務

當前中國正在建立現代企業制度，大中型企業為集中優勢、擴大市場勢力，正在紛紛組成集團公司，並積極邁向國際市場，成為跨國公司。為此，更需要中國商業銀行全面發展國際業務，幫助中國企業走向國際市場，以更好地為中國跨國公司提供本幣和外幣的配套金融服務及國際和國內的配套結算服務。

(二) 有利於利用多種渠道、多種信用方式為中國現代化建設籌措外匯資金

中國商業銀行發展國際業務，既是吸收世界銀行等國際金融機構貸款和各國政府優惠貸款的必要條件，也是開通國際金融市場以各種國際借貸方式和在國際金融市場發行證券方式吸引投資的主要渠道；同時，也可為爭取更多的外商來華投資興辦「三資」企業提供一個十分重要的投資環境，即為外商提供一個既有全面的高效的金融服務而又符合國際規範的商業銀行體系。

(三) 有利於發揮中國商業銀行的整體功能優勢，提高外匯資金的使用效益

中國商業銀行從事全面的國際業務，能使國際金融和國內金融結合起來，使人民幣資金和外匯資金緊密配合，從而有利於發揮銀行的整體功能作用；中國商

業銀行集中經營外匯業務，能改變目前中國外匯資金使用的分散化和多元化、外匯收支缺乏統籌安排的弊病，將有利於管好用好外匯資金，有效提高外匯資金的經濟效益；同時中國從事國際業務的商業銀行既要積極參與國際金融市場的競爭，客觀上又要求開放本國的貨幣市場和資本市場，發展本國的金融中心和離岸市場，這對規範和完善中國的金融體系無疑有著巨大的推動作用。

（四）有利於中國商業銀行增加自身收入，提高商業銀行資產的流動性

中國商業銀行從事國際業務，開拓國外市場，能增加商業銀行的營業收入，提高自身的利潤水平。特別是自20世紀80年代以來，有的大量從事國際業務的跨國銀行，通過國際業務所獲取的收益已達到或超過利潤總額的50%。中國商業銀行從事國際業務能提高商業銀行資產的流動性。由於本幣和多種外幣的配套使用，商業銀行能在本國的本幣市場和外匯市場、歐洲美元市場和各開放國家的外匯市場靈活調度頭寸，開闢了多渠道、多方式融通資金的大市場，從而大大提高了銀行資產的流動性。

（五）有利於培養大批從事國際業務的高質量複合型金融人才

中國商業銀行從事國際業務，參與國際競爭，能更好地學習和借鑑國際商業銀行的經營理論和經驗與技巧，有利於提高中國銀行的經營管理水平，培養和造就一大批從事國際業務的高質量複合型金融人才。

復習與思考題

1. 商業銀行國際業務的組織機構有哪些？
2. 商業銀行國際業務有哪些類型？
3. 國際銀團貸款主要有哪些參與者？
4. 簡述國際信貸風險的幾種具體形態及如何進行管理。
5. 如何進行國際金融衍生品的風險管理？
6. 如何認識國際銀行業面臨的問題？
7. 簡述中國商業銀行經營國際業務的意義。
8. 簡述商業銀行國際業務發展戰略。

第三篇

商業銀行業務拓展

第七章　商業銀行市場行銷管理

學習目標

◆瞭解商業銀行市場行銷管理的概念及其產生與發展
◆熟悉市場行銷管理的環境與市場分析
◆掌握市場行銷管理的行銷組合策略

第一節　商業銀行市場行銷概述

隨著商業銀行改革的深化，銀行業的市場競爭也日趨激烈，保持和擴大市場份額是每家商業銀行謀求發展、增強自身競爭能力、提高經營效益的必然選擇。因此，各家商業銀行更加重視市場行銷管理，並運用市場行銷策略，以顧客為導向，最大限度地滿足客戶的產品和服務要求，創造更多的利潤。

一、商業銀行市場行銷的概念

美國著名行銷學家菲利普·科特勒（Philip Kotler）教授這樣描述市場行銷的定義，並強調了行銷的價值導向：市場行銷是個人和集體通過創造並同他人交換產品和價值以滿足需求和慾望的一種社會經營管理過程。

商業銀行市場行銷是指商業銀行以金融市場為導向，利用自身的資源優勢，通過運用整體行銷手段，向客戶提供金融產品和服務，在滿足客戶對金融產品和服務的需求的過程中實現利益目標的一系列社會行為活動。

商業銀行市場行銷的概念包含著四方面的具體要素：

（一）商業銀行市場行銷以市場為導向

以市場為導向，即是要求商業銀行的產品設計開發、業務品種創新，都要以市場的需要為出發點，主要經營管理業務活動要圍繞有效市場展開，堅持「一切以市場的需要為中心」已成為現代商業銀行市場行銷活動的基本準則。商業銀行的業務發展和產品創新都是為了滿足和適應市場的需要，而商業銀行在滿足市場需要的同時，也會促進自身的金融業務發展，擴大自身的市場份額，取得良好的經濟效益，從而實現總體的戰略目標。

（二）商業銀行市場行銷以客戶為中心

商業銀行市場行銷管理是圍繞客戶展開的一系列業務活動。客戶的需求是商業銀行開展市場行銷活動的根本出發點。商業銀行必須從客戶的角度出發，以客

戶為中心，對客戶的需求進行認真的分析研究，這樣才能制定出與市場相符的市場行銷策略，為客戶提供滿意的服務，最終實現商業銀行自身的行銷目標。商業銀行的客戶主要分為兩大類：一類是公司客戶，主要包括國內與國外的工商企事業單位、金融機構、政府及政府職能部門；另一類是零售客戶，主要指個人消費者或個人投資者。

（三）商業銀行市場行銷以盈利為目的

商業銀行的市場行銷對內不斷實現很好的經營效益，使內部達到各方均衡統一的發展，對外也不斷提升客戶忠誠度，提高自身經濟實力，鞏固和提高市場佔有率，這是現代商業銀行在經濟全球化、金融一體化條件下的必然選擇。因此，以盈利為目的是商業銀行企業屬性的要求，是商業銀行的經營目標，是商業銀行市場行銷的根本目標。

（四）商業銀行市場行銷以創新為使命

商業銀行的產品和服務能夠滿足客戶的要求是相對於其他產品和服務而言的。商業銀行的產品具有易模仿性等特點，一個產品的投入，容易被同業或其他金融機構模仿，速度快捷，普及面廣。一種新的產品和服務的開發和產生，很難阻止其他銀行效仿，這使得一家銀行能獨占一種服務的時間越來越短，競爭也越來越激烈。因此，任何一種產品都不可能長期獨占市場。商業銀行服務的特殊性要求商業銀行根據市場形勢，不斷推陳出新，因為服務的品種越多、服務的範圍越廣，商業銀行的利潤也越大。

二、商業銀行市場行銷的產生及發展

商業銀行行銷始於市場行銷管理，但晚於工商企業市場行銷。在市場資金短缺、金融管制較為嚴格的條件下，商業銀行受到一系列特別的保護，商業銀行一般處於資金營運中的主導地位，缺乏研究和實施市場行銷戰略的內在動力和外在壓力。直到 20 世紀 50 年代，西方商業銀行才開始借鑑工商企業的做法。1958 年，全美銀行業協會對金融業經營管理進行了客觀的分析，第一次公開提出了銀行業應該樹立市場行銷觀念。以商業銀行為代表的金融企業開始在日常工作中運用市場行銷管理，從此改變了商業銀行對市場行銷管理觀念的態度，商業銀行開始了市場行銷管理業務。

20 世紀 70 年代以後，隨著市場經濟的不斷發展，商業銀行同業間的競爭日趨激烈，金融監督管理日益寬鬆，商業銀行逐漸失去了壟斷保護下的特權，籌資者可以從證券市場籌集資金，投資者可以自由進入貨幣市場和資本市場。商業銀行與工商企業客戶之間的關係發生了很大的變化，商業銀行不得不大範圍借鑑工商企業市場行銷的方法，商業銀行經營管理進入市場行銷管理階段。

商業銀行的市場行銷管理初期階段採取的主要行銷手段是廣告和促銷的形式。在當時商業銀行和其他金融機構正經歷著資金來源的激烈競爭的情況下，為了爭取更多的客戶，有的商業銀行通過向客戶贈送禮品吸引更多新的客戶，有的商業銀行則通過新聞傳播媒體直接向客戶傳遞金融信息，建立與客戶互動的信息

反饋機制，以達到市場行銷的目的。然而，通過開展一個時期的市場行銷業務後，各商業銀行認識到，吸引和開拓一批新的客戶並不困難，困難的是如何使這些新的客戶成為忠實於商業銀行的客戶。於是有的商業銀行創新出更為全面的、更為現實的、更為可行的公共關係行銷手段，即商業銀行為改善與社會公眾的關係，促進社會公眾對商業銀行的認識、理解和支持，樹立良好的商業銀行形象，促進商業銀行金融產品和服務銷售目的的一系列促銷活動。商業銀行要善於開展廣泛的公共關係活動，協調與公司股東、內部員工、工商企業、同業機構、社會團體、新聞傳播媒體、政府機構和消費者的關係，為商業銀行樹立良好的形象，最終達到行銷管理的目的。

商業銀行的市場定位是商業銀行做好市場行銷業務的前提。當商業銀行在注重廣告、服務和創新金融產品取得成效後，商業銀行又意識到沒有能夠成為所有客戶心目中的最佳銀行，沒有能夠向客戶提供其所需要的全部金融產品。商業銀行要成為客戶心目中的最佳銀行，必須要確定商業銀行的自身市場定位，即必須有選擇地樹立自己的形象和確定業務發展的重點，注重金融產品和服務與目標客戶的差異性，以及自身的經營條件，然後根據需要和可能去不斷探求或創造新的金融產品和服務，以滿足不斷增長的客戶需要。

在確定市場定位的過程中，商業銀行要做好市場行銷管理工作，一方面要考察市場需求、經濟環境和自身實力，另一方面還要考察競爭對手的行銷行為，加強對市場行銷環境的調查和分析，確定商業銀行的戰略目標和經營策略，制訂長期和短期的市場行銷計劃，謀求商業銀行與目標客戶之間互利共贏，達到自身發展的終極目標，使商業銀行市場行銷創新發展到一個全面的高效的共贏的高度。

現代商業銀行市場行銷管理的產生與發展，是商業銀行對傳統的經營管理理念的一種變革，使商業銀行經營管理從以往過分重視物的因素、重視制度的因素、重視組織結構管理的因素，轉而到現在重視人的因素、重視員工的創造力。商業銀行行銷管理內容也從傳統的產品觀念、推銷觀念，發展到現代盛行的對市場行銷的環境分析、市場定位、細分市場和目標市場的選擇，以及市場行銷的產品策略、定價策略、分銷策略和促銷策略等行銷組合策略方式。商業銀行行銷渠道的拓寬，行銷手段的創新，都極大地豐富了商業銀行的市場行銷管理內容，提高了商業銀行的市場行銷管理能力。

第二節　商業銀行市場行銷環境

商業銀行市場行銷環境是指影響商業銀行行銷活動的內部因素、外部因素和相應條件的總稱。商業銀行是經營金融產品的企業，其市場行銷活動是在一定的環境中進行的。商業銀行市場行銷環境主要有兩方面：一是宏觀行銷環境，主要包括人口、經濟、政治法律、社會文化、科學技術、自然地理等宏觀行銷環境；二是微觀行銷環境，即客戶、社會公眾、市場、同業競爭者、行銷仲介等微觀行

銷環境。商業銀行必須研究和分析市場行銷環境，密切關注行銷環境因素的變化，有利於商業銀行把握宏觀行銷環境形勢，掌握微觀行銷環境情況，才能抓住環境中潛在的商機、規避環境中可能的風險，才能獲得市場行銷活動的成功。因此，商業銀行開展市場行銷管理業務是正確建立商業銀行行銷戰略的基礎和前提。

一、商業銀行宏觀行銷環境

商業銀行宏觀行銷環境主要包括人口環境、經濟環境、政治法律環境、社會文化環境、科學技術環境和自然地理環境等。對於宏觀行銷環境，商業銀行要進行認真分析。

(一) 人口環境

人口是商業銀行市場行銷面臨的主要環境因素。商業銀行市場行銷的對象是客戶，而客戶的基本問題是人口環境問題。人口環境是由人口構成的，人口環境包括人口增長狀況、人口的地理分佈、人口流動狀況、年齡結構、受教育程度、婚姻家庭狀況等。人口的變動將導致市場規模和市場結構的變化，從而對整個商業銀行的市場行銷活動產生重大影響。商業銀行對人口環境進行的調查和分析不僅要從量的角度來分析，而且還要注重從質的角度進行分析。

(二) 經濟環境

經濟環境是指影響商業銀行市場行銷的宏觀經濟因素。它主要包括：經濟發展水平、經濟週期變動、物價水平、投資和消費趨勢、市場現狀和潛力、城市化水平、居民收入水平等方面。它反應經濟環境對商業銀行業務行銷活動以及其他業務的發展產生的極大影響。經濟發展水平決定了商業銀行資金供給的規模和經濟主體對商業銀行貨幣資金的需求程度；經濟週期變動影響社會貨幣資金供求狀況，進而影響商業銀行資產負債業務；物價水平影響商業銀行負債的規模和商業銀行的成本。經濟環境是對商業銀行的市場行銷影響最大的環境因素，商業銀行應該隨時關注經濟環境變化的最新動態，以把握商業銀行市場行銷戰略的總體方向。

(三) 政治法律環境

政治法律環境主要是指商業銀行市場行銷活動的外部政治法律形勢和狀況，以及國家方針、政策、法律的變化對商業銀行市場行銷活動帶來的影響。政治環境分為國內政治環境和國際政治環境兩大類，主要包括：所在國的政治局勢、經濟制度、方針政策和國際關係。國家的政局穩定，社會公眾則會保持較強的儲蓄傾向和投資傾向，商業銀行經營管理就能正常運行，並可獲得較快的發展。經濟制度對商業銀行組織形式的構造、資本的結構、業務經營的目標以及功能的發揮等方面，都會帶來較大的影響。法律環境是指商業銀行所在國家和地方制定的各種法令、法規。法律環境對商業銀行業務經營活動的範圍、內容、方式等都有著直接的有效的影響和約束。

(四) 社會文化環境

社會文化環境是指一定社會形態下發展形成了社會成員共有的民族特徵、風

俗習慣、道德信仰、價值觀念和生活準則等被社會所公認的各種行為規範，並以此為基礎，形成了社會核心文化。商業銀行市場行銷的社會文化環境較為廣泛，尤其重視價值觀念、倫理道德、社會習俗、宗教信仰、生活方式等多方面內容，特別是商業銀行在跨國市場行銷活動中著重研究客戶所屬群體及地區的風俗習慣、民族特徵、道德信仰，瞭解目標客戶的禁忌、習俗、避諱、信仰、倫理等，設計、開發和推廣適合客戶需求的金融產品和服務，以獲取最大的社會效益和經濟效益。

（五）科學技術環境

科學技術環境是指技術的更新、發展和應用的狀況。市場經濟是優勝劣汰的競爭性經濟，其技術水平是重要的競爭因素。技術的進步不僅影響著商業銀行的外部競爭，而且還可以提高商業銀行內部的行銷管理水平，給商業銀行帶來商機，也帶來挑戰。科學技術環境對商業銀行的影響主要表現在自動化程度提高，商業銀行電子計算機技術和現代通信設備的迅速發展，使商業銀行能夠設計更多、更新的金融產品和服務，並能夠以更多樣、更便捷、更優質的手段向客戶提供金融服務。

（六）自然地理環境

自然地理環境是指商業銀行市場行銷所需的自然資源投入或受商業銀行行銷活動影響的資源。人類環境保護意識的增強與可持續發展戰略的實施使得自然地理環境與經濟發展的關係越來越緊密，自然地理環境在銀行行銷環境中的地位越來越重要。自然地理環境因素不能以直接方式提高或降低商業銀行的經營效率，而是通過影響與銀行業務有密切關係的客戶來間接作用於商業銀行本身。特別是在商業銀行貸款的具體發放中，自然地理環境因素應該成為評估貸款對象的一項重要內容。

二、商業銀行微觀行銷環境

商業銀行微觀行銷環境是指與商業銀行市場行銷活動直接發生關係的具體環境，主要包括客戶、市場、競爭者、行銷仲介和公眾等。商業銀行要對微觀環境進行詳細的分析。

（一）客戶

客戶對商業銀行市場行銷的影響表現在三個方面：一是客戶的需求在不同的時間和地點等條件下是不一樣的，不同類型和層次的客戶的需求也存在著差異。二是客戶的經濟實力雄厚與否直接關係到商業銀行的生存基礎，如客戶的經濟實力雄厚，商業銀行的生存基礎牢固；反之，商業銀行的生存基礎就不牢。三是客戶的信用度高、講究信用、遵守法律的優質客戶群會有利於商業銀行的各項業務的順利開展，能夠降低經營風險；反之，則會使商業銀行面臨極大的經營風險。因此，一家認識到其行業特徵就在於滿足客戶需要和要求的商業銀行將會竭盡全力地去瞭解客戶對銀行的態度，以及他們對銀行服務的需要和偏好，以及對銀行員工所提供的服務的滿意程度等方面的信息。

（二）市場

金融市場是以貨幣資金為融通和交易對象的市場。主要金融市場有：同業拆借市場、票據貼現市場、證券交易市場等。對金融市場的參與者而言，由於存在資金需求和供給在時間上和空間上的差異，通過金融市場就可以利用資金上的時間差、空間差融通資金。金融市場的發展程度對商業銀行提高資產流動性和內在質量有著基礎性的作用，也使客戶對商業銀行產品和服務的需求增加，從而也對商業銀行的市場行銷提出了更高的要求。同時，商業銀行開展市場行銷活動，都是在一定的、規範的市場環境下進行的，只有有序的市場，才能真正做到真實、客觀、公正，也才能保證商業銀行行銷活動的正常開展。金融市場越規範，商業銀行市場行銷越有效。

（三）競爭者

商業銀行競爭者是指現有及潛在的從事吸收消費者存款、發放貸款、提供支票帳戶，並推出其他曾經是商業銀行專有服務領域項目的企業。主要競爭者包括其他商業銀行、融資公司、信用合作社、投資公司、經紀公司、共同基金，以及經營大部分業務的貨幣市場基金公司等。

商業銀行重視對競爭者環境的分析，搜集競爭者的信息情報，隨時瞭解和掌握競爭者的經營狀況，其意義重大，直接關係到商業銀行在金融市場行銷策略的選擇和運用，真正做到「知己知彼，百戰不殆」。商業銀行在對競爭者環境做分析的過程中，主要收集的信息類型包括各種經營數據、所提供的服務信息、傳播方案對比、場地硬件設施、員工素質等。通過對競爭者環境的分析，商業銀行能有效地制定市場行銷策略，保證商業銀行自身的市場行銷活動順利進行，掌握業務市場發展先機，鞏固和提高商業銀行業務市場佔有率。

（四）行銷仲介

行銷仲介是指包括各種為商業銀行提供服務的機構、金融評價機構、各類經紀公司等。使用行銷仲介的主要原因在於它們能高效地將商業銀行的產品和服務送達目標市場，從而有效地降低交易成本，減少信息不對稱和逆向選擇以及道德風險。

（五）公眾

公眾是指擁有影響商業銀行實現目標能力的群體。在制訂市場行銷計劃過程中，商業銀行必須敏感地關注那些可能對行銷計劃感興趣或受行銷計劃有關內容影響的內部和外部公眾。其中，外部公眾主要包括：一是銀行股東和投資群體，尤其是評論股票的銀行股票分析師，他們的言論會影響到其他公眾的投資動機。二是媒體，主要包括服務於所在市場的報紙、電視臺和廣播電臺，這些媒體對商業銀行的報導會影響一般公眾對商業銀行的看法。三是當地政府和政府官員，商業銀行與他們保持良好的關係對於開展業務非常重要。四是商業銀行所在服務地區的一般大眾，他們對商業銀行的認識和印象直接影響到商業銀行吸收和開發新的客戶的能力。

商業銀行內部公眾是雇員和董事。他們對銀行的看法和態度，不論好壞，都

會影響到其處理與客戶及內部員工關係的方式。商業銀行在制訂市場行銷計劃時，要做好內部公眾的工作：一是應該讓商業銀行內部的各層次的員工瞭解銀行各項計劃，熟悉各項計劃內容；二是對於參與實施計劃的有關員工都必須進行相關的培訓。商業銀行只有對與各類公眾的溝通和關係實行有效的管理，才能樹立其良好的形象並提高自身的信譽。

第三節　商業銀行市場細分策略

一、商業銀行市場細分的概念

市場細分是指商業銀行依據客戶需求的差異性和類似性，把市場劃分為若干個客戶群，區分為若干個子市場。因此，市場細分不是細分商業銀行產品和服務，而是細分客戶。商業銀行細分市場的方法很多，根據其行業特性，一般根據服務對象不同將市場細分為個人客戶市場和企業客戶市場，然後再按地理範圍、人口密度、年齡結構、經濟收入、教育程度、從事職業、消費心理和利益追求等標準進一步細分。通過細分市場，不同的細分市場表現為不同需求的客戶群，不同的客戶市場對商業銀行的產品和服務的需求表現出一定的差異性；同時，由於客戶的居住環境、文化背景、年齡結構及其消費傾向的趨同，又表現出對產品和服務需求的相同性或類似性。

二、商業銀行市場細分的作用

（一）有利於商業銀行發現新目標，確定目標市場

受能力和效率的約束，任何一家商業銀行都不可能滿足整個金融市場所有客戶的需求。通過市場細分，在客戶對眾多銀行產品和服務的需求中，瞭解和分析各客戶群體的新的需求、需求滿足程度和市場競爭狀態，從而發現市場潛力，確定宜於自身發展的目標市場。

（二）有利於商業銀行發揮資源優勢，提高經濟效益

商業銀行經過市場細分後，在小的子市場開展行銷活動，更加容易瞭解客戶需求的特點和把握客戶需求的變化，並及時調整和規劃金融產品和服務的價格、結構、渠道和行銷策略。商業銀行在細分市場基礎上的行銷，可以把有限的人力、物力、財力等資源集中在一個或幾個子市場上，開展針對性強的市場行銷活動，以求得資源配置最優。同時，掌握競爭者的優勢與劣勢，提高自身競爭能力，獲取更多的經濟效益。

（三）有利於商業銀行不斷創新產品，滿足客戶需要

不同的細分市場對商業銀行產品的需求差異很大，商業銀行可根據特定的細分市場設計、開發和提供不同種類的產品，採用不同的價格、促銷手段和分銷渠道。同時，還有助於商業銀行發現新的金融需求，不斷創新，以品種繁多的金融工具和服務滿足需求日益變化、差異懸殊的客戶需要。

三、商業銀行市場細分的標準

商業銀行市場細分的標準是根據影響客戶需求差異性的諸多因素，對整個市場進行細分。商業銀行客戶一般可區分為個人客戶和機構客戶。不同客戶市場細分的標準有所不同。

（一）個人客戶細分

商業銀行個人客戶的細分，主要考慮的因素有：

（1）地理因素：根據客戶所處地理位置來細分市場。處在不同地理位置和不同通信工具情況下的客戶對銀行產品、服務、價格、分銷渠道的需求、偏好有所不同。

（2）人口因素：根據年齡、性別、收入、職業、教育、種族、宗教等因素為標準劃分不同的細分市場。

（3）行為因素：根據客戶購買銀行產品的行為變數，將客戶細分成不同的客戶群，如根據客戶利益追求、對產品的忠誠度、購買狀況、購買時機以及購買頻率進行劃分等。

（4）心理因素：按客戶的生活方式、個性特徵等心理因素來細分市場，如按承受風險程度進行劃分，可分為保守型和冒險型。

（二）機構客戶細分

商業銀行機構客戶的細分，主要考慮的因素有：

（1）按地理因素細分：與個人市場細分相似。

（2）按企業規模細分：企業規模包括營業額、職工人數、資產規模等。根據這些具體因素的一個或多個將機構客戶市場細分成不同的群體。

（3）按行業因素細分：根據不同產業特點，將企業分為不同的細分市場。在不同產業中，又可進一步細分為更具體的行業，如可按行業生命週期將不同的行業劃分為「朝陽行業」或「夕陽行業」。

四、商業銀行行銷的目標市場選擇

（一）目標市場的概念

市場細分是目標市場選擇的前提，目標市場選擇是市場細分的目的。商業銀行無論規模多巨大，實力多雄厚，都難以用它自身所經營的金融產品和服務去滿足所有客戶的所有需求，占領整個客戶市場。因為客戶的金融需求既是多種多樣的，又是不斷變化的。商業銀行只能用它經營的金融產品和服務，滿足一部分客戶的一部分需求。因此，商業銀行如何經營金融產品和服務，經營什麼金融產品和服務，滿足哪些客戶的哪些需求，是商業銀行的重大問題。商業銀行要解決這些問題，唯一的方法就是選擇目標市場。

商業銀行的目標市場是在市場細分的基礎上，由商業銀行選擇確定的，並設計和開發出相應的金融產品或服務去滿足其選擇的一個或若干個細分市場的目標市場。目標市場在商業銀行的細分市場中處於核心地位，它的開發和經營直接或

間接地影響及帶動其他細分市場。

(二) 目標市場的選擇策略

商業銀行選擇目標市場的策略主要有：

1. 無差異性市場策略

無差異性市場策略是把整個市場視為一個大目標市場，其市場行銷活動只注重客戶需求的相似性、無視客戶需求的差異性。商業銀行採取這一策略的前提是客戶需求的同質性，即面對的市場是同質的，客戶對金融產品或服務的需求是無差異的。因此只需推出單一的產品和標準化服務，設計一種行銷組合策略即可。這種策略可降低管理成本和行銷支出、易取得規模效益。但是由於市場狹小，容易受到競爭者的衝擊。

2. 差異性市場策略

差異性市場策略是把整個市場劃分成若干個細分市場，從中選擇兩個或兩個以上細分市場作為目標市場，並根據不同的目標市場制定和實施不同的行銷組合策略，多方位或全方位地開展有針對性的行銷活動。如針對客戶對儲蓄期限長短不同、收益不同的需求，設計和推出儲蓄期限、利率不同的銀行產品等。採取這種策略時，應注重客戶需求的差異性，要求實施多種產品、多種促銷方式、多種分銷渠道的行銷組合策略。該策略能較好地滿足客戶需求，擴大市場份額，但行銷成本也會增加，所以要在收益與成本之間進行權衡。

3. 集中性市場策略

集中性市場策略是商業銀行既不面向整個金融市場，也不把力量分散到若干個細分市場，而是集中力量進入一個或兩個細分市場，進行高度專業化服務。這種策略追求的不是在若干個較大市場上佔有較小份額，而是在較小的細分市場上佔有較大的份額。如美國花旗銀行確定的市場策略是成為世界上最大的債券和商業票據交易商，有的商業銀行則把信貸資金集中在發放短期商業貸款上等。採取這種策略可在選定的細分市場上占據優勢地位、節約成本和行銷支出，但風險較大。

(三) 目標市場定位

商業銀行一旦選擇了目標市場，就要研究如何在目標市場上進行銀行產品和服務的定位。所謂定位，即是指根據競爭者的產品和服務在市場上所處的地位，以及客戶對該種產品的重視和偏好程度，確定自己在目標市場上的適當位置的行銷策略。

1. 商業銀行市場定位的主要內容

(1) 形象定位。商業銀行形象是指與商業銀行有關的各類公眾對商業銀行綜合認識後形成的最終印象或整體評價。商業銀行形象包括：一是有形形象，即產品形象、職工形象和實體形象等；二是無形形象，即銀行信譽、職工的價值觀等。商業銀行形象定位是指通過塑造和設計銀行的經營理念、標志、商標、銀行外觀建築、戶外廣告、陳列展示等，在顧客心目中樹立起獨具特色的銀行形象。恰當的定位不僅使銀行及其產品或服務被更多的顧客接受和認同，而且使銀行在

市場中具有持久的競爭優勢。

（2）戰略定位。商業銀行戰略定位是指商業銀行根據所處的競爭位置和競爭態勢來制定競爭戰略。競爭戰略主要是指企業產品和服務參與市場競爭的方向、目標及其策略。其內容有：競爭方向——市場及市場的細分、競爭對象——競爭對手及其產品和服務、競爭目標及其實現途徑——如何獲取競爭優勢等方面。

（3）顧客定位。商業銀行的顧客定位是指對商業銀行服務對象的選擇。在現代社會，凡是擁有貨幣、進行商品交換引起資金運動的單位、團體和個人，都會不同程度地與商業銀行發生這樣或那樣的聯繫，都有可能成為商業銀行的顧客。商業銀行的顧客定位是商業銀行市場定位的重要內容，是市場細分的延伸和體現。

（4）產品定位。商業銀行的產品定位是指根據顧客的需要和顧客對金融產品某種屬性的重視程度，設計出區別於競爭對手的具有鮮明個性的產品，以在顧客的心目中找到一個「中心」的位置。它是繼商業銀行的顧客定位之後，為滿足顧客需要而對所經營產品的確定，也是對商業銀行所經營產品的選擇。它是商業銀行市場定位的細化。

2. 商業銀行市場定位的主要步驟

（1）做好細分市場分析，確定定位層次；
（2）評價銀行內部條件，識別重要屬性；
（3）研究競爭對手特點，抓住對手要害；
（4）制定目標定位程序，選擇目標市場；
（5）根據目標市場需求，制定行銷策略。

第四節　商業銀行市場行銷組合策略

商業銀行根據自己所處的地位以及自身的資源優勢，通過制定市場行銷策略，綜合運用多種行銷手段，組成一個系統化的整體的商業銀行的行銷組合，實現商業銀行的經營目標，獲取最佳經濟效益。商業銀行的行銷組合策略可分為產品策略、定價策略、促銷策略與分銷策略四個組成部分。

一、商業銀行市場行銷的產品策略

（一）商業銀行產品的概念

商業銀行產品有廣義和狹義之分。一是狹義的商業銀行產品，是指由商業銀行創造的可供資金需求者與供給者選擇在金融市場上進行交易的各種金融工具，即反應資金供求雙方債權債務關係或所有權關係的合約與文件，亦即有形的商業銀行產品，如貨幣、各種票據、有價證券等。二是廣義的商業銀行產品，是指商業銀行向市場提供並可由客戶取得、利用或消費的一切服務。它既包括狹義的金

融工具，也包括各種無形的服務，比如存款、貸款、轉帳結算、財務管理、諮詢、信託租賃等。只要是由商業銀行提供，並能滿足人們的某種慾望與需求的各種工具與服務，都被列入廣義銀行產品的範疇。一般討論的是廣義的商業銀行產品。

商業銀行產品一般由核心產品、形式產品與擴展產品三個層次組成。

1. 核心產品

核心產品是指商業銀行產品提供給客戶的基本利益或服務，向人們說明了產品的本質，客戶所能得到的基本利益，揭示了客戶追求的核心內容與基本權利，所以它在商業銀行產品的所有層次中處於中心地位。它是金融產品的使用價值所在，也是商業銀行產品中最基本、最主要的組成部分。客戶購買產品的最重要的目的就是為了滿足其特定的某種需要，因此，商業銀行產品的核心便是要使客戶的這種基本需求得到滿足。如果核心產品不符合客戶的需要，那麼形式產品與附加產品再豐富多彩，也無法吸引客戶。

2. 形式產品

形式產品是指商業銀行產品的具體形式，用來展現核心產品的外部特徵，以滿足不同客戶的需求。商業銀行產品多數是無形產品，主要通過服務質量與服務方式來表現。隨著人們消費水平、文化層次的不斷提高，人們對商業銀行產品外在形式的要求也越來越高，並且這種對外在形式的需求會不斷發生變化。因此，商業銀行在行銷時必須注重其形式產品，設計出不同的表現形式。產品的多樣化使客戶有更多的選擇餘地，可以增強商業銀行對客戶的吸引力。

3. 擴展產品

擴展產品也稱附加產品，是指商業銀行的產品在滿足客戶的基本需求之外，還可以為客戶提供更多的服務與額外利益，它是銀行產品的延伸與擴展部分。客戶使用產品雖然是為了獲得基本利益與效用，但是金融產品還應該給客戶以更大的滿足。這對商業銀行來說更為重要，因為商業銀行產品具有較大的相似性，不同銀行為客戶提供的多種服務本質上是相同的。為了使本商業銀行的產品有別於其他商業銀行的同類產品，吸引更多的客戶，商業銀行必須在附加產品上多下工夫，多加努力。

商業銀行產品的三個層次構成了商業銀行產品的整體概念，因此，商業銀行產品＝核心產品＋形式產品＋擴展產品。

(二) 商業銀行產品的特點

1. 無形性

商業銀行產品雖然有貨幣等有形金融產品，但更多的是無形產品，如存款、貸款、結算、代理、信託、諮詢等。客戶在購買與使用這些產品時，商業銀行多通過文字、數據、口頭等方式與客戶進行交流，讓客戶瞭解產品的性質、職能、作用等，並使客戶得到服務。因此，無形性是商業銀行產品區別於其他產品的一個重要特徵。

2. 疊加性

一般的產品只是具有某項特殊的使用價值，而商業銀行產品就不一樣，得到商業銀行產品的客戶可以享受銀行多種多樣的服務。如某公司在申請並取得貸款之後，商業銀行還可為其提供匯劃轉帳、提取現金、帳戶管理、不同幣種的兌換、期貨交易、期權交易、投資諮詢等各種服務。再如某客戶在購得信用卡之後便可享受銀行的多項服務，如轉帳結算、存款、取款、消費信貸等其他服務。

3. 異質性

不同商業銀行的服務之間不可能有一個統一的標準以供比較，服務質量的高低在很大程度上取決於服務由哪個人來提供，以及在什麼時候什麼地方提供服務，致使多數商業銀行產品受到人為因素影響。不同商業銀行、同一商業銀行的不同分支機構、同一機構在不同時間所提供的商業銀行產品和服務，其質量都可能有較大差別。現代商業銀行服務的新產品開發趨勢是淡化這種差異性，通過計算機化來採用一種標準化、統一化的服務，如自動取款機等自動化設備。

4. 易模仿性

由於商業銀行的產品大多數是無形服務，它們不同於生產企業提供的產品，即其他許多產品的生產者都可以向有關方面申請專利或商標，使本企業的產品權益受到法律的保護，而商業銀行產品則沒有專利可言，容易被模仿。因此，在客戶視覺下，這一家商業銀行與另一家商業銀行的產品非常相似。

5. 增值性

增值性也是商業銀行服務的一個重要特徵。客戶之所以要購買商業銀行服務，其目的常常是希望在一定時間之後能獲得更大更多的超值回報。如定期存款，商業銀行就要對客戶支付較高利息，使他們在到期時獲得比存入時的資金大得多的資金。

(三) 商業銀行產品的種類

商業銀行產品按照不同分類標準可以分為不同類型的產品。從總體上說，按有無實體進行分類，可分為有形產品和無形產品；按顧客類型的不同，可分為個人客戶類銀行產品和公司客戶類銀行產品；按業務類型的不同，可分為負債業務類銀行產品、資產業務類銀行產品、中間業務類銀行產品等。商業銀行產品的主要業務種類有：

1. 商業銀行負債業務類產品

負債業務是形成銀行資金來源的業務，是銀行經營資產業務和中間業務的前提與基礎，主要包括資本與存款、借款業務等。其中，存款是商業銀行最基本的負債類產品，它是商業銀行最主要的資金來源，也是商業銀行發揮信用仲介、支付仲介、信用創造與資金轉換職能的基礎。

2. 商業銀行資產業務類產品

資產業務是商業銀行資金運用的業務，主要包括現金業務、貸款業務、證券投資業務等。現金包括在中央銀行的存款，充當法定存款準備金，還包括存放同業餘額。貸款業務是商業銀行最基本的資產類產品，它是商業銀行最主要的資金

運用業務，也是商業銀行盈利的主要來源，對商業銀行的經營盈虧起著關鍵作用。證券投資業務的主要工具有國庫券、政府債券和公司債券、市政債券、貿易帳戶證券、公司股票等。

3. 商業銀行中間業務類產品

中間業務是指商業銀行基本不運用自己的資金，而是通過利用其機構、技術、信息、信譽等優勢，代客戶辦理支付與其他委託事項而收取手續費的業務。中間業務具有風險小、收益穩定的特點，是現代商業銀行重點開發的業務產品。從商業銀行的經營現狀和發展趨勢看，來自中間業務的利潤所占比例將越來越高。中間業務收入比重的提高，可以從某一側面反應銀行資產盈利能力的增強和競爭實力的提高。商業銀行的主要中間業務產品有：結算業務、代理業務、銀行卡業務、金融衍生工具業務以及諮詢類、委託類服務等。

（四）商業銀行產品策略

1. 商業銀行產品擴張策略

商業銀行產品擴張策略是指商業銀行確立了自己的主要產品與服務項目，並在現有市場上具有一定地位的基礎上，根據自身的資源能力積極主動地尋找客戶、開拓市場的方法。

商業銀行採取產品擴張策略的重點在於不斷擴大銀行的產品組合，而產品組合的擴大策略有：

（1）拓寬商業銀行產品組合的廣度

商業銀行產品的廣度或寬度是指商業銀行內具有高度相關性的一組銀行產品即產品線的多少。商業銀行可以增加一個或幾個產品線以進一步擴大商業銀行產品或服務的範圍，實現產品線的多樣化。如西方許多商業銀行除辦理原有的存款、貸款、結算等基本業務外，還廣泛地開展證券仲介、共同基金、保險、信託、諮詢等業務，發展成為全能商業銀行。這種策略會擴大市場佔有率，吸引更多的客戶，但是這要求商業銀行有比較高的綜合經營管理的能力。

（2）增加商業銀行產品組合的深度

商業銀行產品組合的深度是指構成產品組合的各條產品線所含產品項目的多少。增加深度便是在商業銀行原有的產品線內增設新的產品項目，以豐富商業銀行的產品種類，實現多樣化經營。比如，商業銀行在一般存款的基礎上增加通知存款品種，客戶只要提前通知銀行便可實現存款的自由支取，而且可以享受比普通存款更高的利率，使客戶同時實現流動性與盈利性目標；在代收水、電、煤氣等公用事業費的基礎上，使代理業務的項目更加豐富。這種策略會適應不同客戶不同層次的需要，但是開發新的產品會加大商業銀行的成本。

2. 商業銀行產品集中策略

商業銀行產品集中策略與產品擴張策略相反，產品集中策略通過減少產品線或產品項目來縮小銀行的經營範圍，實現產品的專業化，將有限的資源集中於一些能給它們帶來較大盈利的產品組合上。產品集中策略是以市場細分為基礎的，商業銀行通過對市場的調查與分割，選擇出產品需求量較大的市場，集中精力在

這些市場上開展業務。產品集中策略的優點是可以使商業銀行發揮業務專長，提高服務質量，集中資源優勢占領某一市場，並可大大降低經營成本，獲得更多盈利。但產品集中策略的缺陷是商業銀行經營集中於少數幾個產品，不利於綜合運用商業銀行的各項資源。同時由於產品品種較少，客戶過於集中，可能導致商業銀行的應變能力有所下降，增加了經營風險。

3. 商業銀行產品差異化策略

商業銀行產品具有同質性特徵，客戶選擇哪家銀行開辦業務在本質上說區別並不大。為了能在激烈的競爭中占據優勢，吸引客戶使用本行的產品，商業銀行必須通過各種方式對其產品進行設計與包裝，更好地體現出產品的特點，讓客戶感到使用該產品要比別的銀行產品更加方便，也能得到更多的利益，從而樹立產品在客戶心目中的特殊形象，擴大產品銷售。

4. 商業銀行衛星產品策略

商業銀行的衛星產品策略是指在商業銀行核心服務的基礎上創造出一種相對獨立的產品即衛星產品，以擴大客戶規模。它主要通過向不在本商業銀行開戶的客戶提供貸款服務或利用信用卡等形式打開非開戶人的產品銷路，並可避免已在其他銀行開戶的客戶轉移帳戶的麻煩，增強產品的吸引力。商業銀行的衛星產品策略可以為沒有廣泛設立分支機構或缺少大量核心開戶客戶的商業銀行提供一個強有力的競爭手段。而對於規模較大的銀行來說，運用這種策略，一方面可以向非開戶客戶推銷產品、拓展市場，另一方面又可以為已在本商業銀行開戶的客戶提供廣泛的交叉服務，促進產品銷售。

5. 商業銀行產品系統銷售策略

商業銀行產品系統銷售是指商業銀行為客戶提供系統的產品或服務來充分地滿足其不同層次的需求。按照商業銀行產品的系統銷售方式的不同，商業銀行產品系統銷售策略又可分為統一包裝策略與個別包裝策略。

（1）統一包裝策略

商業銀行產品的統一包裝系統銷售策略是指商業銀行在市場細分的基礎上，對某一特定的目標市場上的顧客進行深入細緻的分析後設計出的一個產品系列組合，以向其提供全面服務。採取該策略時，商業銀行可以對整個產品系列制定一個統一的價格，也可以根據顧客使用的服務數量分別定價。這樣做既省去了客戶的麻煩，也給商業銀行帶來了穩定的客戶和收益。

（2）個別包裝策略

商業銀行產品的個別包裝系統銷售策略是指商業銀行給不同的顧客安排不同的聯繫人，根據顧客的個別需求來組合商業銀行產品的產品系統銷售策略。即使是同一細分市場上的顧客，其需求也可能存在很大差異，為使顧客得到更好的滿足，有實力的商業銀行可以採取個別包裝的產品策略，使商業銀行成為某個顧客的「銀行」，從而為某個顧客提供更加細緻周到的銀行產品，進一步密切商業銀行與顧客的關係。

（五）商業銀行產品創新

1. 商業銀行新產品開發的目標

（1）滿足市場需要，樹立良好形象

商業銀行產品的開發與創新必須要以樹立更好的形象作為基本目標之一。對於經營無形產品的商業銀行來說，由於商業銀行產品沒有專利可言，各家商業銀行都可仿效，為了使本商業銀行在眾多競爭者中異軍突起，應該使本商業銀行的產品具有鮮明的特色，以得到客戶的信任，增強對客戶的吸引力。因此，在產品開發時，有關人員必須要本著形象觀點，認真地對市場需求進行充分全面的調查，使產品能更多、更好地滿足客戶，樹立商業銀行的聲譽。

（2）開拓產品市場，吸引新老客戶

金融市場上客戶的種類繁多，客戶的需求也多種多樣。商業銀行已有市場之外的客戶都是潛在的客戶。對於這些客戶，商業銀行應該進行分門別類，針對他們不同的需求來開發新產品，從而廣泛地吸引更多的客戶，擴大產品銷售，不斷占領新市場。比如，中國的招商銀行為吸引存款客戶，推出了集各種本、外幣，定期、活期存折、存單於一身的「一卡通」，受到廣大客戶的青睞。截至 2007 年 4 月底該卡在全國已銷售 4,000 萬張，吸收儲蓄存款超過 6,000 億元，居全國銀行卡首位。招商銀行的存款產品開發之所以能取得成功，在一定程度上是得益於爭奪新市場目標的設立。

（3）提高市場份額，擴大銷售數量

商業銀行的產品開發與設計不僅要開拓與占領新的市場，還要努力鞏固現有的市場，增加產品在該市場上的銷售。比如，商業銀行可以不斷擴大與改善銀行的服務範圍，對銀行產品進行重新組合以便為客戶提供更加便利、全面的服務，增強銀行對客戶的吸引力，吸引競爭對手的核心客戶以及非競爭對手的客戶到本行的現有市場。總之，商業銀行必須對現有市場上的客戶需求進行調查分析，以鞏固已有市場為目標，才能設計出吸引客戶的有效金融產品，使這些市場朝著縱深發展。

（4）提高工作效率，降低產品成本

在現代科學技術高速發展的今天，增加產品銷售很大程度上取決於引進新技術、新設備與開發新產品，以最少的勞動取得最大的經營效益。商業銀行產品的開發與創新應該以提高銀行的融資效率、經營效率與工作效率，簡化業務手續，減少流轉環節，降低勞動成本與管理費用開支作為目標。

2. 商業銀行新產品開發的過程

商業銀行產品開發與創新的整個過程可以分為以下七個階段：

（1）產品構思階段

商業銀行新產品方案的搜集與構思的主要任務是從各個來源挖掘出對產品的設想，並提高構思的有效性。商業銀行首先應仔細研究客戶的需求，尤其要摸清潛在客戶的需求，從各個方面搜集新產品的方案。新產品方案及構思可以由內部研發部門員工提出，也可以從客戶及經營夥伴那裡得到啓發。

（2）產品篩選階段

通過產品構思，商業銀行獲得了許多關於新產品的構想，但這些設想只是初步的，必須要經過篩選，也就是根據一定的標準，如市場需求情況、商業銀行行銷目標等，對新產品構思進行取捨與選擇。產品篩選是否有效將直接關係到商業銀行產品開發成本的高低。

（3）產品概念的形成階段

對於經過篩選的產品構想，商業銀行要用詳細的文字或模型來表示，構建成型的產品概念，這也正是對原先的設想進行精心的、細緻的勾勒過程。只有首先形成一個初步的產品概念，才能進行深入的研製與開發。

（4）產品測試與分析階段

對於成型的產品概念，商業銀行需要選擇某一顧客群體進行測試。在測試時，一般由產品經理或開發人員集中一個客戶小組，向他們詳細描述新產品的功能、運作過程、給客戶帶來的利益、該產品與其他同類產品的不同之處等，以便客戶全面瞭解該產品，並對其發表意見、進行評價。在測試的基礎上，銀行還要對新產品概念從財務上進行分析，預測產品的銷售情況，以及開發產品的成本與利潤，判斷它們是否符合商業銀行的經營目標。

（5）產品的試銷階段

商業銀行開發出新產品之後便可以進入試銷階段，即用少量的商業銀行產品進行試驗性銷售。商業銀行可以選擇某一市場在一定期限內讓客戶試用該產品，以觀察客戶的反應，衡量產品的效果和購買情況，以便決定是否進行大批量的生產與銷售。

（6）商品化階段

商業銀行產品的試銷為銀行產品開發人員提供了足夠的信息，如果試銷成功則可以通過其他行銷策略將產品全面推向市場，這個過程也正是產品的商品化階段。

（7）評價與監測階段

商業銀行新產品投放市場之後，商業銀行還必須對客戶的使用情況進行監測，以便更好地瞭解產品的銷售各商業銀行行銷人員應該注意客戶在不同階段的種反應 以便收集更多的信息 ，隨時對產品的一些缺陷進行修正，或對行銷戰略進行適當的調整。

二、商業銀行市場行銷的定價策略

（一）銀行產品定價概述

1. 商業銀行產品價格的種類

商業銀行經營的是特殊商品，即貨幣與信用，它所提供的產品價格具有特定的內容。商業銀行產品定價的主要任務是確定存貸款利率水平和制定服務項目的收費標準。根據商業銀行所提供產品和服務的不同，商業銀行產品價格分為三類：利率、匯率、手續費。

(1) 利率

利率是商業銀行產品的主要價格。商業銀行主要從事的是信用業務，即通過吸收存款、借入款項等渠道取得資金，再通過貸款與投資等活動進行資金運用。在這個過程中，對於商業銀行資金的提供者，商業銀行需要支付利息；而對於資金的運用，商業銀行可獲得貸款收入或投資收益。因此，借款與貸款之間的利率差形成的利息收入構成了商業銀行維持正常運轉的收入，是商業銀行獲取豐厚的利潤的前提。

(2) 匯率

匯率是指兩國貨幣間的兌換比率，即把一單位的某國貨幣折算成另一國家貨幣的數量。隨著世界經濟一體化趨勢的發展，國際貿易的範圍不斷擴大，國際資本流動日趨活躍，商業銀行業務出現了國際化傾向，使得匯率成為商業銀行行銷活動中必須考慮的價格因素之一。

(3) 手續費

商業銀行除發揮資金融通職能，進行最基本的負債和資產業務外，還可利用自身在機構、技術、信息、人才、資金、信譽等方面的優勢開發和運用多種金融工具，為客戶提供多種多樣的其他金融服務即中間業務，從而取得手續費或佣金收入。商業銀行的手續費收入主要來自結算類業務、擔保類業務、衍生工具類業務，還有諮詢類業務、代理類業務、信託類業務、租賃類業務等。隨著商業銀行不斷地開拓中間業務，手續費或佣金的收入也不斷增加，從而極大地提高了商業銀行的利潤水平。

2. 商業銀行產品定價的目標

(1) 擴大業務規模，實現利潤最大化。

商業銀行能夠維持其正常經營的前提之一就是不斷地獲取更多利潤。但這並不意味著制定更高價格，因為價格只是影響利潤的重要因素之一，而決非唯一的決定因素。除了價格，商業銀行還要考慮金融產品的銷售規模、行銷成本及其他多種因素。同時利潤的最大化又包括長期的利潤最大化與短期的利潤最大化。在現實市場行銷活動中，商業銀行可以在選擇長期利潤最大化作為最終目標的同時，再選擇其他適應特定環境的短期目標作為制定價格的依據，從而推動商業銀行長期目標的實現。

(2) 增加產品種類，擴大市場份額

市場份額是衡量商業銀行經營狀況與競爭能力的重要指標之一。巨大的市場份額可以保證商業銀行產品有較大的銷售數量，實現盈利水平的不斷增長，因此許多銀行都把爭取市場份額作為一個重要目標。隨著金融自由化浪潮的不斷興起，商業銀行經營的產品越來越豐富，而電子技術與現代信息網路在金融領域的普及與推廣，則為商業銀行向客戶提供更快捷、更優質的服務奠定了基礎，同時也使商業銀行之間的競爭更為激烈。因此，商業銀行如何在眾多的競爭對手中脫穎而出，佔據更大的市場份額，是商業銀行擴大業務規模、提高利潤水平的關鍵。

(3) 適應價格競爭，樹立良好信譽

在市場競爭中，價格競爭是一個很重要的方面。適應價格競爭目標主要是指商業銀行以應付或防止價格方面的市場競爭作為定價目標。商業銀行可以運用價格手段來應付金融市場上的激烈競爭。比如，降低價格以擴大金融產品的銷路或通過提高價格來樹立商業銀行的聲望。所以如何制定適應競爭的價格也是商業銀行需考慮的定價目標之一。商業銀行制定合理的價格，既可鞏固市場佔有率，確保客戶不流失，又可保證商業銀行自身的利益。

(4) 樹立良好品牌，遵守社會公德

商業銀行品牌是商業銀行的無形資產，樹立良好的形象是商業銀行綜合運用合適的行銷組合而取得的成果，也是商業銀行借以拓展業務的一項重要財富。因而許多銀行都以樹立銀行品牌作為其重要的定價目標。商業銀行定價也要嚴格遵守社會公德與商業銀行職業道德規範，要顧及其他合作者的經濟利益。

3. 影響商業銀行產品定價的因素

(1) 產品成本

商業銀行和任何企業一樣，產品成本是商業銀行定價必須首先考慮的重要因素。從一般意義而言，金融產品的價格應該能夠補償其成本，並要求有一定的合理利潤，除非出於特殊因素的考慮。比如，新產品剛上市時想吸引更多的客戶而壓低價格，甚至可能低於成本價。低價銷售的目的主要是為了開拓業務產品市場，擴大產品市場佔有率。

(2) 產品需求

商業銀行行銷活動要以客戶為中心，要根據客戶的需求提供合適的服務，金融產品的定價也必須注重顧客需求的因素。不同的顧客對價格的敏感程度有所不同，如低收入的顧客對價格變化就較靈敏，為了滿足他們的需求，商業銀行就要推出一些價格低廉、風險較小的產品；而收入水平高的顧客一般對金融產品價格變動的反應不如低收入者明顯和強烈，而且他們往往走在消費潮流的前端，所以商業銀行應該根據他們的特點合理定價。商業銀行對產品合理定價，能滿足不同客戶的需求，能擴大產品的銷售規模，能鞏固和擴大市場佔有率。

(3) 行銷組合

商業銀行的價格戰略是行銷戰略組合的一個重要組成，但商業銀行的行銷戰略內容除了價格這一要素之外，還有產品、分銷、促銷等組成部分。為了使行銷的各個要求相互配合，達到最佳配置，商業銀行在產品定價時必須要與其他戰略協調配合，促使商業銀行產品銷售順利進行。

(4) 法律法規

商業銀行在經營管理過程中都要受到各種法律法規的制約，商業銀行的產品定價行為也同樣受到法律法規的限制。商業銀行制定的產品價格不能與國家有關法律法規相抵觸，商業銀行不可以通過共同制定壟斷價格而操縱金融市場。另外，許多國家對於商業銀行的存貸款利率有著嚴格限制，商業銀行的服務費也可能受到有關部門的監督。

(二) 商業銀行定價策略的類型

1. 成本導向定價法

成本導向定價法是指商業銀行以產品的成本為基礎，在成本之上考慮一定的目標利潤，從而確定產品價格。它主要有幾種形式：

(1) 成本加成定價法

成本加成定價法是指以商業銀行金融產品的單位總成本加上一定比率的利潤來確定價格的方法。其基本公式為：

單位產品的價格＝單位產品的總成本×（1＋成本加成率）

其中，總成本包括固定成本與變動成本，而成本加成率則是指預期利潤占產品總成本的百分比。

成本加成定價法的優點有：一是計算簡便，在市場基本穩定時它可以使各商業銀行獲得正常的利潤率，從而避免不同商業銀行之間過於激烈的價格競爭。二是因為商業銀行並未因為客戶的需求過大而提高價格，所以這種方法在銀行零售業務中得到廣泛運用。

成本加成定價法的缺點有：一是成本加成定價法的定價比較呆板，沒有考慮到市場上的競爭與需求，適應性較差，其成本加成率的確定也不一定與市場狀況正好相符。二是新產品的銷售量與成本更難測定。因此，這種定價方法比較適用於無差別的市場。

(2) 目標收益定價法

目標收益定價法是指商業銀行按照預期利潤大小來確定產品價格。商業銀行根據總成本及預計銷售量，確定一個目標利潤額作為定價基礎，即商業銀行產品的價格由產品成本與商業銀行的目標利潤額決定。其計算公式為：

單位產品的價格＝（產品的總成本＋目標利潤額）／預計銷售量

目標收益定價法的優點是可以保證商業銀行實現既定的利潤目標，計算簡單，方便易行。目標收益定價法的缺點有：一是目標收益定價法未考慮到價格與需求之間的關係。因為商業銀行制定的價格也會對銷售數量產生反作用，特別是對於價格彈性較大的產品。二是對於其他商業銀行對本行產品價格的反應，該方法也未做具體分析。因此，在市場競爭激烈、產品銷售不穩定時，不宜採用該方法。

(3) 收支平衡定價法

收支平衡定價法是一種以盈虧平衡分界點作為基礎的定價方法。所謂盈虧平衡分界點是指商業銀行的投入等於商業銀行預期收入時的銷售數量。其計算公式為：

盈虧平衡時的銷售數量＝固定成本／（保本價格－單位可變成本）

由此可以得出：

保本價格＝（固定成本／盈虧平衡時的銷售數量）＋單位可變成本

商業銀行按這個價格出售金融產品，它所投入的固定成本正好得到全部補償。商業銀行經營的目的是為了獲取利潤，故而引入預期利潤對該價格進行糾正

得到：

　　實際價格＝［（固定成本+預期利潤）/盈虧平衡時的銷售數量］+單位可變成本

　　收支平衡定價法的優點是側重於固定成本的補償，當完成預計銷售數量時，保本價格可保證銀行產品不受虧損，而實際價格則使商業銀行可以如願以償地實現預期盈利。當市場銷售數量未能達到預期銷量時，則兩個價格的差額就可使商業銀行方便地控制價格調整幅度。其缺點也是未對市場需求與競爭給予足夠重視。

　　2. 需求導向定價法

　　現代行銷理論認為，判定價格是否合理的決策者並不是企業而是顧客，企業應根據市場上顧客所願意支付的成本來定價。需求導向定價法充分體現了這一思想，它以消費者的需求而不是以企業成本作為定價的基礎。商業銀行應該通過行銷組合中的其他因素，比如產品質量、產品性能以及廣告等促銷手段、分銷渠道來提高客戶對商業銀行產品與服務的認識與理解，並按照市場需求制定價格。商業銀行產品的價格只有與客戶的心理、意識、承受能力等相一致時，才能促進產品的銷售，實現商業銀行的行銷目標。需求導向定價法的主要種類有：

　　（1）覺察價值定價法

　　覺察價值定價法是根據顧客對商業銀行產品可以覺察的價值作為基礎制定價格。其理論基礎為：市場上某一產品的性能、質量、服務等各方面在顧客心目中都有特定的價值。顧客在選擇產品時總會在不同產品之間進行比較，從而挑選出既符合他本身的需求，又不超過其支付能力的產品。如果商業銀行提供產品的價格正好在顧客的選擇區間內，則其就可能售出，否則顧客便會購買其他商業銀行的產品。因此銀行在定價時必須盡可能收集消費者對產品價值的評價，以及他們的價格標準、心理及對金融產品價格的需求彈性，從而制定顧客可以接受的價格。

　　（2）需求差別定價法

　　需求差別定價法是一種建立在市場細分基礎上的定價方法。由於不同市場、不同時間、不同地點的客戶購買力與需求大不相同，因此，商業銀行應該根據需求強度與消費感覺的差別制定不同價格。這種價格的差別不是由商業銀行的成本差異引起的，而是取決於顧客的不同需求。

　　3. 競爭導向定價法

　　競爭導向定價法主要以市場上競爭對手的產品價格作為依據來制定價格，而較少單獨考慮產品成本及市場需求的變化。由於顧客經常以類似產品的價格作為衡量銀行產品價值的依據，因此在市場競爭較為激烈的條件下，商業銀行有時會較少地考慮自身成本和市場需求，而以競爭為導向來制定產品價格。競爭導向定價法主要有兩種類型：

　　（1）競爭性定價法

　　採用此法定價時，商業銀行首先應對市場上競爭對手的產品價格做一個分析，再與本行同一層次的產品進行一個對比，找出造成價格差異的原因，並根據本行產品的優勢、特色及商業銀行在市場中的定位，來確定自己產品的價格，這

種價格應具有較強競爭力。在該價格執行之後，商業銀行還應對市場上競爭產品的價格變動進行跟蹤，以便及時調整本行產品價格，保持其在市場上的競爭優勢。那些實力雄厚、信譽較高、佔有較大市場份額、在市場上處於領導地位的商業銀行，可以採用這種方法。

（2）隨行就市定價法

這種定價方法是指商業銀行參照市場上通行的價格水平來確定本行產品價格，從而使本行的產品與市場上競爭產品的價格保持一致。它省卻了銀行核算成本與估測需求的麻煩，使市場處於一種相對均衡的狀態，避免了過度競爭，減小了風險。但這種定價方法的缺陷是較少考慮銀行自身特點和具體情況，比較被動。

（三）定價策略的程序

1. 選擇定價目標

商業銀行應根據本身的發展方向、經濟實力、資源潛力等內部條件，以及市場供求、競爭者狀況等外部環境選擇具體的定價目標。一般該目標應符合銀行的總體經營目標，而且應該切實可行。

2. 測定需求的價格彈性

商業銀行對不同價格彈性的金融產品要運用不同的定價方法及策略。銀行應盡量收集該產品的有關信息，調查其市場潛力、佔有率、價格水平及其變動可能對市場造成的影響等，以便正確測定產品需求的價格彈性。

3. 估算產品成本

商業銀行通過調查金融產品的行銷狀況，投入的人力、財力、物力及行銷過程中的費用開支等，全面地掌握產品的成本水平。

4. 確定盈虧平衡點

通過估算與不同價格水平對應的客戶量及競爭對手對於價格的反應等，預計商業銀行可能實現的產品銷售量，確定其保本點。

5. 選擇定價的方法與策略

商業銀行在綜合定價目標、成本費用及市場需求等因素的基礎上，選擇合適的定價方法，同時針對不同的商業銀行產品與金融服務的特徵來制定相應的定價策略，使其價格體現合理性與靈活性的統一。

6. 確定產品的最終價格

商業銀行運用恰當的定價方法與定價策略，並考慮客戶與競爭對手對價格的反應之後，即可確定金融產品的最終價格。同時，為了與不斷變化的市場相適應，商業銀行還應根據實際情況及時調整價格。

三、商業銀行分銷策略

（一）商業銀行分銷概念

商業銀行分銷是指參與增加和提高商業銀行的金融產品和服務的可用性和便利性，使商業銀行的金融產品和服務從商業銀行順利到達最終用戶的過程中個人

或組織所構成的體系，是一個金融產品使用價值和價值實現的過程，將金融產品進行有效的組織和傳送，從而轉換成有價值有意義的產品組合。

商業銀行分銷渠道的基本職能是根據客戶的不同需要，將已經開發出來的產品及時、方便、迅速地提供給客戶，以滿足不同客戶的需要。

商業銀行制定和實施分銷策略的主要目的：一是要維持現有客戶和增加新客戶；二是建立最佳的分銷渠道，合理地選擇把商業銀行產品推向客戶的手段和途徑；三是使銀行產品和服務能適時、適地、方便、快速、準確地銷售給客戶；四是使客戶感到銀行所提供的產品和服務既具有可接受性，又具有增益性、便利性。

（二）影響商業銀行分銷決策的因素

商業銀行在直接渠道和間接渠道之間做出選擇決策時，主要考慮的因素有：

（1）金融產品因素。金融產品因其種類不同而具備不同的特徵，這對於行銷渠道的選擇是一個非常重要的影響因素。主要金融產品可分為便利品和特殊品，其中便利品可以使用間接渠道銷售，而對於特殊的金融產品在既定地區的選擇性分銷決定了其行銷渠道較為直接。對於技術複雜的產品或服務，一般採取直接渠道；如果產品或服務的技術要求較低，且相對分割和獨立，一般採取間接渠道。

（2）客戶需求因素。商業銀行從客戶需求出發，若客戶對信息的要求高，對服務過程具有較高的參與度，對產品及服務的需求具有整體性，一般採取直接渠道；若情況相反，且客戶需在一定時間和地點一次性購齊很多產品，一般採取間接渠道。另外，還應根據市場潛在客戶數量的多少、客戶地理分佈的分散程度以及客戶的購買和使用習慣來選擇分銷渠道。

（3）自身資源因素。商業銀行規模大小、資金數量、信用高低、銷售能力、提供的服務要求等都會影響其分銷渠道的選擇。特別是信息技術的發展也可促使商業銀行通過 ATM 和電話銀行來提供金融服務，從而擴展分銷渠道。

（4）利潤水平因素。商業銀行在各種渠道類型之間做出選擇與其他決策一樣，最終取決於其相對獲利性。獲利性與產品的銷售量有關，即究竟使用自己的推銷隊伍的銷售量大，還是使用代理商的銷售量大。這需要實際實施才能得到驗證，不同商業銀行的具體操作效果也不同。

（三）商業銀行分銷渠道

分銷渠道最基本的分類是按商業銀行產品與服務是否通過中間商提供來進行劃分的，據此標準劃分，商業銀行分銷渠道可分為直接分銷渠道和間接分銷渠道。

1. 商業銀行的直接分銷渠道

直接分銷渠道是指銀行自己建立銷售網路將產品出售給客戶，商業銀行較多地通過直接渠道是由於商業銀行產品與服務和商業銀行不可分割所導致的。商業銀行所提供產品的無形性特點，決定了其分銷往往要靠商業銀行機構直接與客戶聯繫，則採取直接銷售渠道，將各種服務產品直接提供給客戶。

商業銀行直接分銷渠道大體有以下幾種類型：分支機構產品分銷、直接郵寄產品分銷、電子網路系統產品分銷等。

2. 商業銀行的間接分銷渠道

商業銀行產品是一種動態化的服務過程，商業銀行可將某些服務項目有形化，因此在這些產品的某些分銷環節上，則可與商業銀行自身相分離，通過一定的中間商，間接地將其銷售出去，諸如信用卡業務、消費貸款業務及很多中間業務都要通過仲介機構銷售。當客戶在地理分佈上很分散時，商業銀行服務與產品中間商往往可以有效地促銷服務與產品。由於經銷商更瞭解客戶，這對於進行商業銀行新產品、新服務的行銷尤為重要。在實際業務中，中間商的介入會發揮很大作用：給客戶帶來更多的方便和收益，並且能吸引新的用戶，提高商業銀行的市場份額。

四、商業銀行促銷策略

（一）商業銀行促銷的概念

商業銀行促銷是指商業銀行為了向目標顧客傳遞有效的信息，刺激客戶對金融產品或金融服務的購買慾望，引導其消費行為，擴大商業銀行金融產品或服務的銷售而進行的一系列聯繫、溝通、引導等方面活動。

商業銀行市場行銷在向顧客傳遞各種信息的過程中，已經不滿足於將商業銀行自身的金融產品和服務等有關信息全部傳遞給所有顧客，而是要求商業銀行在對顧客的潛在需求進行調查研究、客觀分析的基礎上，將最能激發客戶購買慾望的信息以最恰當的方式傳遞給主要顧客和核心顧客。

商業銀行在促銷過程中要明確的主要內容是：促銷的對象是目標客戶，促銷的任務是傳遞信息，促銷的目的是激發客戶的購買慾望，促銷的手段是宣傳與說服。

（二）商業銀行促銷的作用

1. 有利於向客戶提供信息

商業銀行促銷的根本目的是與客戶之間通過信息交流建立起交易關係。通常，客戶比較喜歡購買他們瞭解的金融產品，他們對某一商業銀行及其信息瞭解得越多，就越有可能選擇該商業銀行的金融產品和服務，因此，商業銀行全面地、準確地、及時地向市場和目標客戶傳遞金融產品和服務的信息是發展客戶的前提。

2. 有利於刺激客戶需求

商業銀行通過促銷信息的傳播，不僅可以告知客戶產品的性能、用途等知識，使顧客對商業銀行推出的金融產品和服務有所關注，還可以宣傳產品的特點等，促使顧客對所傳遞的關於金融產品和服務的信息能認同接納，並逐漸受其影響，產生或強化購買這些金融產品和服務的慾望與動機，從而誘導需求、刺激需求。特別是運用一些藝術手法增強促銷效果，對刺激需求的作用更大。

3. 有利於指導客戶消費

商業銀行通過市場促銷，所傳遞的信息除了指向特定的顧客外，還向一般顧客、準顧客等傳遞了有關信息，並使得他們在無意識注意中留下印象。而對商業銀行的原有顧客，一次又一次的市場促銷活動，都在以不同的方式、從不同的角度，刺激著他們的購買慾望，加深其對商業銀行及其產品和服務的印象，從而強化他們對商業銀行金融產品的瞭解，有效地指導客戶對商業銀行產品的消費。

4. 有利於擴大產品銷售

隨著金融業競爭的日益加劇，商業銀行經營環境越來越不穩定，通過有計劃地開展對金融產品和服務的各種促銷活動，商業銀行可以擴大各種金融產品和服務的銷售量，提高市場佔有率，特別是在推出新產品或某一金融產品銷售量下降時，通過促銷活動，可以取得立竿見影的效果。

5. 有利於樹立銀行形象

商業銀行通過有效的促銷活動，讓更多的人關注商業銀行及其提供的產品和服務，瞭解商業銀行及其產品和服務的特點，以及給顧客帶來的獨特利益，感受商業銀行以滿足顧客需要為核心的經營服務宗旨、經營服務特色等，使得顧客在潛移默化地接受商業銀行的促銷宣傳中，逐漸形成了商業銀行的品牌效應，不僅可以擴大產品的影響，提高產品的知名度，同時可以塑造銀行的良好形象，增強銀行在市場競爭中的優勢地位。

（三）影響商業銀行促銷決策的因素

1. 金融產品類型

按商業銀行的服務對象劃分，商業銀行產品主要有兩種類型：一種是以企業客戶為主要對象的金融產品，另一種是以個人客戶為主要對象的金融產品。不同的金融產品類型對各種促銷方式效果的影響是不同的。

2. 產品生命週期

商業銀行的一般產品處於不同的生命週期階段，市場態勢、消費者態度和企業促銷目標都不相同，因而，各種促銷方式的效果相差很大。

3. 產品促銷費用

商業銀行能用的各種促銷方法所需費用不同，為提高促銷效益，應根據促銷目標，對銀行的財力狀況、各種促銷方式的費用、可能提供的經濟效益，以及競爭者的促銷預算等多方面因素進行全面權衡，應力求以最少的促銷費用達到最好的促銷效果。

4. 產品市場特性

商業銀行產品市場特性包括：市場規模、市場潛力和市場分佈狀況等。商業銀行面對不同的金融產品市場，各種促銷方式的作用也不相同。

（四）商業銀行促銷手段

1. 商業銀行人員促銷

人員促銷是指商業銀行通過專職銷售人員直接與客戶進行接觸和溝通，並說服與引導顧客購買商業銀行的金融產品和服務的一種促銷方式。

(1) 人員促銷的特點

商業銀行人員促銷是最傳統的方式，也是最有效的方式，人員促銷有著明顯的特點：①人員促銷的針對性強、靈活機動，能有效地發現並接近顧客；②能與客戶進行信息的雙向溝通，掌握客戶的性格與心理，可直接向客戶提供諮詢服務，做好客戶的參謀，促進顧客的購買行為；③能與客戶保持良好的關係，建立友誼，增強客戶對銀行的信任感，為長期交易打下堅實的基礎；④在與客戶的直接溝通中可及時瞭解市場信息，適時調整產品和服務。

(2) 推銷人員的類型

從商業銀行開展業務的特點來看，廣義上的推銷人員，即凡是為銷售產品或服務進行業務推廣而與潛在客戶或現有客戶直接打交道的商業銀行工作人員，其中包括固定人員和流動人員。固定人員包括櫃臺人員和座席人員；流動人員包括業務推銷員、客戶經理和投資顧問。

(3) 人員推銷的形式

商業銀行人員推銷的形式主要有座席銷售、電話推銷、面訪推銷、專題研討、路演推介、宣傳講座、社區諮詢等形式。

2. 商業銀行廣告促銷

廣告促銷是指商業銀行通過報紙、雜志、廣播、電視、戶外廣告、直接郵寄等傳播媒介，對金融產品或服務進行的非人員形式的展示，以引起客戶關注，誘導客戶的注意力或刺激客戶購買慾望的宣傳活動。廣告是企業用來對目標顧客和公眾進行直接說服性溝通的主要工具之一，是促銷組合的一個重要因素。

(1) 廣告促銷的特點

廣告和其他促銷手段相比，具有突出的特點：一是有償性，因為廣告是一種投資行為；二是非人員性，是指廣告是通過媒體傳播而不是人員直接傳播；三是廣泛性，指廣告通過大眾傳媒傳播信息，在同一時間或空間接受信息的人員比人員促銷要廣泛得多，引起注意的作用也大得多；四是潛在性，即廣告刺激需求，促進銷售的作用相對滯後，但由於媒體的宣傳可反覆多次，其傳播的滲透力對吸引潛在客戶的作用是巨大的；五是藝術性，即廣告是一種說服的藝術，通過藝術化的語言、圖片、聲音展示企業形象和產品特徵，易加深消費者印象和引起偏愛。一個成功的廣告能長期停留於消費者腦海中，與其藝術化的表現是分不開的。

(2) 廣告促銷的媒體類型

廣告媒體是指廣告借以傳播信息的載體。主要媒體類型有：

一是印刷媒體，如報紙、雜志、書籍、說明書等；

二是電子媒體，如電視、廣播；戶外媒體，如路牌、招貼、車船等；

三是銷售現場媒體，是指在商業銀行營業場所如在商業銀行營業大廳的櫥窗等傳播載體。

四是其他媒體，指戶外、銷售現場等。

不同的廣告媒體在傳播的空間、時間、效果、廣告費用等方面各有其不同的

特點和差異。

3. 商業銀行營業推廣

營業推廣是指除廣告、人員促銷和公共關係與宣傳之外，商業銀行在特定目標市場上，為迅速起到刺激需求作用而採取的一系列促銷措施的總稱。營業推廣的主要手段有降價、免費提供配套服務、使用信用卡消費抽獎等。營業推廣對在短時間內爭取顧客購買、達成交易具有特殊的作用，因此也稱為特殊推銷。商業銀行營業推廣的主要特徵是見效快、變化快。

（1）商業銀行營業推廣的工具

營業推廣的工具繁多，銀行應根據市場類型、顧客心理、銷售目標、產品特點、競爭環境以及各種營業推廣的費用和效率等有選擇地加以使用。根據營業推廣活動所面對對象的不同，營業推廣方法可分為三大類：

第一類是面對消費者的，有贈品、獎券、有獎銷售、數量折扣、配套或免費服務等；

第二類是面對中間商的，有銷售折扣、廣告津貼、公關活動等；

第三類是面對銷售人員的，有通過銷售競賽給予一定的物質和精神獎勵等。

（2）營業推廣的目標

營業推廣主要有兩個目標：促進短期銷售和提高長期市場份額。

促進短期銷售是指通過刺激客戶試用新產品，吸引其他品牌的忠實消費者，促進成熟品牌的銷售量，獎勵忠實顧客達到該目標。

提高長期市場份額是與客戶建立長期信賴關係，幫助商業銀行建立市場份額，提高品牌的形象，鞏固市場地位。

但是商業銀行如果過度使用營業推廣，特別是過多地使用以降價為主的營業推廣工具，可能降低客戶對品牌的忠誠度，增加客戶對價格的敏感度，並且營業推廣經常注重短期行銷效果，將會損壞商業銀行品牌質量形象。因此，營業推廣要經常與廣告或人員促銷結合使用，客戶促銷一般必須做廣告才能增強推廣的力度。

復習與思考題

1. 商業銀行行銷管理的內容是什麼？
2. 簡述構成商業銀行行銷環境的主要因素。
3. 什麼是市場細分？它對商業銀行行銷管理有什麼作用？
4. 商業銀行怎樣選擇目標市場策略？
5. 商業銀行產品策略有哪幾種？
6. 分銷策略的渠道有哪些？
7. 簡述商業銀行進行促銷的方式。

第八章　商業銀行的資產負債管理理論

學習目標

◆瞭解商業銀行資產管理理論的主要思想及方法
◆瞭解商業銀行負債管理理論的主要思想及方法
◆瞭解商業銀行資產負債綜合管理理論主要思想及方法

第一節　商業銀行的資產管理理論

20世紀60年代以前，商業銀行所注重的是單純的資產管理理論，該理論是與當時的商業銀行所處的經營環境相適應的。商業銀行的資產管理主要是指商業銀行如何把所籌集到的資金科學地分配到現金資產、貸款、證券投資以及其他銀行資產上。商業銀行資產管理理論是指導其資產管理實踐的科學，並隨著經濟的發展、法律等外部環境的變化而不斷發展。在資產管理理論的發展過程中，先後出現了三種不同的主要理論：商業性貸款理論、資產轉移理論和預期收入理論。

一、資產管理理論概述

（一）商業性貸款理論

商業性貸款理論是最早的資產管理理論，也稱「真實票據理論」或「生產性貸款論」，由18世紀時的英國經濟學家亞當‧斯密在《國民財富的性質和原因的研究》中提出。該理論認為：存款是商業銀行貸款資金的來源，而商業銀行存款的大多數是流動性很強的活期存款，此種活期存款隨時可能被客戶提取，因此商業銀行在資金運用時要著重考慮保持高度的流動性。基於配合存款的流動性，商業銀行只能發放短期的與商品週期相關的或與生產物資相適應的自償性貸款。自償性貸款是指用於生產和流通過程中，期限較短，並以真實的商業票據作為抵押的貸款。由於是用於生產和流通過程中的短期資金融通，所以它是以商業行為為基礎的，並以商業票據為抵押，因此，借款人可以通過物資的購進、生產、銷售商品獲得貨款而償還貸款。若借款者到期不能償還貸款，商業銀行可以自行處理作為抵押的商業票據，收回貸款。自償性貸款是以商品生產和商品流通為基礎的，不會引起通貨膨脹和信用膨脹。

商業性貸款理論產生於商業銀行發展初期。其產生的背景為：一是當時英國的產業革命剛開始，大機器工業尚未形成，工場手工業占支配地位，並且當時的

商品經濟不夠發達，信用關係不夠廣泛，社會化大生產尚未形成，企業規模較小，企業所需資金主要來自企業內部的自有資金，從商業銀行借入的資金主要是商業性流動資金。二是此時的金融機構的管理處於較低水平，中央銀行沒有產生，沒有作為最後貸款人角色的機構能在發生清償危機時給予資助，流動性風險是商業銀行經常面臨的主要風險，因此，商業銀行經營管理者不得不謹慎對待和維護自身的流動性。三是在早期的金本位制下，商業銀行的信用創造力也受到限制，其原因是除了受到貨幣材料的限制外，還受到貸款市場需求的限制。當時企業的規模較小，其資金需要主要是來自企業的自有資本，對商業銀行的貸款特別是長期貸款需求較小，因此，派生存款的來源較少。為此，商業銀行的經營管理重點放在短期的商業性貸款上，這樣既保持了資金的流動性，又保證了資金運用的安全性。

商業性貸款理論第一次確定了現代商業銀行經營管理的一些重要原則，為商業銀行保持流動性和安全性提供了理論依據，為商業銀行進行資金配置、穩健經營提供了理論基礎，從而避免或減少了商業銀行因流動性不足而產生的風險，也適應了商品交易對商業銀行信貸的需要。商業性貸款理論在相當長的時期受到人們重視，對商業銀行的經營管理起著指導性作用，也是資產負債管理理論的基礎。但是，由於這一理論形成於銀行經營的初期，隨著商品經濟和現代銀行業的發展，其局限性越來越明顯。主要表現在：

（1）商業性貸款理論忽視了貸款需求的多樣性。隨著社會和經濟的發展，社會和企業對貸款的需求多種多樣。不僅需要短期貸款，而且需要長期貸款；不僅需要商業性貸款，而且需要消費貸款、農業貸款、不動產貸款；不僅需求的種類多種多樣，而且需求的數量與日俱增。如果固守商業性貸款理論，不僅不能滿足社會對商業銀行貸款的需求，也限制了商業銀行自身的發展。

（2）商業性貸款理論與中央銀行的貨幣政策相違背。按照商業性貸款理論，在經濟繁榮時，銀行信貸會因貸款的擴大而膨脹，加劇物價上漲；而在經濟衰退時，銀行信貸又會因貸款的需求減少而自動收縮，加劇物價下跌。這與中央銀行穩定貨幣的政策發生了矛盾。

（3）商業性貸款理論忽視了活期存款的相對穩定性。活期存款是不規定期限，可以隨時存取款的存款。由於存款人在存取款的時間上不同、存取款的數量不同，在此存彼取的過程中，一般總會形成一個相對穩定、數量可觀的餘額。這一餘額是商業銀行活期存款的沉澱部分，是商業銀行發放長期貸款和投資的基礎，可以用於中長期貸款和投資。

（4）商業性貸款理論忽視了短期貸款存在的風險。在經濟衰退時期，即使是商業性貸款，也可能因商品無法實現銷售而不能做到自償，貸款收不回來的可能性非常大。同時，以真實票據為抵押的商業貸款的清償性是相對的，而不是絕對的，在經濟衰退時期，票據違約現象相當普遍，從而使真實票據的自償程度大大降低，所以，短期貸款也同樣具有風險性。

（二）資產轉移理論

第一次世界大戰結束後，由於西方資本主義國家經濟迅速恢復，金融市場進

一步發展和完善，金融資產多樣化，流動性增強，商業銀行對流動性有了新的認識。與此相適應，資產轉移理論應運而生。資產轉移理論亦稱為轉換性理論，最早由美國的莫爾頓於 1918 年在《政治經濟學雜志》上發表的一篇論文《商業銀行及資本形成》中提出。其基本觀點為：商業銀行流動性的強弱取決於資產迅速變現的能力，因此，為了保持足夠的流動性，商業銀行最好是將資金用於購買變現能力強的資產。這類資產具有信譽高、期限短、流通能力強、易於出售的優點。政府發行短期債券或政府擔保債券以及大公司發行的債券是典型的可轉換資產。

該理論產生於第一次世界大戰結束之後，特別是美國因巨額軍費開支而大量發行政府債券之時，由於發生了經濟危機和第二次世界大戰爆發，導致企業和個人對商業銀行的借款需求急遽下降，而政府借款則急遽上升，商業銀行將大量短期資金投資於政府債券。這樣的資金運用，既降低了貸款要保持流動性的壓力，又可以將一部分資金用於長期投資。因此，商業銀行將一部分資金轉換為有價證券，從而使商業銀行既保持了一定的流動性，又增加了一部分的盈利。

資產轉移理論的產生，放寬了商業銀行資金運用的範圍，使商業銀行擴大了資產品種，豐富了資產結構，業務經營也日益多樣化，突破了商業性貸款理論對資產運用的局限，使得商業銀行在注重流動性的同時，擴大了資產組合的範圍，提高了商業銀行的盈利水平。但該理論也有其致命的弱點，主要表現在：

（1）當市場蕭條時，證券價格大幅度下跌。證券價格受市場波動的影響很大，當市場蕭條、銀根緊縮時，資金短缺，證券市場供大於求，證券價格大幅度下跌，使得商業銀行難以在不受損失的情況下順利出售證券。

（2）當市場疲軟時，證券轉換變得困難。當經濟危機發生而證券價格下跌時，市場需求疲軟，商業銀行大量抛售證券，而很少購買甚至不購買，這與商業銀行投資證券保持資產的流動性初衷相矛盾。

這一理論的順利實施要依賴於發達的證券市場和充足的短期證券。沒有充足的短期證券可供挑選和投資，就難以保證投資資產價值和必要的投資規模。沒有發達的證券市場，就難以達到短期證券快速變現的目的。

（三）預期收入理論

預期收入理論是一種關於商業銀行資產投向選擇的理論，產生於 20 世紀 40 年代，由美國經濟學家普魯克諾於 1949 年在《定期存款及銀行流動性》一書中提出。其基本思想是：銀行的流動性取決於貸款的按期償還或資產的順利變現。這與貸款人未來預期收入和銀行對貸款的合理安排相關。而無論是短期商業性貸款還是可轉讓的資產，其償還或變現能力都以未來的收入為基礎。如果某項貸款的未來收入有保證，即使期限長，也可以保證其流動性；相反，某項貸款的未來收入不確定，即使期限短，也可能出現壞帳或到期無法償還。

第二次世界大戰結束後，經濟的恢復和發展為首要任務，商業銀行的貸款投向主要是設備和投資貸款。隨著經濟的恢復和發展，增加了消費貸款需求，貸款投向由商業轉向工業。隨著第二次世界大戰結束後美國經濟的高速發展，企業設

備和生產資料急需更新改造，對中期貸款的需求迅猛增加。此時凱恩斯的國家干預經濟理論在西方十分盛行，該理論主張政府應該擴大公共項目開支，進行大型基礎設施建設，鼓勵消費信用發展，以擴大有效需求來刺激經濟的發展。面對這種形勢，商業銀行及時調整了資產結構，減少了證券投資，轉向增加各種貸款。既發放短期貸款和經營短期證券，又發放了許多以貸款後的投資項目收入來分期償還的中長期設備貸款、分期付款的住宅抵押貸款以及設備租賃項目等。

預期收入理論為銀行進一步擴大業務經營範圍和豐富資產結構提供了理論依據，也是商業銀行業務綜合化的理論基礎。但這一理論也有其局限性，主要表現在：一是將預期收入作為資產經營的標準，而預期收入狀況有商業銀行自己主觀預測的成分，與實際未來預測收入存在偏差，不可能完全精確。二是在資產期限較長的情況下，債務人的經營管理情況可能發生變化，到時並不一定具有償還能力。

總之，資產管理理論是一種保守消極的理論，這三種理論各有側重，都強調商業銀行經營管理的重點是資產業務，目的是為了保持資產流動性。它們之間存在著互補的關係。每一種理論都為商業銀行資產管理提供了一種新思想，促進了商業銀行資產管理的進一步發展，是資產管理理論不斷完善和發展的現實反應，對商業銀行的發展和商業銀行在金融業中地位的鞏固起了重要的作用。

二、資產管理的一般方法

資產業務是商業銀行的資金運用業務，資產管理主要是指資產管理理論的指導下資金運用的管理。資產管理的方法主要有：

（一）資金總庫法

1. 資金總庫法的概念

資金總庫法，又稱資金集中法或資金總體法。它是指商業銀行將各種不同渠道形成的各項負債集中起來，然後再按資金需要的輕重緩急排列先後次序，把資金分配到各項資產上。在分配資金時通常要優先考慮資金的流動性。

在運用資金匯集法進行資產管理時，資金來源的構成並不重要，各種負債之和作為一個整體運用，資金水平的高低也是由於貨幣政策、工商業活動和人口增長等市場因素決定而獨立於銀行的決策過程之外的。資金分配構成只要能有助於銀行經營目標的實現即可。在運用此方法時，一是商業銀行要確定其流動性和盈利性標準，制定標準的主要依據是管理人員的經驗，根據自我感覺和判斷，並參考銀行有關方面的數據。二是先後順序，把資金分配到最能滿足預定的流動性和盈利性需要的資產上去。

2. 資金總庫法的操作程序

商業銀行主要的資金來源有活期存款、儲蓄存款、定期存款、借入款、票據及信用債券、股東產權等。其資金運用主要是一級準備金、二級準備金、各種貸款、有價證券和固定資產等。資金分配順序如下：

第一優先順序——一級準備金，它包括商業銀行的庫存現金、存放在中央銀

行及其他金融機構的存款、應收現金等。一級準備金一般記載於資產欄目中的「現金項目」上，主要用於應付銀行日常營業提款和支票清算等，是商業銀行資產中流動性最強的部分。雖然它在資產負債表上沒有明確的反應，但由於商業銀行經營的特殊性，各國政府或貨幣當局以法律形式要求一級準備金達到一定比例。所以，這一部分是商業銀行資金分配中的第一優先順序。

第二優先順序——二級準備金，是指非現金但流動性較強的資產，一般可迅速變現，並有一定的收益，如國庫券、政府機構債券、銀行承兌票據、短期貸款等。它既可以補充一級準備金的不足，又可以兼顧銀行資金運用的盈利性。二級準備金同一級準備金一起，共同保證銀行資金的流動性，它也不反應在資產負債表中。

第三優先順序——各種貸款，是商業銀行資產中規模最大也是最為重要的部分，是銀行盈利的主要來源。各種貸款是商業銀行在滿足了一級準備金和二級準備金之後，在可能的資金實力範圍內，依據有關的貸款原則和條件發放的。在資金匯集法中，不需要分析貸款結構，因為貸款結構並沒有被認為是影響資金流動性的因素。

第四是最後一部分——長期有價證券和固定資產，是商業銀行資金運用的最後方向。它是在滿足貸款的需要後，以剩餘部分資金進行較長時期的投資，主要投資對象是盈利較高的長期證券和一些利厚的產業。

3. 資金總庫法的缺陷

資金總庫法還存在許多不足，主要表現在：由於集中單一的資產管理，從而忽視了資金分配本身與負債來源之間的內在聯繫；資金分配比較死板，不能隨負債來源結構的變化而相應變化，過分強調流動性的要求，但又無具體的可操作的標準，如沒有規定一級準備或二級準備應占的比例等。

(二) 資產分配法

1. 資產分配法的概念

資產分配法是指商業銀行在選擇資產種類時應首先考慮負債結構的特點，根據不同資金來源的流動性和法定準備金的要求來決定銀行資產的分配。這一方法是針對資金總庫法的不足而提出的。

資產分配法認為一個商業銀行所需要的流動性資金的數量與其獲得的資金來源有直接的關係。各種資金來源的穩定程度應由法定準備金比率的高低和資金週轉速度來決定。法定準備金比率越高，資金週轉速度越快，說明這種資金來源的波動性越大；反之，則穩定性越高。

2. 資產分配法的操作程序

在運用這種方法時首先要對不同的資金來源區別對待、分別處理，然後，對資金來源和運用的項目進行分類，再按每一資金來源自身流動性大小和對流動性的要求，將它們分別按不同的比重分配到不同的資產形式中。具體做法是，把資金來源劃分為四類，建立若干個中心，每個中心進行的資金分配與其他中心的資金分配是相互獨立的。一旦中心建立並得到承認以後，就要對每個中心的資金分

配製定相應的管理政策。

(1) 活期存款中心

商業銀行活期存款要繳存較高的法定準備金，而且每年要週轉 30~50 次。因此，活期存款中心要把大部分資金分配到第一準備中去，一部分分配到第二準備中去，購買國庫券和其他短期證券，極少用於放款。

(2) 儲蓄存款中心

商業銀行儲蓄存款相對於活期存款而言，週轉速度較慢，並有一個沉澱餘額，流動性較小，可把這部分資金主要用於放款和購買長期證券，以獲取較大利潤。

(3) 定期存款中心

商業銀行定期存款有較高的穩定性，週轉速度慢，主要用於放款和購買長期證券，以獲取較大盈利。

(4) 資本金中心

商業銀行的這部分資金是最穩定的，包括股金、資本盈餘和利潤結存，它代表股東對商業銀行資產的權利。沒有法定準備金，一般也不會被提走。因此，資本金不需保留準備金，可將其主要用於長期放款、證券投資和購置固定資產等。

3. 資產分配法的利弊分析

(1) 資產分配法的優點

①商業銀行通過對資金來源的劃分，可以減少投放於流動性資產的資金數量，從而相應增加對貸款及投資帳戶的資金分配，以增加盈利。

②商業銀行通過週轉速度和流動性把資產和負債有機地聯繫起來，保持兩者在規模和結構上的一致性，也提高了銀行的盈利能力。

(2) 資產分配法的缺點

①資產分配法把各種存款負債的週轉速度作為劃分不同流動性—盈利性中心的基礎，而存款實際上有存有取，經常變動，同一類負債來源其週轉速度也可能不一致。由此看來，資產分配法所劃分的資金流動性就不太精確和合理。

②資產分配法中的資金來源與運用相互獨立的假定是不成立的。商業銀行的資金來源與運用之間存在著一定的關係。銀行對某客戶放款，一般要求該客戶要在銀行保持一定的存款作為補償；另一方面，客戶存款於銀行，則要求銀行能滿足其借款要求。因此，不論何種存款，都要有一部分用於放款，不可能按照來源嚴格劃分其運用。

③資產分配法片面強調流動性要求，考慮了銀行法定準備金和提存的可能，而忽視了客戶對借款的需求。

(三) 線性規劃法

1. 線性規劃法的概念

線性規劃法是近年來西方商業銀行為了制定業務經營管理戰略而廣泛採用的方法。其主要內容是：首先確定資產管理目標，然後根據各種資產與目標的關係建立目標函數，最後確定對各種目標函數的限制因素，並根據這些因素和目標函

數求出線性規劃模型的解。

2. 線性規劃法的操作程序

(1) 建立目標函數

商業銀行首先確定在某一時期資產管理的目標，再根據目標，在各種可供選擇的資產中分配資金。因為選擇不同的資產組合，就會有不同的盈利，銀行通過改變各種資產的數量，能夠增加或減少盈利。在此，盈利的最大化就是目標，各種資產的組合則是決策變量，兩者之間的關係可用函數表示。

假設某銀行可選擇的資產有五種，它們是：現金，收益率為 0；短期政府債券，收益率為 5%；長期政府債券，收益率為 7%；商業放款，收益率為 8%；公司債券，收益率為 10%。用 $A_1 \sim A_5$ 分別表示上述各種可選擇資產的數量，P 為資產總收益，則目標函數可表示為：

$P = 0A_1 + 0.05A_2 + 0.07A_3 + 0.08A_4 + 0.1A_5$

(2) 確定限制性因素

若沒有限制性因素，銀行就會將資產全部投放在收益最高的業務上，但實際上，商業銀行管理中存在許多限制條件，主要有：

①金融法規的約束，如法定存款準備金等；

②銀行資產流動性的約束，如為了保證銀行資金的流動性，短期資產至少應占一定的比重等；

③銀行安全性的約束，如銀行的安全性要求銀行資產經營的分散化等；

④貸款需求量的約束，如商業銀行對資產安排的種種規定等。

這些制約性因素都可以量化，列出一系列約束條件方程，與目標函數方程一起共同組成一個方程組，該方程組就是一個比較完整的關於資產管理的線性規劃模型。

(3) 線性規劃模型的求解

在建立線性規劃模型後，就需要運用各種數字和分析手段，並借助圖表和計算機等進行求解，最終得出目標函數的最優解。銀行利用所得到的數據進行資產組合，以獲得最大收益。因此，與前兩者比較，線性規劃是一種比較先進和科學的方法。它不但能在各種限制條件下獲取最大收益，而且還能在一個或多個限制條件發生變化時，隨之優化自己的資產組合。在條件比較複雜的情況下，我們甚至還可以應用多重目標線性規劃來替代單一目標線性規劃，並且可以為一組相互衝突的目標和多種解決方案進行權衡抉擇，從而得出一組最可行的最優解法。運用線性規劃法，要求管理者們必須具備相當全面的知識和豐富的經驗，瞭解各種假設和條件，能幫助數學人員和計算機人員分析問題，解釋和評估分析的結果。

3. 線性規劃法的利弊分析

(1) 線性規劃法的優點

①線性規劃法是一種較先進和科學的資產管理法，因為它通過建立模型，運用嚴格的數學方法，借助於計算機等現代科技手段計算出結果，並以取得的數據指導資產組合。

②線性規劃法有利於更深入地認識銀行各項資產與經營目標之間的關係，因為線性規劃法的分析結果是用具體的數字來反應的。通過這些具體數字，對資產和經營目標之間的相關性可以一目了然。

③線性規劃法有利於改善銀行的經營管理。線性規劃法的實施，要求調研人員與決策者密切合作，管理者也須積極參與目標和限制條件的制定，有利於相互間的理解，改善銀行的經營管理。

（2）線性規劃法的缺點

①由於制定模型所依據的資料質量不高，會影響對約束條件的確定；

②由於所依據的經濟環境的改變，要求改變目標、約束條件和模型參數，會帶來運用成本的提高。

第二節 商業銀行的負債管理理論

20世紀60年代以後，金融環境發生了很大變化，商業銀行資產管理理論對此時的商業銀行經營管理發展顯得比較保守、消極和落後了。此時，在金融創新的推動下，商業銀行經營管理理論也發生了重大的變革，商業銀行負債管理理論應運而生，並取代了資產管理理論，成為這一時期指導商業銀行經營管理的主要理論。

一、負債管理理論的概述

商業銀行負債管理理論興起於20世紀50年代末期，盛行於20世紀60年代。在這一階段，西方經濟處於繁榮時期，生產流通不斷擴大，通貨膨脹率上升，對商業銀行貸款的需求也不斷增加；同時為制止銀行間的利率惡性競爭，制定了各項法規，使商業銀行無法通過利率的競爭來吸收資金。

商業銀行為了追求利潤最大化的目標，想方設法，另闢蹊徑去吸收資金。隨著商業銀行業務國際化、非仲介化的出現，加之歐洲貨幣市場的興起、通信手段的現代化，大大方便了資金的融通，為商業銀行負債經營創造了條件。商業銀行採取多種融資方式，提高資金的靈活性，以緩和資金流動性的壓力。存款保險制度的建立和發展，也在一定程度上刺激了商業銀行負債經營的發展。以上各種因素，客觀上為負債管理理論的產生創造了條件。

負債管理理論是以負債為經營重點來保證流動性的。該理論認為：商業銀行保持流動性不需要完全靠建立多層次的流動性儲備資產，一旦有資金需求就可以向外借款，只要能借款，就可通過增加貸款獲利。負債管理的原則使商業銀行改變了經營方針。在資產管理理論指導下，只有存款來源增加，才能增加貸款。如果存款來源減少，則只能縮減貸款或出售部分證券。總之，資產管理理論認定只有通過調整資產結構來實現流動性，而負債管理理論則通過積極創造負債的方式來調整負債結構，從而增加資產和收益。

負債管理有兩種類型：一是當存款被提取時，商業銀行可通過借入短期款項來彌補存款，如此負債方一增一減，正好持平；二是當借款需求增加時，銀行可通過新的借入款來滿足這一需求，這樣，負債和資產都增加了。由於負債擴大，使銀行生利資產擴大，從而能給銀行帶來更大的收益。

二、負債管理理論的主要內容

（一）存款理論

1. 存款理論的基本觀點

存款理論是商業銀行負債的主要傳統理論。其基本理論為：存款是商業銀行最主要的資金來源，是其資產業務的基礎。而商業銀行在吸收存款過程中是被動的，為保證商業銀行經營的安全性和穩定性，商業銀行的資金運用必須以其吸收存款沉澱的餘額為限，否則將會產生風險。

存款理論的主要特徵是它的穩健性和保守性，強調存款是存款者放棄貨幣流動性的一種選擇，無論是保值還是盈利動機，存款者的意向是決定存款形成的主動因素。存款者和商業銀行都關心存款的安全性，存款者擔心存款不能如期兌現或者貶值，商業銀行則擔心存款者同時擠兌，引起銀行危機或破產。所以，存款理論者得出結論：商業銀行應按客戶的意願組織存款，按安全性原則管理存款，根據存款的具體情況安排貸款，參考貸款收益安排存款利息的支付。這一理論反對盲目存款和貸款，反對冒險謀取利潤。存款理論的理論基礎是一種傳統的經濟學觀點，認為商品是第一性的，貨幣是第二性的，信貸規模取決於地區經濟活動的總量，商業銀行活動不能逾越一定的範圍限制。

2. 存款理論的缺點

存款理論的缺點在於它沒有認識到商業銀行在擴大存款或其他負債資金來源方面的能動性，也沒能認識到負債結構、資產結構以及資產負債綜合關係的改善對於保證商業銀行資產的流動性、提高商業銀行盈利性等方面的作用。

（二）購買理論

1. 購買理論的基本觀點

購買理論是在存款理論之後出現的另一種負債理論，它對存款理論做了否定。其基本觀點主要有：

一是商業銀行對於存款不是消極被動的，而是可以主動出擊，購買外界資金；

二是商業銀行購買資金的基本目的是為了增強其流動性；

三是商業銀行在負債方面的購買行為比資產方面的管理行為要更主動更靈活，銀行資金購買的對象除了一般公眾以外，還有同業金融機構、中央銀行、國際上的金融機構等；

四是商業銀行吸收資金的適宜時機是在通貨膨脹的情況下，此時，實際利率較低甚至為負數。

購買理論產生於西方發達國家經濟滯脹年代。當時，它代表著更富進取心和

冒險精神的新一代銀行家的經營思想和戰略，與以前的保守作風形成鮮明的對比。購買理論對於促進商業銀行更加主動地吸收資金、刺激信用擴張和經濟增長以及增強商業銀行的競爭能力都具有積極的意義。

2. 購買理論的缺點

商業銀行購買理論也存在著一定的缺點。主要表現在：

一是購買理論助長了商業銀行片面擴大負債，加重債務危機；

二是該理論主張採用各種手段吸收資金，助長了商業銀行盲目競爭；

三是該理論認為商業銀行吸收資金的最佳時機是在通貨膨脹時，由於此時利率較低甚至是負利率，從而有可能加重通貨膨脹。

（三）銷售理論

1. 銷售理論的基本觀點

銷售理論是產生於20世紀80年代的一種銀行負債管理理論，是金融改革和金融創新的產物。這種理論給銀行負債管理注入了現代企業的經營思想，說明20世紀80年代以來金融業和非金融業相互競爭和滲透狀況，標誌著金融機構正朝多功能化和綜合化方向發展。銷售理論的基本觀點：商業銀行是金融產品的製造企業，商業銀行負債管理的中心任務就是迎合顧客的需要，努力推銷金融產品，放大商業銀行的資金來源和收益水平。

2. 銷售理論要求商業銀行做好相關工作

銷售理論認為要達到目的，商業銀行要做好相關工作。主要工作有：

（1）圍繞客戶的需要來設計金融產品和服務

商業銀行在形式上是資金的匯集和融通者，而實際上涉及經濟利益調配，關係到資金供應者、資金需求者和銀行三者的利益，但商業銀行的利益要依賴於前兩者的利益和需要。因此，商業銀行為了自身的利益，必須想方設法滿足客戶的需要，為客戶設計所需產品和提供所需服務。

（2）改善金融產品的銷售方式，完善配套服務

商業銀行要使金融產品銷售順暢，必須在銷售方式上做文章。金融產品的推銷，主要依靠信息的溝通、加工與傳播。雖然金融產品本身就是信息的載體，但還有更多間接的、背後的、無形的信息需要處理，它們貫穿於金融產品銷售後的全過程。服務態度、廣告宣傳、公共關係等方面，都是傳遞信息、推銷產品重要的領域。同時，在金融產品的銷售中，要做好配套服務。

（3）銷售觀念要貫穿負債和資產兩個方面

商業銀行銷售觀念要貫穿負債和資產兩個方面。因此，商業銀行需要將負債和資產兩方面聯繫起來設計金融產品。同時，金融產品的銷售也要考慮資產和負債兩個方面，不能將兩者分割開來。

三、負債管理理論的利弊分析

（一）負債管理理論的積極意義

負債管理理論強調的重點是負債管理，重視組織吸收資金的多樣化和負債的

創造，重視負債結構的合理化，發展了金融產品，開拓了金融服務領域，為商業銀行提供了更多盈利機會，有利於商業銀行發展和強化商業銀行的經營管理。主要表現為：

（1）有利於商業銀行在流動性管理上變過去單一的資產管理為資產和負債兩方面綜合管理；

（2）為商業銀行擴大信貸規模，增加貸款和投資創造了條件，增加了銀行的盈利機會；

（3）有利於商業銀行增強自身實力，提高商業銀行的競爭能力。

（三）負債管理理論的消極影響

（1）增加了商業銀行的經營風險。商業銀行負債管理理論在一定程度上增加了商業銀行的經營風險。追求盈利是商業銀行的最終目標，但是如果商業銀行片面追求盈利，在貨幣市場上大量舉債、放款，就容易引起過度借入短期資金，貸出長期資金，造成資產與負債失衡。一旦貨幣市場緊縮，難以繼續借款時，就會面臨流動性風險。

（2）加大了商業銀行的負債成本。商業銀行主動負債利息一般比存款利息要高，如果商業銀行大量採用主動負債方式籌措資金，勢必提高銀行負債的成本。

（3）助長了信用膨脹和通貨膨脹。商業銀行負債經營助長了信用膨脹和通貨膨脹，容易引發債務危機，加劇了銀行業乃至整個金融界的競爭。

四、負債管理的一般方法

商業銀行負債管理的主要方法從20世紀60年代開始產生，經歷了30多年的不斷發展，其方法逐步得到豐富和完善。資產管理重點考慮的是在資金量一定的情況下，選擇貸款的投資機會的問題。資產管理人員尋求的是在風險和收益性上取得某種平衡，即在貸款和投資收益、流動性、安全性之間取得平衡。負債管理則不同，它是通過使用購入資金來保持和增加其資產規模的。

（一）負債管理方法

負債管理方法主要有兩種：一是用短期借入資金來彌補資產上的缺口，即儲備頭寸負債管理；二是對所有到期負債進行嚴密管理，即總負債管理或貸款頭寸負債管理。

1. 儲備頭寸負債管理方法

儲備頭寸負債管理方法是商業銀行通過增加短期負債而有計劃地提供流動性的管理方法。這種方法容許銀行持有較高收益的流動性資產，因此，在流動性緊張時，就要購入短期資金以彌補流動性不足。儲備頭寸負債管理的主要工具是購買期限為一天的同業拆放或使用回購協議。這樣，當一家銀行的儲備由於存款人提款或增加對有收益資產的投資而暫時出現流動性不足時，就可用同業拆放來解決；反之，當儲備出現盈餘時，就可拆出資金。由此來看，這種負債管理辦法提高了資金使用的效率，減緩了銀行體系由於儲備的突然減少而出現的震盪。

2. 貸款頭寸負債管理方法

貸款頭寸負債管理方法是被用來持續擴大銀行資產負債規模的方法。它首先通過不同的利率取得資金，以擴大貸款能力，接著通過增加銀行負債的平均期限，減少存款的可變性。

貸款頭寸負債管理可以分為兩個部分：一是計劃部分，通過銀行有計劃的安排，擴大貸款，增加盈利；二是機動部分，即存款的變動和貸款需求的變動都有很大的隨機性，負債管理就是對這些不確定因素進行管理，通過靈活機動的管理方法消除此類變動所造成的不穩定性。

(二) 負債管理的工具

商業銀行進行負債管理，不能單靠吸收存款這種被動型負債方式，而需要主動型負債方式，以爭取主動增加商業銀行資金的流動性。商業銀行以主動負債形式解決流動性問題的途徑主要有以下幾個：

1. 發行大額可轉讓存單

商業銀行這種大額可轉讓存單非常受歡迎，它在美國是銀行執行負債管理政策的工具。根據發行的主體不同，可分為四種形式：一是國內定期存單，它是由美國的銀行機構發行的；二是歐洲美元定期存單，它是美國境外銀行發行的美元面額的存單；三是揚基定期存單，它是外國銀行在美國的分行發行的存單；四是儲蓄定期存單，它是由儲蓄貸款社發行的。中國也發行過類似的定期存單。

2. 發行金融債券

商業銀行在發行債券之初，不需要交納準備金，也不受存款最高利率的限制，這樣，發行債券所籌集到的資金，商業銀行可以用於各種資產業務，利率也可以適當高一些，對投資者有較大的吸引力。中國商業銀行也一直在發行金融債券以籌集資金。

3. 同業拆借

商業銀行同業拆借調劑銀行之間的資金餘缺，方便靈活，是解決臨時性資金需求的一種理想方式。

4. 向中央銀行借款

中央銀行是銀行的銀行，商業銀行可以通過再貼現和再貸款的方式向中央銀行借款。

5. 國際金融市場融資

國際金融市場融資的渠道很多，商業貸款的利率一般較高，手續也比較複雜。

第三節　商業銀行的資產負債管理理論

不管是商業銀行的資產管理理論，還是商業銀行的負債管理理論，在保持商業銀行安全性、流動性和盈利性的均衡方面，都帶有一定的片面性和局限性。商

業銀行的資產管理理論過分偏重於安全性和流動性，在一定條件下甚至會以犧牲盈利性為代價，不利於鼓勵銀行進取經營；而商業銀行的負債管理理論能較好地解決流動性和盈利性之間的矛盾，但盈利性與流動性之間均衡的實現要依賴外部條件，同時會給商業銀行帶來很大的經營風險。從 20 世紀 70 年代中期起，由於市場利率大幅度上升，負債管理在負債成本和經營風險上的壓力越來越大，商業銀行迫切需要一種新的更為有效的經營管理指導理論；同時，計算機在商業銀行業務和管理上的應用越來越廣泛，商業銀行經營管理觀念也在不斷改變，由此，產生了資產負債管理理論。

一、資產負債管理理論的概述

20 世紀 70 年代末 80 年代初，美國通過了一系列金融法規：一是 1980 年通過的《放松對存款機構的管制與貨幣控制的法令》等；二是 1981 年通過的允許全國範圍內的銀行對活期存款支付利息的有關規定；三是 1982 年通過的允許銀行開辦不受 Q 條例利率上限制約的貨幣市場存款帳戶；四是 1983 年又同意開辦可轉讓支付命令帳戶。這一系列金融法規的頒布和實施，使得對商業銀行吸收資金的限制逐漸縮小，而業務範圍則越來越大。這一方面有利於商業銀行吸收存款和相互間的競爭，另一方面則造成銀行同業競爭加劇，引起存款上升，提高了資金成本，對商業銀行在安排資金結構和保證獲取高盈利方面帶來困難，客觀上要求商業銀行對資產負債進行綜合管理。

商業銀行資產負債管理理論現在已成為世界各國商業銀行所遵循的基本原理，與商業銀行資產管理和負債管理相比，其具有兩大特點：

（1）綜合性強。商業銀行對資產和負債管理並重，這是商業銀行向業務綜合化、多樣化發展的要求。

（2）適應性廣。商業銀行業務的自由化發展和外部競爭條件的變化，要求商業銀行不斷調整自己的經營行為，加強動態管理。經濟環境不斷變化要求商業銀行有較強的適應性，根據經濟環境的變化調整自己的經營行為。

二、資產負債管理的基本原則

在資產負債管理理論的指導下，在商業銀行的業務活動中出現了最基本的最具普遍性的準則，這是所有商業銀行都必須遵循的準則，這個準則就是資產負債管理的原則。這些基本原則是：

（一）規模對稱原則

規模對稱原則也可叫總量平衡原則，是指資產規模與負債規模相互對稱，統一平衡。這裡的對稱不是簡單的對等，而是建立在合理的經濟增長基礎上的動態均衡。規模對稱原則是保持流動性、安全性、盈利性的最基本保證。該原則要求在動態的變化中，資金來源與資金運用要保持總量上的均衡，資產的安排即商業銀行的資金流出量，必須以負債即商業銀行的資金流入量為基礎。

商業銀行業務的特點是負債經營，但不能超負荷經營。實際上，商業銀行的

資產總量與負債總量不可能絕對平衡，其真實意義是要保證商業銀行有足夠的清償能力。各國中央銀行往往通過制定法律做出有關規定，如商業銀行要按法律規定向中央銀行上繳存款準備金，接受金融監管部門監管，同時備足備付金和現金以及貸款餘額上限等。

(二) 結構對稱原則

結構對稱原則也叫資產分配原則，它是商業銀行資產負債管理的基本原則。其主要內容是指商業銀行的資產結構和資金運用長短、利息高低均要以負債結構和資金來源的流轉速度及利率的高低來決定。其內容包括兩個方面：一是商業銀行的資產償還期與負債的償還期應保持盡可能接近的對稱關係，稱之為償還期對稱；二是從成本的結構而言，高成本負債必須與高成本資產對稱，即以高成本吸收的存款或借入負債，則要以高利率發放貸款出去。

根據償還期對稱的要求，商業銀行資產的運用需要適應負債的可能。一般來講，負債流轉速度越快，償還期越短，資產的流轉速度也要相應提高，償還期相應縮短。如在負債結構中，定期存款比重大，商業銀行在資產結構中就應相應減少現金資產而增加長期放款；反之，活期存款比重較大，商業銀行在資產結構中就要相應增加現金資產，增加短期放款，減少長期放款。實際上，這是一種原則上的大致對稱，無論是償還期還是成本高低，都不可能簡單地一一對稱。從成本方面分析，商業銀行總是積極吸收存款，並願意吸收利率較低的存款，而投資和放款中又偏向利率和投資收益高的。從償還期方面分析，商業銀行都在進行償還期轉化和資產轉化，用活期存款和短期存款沉澱的穩定餘額進行長期放款，這種轉化要有量的限制，否則就會發生安全性風險。

在商業銀行實踐中，一般採用資產平均到期日與負債平均到期日的比率來安排資產的運用。如果資產平均到期日與負債平均到期日的比率等於1，說明資產與負債的流動性基本一致；如果該比率大於1，說明資金運用過度，長期性資金來源不足，商業銀行應減少長期性資產或者增加長期性負債，使比率接近1；如果該比率小於1，說明資金運用不足，應增加資金運用的期限。這種對比只是一種粗略的對比，在具體運用資金時，商業銀行要結合資產和負債的期限結構進行分析，才能保證商業銀行資產與負債償還期的基本對稱。

(三) 風險分散原則

在資產負債管理中必須遵循風險分散原則，即商業銀行在將資金分配運用於貸款、證券投資時，應該盡量將貸款和證券的數量和種類分散，避免資金過於集中於某種貸款與證券以及單一貸款或投資項目數量過大而增加風險。

在實際業務中，商業銀行可以採用多種分散方法。主要有：

1. 資產種類分散法

資產種類分散法是指商業銀行在分配資金運用時，應該將資金分散在不同的貸款和證券投資上。貸款包括工商業貸款、農業貸款、房地產貸款、國際貸款等。證券投資包括政府或政府機構債券、公司債券、國際債券等。這樣，商業銀行的資產風險不會集中在某一種資產上，因而可能避免因某一種貸款和證券發生

損失而引起全部損失的風險。

2. 行業分散法

行業分散法指商業銀行將資金投放於多種行業。把資產分散於不同行業之中，包括高技術行業、迅速發展的新興行業、基礎行業等，可以避免集中投資於某一行業而帶來全部損失的風險。

3. 地區分散法

地區分散法主要是指商業銀行將資金投放於經濟發達地區、經濟正在發展的地區、有潛力的經濟欠發達地區。換言之，商業銀行在資金投放上，應著眼於全國甚至全世界。這樣，商業銀行就可能避免因某一地區的經濟蕭條或自然災害帶來的投資損失。

4. 客戶和貨幣種類分散法

客戶和貨幣種類分散法是指商業銀行在發放貸款時，要將自己的客戶分散在不同的層次、不同的行業、不同的國家。同時，在實行浮動匯率制的今天，要在貸款使用貨幣上分散，以避免匯率風險。

5. 期限分散法

期限分散法是指商業銀行在利用資金進行放款和證券投資時，應發放不同期限的貸款、購買不同期限的證券，長短期搭配，時間要錯開，以加強銀行資金運用的流動性。

三、《巴塞爾協議》對資產負債管理的影響

儘管商業銀行資產負債管理的方法各不相同，但其目標和任務卻大體類似，即商業銀行主要是通過資產負債的協調管理，降低商業銀行的經營風險，增加商業銀行的收益來保持合理的流動性、保持自有資本的正常比例；以資產收益率和資本收益率作為對收益的評價基準；設立專門的資產負債管理委員會，以研究和制定銀行的經營策略、籌資方針和資金運用方向；對已實施的策略和方針進行跟蹤調查，以完善和改進資產負債管理。《巴塞爾協議》對商業銀行的資產負債有著全面的影響。

（一）促使商業銀行管理思想全面轉變

過去，商業銀行的資產規模常作為衡量商業銀行盈利能力高低和實力是否雄厚的重要標志。而《巴塞爾協議》從商業銀行資產規模及資本與風險資產的比率去評價商業銀行的實力和抵禦風險的能力，並要求經營國際業務的商業銀行在規定的時間內達到目標比率。這使商業銀行的管理思想發生了全面轉變，即由過去的重視資產總值轉變到重視資本與資產比率；由關注商業銀行的盈利性轉變到重視安全性和流動性。在資產管理具體措施上，商業銀行要優先考慮應急資產計劃，規定商業銀行在流動性不正常的情況下如何籌集資金，避免在資產質量出現問題和國內外重大意外事件造成擠兌時出現清償困難等。在資金投向上採取謹慎的經營戰略，強調收益率至少要與所面臨的風險相抵。

（二）擴大了商業銀行資產負債管理範圍

在《巴塞爾協議》以前，資產負債管理只是局限於對資產負債表表內的內

容進行控制，而不涉及資產負債表表外業務的監管。《巴塞爾協議》強調商業銀行資產負債管理包括表內表外業務的管理，因為商業銀行最終要為表外業務項目提供資金，並會對資本比率產生連鎖反應。所以，《巴塞爾協議》要求各國商業銀行應該使資產負債管理的指導方針也適合於表外業務活動，加強表外業務的統一管理。

（三）促使各國商業銀行採取有效的管理對策

為了遵守《巴塞爾協議》的規定，各國商業銀行都想方設法增加資本，提高資本充足比率。要提高資本充足比率，就必須增加資本、縮減資產規模、調整資產組合中風險資產的比重。為實現這一目標，商業銀行則要採取相關對策：

1. 增加資本的形式多樣化

各商業銀行要根據各自的資本結構、股息政策和市場情況採取不同的增資形式。如資本結構中核心資本比重低於《巴塞爾協議》規定的要求，該商業銀行一般採取發行新股和增加利潤留存的形式來增加核心資本。若核心資本已占全部資本的一半以上，該銀行則可通過發行債券和增加內部儲備等形式來擴大從屬資本。

2. 優化資產質量

商業銀行可出售部分有問題的資產或風險高、市價也高的資產以優化資產質量，也可以出售部分固定資產，將收益計入資本，以相應縮減資產規模，提高資本比率，改善資產質量。

3. 降低風險權重

商業銀行可在資本額和資產總規模不變的情況下，通過減少高風險資產和增加低風險資產以降低風險比重，提高資本充足比率。

中國的商業銀行要按《巴塞爾協議》要求實施監管還有一定的困難。根據國際慣例結合中國目前的具體情況，中國人民銀行發布了《關於商業銀行實行資產負債比例管理的通知》，對資本和風險權數做出了暫行規定，主要規定了資本充足率指標。該通知規定資本總額與加權風險總額的比例不得低於8%，核心資本不得低於4%，附屬資本不得超過核心資本的100%。通知要求各商業銀行在1996年年底前，逐步按國際慣例達到資本充足率指標。

四、資產負債綜合管理的方法

20世紀70年代末80年代初，由於市場利率經常劇烈波動，商業銀行靠負債保持銀行的流動性的成本大大提高，盈利減少。它表明負債管理方法已過時，不能解決商業銀行的流動性和盈利性的協調問題。因此，在20世紀70年代後期，出現了資產負債綜合管理理論，並指導商業銀行的經營管理。資產負債綜合管理是根據經濟情況的變化，通過負債結構和資產結構的共同調整，以及資產與負債的協調管理，以實現商業銀行的經營總方針，達到經營目標。資產負債綜合管理是資產管理和負債管理在更高層次的結合。

資金流動性管理是資產負債管理的基礎。其目標是在市場利率頻繁波動的情

況下，實現最大限度的盈利。資產負債綜合管理的方法主要有：缺口管理法、利差管理法和系統管理法等。

(一) 缺口管理法

缺口管理法是 20 世紀 70 年代以來美國商業銀行資產負債綜合管理中一種代表性的管理方法。

所謂缺口是指在一個既定的時期裡，利率敏感性資產與利率敏感性負債之間的差額。具體可分為兩類：一類是利率匹配形成的差額；另一類是期限匹配形成的差額。缺口管理是指在一定時期內為衡量和協調利率敏感性資產和利率敏感性負債所採取的措施。即是根據利率變動的趨勢，通過擴大和縮小缺口的幅度來調整資產和負債的組合及規模，以實現盈利最大化。

1. 按利率匹配形成的缺口管理法

按利率匹配形成的缺口管理方法將商業銀行所持有的資產和負債分為三大類：

(1) 利率相匹配的資產和負債。它主要是指那些具有相同預定期限和有一個議定的利率差幅，並且在數量上相等的資產與負債，具體包括購入和再出售的聯邦基金、相匹配的歐洲美元存款和貸款、承兌交易及其他相匹配的套匯交易等。

(2) 利率變動的資產與負債。它是指其利率隨市場資金需求狀況變化而波動的資產和負債。主要有優惠利率貸款、短期投資、可出售的有價證券、大額定期存單、短期借入資金和回購協議以及不相匹配的歐洲美元等。

(3) 固定利率的資產與負債。具體主要有不動產抵押、長期投資、分期償還的貸款、固定利率貸款、資本金和準備金、長期債務等。

在上述三種類型中，完全相匹配利率的資產和負債，一般數量相等，因此在一家銀行的資產和負債總額中，其差額為零，即該部分沒有缺口。固定利率和變動利率的資產和負債之間一般是有缺口的。其中：一種是正缺口，此時變動利率資產大於變動利率負債，它的數量等於固定利率負債大於固定利率資產的那部分。商業銀行在把長期資金作為短期資金使用時，就會出現這種情況。另一種是負缺口，此時變動利率負債大於變動利率資產，它的數量等於固定利率資產大於固定利率負債的那部分。商業銀行若把短期資金長期使用就會出現這種情況。

缺口的變化對商業銀行資產的安全性、流動性和盈利性具有重要的影響和作用。一種情況是由於一部分可變利率資產來源於固定利率負債，在市場利率上升的情況下，擴大缺口可增加盈利；反之，在市場利率下降時，擴大缺口則利潤會下降。另一種情況，則是把變動利率負債轉化為固定利率資產，它會給商業銀行資金的流動性和盈利性帶來巨大風險，其原因是當市場利率上升時，商業銀行固定利率資產仍然維持原有水平，出現負債成本上升而資產收益不變的情況，商業銀行利息收益減少，甚至會發生利差倒掛的現象，造成虧損。因此，商業銀行總是努力保持正缺口，而避免出現負缺口。

2. 按期限匹配形成的缺口管理法

它是以「梯形投資」理論為指導管理商業銀行資金流動性的一種方法。其

主要內容是：在任何一個既定時期裡，應該按資產和負債到期日的長短和資金數量的由少到多梯形排列，以便到期時需要清償的負債都能順利地由到期資產來滿足。

在具體的實際操作中，通常要選擇一定的權數，加權計算資產的加權平均到期日和負債加權平均到期日，資產的加權平均到期日減負債加權平均到期日的差額，就是期限匹配形成的缺口。若該值為正，說明資金運用過多，必須通過調整資產負債結構和引入新的資金來源加以解決。在利率上升階段，消除正差額，會加大商業銀行負債成本，減少盈利；在利率下降時，則有可能增加盈利。反之，若為負值，則說明資金沒有充分運用，可擴大資產規模或調整資產負債結構，以增加盈利。

（二）利差管理法

利差管理就是要在利率頻繁波動的情況下，設法實現最大限度的盈利。要達到這一目標，商業銀行必須盡力擴大利差，要擴大利差就必須有科學的利差管理。利差就是利息收入與利息支出之間的差額，可用絕對利差和相對利差來衡量。

絕對利差＝利息收入－利息支出

相對利差＝絕對利差/盈利資產×100%

利差管理法就是要控制利息收入和利息支出的差額，使其適應商業銀行的經營目標。風險和收益是衡量商業銀行經營好壞的重要標志，風險表現為利差的敏感性和波動性，利差大小及其變化決定了銀行總的風險及收益狀況。

商業銀行管理利差的手段主要有：

1. 利率管理手段

影響利差的內在因素主要是資產和負債結構、貸款質量及償還期、吸收存款和借入資金的成本及償還期。外在因素是總的宏觀經濟狀況、市場利率水平、金融機構競爭狀況等。這些因素是銀行無法左右的，只能進行預測，所以商業銀行的利差管理主要是通過調整和改變內在因素來解決的。

增加利差的主要手段有：一是融資種類和利率的變化；二是增加盈利資產在總資產中的比重；三是延長投資的期限等。利差管理的重點在於利差的差異分析，分析利率變化、資產和負債的總量與結構變化對利差的影響程度。

利率的週期性波動也會影響利差。在利率波動週期的不同階段，決定利差大小的因素主要有三個，即市場利率、資產和負債的總量及其組合。資產和負債總量的影響主要發生在經濟擴張階段，此時信貸需求大，從而導致資產負債總規模也相應擴大。對資產組合的影響主要是資產由低盈利資產向高盈利資產轉移，此時，負債也往往增加。經濟擴張階段，利差會擴大；相反，經濟蕭條階段，利差會縮小。事實上，利差的週期性波動與利率的週期性波動基本是一致的，利率上升階段，利差增長迅速；利率下降階段，情況則相反。

2. 市場交易手段

20世紀70年代以後，金融衍生品大量增加，商業銀行紛紛採用這些新金融工具及交易方式，進行利差管理和資產的避險保值。

(1) 金融期貨交易

金融期貨交易是指在期貨交易市場中成交一定數量的金融商品的買賣行為。金融期貨的品種主要有利率期貨、外匯期貨及股價指數期貨等。商業銀行利用期貨市場進行套期保值，以消除利率風險。常用的做法有兩種：多頭套期保值和空頭套期保值。金融期貨交易對商業銀行的好處有：

①為商業銀行提供了一種新的避險工具，通過金融期貨套期保值交易可降低或避免利率、匯率等風險，增加商業銀行的經營穩定性。

②增加了靈活性，商業銀行可以提供更加廣泛的金融產品和服務，吸引更多的顧客。

③降低了銀行的經營風險，在某一利率環境下，銀行既可選擇盈利最高的投資，又可選擇成本最低的資金，通過期貨交易把利率風險限制在一定的範圍之內，增加銀行利益。

(2) 金融期權交易

金融期權交易就是期權的買方有權在期權期限內或到期時買進或賣出一定的金融產品。期權比期貨更具有靈活性，期權最大的損失是期權費，而盈利機會則是無限的；期權交易事先就可以知道交易成本，可以鎖定風險。

(3) 利率互換

利率互換是指兩筆借款，貨幣金額相同、期限一樣，但付息方法不同，彼此進行互換。通常甲方以固定利率換取乙方的浮動利率，乙方以浮動利率換取甲方的固定利率，以達到控制資金成本的目的。現在不僅是固定利率與浮動利率的債務可以互換，即使不同類型的浮動利率債務也可以互換。利率互換的主要優點如下：

①有利於減少利率敏感性差額。如規模大的商業銀行一般以浮動利率放款，屬於利率敏感性資產，而儲蓄機構資產多為長期固定利率放款，負債多為利率敏感性差的。所以，雙方可在不改變現有資產負債結構的前提下，通過利率互換，調整各自利率敏感性差額，從而降低利率風險。

②有利於降低交換雙方的籌資成本，調整債務結構。同時，因為利率互換交易雙方信用等級不同，資信度高的商業銀行可在互換中增加收益。

(三) 系統管理法

系統管理法主要是採用技術手段預先評估出銀行的經營效果，並以此作為憑據，調整資產負債結構，以達到預期經營目標。由於金融創新使商業銀行的業務經營日益多樣化，為適應環境的變化，並在經營管理上獲得整體性和協調性，商業銀行經常採用系統管理法。

1. 系統管理法的重點

系統管理法的重點是商業銀行經營效果的預先評估。其評估的基本程序為：

(1) 編製以天為基礎的資產負債表。以應計基礎逐日編製資產負債表，作為商業銀行資金來源與運用的參考依據。

(2) 預測市場利率走勢。根據當前的經濟金融形勢和市場資金供求狀況，

預測出利率的基本走勢，用以確定銀行資產和負債的預期利率。

（3）編製利息差價表。用預測出的利率乘以相關的生息資產和付息負債，可以得出利息收入和利息支出，兩者的差價就是利息差價。

利息差價＝生息資產×預測利率－付息負債×預測利率

（4.）計算淨邊際利率。將利息差價除以生息資產，即為淨邊際利率。即：

淨邊際利率＝利息差價／生息資產

（5）評估出商業銀行的非利息負擔。將商業銀行日常經營的非利息費用（工資及雜項費用）減去非利息收益（中間業務收入等）即為非利息負擔。

非利息負擔＝非利息費用－非利息收益

（6）評估商業銀行的經營效果。將非利息負擔相對於生息資產的比率與淨邊際利率相減後的差額和事先預定的稅前生息資產報酬做比較，即可評估出銀行的經營效果。

2. 系統管理法的優點

系統管理法的優點在於強調了商業銀行的整體營運效果，並把非利息負擔及淨邊際利率看成影響銀行經營業績的主要因素。

3. 系統管理法的缺點

系統管理法缺點在於這種管理方法是建立在預測基礎上的，尤其是對市場利率的預測，預測的準確性直接影響著商業銀行資產負債管理的效果，所以蘊含著極大的系統性風險。

復習與思考題

1. 簡述三種資產管理理論的主要觀點。
2. 簡述負債管理理論的特點，分析其對商業銀行經營戰略的影響。
3. 試述資產負債管理理論的特點和基本原則。
4. 簡述資產負債管理的一般方法。
5. 《巴塞爾協議》對商業銀行的資產負債管理有哪些影響？

第九章　商業銀行風險管理與內部控制

> **學習目標**
> ◆ 瞭解商業銀行風險的定義、成因和分類
> ◆ 瞭解商業銀行風險的內容、目標和意義
> ◆ 掌握商業銀行風險的預測和內部控制方法

商業銀行的性質決定了商業銀行是一個不同於其他工商企業的特殊企業，其突出的特點是高風險性。商業銀行的經營目標是盈利性、流動性和安全性。盈利性對商業銀行的約束力比較強，商業銀行在追求其利潤最大化的經營過程中，與其經營目標相對應的是經營的高風險性。商業銀行經營面臨的風險有環境風險、管理風險、支付風險和宏觀金融風險等。由於商業銀行資產負債結構上的特點而使商業銀行承受的這類風險具有特殊性。因此，商業銀行的風險管理有著重要的意義。商業銀行風險管理體現在其資產負債的全面經營管理及其各項具體業務之中，強調商業銀行風險預測和內部控制。

第一節　商業銀行的風險概述

一、商業銀行風險的概念

商業銀行風險是指商業銀行在經營活動中，因事先無法預測的不確定因素的影響，使商業銀行蒙受損失或獲取額外收益的可能性。商業銀行的風險是客觀存在的，這些風險源自商業銀行所經營的所有業務。

在商業銀行風險的含義中，包括四個基本要素，即商業銀行風險承擔者、收益與風險的相關度、不確定因素和風險量度。

（一）商業銀行風險承擔者

商業銀行在經營過程中，以仲介機構或交易人的身分與經濟活動的有關機構或個人發生經濟關係。這些機構或個人主要包括工商企業、其他商業銀行、非銀行金融機構、個人居民等。商業銀行的風險具有可轉移性，商業銀行風險一方面來源於其委託方或交易對手的轉移風險，商業銀行的客戶會採取金融工具將其風險轉移過來，增加了商業銀行的風險；另一方面商業銀行風險也可以轉移給客戶。因此，商業銀行及其客戶都是商業銀行風險的承擔者。

（二）收益與風險的相關度

商業銀行風險與收益成正比例關係。商業銀行風險越高，商業銀行遭受損失

的可能性越大，但其取得高額收益的機會也隨之增加。商業銀行在確定其經營目標時，盈利性與安全性經常難以統一。如果商業銀行過分強調利潤的約束力，則會減弱商業銀行免受損失的可靠程度。因此，商業銀行的盈利性與安全性應在商業銀行總體經營目標下進行有效的權衡。

（三）不確定因素

商業銀行經營面臨的不確定因素與商業銀行經營的經濟環境、經營策略、銀行經營者、金融工具的選擇等有很大關係。商業銀行經營者對風險的好惡程度不同，商業銀行在金融工具上的不同選擇會直接影響其規避風險的效應，同業之間的競爭和來自於非銀行金融機構的競爭壓力也會影響銀行風險。因此，商業銀行風險可以通過與經營過程中各種因素相互作用而形成一種自我調節和自我平衡的機制。

（四）風險的量度

商業銀行可以通過風險量度的大小來識別和判斷其承受經營風險的程度，但是商業銀行的某些風險並不能計量。商業銀行風險由可計量和不可計量風險構成。因此，商業銀行在風險分析方法上除了運用包括概率與數理統計在內的計量方法外，還要運用綜合分析法等非計量方法評估風險及其影響程度。

二、商業銀行風險的成因

商業銀行的業務活動是在一定的經濟環境下，依據其經營目標和策略進行的，其業務活動的結果則反應了一定經濟環境及其經營策略的效應，以及商業銀行業務人員在開展業務活動過程中的實際偏差與預期的差異。

（一）商業銀行風險來源於客觀經濟環境

1. 宏觀經濟環境是商業銀行主要風險的源頭

從宏觀經濟環境的角度來看，一個國家的宏觀經濟條件、宏觀經濟政策以及金融監管當局等發揮效應的大小是商業銀行風險的主要源頭，並決定著一國商業銀行風險的大小。宏觀經濟中通貨膨脹的高低以及經濟週期的不同階段將對商業銀行的信用管理、利率水平以及商業銀行各項業務產生巨大影響，因此，通貨膨脹、經濟週期等是商業銀行的主要風險源之一；宏觀經濟政策對一國的貨幣供應量、投資水平、投資結構、外匯流動等的調控，直接或間接地影響了商業銀行的盈利性和安全性；金融監管當局的目標與商業銀行的經營目標經常不一致，金融監管當局的目標是實現安全性、穩定性和結構性，它強調對商業銀行實行監管，因此，各國金融監管當局的監管方式、監管力度和監管效果等，也是商業銀行主要的風險環境因素之一。

2. 微觀經濟環境也是商業銀行風險的源頭

從微觀經濟環境而言，同業競爭、市場風險及法律條文的變更等也是商業銀行風險的源頭。特別是金融政策寬鬆後，商業銀行受到來自於非銀行金融機構的競爭，從而不斷增加了商業銀行在經營管理上的壓力。市場激烈的競爭會增加商業銀行的經營成本，增大盈利的不確定性，與商業銀行追求的經營目標和穩健的

經營原則相悖；金融市場上資金的供求、利率和匯率等市場變化的走勢難以預測，因此，無論是資產負債總體運行狀況，還是各項資產負債具體業務，商業銀行在經營過程中，由利率和匯率等市場的變化造成了無法迴避的各種經營風險；法律條文的變更、基礎設施的故障、管理人員的健康狀況、意外事故的發生等可能使商業銀行的經營範圍、經營行為、經營環境等發生變化，這些變化可能使商業銀行面臨不利的競爭地位等非預期的風險。

(二) 商業銀行風險來源於商業銀行自身的經營策略

每家商業銀行都有其經營策略，經營策略是基於商業銀行的管理目標而設計的。商業銀行經營管理的基本目標是通過購買與出售金融產品與服務的銀行活動來增加銀行的內在價值，同時兼顧銀行的安全性和流動性。在這樣的經營目標下，商業銀行的經營策略應體現出這樣的思路，即引導商業銀行的各種具體業務的管理在深化安全性、流動性的前提下，以實現銀行市場價值最大化為目標。商業銀行以實現包括自身價值增值在內的多重目標為目的所設計的經營策略理論上往往是合理的，但該經營策略會因為銀行價值增值目標與其他目標發生衝突而最終不能完成或落實。因此，商業銀行的經營策略不當會引發商業銀行的風險。

(三) 商業銀行風險來源於商業銀行自身的管理水平

商業銀行經營管理水平是資產負債業務管理水平、財務管理水平、人事管理水平等的綜合體現。財務管理的目標是通過提高資金運用效率來獲取更多的盈利，但能否如願則與銀行投資決策、籌資決策和盈利決策的能力與水平有關，風險貫穿於決策和執行的全過程。人事管理由勞動管理和人事管理構成，商業銀行可以通過貫徹全面發展原則、激勵原則、物質利益原則和經濟效益原則來建立和完善其勞動人事管理制度，但是包括銀行家在內的從業人員在追求銀行目標過程中還會考慮到其自身的利益，這可能不利於銀行目標的實現，並可能給銀行帶來風險。

三、商業銀行風險的類別

商業銀行風險分類的標準不同從而有不同的風險種類：

(1) 按風險的主體構成不同劃分，可分為資產風險、負債風險、中間業務風險和外匯風險；

(2) 按風險產生的原因不同劃分，可分為客觀風險和主觀風險；

(3) 按風險的程度不同劃分，可分為低度風險、中度風險和高度風險；

(4) 按風險的性質不同劃分，可分為靜態風險和動態風險；

(5) 按風險的形態不同劃分，可分為有形風險和無形風險；

(6) 按業務面臨的風險不同劃分，可分為流動性風險、利率風險、信貸風險、投資風險、匯率風險和資本風險等。這是最為常見的一種風險分類方法。

(一) 流動性風險

流動性風險是指商業銀行未有足夠的現金來彌補客戶取款需要和未能滿足客戶合理的貸款需求或其他即時的現金需求而引起的風險。該風險可能導致商業銀

行出現資金困難，甚至可能出現破產。商業銀行具有流動性需求，即客戶對商業銀行所提出的必須立即兌現的現金需求，包括存款客戶的提現需求和貸款客戶的貸款需求。商業銀行應進行有效的現金頭寸管理，以滿足客戶不同形式的現金需要，體現商業銀行經營管理的可靠性與穩健性。

商業銀行滿足流動性需求主要有兩條途徑：一是商業銀行在其資產負債表中「儲備」流動性，即持有一定數量的現金資產；二是商業銀行在金融市場上「借入」流動性，即通過在金融市場上借入短期資產增加其流動性。但是，商業銀行保持流動性往往以犧牲其收益為代價。因此，對商業銀行流動性需求的測定就顯得非常重要。商業銀行流動性需求主要有短期流動性需求、長期流動性需求、週期流動性需求和臨時流動性需求。這些流動性需求存在著短期變化、長期變化、週期變化和暫時現金需求變化等相對有規律可循的波動。商業銀行流動性需求應在這些波動分析上進行預測。但是，商業銀行流動性需求是否能得到滿足，除了受需求量的測定值合理與否的影響之外，還受商業銀行現金來源是否可得的影響。評判商業銀行流動性風險及其程度的指標主要有存貸比率、流動比率、大面額負債率和存貸變動率等。

(二) 利率風險

利率風險是由於市場利率波動造成商業銀行持有資產的資本損失和對商業銀行收支的淨差額產生影響的金融風險。利率風險因市場利率的不確定性而使商業銀行的盈利或內在價值與預期值不一致。通常，商業銀行存貸的類型、數量和期限在完全一致條件下，其利率的變動對商業銀行存款和貸款的影響呈反向變化，具有對沖性，也就不存在商業銀行存貸間的利差淨收益。因此，商業銀行自身的存貸結構是產生利率風險的重要原因，但商業銀行自身的資產負債結構和數量在現實中並不完全一致。

市場利率波動是造成商業銀行利率風險的主要因素，而市場利率的波動受一國貨幣供求的影響。當中央銀行擴大貨幣供應或金融市場的融資渠道暢通時，利率會隨商業銀行可貸資金供給量的增加而下降；當經濟處於增長階段，投資機會增多時，對可貸資金的需求增加，利率也隨之上升；在通貨膨脹情況下，市場利率等於實際利率加通貨膨脹率之和，當價格水平上升時，市場利率也會相應提高。因此，在分析利率風險時，必須重點研究中央銀行的貨幣政策、宏觀經濟環境、價格水平、國際金融市場等對市場利率的影響。隨著世界金融市場一體化和金融自由化影響力的擴展，市場利率的波動性越發凸顯，商業銀行受利率風險的影響越來越大。商業銀行利率風險的衡量指標是利率風險敞口和利率的變動。

(三) 信貸風險

信貸風險是指接受信貸者不能按約償付貸款的可能性。信貸風險是商業銀行的傳統風險，是商業銀行信用風險中的一部分。這種風險將導致銀行產生大量無法收回的貸款呆帳，將嚴重影響商業銀行的貸款資產質量，過度的信貸風險可使商業銀行破產倒閉。

商業銀行的信貸業務作為核心業務，其收益是銀行的主要收入，貸款資產是

商業銀行資產的主要部分。商業銀行在貸款過程中，不可避免地會因為借款人自身的經營狀況和外部經濟環境的影響而不能按時收回貸款本息。因此，要認識信貸風險首先應認識影響商業銀行信貸風險的因素。信貸風險受外部因素與內部因素的影響。外部因素是包括社會政治、經濟的變動或自然災害等在內的銀行無法迴避的因素；內部因素是商業銀行對待信貸風險的態度，這類因素體現在其貸款政策、信用分析和貸款監管的質量之中。

信貸風險對商業銀行的影響往往不是單一的。信貸風險常常是流動性危機的起因，貸款不能按時收回將直接影響銀行的流動性。同時，利率風險會波及信貸風險，當利率大幅度上升時，借款人的償債力下降，商業銀行信貸風險加大。信貸風險與利率風險和流動性風險之間有著內在聯繫，具有互動效應。

（四）投資風險

投資風險是商業銀行因受未來不確定性的變動而使其投入的本金和預期收益產生損失的可能性。按商業銀行投資內容分，投資風險包括證券投資風險、信託投資風險和租賃投資風險等。投資風險屬於商業銀行信用風險的一部分。

商業銀行的投資性資產在提供流動性保障、創造收益、減少經營風險及貸款風險上起著十分重要的作用。但是，商業銀行在進行投資時，本身也承擔了一定的風險。尤其是它在證券投資方面承擔了較大的風險。商業銀行投資風險來自於四個方面，即經濟風險、政治風險、道德風險和法律風險。

（1）經濟風險。它包括內部和外部風險，是商業銀行投資風險的主要來源。內部風險是由被投資方本身經營不善而引發的，一是被投資方經營無方而使投資方得不到應有回報，二是被投資方財務營運得不到補償而出現破產、違約的可能。外部風險由被投資方之外的經濟因素引發，包括市場風險、購買力風險、利率風險與匯率風險。因此，投資風險對商業銀行的影響也非單一性的。

（2）政治風險。它由政治體制變動和政策變動引發，會強烈地影響國內經濟活動，並在投資收益的變化中反應出來。因此，它對商業銀行投資的影響相對較大。

（3）道德風險。它是由被投資方的不誠實或不履行義務所引發，從而對商業銀行投資造成損失的可能性。

（4）法律風險。它是由投資行為不符合法律規範而引發，從而使銀行因投資行為失效而遭受損失的可能性。

（五）匯率風險

商業銀行匯率風險是指銀行在進行國際業務時，其持有的外匯資產或負債因匯率波動而造成價值增減的不確定性。匯率風險屬於外匯風險範疇。隨著銀行業務的國際化，商業銀行的海外資產和負債比重增加，商業銀行面臨的匯率風險加大。如何規避匯率風險成了商業銀行風險管理的重要內容。

匯率風險源於國際貨幣制度。國際貨幣制度包括固定匯率制度和浮動匯率制度兩大類。在固定匯率制度下，匯率風險較之於信貸風險、利率風險小得多；在浮動匯率制度下，匯率波動的空間增大，表現為波動頻繁及波動幅度大，由此產

生的匯率風險成為有較多國際業務的商業銀行必須正視的重要風險之一。

匯率風險與國家風險、代理行信用風險和外匯交易風險等一道構成外匯風險。匯率風險與外匯風險的其他內容有關聯。匯率風險的衡量指標主要有匯率風險敞口和匯率的變動等。

（六）資本風險

商業銀行資本風險是指商業銀行最終支持清償債務能力方面的風險。該類風險的大小說明銀行資本的雄厚程度。商業銀行的資本愈充足，它能承受違約資產的能力就愈大。商業銀行的資本風險下降，盈利性也隨之下降。

商業銀行的資本構成了其他各種風險的最終防線，資本可作為緩衝器而維持其清償力，保證銀行繼續經營。隨著金融自由化的進展，世界各國銀行間的競爭加劇，來自非銀行金融機構的競爭壓力加大，商業銀行的經營風險普遍加大，在這種情況下，加強資本風險管理尤為重要。國際金融監管組織、各國金融管理當局和各國商業銀行均意識到資本風險的嚴峻性。為此，監管當局要加大對銀行資本的監管力度，商業銀行也要加強對資本風險的管理。

第二節　商業銀行風險預測

由於商業銀行風險是由多種不確定性因素引發的，從風險管理的要求看，如何從不確定的宏觀和微觀環境中識別可能使商業銀行產生意外損益的風險因素，並用定量方法和定性方法加以確定，構成了商業銀行的風險管理的前提條件。商業銀行應通過對尚未發生的潛在的各種風險進行系統歸類和進行全面的分析研究，從中揭示潛在風險及其性質，對特定風險發生的可能性和造成損失的範圍與程度進行預測。

風險預測是風險管理的一個重要環節，是商業銀行的整個風險管理中最重要和最難以處理的一部分，也是風險控制的前提條件。商業銀行的風險預測主要包括調查分析、風險識別和風險衡量三個部分。

一、調查分析

商業銀行在其經營過程中，其所處的經營管理環境不同，所遇到的經營風險也不一樣。為此，商業銀行相關部門必須通過調查分析來識別風險和瞭解風險的狀況。

（一）商業銀行的營業環境分析

商業銀行的營業環境由國外和國內環境組成。通過對商業銀行所處的營業環境情況的分析，可以瞭解商業銀行所處的金融系統的競爭結構和市場環境。在分析商業銀行所處的國內和國外競爭環境的狀況及其發展趨勢的基礎上，可以對其面臨的國家風險與市場風險進行歸類。

（二）商業銀行的管理環境分析

商業銀行管理環境由一個國家銀行監管當局的管理質量和管理方法組成。應

注意分析管理當局如下能力：當銀行出現問題時，管理當局干預和清除問題的能力和意願；管理當局平衡各金融機構在國內金融體系中的位置的能力。這有助於銀行預測當其出現風險或危機時管理當局的行為。

（三）商業銀行的地位分析

商業銀行目前和未來在整個金融系統中的地位高低，對其在危機時從政府處得到的支持力度有著重要影響。在對商業銀行風險識別和衡量前，必須對商業銀行在國內金融系統中的地位進行瞭解。

二、風險識別

按商業銀行業務面臨的風險不同劃分，商業銀行風險可分為流動性風險、利率風險、信貸風險、投資風險、匯率風險和資本風險六種。商業銀行在調查分析研究的基礎上，應對風險進行綜合歸類，揭示和分析哪些風險應予以考慮、這些風險的動因是什麼、它們引起的後果的嚴重性有多大等。

（一）商業銀行經營環境引發的風險的識別

商業銀行經營環境會引發包括國家風險、利率風險和競爭風險在內的商業銀行風險。在識別國內經營環境所帶來的風險時，應充分關注商業銀行所在地競爭環境狀況及發展趨勢的特徵，即其他金融機構的競爭力、在各個細分市場中同業的競爭力、商業銀行享有政府支持和特權的情況、政府運用商業銀行體系的程度、外國銀行的競爭力等。這些特徵表明商業銀行潛在的風險有利率風險、國家風險和競爭風險。如果商業銀行風險來源於同業的競爭壓力過大，則競爭風險必須予以考慮和揭示。商業銀行所處的國際環境及其變化趨勢可能引發匯率風險、信貸風險等。如果商業銀行從事的國際業務量大，或商業銀行持有的外匯資產和負債數目較大，那麼，商業銀行應注重匯率風險。

（二）商業銀行管理環境引發的風險的識別

商業銀行的管理環境也會引發諸多風險。按風險識別要求，對商業銀行管理環境的分析主要有：

（1）分析商業銀行所在國金融管理當局的管理政策和執行能力。分析商業銀行所在國金融管理當局的管理質量和方法，以及國家金融管理當局對商業銀行風險的干預和控制能力。一般情況下，管理質量高的國家，其商業銀行的風險較小，後果也較輕；反之，則風險較大，後果較嚴重。

（2）分析預測商業銀行所在國的管理變化。商業銀行主要進行兩個方面分析，即金融自由化進程和商業銀行面臨的金融非仲介化程度及發展趨勢。隨著金融自由化的進程，整個金融體系的不穩定因素增加，尤其對於正在建立利率、匯率市場機制的發展中國家，商業銀行將面臨較高的利率和匯率風險。同時金融市場自由化的負面產物可能導致商業銀行信用風險。金融非仲介化是金融業競爭的產物，它迫使商業銀行改變經營策略，涉入新的業務領域，以增加利潤。但由於商業銀行缺乏新業務的經營管理經驗，容易產生經營風險。

（3）分析商業銀行與其金融管理當局的關係。商業銀行可通過其與管理當

局的交往來評價存在的風險及程度。商業銀行與管理當局的聯繫有以下幾種形式：①管理當局是否對銀行進行過特殊的審計，或寄送要求商業銀行謹慎經營的信件；②商業銀行是否在資本充足性、資產質量等方面與管理當局發生過矛盾；③商業銀行是否曾向中央銀行請求過緊急援助；④商業銀行的經營者在風險控制等方面是否受到過管理當局的批評等。商業銀行與其管理當局交往的深度和廣度對銀行確認和識別風險意義重大。

(4) 分析國際管理變化及發展趨勢。在國際金融市場一體化的進程中，必須加強國際金融管理。國際金融管理的變化和發展趨勢對商業銀行的經營管理影響巨大，它有可能給商業銀行帶來新的經營風險或改變原有風險的影響程度。比如資本充足性的國際性標準將有助於防止或減緩表外業務風險對銀行的影響。

(三) 銀行在金融系統中的地位引發的風險的識別

商業銀行在金融系統中的地位對其在關鍵時刻可能得到的政府支持起著十分重要的作用。因此，分析商業銀行的地位有助於商業銀行的風險識別。商業銀行在金融系統中的地位高低體現在以下方面：

(1) 商業銀行風險在某些特定的時刻（比如破產）會傳遞給與其有利益關係的個人、法人和政府機構。商業銀行越大越重要，其風險的波及面也越寬。為此，在分析時，應瞭解商業銀行是否已通過一定的明確的合法補償手段（比如政府擔保、保險等）作為保障。一旦商業銀行違約或破產等突發事件發生時，可以此來保障商業銀行存款人或其他各種證券持有人的利益，這在某種程度上也同時減輕了商業銀行的相關風險。

(2) 商業銀行作為企業，有其自身的經營目標。如果商業銀行的經營目標與一國經濟和金融發展的現時與將來的目標一致、商業銀行的市場佔有額高、商業銀行在國內資本市場上的地位突出、商業銀行對所在國當局制定政策有影響，就決定了政府必然會對其進行強有力的支持，即使商業銀行發生危機時，政府也不會放手不管。

(四) 商業銀行債權人的法律地位引發的銀行風險的識別

商業銀行債權人的受償次序及其相關的權利與義務由法律規定，不同的商業銀行債權人，其法律地位不同。對商業銀行債權人而言，其面臨的法律風險由法律規定的變化引起。分析商業銀行債權人的法律地位時，應分析商業銀行各種債權人法律地位的變化。比如，按照政府存款保證金制度和緊急援助措施，在美國，同屬於一家銀行控股公司的所有聯營商業銀行負有交叉補償的責任，也就是說，如果其中一家聯營商業銀行發生流動性困難乃至破產時，其他聯營商業銀行必須予以支持。這樣，一方面提高了商業銀行債權人的法律地位，但另一方面各家聯營商業銀行實質上承擔的風險程度不一樣。

(五) 商業銀行所有權及法律地位引發的風險的識別

商業銀行的所有制性質不同，有國有銀行、股份制銀行等區別。在非完全市場原則下，國有銀行要比股份制銀行或私人銀行獲得更多的來自政府的支持，而且非常明確。國有銀行的法律地位及所有權的特殊性決定了其承受的經營風險相

對較小。而在市場原則下,各銀行所有權的主體及法律地位相對平等,銀行之間來自所有權和法律地位的風險差別不大。

三、商業銀行風險的預測

商業銀行風險預測是對特定風險發生的可能性或造成損失的範圍和程度進行衡量。風險預測以風險識別為基礎,它是風險識別的延續或延伸。在長期的風險研究和風險管理實踐中,形成了一系列銀行風險預測方法,特別是科技的發展為預測提供了很好的手段,也為銀行風險預測的準確性提供了可能。一般而言,商業銀行風險預測的手段有定量分析和定性分析兩種。

(一)定量分析

定量分析是指利用歷史數據資料,通過數學推算來估算商業銀行未來的風險。線性代數、概率和數理統計等數學工具被引入後,建立數學模型是定量分析的關鍵。比較常見的定量分析法有時間序列預測法、馬爾可夫鏈預測法、累積頻率預測法、彈性分析法等。

1. 時間序列預測法

時間序列預測法應用事物發展的連續性原理(即把未來看成過去和現在的延續)和數理統計的方法來預測未來。商業銀行運用時間序列預測法預測風險,其實質是根據過去和現在的風險情況來預測未來同類風險發生的概率及所造成的影響。

(1)指數平滑法

指數平滑法屬趨勢分析法範疇,它是根據歷年資料,按時間的先後予以排序,再採用數理統計的方法來推測未來的變動趨勢。這種方法在運用中有一定的前提條件,即所需相關資料至少在短期內具有一定的規律性,以及不考慮隨機因素的影響。

其計算公式為:

$X_t' = aX_{t-1} + (1-a) X_{t-1}'$ （$0 \leq a \leq 1$）

上式中,X_t' 為未來預測數額;X_{t-1} 為本期實際數額;X_{t-1}' 為本期預測數額;a 為平滑係數,是對本期實際數額的權數;1-a 是對本期預測數額的權數。a 值越小,下期的預測值就越接近於本期預測值;反之,則越接近於本期實際值。這種預測方法的關鍵是測算 a 值,一般可選用不同的 a 值代入上式分別進行試算,然後以預測值最貼近實際值的那個 a 為準。

這種方法可運用於商業銀行利率風險、匯率風險和投資風險的預測。儘管利率、匯率和證券價格等受許多隨機因素干擾,但它們的短期變動具有一定的規律性。可以使用指數平滑法預測利率、匯率和證券價格,然後分析利率、匯率、證券價格的變動幅度以及對銀行損益所造成的影響。

指數平滑法的局限性在於平滑係數的確定帶有主觀性,不同的平滑係數會使預測結果出現較大的差異。

（2）迴歸分析預測法

任何一種商業銀行風險均受多種經濟變量影響，它們之間有兩種關係：一是確定性的函數關係，即在函數關係中的每個變量都是確定的，它們之間的關係可用明確的數學形式表達。比如，資本＝資產×資本資產比率。二是非確定性的相關關係，即變量之間存在著某種規律性，但常常因隨機因素的影響而具有不確定性。比如，利率風險＝f（利率風險敞口，利率的變動），以及匯率風險＝f（匯率風險敞口，匯率的變動）等。迴歸分析是研究相關關係的一種方法，通過建立迴歸方程式，分析討論變量間的相關程度，以確定該方程式在進行風險預測上的合理性。迴歸分析法按自變量的多少分為一元迴歸分析和多元迴歸分析。由於多元迴歸分析法有較為複雜的數學過程，限於篇幅，本書以一元迴歸分析來描述其在風險預測中的運用。

一元迴歸數學模型表示自變量和應變量兩者之間的線性相關關係。其數學表達式為：

$Y_i = a + bX_i + e_i$　　（i＝1，2，…，n）

上式中，X_i 為自變量，假設是預先給定的，視為確定性變量；Y_i 為因變量；e_i 為各種不確定因素對 Y 的總影響，即誤差項；a、b 為常數，a 為起始值，b 為斜率。假定 e_i 符合正態分佈，則在預測時，可用直線 $Y_i = a + bX_i$ 來計算其相關程度。在 a、b 確定後，就能通過模型得到預測值，並通過相關係數 r 來判斷預測值的精確度。

2. 馬爾可夫鏈預測法

該方法以無後效性為基礎，適用於記憶性較強的隨機模型。無後效性是指自然界的事物與過去的狀態並無關係，而僅僅與事物的近期狀態有關。因此，應用馬爾可夫鏈預測隨機事件未來趨勢的變化無須大量歷史數據，就能完成短期或長期趨勢分析。

3. 累積頻率預測法

這是在統計規律穩定、歷史資料齊全的情況下進行風險概率預測的一種方法。該方法有四個步驟：首先，描述概率分佈，即描述不同風險產生的損益及其概率；其次，計算樣本的數學期望值；再次，計算反應報酬率偏離期望報酬率的綜合差異的標準差；最後，計算標準離差率，用相對數來表示離散程度，即風險的大小。

累積頻率預測法通常用於預測非系統性風險，商業銀行在預測投資風險時運用得非常普遍。現以銀行單一證券投資風險預測為例來說明累積頻率分析法的運用。

銀行根據證券收益率及變動的概率用加權平均法計算出加權平均值，其計算公式如下：

$$E_{(k)} = \sum_{i=1}^{n} k_i \cdot p_i$$

上式中，$E_{(k)}$ 為某證券投資收益率的期望值；k_i 為該證券投資第 i 次變動的收益率；P_i 為該證券投資第 i 次變動的概率；n 為該證券投資收益率變動的次數。

以證券投資收益率的期望值為參照，計算出各投資收益率與期望值間的離散程度，其計算公式為：

$$6 = \sqrt{\sum_{i=1}^{n}[k_i - E_{(k)}]^2 \cdot p_i}$$

上式中，6 表示該證券投資收益的標準差，該標準差越大，說明投資風險越大。如果要用相對數來表示投資風險大小的話，則可用以下公式表示：

$$\sigma = 6/E_{(k)}$$

上式中，σ 表示標準離差率，該離差率的大小與投資風險之間的關係同標準差的判斷一致。

4. 彈性分析法

它是以風險因素與風險損益之間的因果關係為基礎，來分析風險因素變化對風險收益的影響，又稱為差量分析法或敏感性分析法。它的表示方法通常為：風險因素變動（上升或下降）一個百分點，商業銀行風險損益將變動若干個百分點。這種方法運用廣泛，在匯率風險和利率風險預測中均可用到此法。現以該方法在利率風險預測中的運用加以說明。

利率風險由利率風險敞口和利率的變動引發，它們的函數關係為：利率風險=f（利率風險敞口，利率的變動）。利率風險敞口是利率風險產生的基礎，利率風險敞口由商業銀行資產負債結構的不匹配引起。商業銀行的資產與負債可按利率的特點分成三類：一是利率、期限相匹配的資產負債，這種結構資產負債對稱，不存在利率風險敞口，利率波動因其對沖性而對銀行的盈虧不產生很大影響；二是固定利率的資產和負債，利率的波動因這類資產和負債的利率固化而對淨利息收益率的影響甚微；三是浮動利率的資產和負債，即利率敏感性資產（ISAs）和負債（ISLs）。顯然，利率敏感性缺口是指在一定時期內銀行利率敏感性資產與負債之間的差額。不同的市場利率條件下，該缺口的伸縮對商業銀行的盈利性乃至流動性和安全性均將產生重要影響。商業銀行的利率風險可根據對缺口的測度加以預測。

根據利率敏感性缺口的定義，可由下列等式表示：

利率敏感性缺口（ISG）= ISAs−ISLs

如果 ISG>0，則稱為正缺口；如果 ISG<0，則稱為負缺口。銀行經營利率敏感性資產和負債的淨利息收入（NID）為利率敏感性資產利息收入減去利率敏感性負債利息支出。設利率為 r，以上情形可用下列公式表示：

ISG×r = ISAs×r − ISLs×r = NII

當利率變化時，淨利息收入（NII）也將發生變化，可用下式表示：

△NII = ISAs×△r − ISLs×△r = ISG×△r

由上式可知，在正缺口下，市場利率上升，商業銀行的收益上升，淨利差增

加；在負缺口下，利率上升增加了銀行的經營成本，減少了銀行的淨利差。因此，上式提供了這樣的描述，即利率變動1個百分點，銀行淨利息收入相應變動若干個百分點。由於存在正、負缺口，因此，敏感性系數是一把「雙刃劍」。

(二) 定性分析

定性分析，又稱判斷預測法。它由熟悉業務並有一定理論知識和綜合判斷能力的專家和專業人員，根據其經驗及掌握的有關商業銀行的歷史資料和情況，對商業銀行未來的風險進行預測。定性分析可以作為定量分析的補充，兩者並不矛盾。定性分析常用的方法有以下幾種：

1. 專家意見法

專家意見法是傳統的預測方法，其形式主要有三種：意見匯集法、專家小組法和德爾菲法。

(1) 意見匯集法。它是由銀行預測人員根據預先擬定的提綱，對那些對預測內容比較熟悉、對預測內容未來的發展趨勢比較敏感的銀行上層人員、業務主管和業務人員進行調查，在廣泛徵求意見的基礎上，進行整理、歸納、分析、判斷，最後做出預測的結論。

這種方法成本較小，運用靈活，並能根據影響預測內容的情況變化及時對預測數據進行修正。但由於預測結果易受個人主觀判斷影響，以及對一些專門問題不易深入等原因而影響了預測值的精確度。

(2) 專家小組法。它是商業銀行組織有關匯率、利率、資本管理、資產負債管理等方面的專家，組成預測小組，以召開調查討論會的形式，在明確所要預測問題的目的、內容和範圍後，通過討論和發表意見做出種種預測，然後，根據專家小組集體的成果進行綜合和統一，做出最後的預測判斷。

這種方法由於各專家小組面對面地進行集體討論和研究，因此，便於全面考慮某一問題未來發展的各種可能性，較全面、深入。但參加人數少、代表性差，有時又往往易受權威人士左右。為避免這種情況，美國著名的蘭德公司發明了專家意見分別徵詢法，即德爾菲法。

(3) 德爾菲法。它主要採用通信的方法，通過向有關專家發出預測問題調查表的方式來搜集和徵詢專家們的意見，在經過多次反覆、匯總、整理、歸納各種專家意見後，做出預測判斷。該方法在特點和程序上優於以上兩種專家意見法。具體表現在以下幾方面：

①保密性。商業銀行根據調查內容制定好風險調查表後，向事先成立的專家組成員發信，要求他們獨立做出判斷並提出書面意見。這種背對背完成風險調查內容的方法可免受其他人的干擾。

②反饋性。商業銀行收齊專家組各成員意見後，經過整理、歸類，然後反饋給專家組每位成員，要求他們借鑑別人的意見，並在保密的情況下做出第二次預測判斷。這種反饋的過程有多次，目的是為了使預測判斷趨於成熟。

③集中判斷。經多次反饋後，銀行預測工作人員運用統計學和數學工具將最後一次反饋形成的不同意見採用中位數、平均數或加權平均數的方法予以綜合，

最後得出基本一致的預測結果。

這種方法使專家組成員能在一個寬松的環境中發表意見，易於全面深入考慮所預測的內容，同時反饋的過程有助於各專家之間取長補短，有助於預測結果的收斂，為風險預測的準確性提供了可能。在具體運用這種方法時，商業銀行在制定風險調查表時應避免加入過多的主觀成分。該方法被廣泛用於諸如投資、匯率、信貸等風險的預測中。

2. 主觀概率法

主觀概率法是指人們對某一隨機事件出現的可能性做出主觀估計（即主觀概率），對銀行風險產生的可能性及其影響進行測算的一種方法。隨機事件出現的概率是客觀存在的，並可以在大量的試驗和統計觀察基礎上獲得。但是隨機事件的客觀概率的測定有兩個難點，即需要做大量的試驗以及方法論本身的缺陷。這些難點為主觀概率法的推行提供了可能。通常，由專家或銀行上層決策者在過去、現在的有效信息基礎上，根據自己在過去長期工作中的經驗對隨機事件出現的可能性進行估計。主觀概率在這種預測方法中被視為客觀概率的近似值。

這種方法可用於測定利率風險、匯率風險和投資風險等。以利率風險預測為例，假定存在利率風險敞口，則利率的波動將影響銀行的損益。因此，通過測定利率波動可預測利率風險及其對銀行的影響度。運用主觀概率法預測利率波動的做法如下：

首先，搜集過去一段時間內每一個時段的浮動利率數據。這一段時間中每一個時段應該具有序時性。至於這一時段為多長，以及如何進一步細分，則依預測需要而定。

其次，編製利率波動主觀概率意見徵詢表。該徵詢表的主要內容包括徵詢者所關心的一組時間序列利率情況，以及有助於進行主觀概率估計的從1%到99%的累積概率區間的位置（見圖9-1）。

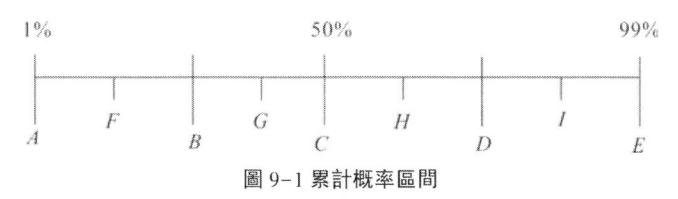

圖9-1 累計概率區間

圖9-1中，A、B、C、D、E 表示預計利率出現的概率，如果被徵詢者指定E，則表明他認為將來某一浮動利率水平有99%的可能接近實際值。F、G、H、I 為每一概率區間的中值。

再次，將一組時間序列利率及意見徵詢表一同發給被詢問的專家或銀行決策層人員，由他們在參考利率累積分佈函數曲線歷史利率資料的基礎上，根據他們的知識和經驗，將他們的估計寫在徵詢表上。

最後，根據反饋意見的匯總情況進行分析，並做出利率波動的預測。為精確起見，可用累積分佈函數曲線圖描述預測情況，如圖9-2所示。

图 9-2 利率累积分佈函数图

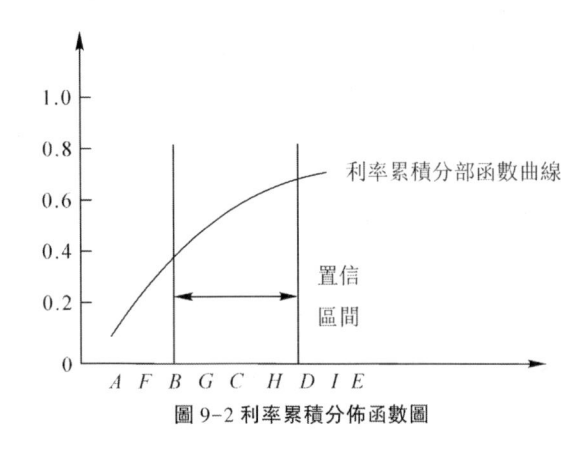

　　置信区间往往根据利率预测值与实际值的偏差要求率推断。若月浮动利率的预测值和实际值不能相差超过±1%，当专家估计月利率的平均值为 8% 时，则利率预测值在 7%～9% 之间，然后，根据利率的累积分佈函数在纵坐标上找出 7% 和 9% 对应的概率，这两个概率之差即为月利率在 7%～9% 的可能性。

　　3. 交叉影响法

　　交叉影响法指根据未来几个事件相互之间的影响来预测每一随机事件发生的可能性。该方法由戈登和海沃德在 1968 年提出。这种方法的基本思路是：先寻找和确定一系列事件之间的相互关系；然后假设其中某一事件发生后，这一事件对其余事件是否产生影响以及影响的程度，并用矩阵交叉反应；最后利用交叉影响矩阵来预测某一事件发生后其他事件发生的概率。

　　交叉影响法可被广泛用于商业银行风险预测之中。假设有三种风险之间有依从关系，这些事件及其概率如下：

　　E_1 为流动性风险，其概率为 $P_1=0.4$；

　　E_2 为信贷风险，其概率为 $P_2=0.1$；

　　E_3 为利率风险，其概率为 $P_3=0.5$。

　　E_1、E_2 和 E_3 之间的关系及其相互影响如表 9-1 所示。

表 9-1　　　　　　　　　　三因素交叉影响矩阵表

事件（风险）	事件发生概率	对其他事件的影响		
		E_1	E_2	E_3
E_1	0.4	0	1	1
E_2	0.1	1	0	0
E_3	0.5	1	1	0

　　上表中「1」「0」为影响系数。「1」表示 E 发生将增大另一事件发生的概率，具有正影响效应；0 表示两个事件之间无明显关系或影响很小。如果出现「-1」，则表示 E 发生将抑制或消除另一事件发生的概率，具有负影响效应。

根據交叉影響矩陣表，我們可以用以下公式調整 E 發生後其餘事件（E_j）發生的概率：

$P_j = -P_j + K \times S \times (P_j - 1)$

上式中 P_j 為事件（E_i）發生後，t 時間另一事件發生的概率；$-P_j$ 為事件（E_i）發生前，t 時間另一事件（E_j）發生的概率；K 為影響係數；S 為 P_j 發生對 $-P_j$ 的影響度，其變動幅度在 0~1 之間。

承上例，在考慮了 E_1 對 E_2 的影響度後，便可根據已知條件得出 E_2 發生的概率，並以此類推。交叉影響法有兩個難點，一是有彼此依從關係的事件各自的概率的估計；二是兩個事件之間的影響程度的估計。在定性分析法下，前者可用前面所介紹的主觀概率法測定，而後者則可用德爾菲法確定。

4. 領先指標法

領先指標法是對描述經濟金融發展過程的各種指標進行分析，找出預測目標(指標)與相關指標的時間關係，即將相關指標分成領先指標、同步指標和滯後指標三類，然後利用領先指標變化趨勢對預測目標做出預測。領先指標法的原理是利用經濟指標之間存在的前趨與後繼關係，在分析討論前趨指標的基礎上，推測後繼指標，以達到預測的目的。

商業銀行運用此法風險預測的步驟如下：

首先，找出預測目標的領先指標、同步指標和滯後指標。比如使用資本資產比率進行資本風險預測時，銀行的盈利水平是資本充足性的領先指標，留利水平是資本充足性的同步指標。

其次，收集領先指標、同步指標、滯後指標的數據，畫出這三類指標的時間序列圖，見圖 9-3。

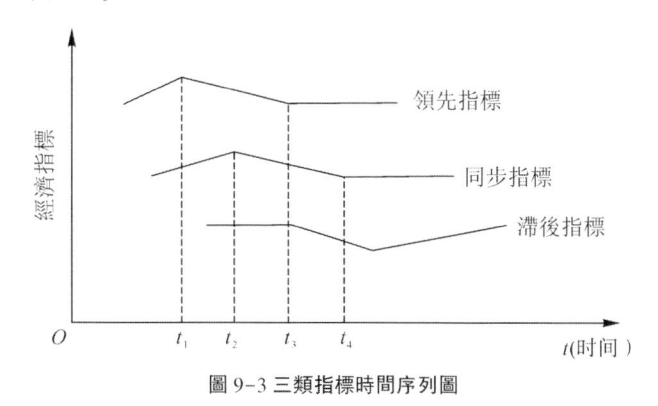

圖 9-3 三類指標時間序列圖

圖 9-3 中，t_1 為領先指標出現最高點的時間；t_2 為同步指標出現最高點的時間；t_3 是領先指際出現最低點的時間；t_4 為同步指標出現最低點的時間，其中 T $= t_2 - t_1$ 為最高點領先時間。比如，利潤實現與利潤分配處於不同的時刻，前者在前，後者在後，兩者的時滯即為領先時間。這一領先時間的確定是此方法的難點所在。一般可用定量方法如數學模型法和非定量方法如作圖法描述和確認。

最後，在找到領先時間後，就可根據指標的前趨和後繼關係，求得預測結果。如果要預測將來某一時刻的預測值，只要求得（t-T）時刻的實際值，就可推測後繼預測值。承上例，如果在利潤分配率確定的情況下，預測將來的盈利水平，進而預測資本風險，則只要計算（t-T）時刻的現實利潤水平即可。

第三節　商業銀行內部控制

商業銀行的內部控制是商業銀行風險管理的重要環節，它是以商業銀行風險識別與預測為基礎的。從廣義上講，商業銀行的風險控制應以商業銀行經營過程中遇到的所有風險為對象。商業銀行內部控制只限於對商業銀行內部風險的控制，它通過建立自我約束和控制機制發揮作用。自我約束和控制機制是商業銀行內部按規定的經營目標和工作程序，對各個部門、人員及其業務活動進行組織、協調和制約，以減少和控制潛在風險損失的一種管理制度。

一、商業銀行內部控制的目標和實施原則

（一）商業銀行內部控制的目標

商業銀行通過建立內部控制機制來控制風險，防止和減少損失，保障其經營活動能安全順暢地進行。該目標體現在兩個方面：

一是在風險損失發生之前，銀行可借助有效的內部控制制度，以最低的成本來獲取控制風險的最佳效果。

二是在風險損失發生之後，商業銀行採取有效措施，使商業銀行不致因風險的產生而造成更大的損失甚至危及其生存，並確保銀行盈利目標的順利實現。

商業銀行的內部控制是維持商業銀行穩健經營，確保整個銀行體系正常運轉的有效保障，它能避免金融體系內出現銀行倒閉的「多米諾骨牌效應」悲劇，有利於維護金融秩序的穩定。

（二）商業銀行內部控制的實施原則

商業銀行內部控制的核心內容是確定商業銀行各部門的職責權限，實行分級分口管理和崗位責任制，建立健全內部管理制度，通過對從業人員的工作行為及其成果進行衡量和矯正，確保預期目標的實現。

1. 確定各部門、各級人員的職權和責任

商業銀行的眾多從業人員在追求銀行目標過程中還會考慮到自身的利益，這可能會給銀行帶來風險。為此，銀行可以通過諸如「授權控制」和「批准授權」等方式確定銀行內部的職權和責任。要求做到以下幾點：第一，某一項具體職權和具體責任不能同屬於若干個部門和個人，以避免相互推諉；第二，不相容的職務必須分管，避免兼管所造成的無牽制力和無約束力的狀況，這是內部控制制度的核心內容；第三，任何一項工作都不能始終由一個人獨立完成，以避免出現差錯和舞弊行為。崗位輪換、連續休息、雙重控制等均為這一要求的具體體現。

2. 明確商業銀行各項業務的操作程序

嚴格有效的控制程序直接關係到銀行資產的安全，同時也是銀行各部門及各成員協調配合的依據。為此，銀行應制定操作規程和工作手冊，使銀行業務程序標準化。操作規程是銀行對每項業務按銀行的規章、條例制定的程序和手續，是銀行每項業務的運作指南；而工作手冊是銀行從業人員應遵循的規則，往往按出納、信貸員、稽核員等專業分別制定，內容包括職責、任務及操作規程。商業銀行各項業務的操作程序規範了業務操作人員的行為以及業務的運作過程，為評價各項業務的實績的客觀性提供了很大的保障，有助於內部控制程序中的績效評估。

3. 明確商業銀行控制程序

控制程序由設定控制標準、衡量工作績效和糾正偏差三個基本程序組成。

設定控制標準應以顯示預期目標輪廓的標誌點為準，並以此作為衡量實際績效是否符合目標的準則。標準有多種多樣形式，不同的業務其標準並不一致，有物量標準、價值標準、功能標準等。

衡量工作績效是指運用標準對銀行客觀業績做出公允的評價。對於實績與標準之間的偏差應認真分析其性質及其產生原因。根據可控與不可控兩種情況對偏差進行不同的處理；對不可控因素造成的偏差，銀行應調整目標；而對可控因素造成的偏差，應改進工作方式或程序。

糾正偏差以可控因素引起的偏差為對象。可從兩方面考慮糾正措施，一是改進組織功能，即通過諸如重新委派、撤換、增設機構等完成；二是改進業務功能，即通過改進操作程序，採用新的技術手段等實現。

二、商業銀行內部控制的類型

商業銀行內部控制可按不同的標準進行分類。按技術類型可劃分為事前控制、同步控制和事後控制；按功能類型可分為業務控制、財務控制、會計控制、審計控制、物品控制、人事控制、組織控制等；按範圍類型可分為經營業務控制和內部財務會計控制。

（一）按技術劃分的控制類型

1. 事前控制

事前控制是指商業銀行在發生諸如損失等行為前，就開始採取防範措施予以預防。事前控制的要求很高，即應對銀行管理過程及其後果的各種可能性有比較準確和充分的估計。

2. 同步控制

同步控制是指商業銀行在業務或行為發生的同時，採取自控措施予以控制的做法。同步控制應實行雙向對流程序，及時調整和矯正行為，互為補正。因此，同步控制是較難操作的一種控制。

3. 事後控制

事後控制是指商業銀行在業務或行為發生後，採用修正或補救措施以減少或

降低風險造成的損失。事後控制應及時、有效,以避免商業銀行遭受更大的損失。

上述三類風險控制類型有著較強的時效性、前瞻性及後繼性。商業銀行的任何業務、活動或行為從其時間過程而言,均有事前、事中和事後三個階段。就某一時間段而言,商業銀行的經營業務或行動所處的階段或環節不同,因此,對於處於不同時期的活動,可以以某一技術類型的控制為主,但必須輔以其他兩種控制。

(二) 按功能劃分的控制類型

1. 業務控制

業務控制是指商業銀行按其主要業務的諸多方面,根據任務要求制定相應的標準進行控制。銀行的主要業務包括資產、負債、表外等業務,而這些業務會衍生出諸如投資風險、流動性風險和匯率風險等銀行業務的控制對象。因此,業務控制的內容很廣,而且難度極大。

2. 財務控制

財務控制是指商業銀行根據財務預算和財務規劃,以貨幣價值形式確定各有關標準予以控制。銀行財務預算體現在資產結構、財務結構和資本結構的安排上,以及體現在銀行現金流入流出是否順暢等上面,是對銀行資金運用和籌措的總體規劃與安排。財務規則是銀行進行資金融通的行為準則。商業銀行在財務運用上會因為融資不當或背離財務規劃而產生財務風險。銀行的高資產負債率顯示,它是一個高風險企業,因此,銀行的財務控制也是一個重要的內容。

3. 會計控制和審計控制

會計控制是指銀行根據一般公認的會計原則和制度,建立銀行會計制度,以該會計制度核算來反應銀行的業務,同時以該會計制度為準則來控制銀行的會計過程,使銀行提供的會計資料真實反應銀行的財務狀況、盈虧情況及現金流量。審計控制是商業銀行設立內部審計部門,由會計及有關交易當事人以外的第三者會計專家,獨立地審查會計記錄、會計行為和會計組織的一種控制。

4. 物品控制

物品控制是指商業銀行對其物品的品種、規格、型號、性能、數量及其購入、使用、存貨等確定標準進行控制。

5. 人事控制

人事控制是指商業銀行對從業人員的編製、選用、獎懲、調動、培養、提拔等確定政策性和程序性標準予以控制。

6. 組織控制

組織控制是指商業銀行對組織設置、組織原則、組織職責和組織班子確定標準予以控制。

上述控制類型在具體應用中,可根據實際情況,按積極性操作和消極性操作兩個方向,衍生出不同的具體控制和相應技術。

(三) 按控制範圍劃分的控制類型

1. 經營業務控制

經營業務控制是商業銀行為加強管理、提高經營效益而對其經營業務、行為採取措施，以降低風險的一種控制。經營業務控制包括業務控制、物品控制、人事控制和組織控制等。

2. 內部財務會計控制

內部財務會計控制是商業銀行為保證其財產安全完整，保證會計資料的真實性和加強內部監督，減少或避免銀行會計風險和財務風險而採用的一種控制。

三、商業銀行內部控制的方法

商業銀行在風險識別和預測的基礎上，必須採用切實可行的措施和工具來防止風險或減少、減緩風險所造成的損失。限於篇幅，本書僅以商業銀行業務控制為對象介紹內部控制方法。商業銀行內部控制的方法主要有風險控制法和風險財務法兩種。其主要的功能為分散、抑制、轉嫁、自留風險。它是商業銀行風險管理中最重要的一個環節。

(一) 商業銀行風險控制法

商業銀行風險控制法包括分散風險和抑制風險兩方面內容。

1. 分散風險

商業銀行通過調整其資產結構或資本結構等手段來分散其承受的風險。銀行的這種做法有其理論基礎。20世紀60年代以來，資產組合理論與實踐得到迅速發展。根據資產組合理論，銀行應通過調整其資產結構和資本結構使其持有的資產和負債具有不相關或負相關性，從而達到總體上分散風險的目的。

從不相關或負相關的要求出發，商業銀行分散風險應在金融工具、資產負債期限、融資地區等方面的選擇上進行綜合考慮，然後確定恰當的做法。

(1) 金融工具組合多樣化。商業銀行將其各種貸款、投資和存款工具廣泛運用於不同規模、不同層次、不同收入來源的客戶之間，以確保不相關或負相關的組合要求；同時，注意以各種資產負債在幣種上的風險分散多樣化來減少商業銀行總體風險的暴露。

(2) 資產負債期限多樣化。商業銀行所持有的資產以及承擔的負債根據經營目標的要求進行組合，盡量使長短期資金來源與運用的盈虧相互抵補。

(3) 地區分佈分散多樣化。商業銀行在選擇客戶時，應以廣大的區域為背景，因為不同區域的客戶，其經濟狀況及收入來源不同。這種做法也能使銀行的盈虧產生抵補效應。

分散風險的做法成本較低，減少了商業銀行資產負債價值的震盪及意外損失，因此，分散風險的目的主要在於迴避風險。這種做法在客戶現金流量以不同方式變動時對減少銀行風險產生的效應尤為顯著。

2. 抑制風險

抑制風險是指考慮到風險事件的存在與發生的可能性，主動放棄和拒絕實施

某項可能導致風險損失的方案。它能在風險發生之前徹底消除或避免某一特定風險可能造成的損失。這樣方法尤其適用於商業銀行的信用放款上。其基本做法有如下兩種：

（1）商業銀行在面臨巨大潛在信貸風險時終止某項資金的借款活動與計劃，終止或暫停某類資金的經營計劃與經營活動，挑選更合適、更有利的其他類別的資金借貸與經營計劃。

（2）商業銀行的信貸風險很大程度與信貸的對象、方式和形態有關。銀行為抑制風險，可改變資金借貸和資金活動的性質、方式以及經營的組織形式，這樣可在很大程度上避免潛在的信貸風險發生。

抑制風險具有消極防禦的性質。資金借貸者和經營者往往受利益驅使而放棄使用該法。因此，風險抑制法在實踐中很難完全實現。

(二) 銀行風險財務法

銀行風險財務法與以上方法的適用條件不一樣，它是指在銀行風險發生之後，用一定的方法予以補救，將風險損失降到最小的做法。財務法通常有風險自留和風險轉嫁兩種做法。

1. 風險自留

風險自留是商業銀行自行設立基金、自行承擔風險損失發生後的財務後果的處理方式。商業銀行採用此法時，往往在對預期獲利和損失等因素進行綜合考慮後才做出是否主動承擔風險的決策。風險自留有主動與被動之分，也有全部風險自留和部分風險自留之分。銀行風險自留策略是指以主動或被動方式承擔部分或全部風險。主動自留建立在風險識別和預測的基礎上，是指通過經濟可行性分析確認是否自願承擔風險的方式，因此，不會產生財務後果；被動自留則是一種被動、無意識的處置方式，往往引發嚴重的財務後果；全部風險自留以全部承擔某項事件或某項計劃可能出現的損失後果為承諾，這種做法往往建立在成本效益分析基礎之上；部分風險自留是指根據自己的承受力，有選擇地對部分風險採取自行補償的一種風險處置方法。因此，商業銀行風險自留以主動部分或全部風險自留較為常見，而尤以主動部分風險自留最為流行。

自留風險是一種較為積極的風險控制手段。銀行可以通過預留風險準備金的方式來彌補潛在風險造成的損失；同時，自留風險的損失費用化，這種顯現的費用化的做法促使銀行加強風險控制，以節約潛在費用的開支。但是，風險自留以銀行自己的財力補償風險損失，銀行由此可能面臨更大的風險，同時可能承擔更大的費用。

根據風險自留的特點，商業銀行在使用此法時，必須注意三點：一是銀行補償風險的財力是否充分；二是損失發生後會不會使銀行遭受進一步的財務困難；三是優先考慮其他控制方法。

2. 風險轉嫁

商業銀行在風險損失發生後，將風險損失通過一定的途徑，有意識地轉嫁給與其有利益關係的客戶承擔。這種風險轉嫁按風險資產是否轉移分為兩種：一是

將風險損失的財產轉移給交易的另一方；二是不轉移財產本身，而是將存在的風險及其損失轉移給交易的另一方。商業銀行往往通過合同，將資金借貸的各種活動產生的賠償責任以及因資金經營活動導致的損失的承擔情況用條款的形式寫在合同中。當風險損失發生後，銀行可借此實現風險轉嫁。商業銀行風險轉嫁的方法應充分體現在其業務經營之中。

(1) 貸款風險的轉嫁

商業銀行通過貸款合同，將資金貸給信用接受者時，實際上把經營該資金所存在的風險轉移給了借款方或其保證單位。現在，銀行通過貸款手段的創新，如貸款證券化和貸款出售等表外方式迴避與轉嫁風險。

(2) 其他交易活動的風險轉嫁

商業銀行在金融市場上進行投融資時，利用遠期合約、期權合約等金融衍生工具實現利率風險、匯率風險等的轉移。

風險轉嫁可以減少甚至消除因借貸或經營資金所帶來的風險，而且靈活方便、費用低廉。但風險轉嫁的最大問題是具有一定的盲目性。

四、商業銀行的內部稽核

商業銀行在實行種種風險控制的方法時，有一個現實必須正視，即商業銀行必須建立一套嚴格的操作程序來規範從業人員的行為以及業務的運作方式，而且銀行應建立嚴格的稽核制度為這些規則與規定的執行提供保障。商業銀行的稽核功能不僅僅體現在防錯、糾錯、保障和揭露等方面，而且具有提高經濟效果的作用，即通過進一步消除銀行經營管理中的不利因素和薄弱環節，進一步健全制度、改進工作方式、提高經濟效益。這些功能體現在稽核內容和原則方法中。

(一) 稽核的範圍

稽核的範圍包括商業銀行所有的業務和管理活動。主要有以下幾方面：

(1) 資產負債稽核

稽核內容包括資產負債的預計和實際規模、資產負債的結構及變化趨勢、資產的質量和安全性、負債的流動性與穩定性、證券交易的價格及持有證券資產的結構、利率與利差、資金的流向等。

(2) 會計財務稽核

會計稽核內容包括會計的過程、結算戶資格、結算方式和結算紀律、往來帳戶和清算、業務差錯情況、出納制度、現金收付和運送、庫房管理、貨幣發行與回籠、出納長短款等。財務稽核內容包括財務預算及其執行，各項收入、支出、盈虧的處理等。

(3) 金融服務稽核

稽核內容包括諮詢、信託、租賃等銀行業務的規章和手續，收費標準及其執行情況，服務質量及設備等。

(4) 橫向聯繫稽核

稽核內容包括銀行與客戶及同業銀行的關係和協作，是否有重大經濟糾紛以

及業務以外的經濟關係等。

(二) 稽核的原則與方法

商業銀行稽核工作應遵循一定的原則進行，這些原則有利於稽核工作效果和效率的提高。這些原則主要有迴避原則、重要原則、經濟原則、適合原則、適時原則、從簡原則、行動原則和直轄原則。

商業銀行在進行稽核時，最常見的方法有觀察法、審閱法、聽證法、復查法、核對法、盤點法、查詢法等。在稽核中，應將各種方法有機地結合起來，同時注意稽核的形式。稽核有全面與專項稽核之分、定期與不定期稽核之分、獨立與會同稽核之分。因此，有效的稽核應該是在原則指導下，對稽核方法和方式進行有效的搭配，這樣的內部控制手段才是有效的。

復習與思考題

1. 商業銀行風險的類別有哪些？
2. 簡述商業銀行風險管理的主要內容。
3. 商業銀行風險預測的定性分析法有哪些？
4. 簡述商業銀行內部控制的目標和原則。
5. 簡述商業銀行內部稽核的主要內容。
6. 如何防範商業銀行的道德風險？

第十章　商業銀行財務管理

學習目標

◆ 瞭解商業銀行財務報告的種類和內容
◆ 掌握商業銀行績效評價的方法
◆ 知道商業銀行財務報告的構成與內容

商業銀行的財務管理是商業銀行經營管理活動中的一個重要組成部分，是商業銀行組織資金運動、處理商業銀行各方面財務關係的一項重要工作。商業銀行的財務管理和績效評價主要內容包括：一是瞭解商業銀行經營活動及其結果，利用商業銀行財務報表獲取相關信息；二是設計一套指標體系將報表信息結合起來，從多方面表現商業銀行經營業績；三是應用一定分析方法對指標數據進行分析，對商業銀行績效做出評價。

第一節　商業銀行財務報表

商業銀行經營管理活動過程和結果體現在其財務報表之中，財務報表為商業銀行績效的評價提供必要信息。財務報表按所反應金融變量的不同性質可進行有效分類，存量報表提供有關存量變量信息，流量報表由有關流量信息組成。存量是指同時點相聯繫的變量。流量是指同特定時期相聯繫的變量。這兩類變量，一方面是依存的時間基礎不同，另一方面是存量指標和流量指標之間也有一定聯繫。在一般情況下，流量指標可歸於相應存量指標中，資產負債表是存量報表，靜態地反應商業銀行經營活動；損益表提供流量信息，動態地反應商業銀行業績；現金流量表則將這性質不同的兩種報表有機地連接起來。

一、商業銀行的資產負債表

商業銀行的資產負債表是使用頻率最多的財務報表，是一種存量報表，反應了特定時點上商業銀行的財務狀況，是商業銀行經營管理活動的靜態體現。通過商業銀行資產負債表可以瞭解報告期商業銀行實際擁有的資產總量及其構成情況、商業銀行資金的來源渠道及結構情況，從總體上全面瞭解和認識該商業銀行的資金實力、清償能力情況。從連續期間的資產負債表可瞭解到商業銀行財務狀況的變動情況，有助於對商業銀行的未來發展趨勢做出正確的預測。

商業銀行資產負債表的編製原理同一般企業基本相同，也是根據「資產＝負

債+所有者權益」這一平衡公式，按設定的分類標準和順序，將報告日商業銀行的資產、負債、權益的各具體項目予以適當排列編製而成的。商業銀行業務經營活動與工商企業有顯著差異，在報表反應內容上也有自身特點：一是商業銀行總資產中各種金融債權佔較大比重，而固定資產主要是房產和設備所占比重很小，西方商業銀行固定資產與總資產的比值一般不足 2%。二是商業銀行更多地依靠負債獲取資金來源，自有資金一般在 10% 左右，大大低於工商企業的平均水平。同工商企業相比，商業銀行資本發揮的是管理性職能，即是金融監管當局通過制定相關資本金管理法規進行管理和約束、引導商業銀行經營管理的正常化發展。三是由於所處經營環境、面臨經濟法規不同、開展的業務各有特點，商業銀行在資產負債表具體科目設置、會計處理上也存在差異。

表 10-1 是某一商業銀行的資產負債表，本書借此對商業銀行資產負債表的一般形式做介紹。該資產負債表按期末餘額來表述，但在分析其財務狀況、評價業績時，一般採用期初、期末平均餘額來瞭解商業銀行在整個報表期間的經營活動。

表 10-1　　　　　某一商業銀行的資產負債表　　　　單位：百萬美元

資產	期初	期末
現金及存放同業	2,300	1,643
證券投資	3,002	2,803
交易帳戶證券	96	66
同業拆出及回購協議下持有證券	425	278
貸款總值	15,412	15,887
減：貸款損失準備金	195	394
預收利息	137	117
貸款淨值	15,080	15,376
銀行房產、設備淨值	363	365
對客戶負債的承兌	141	70
其他資產	1,179	1,104
資產合計	22,586	21,705

負債	期初	期末
存款		
支票存款	3,831	3,427
儲蓄存款	937	914
貨幣市場存款	1,965	1,914
定期存款	9,981	9,452
在國外分支機構存款	869	787
總存款額	17,583	16,494
借入資金		
同業拆入及回購協議下證券出售資產	1,836	2,132

表 10-1（續）

負債	期初	期末
其他短期債務	714	897
長期債務	639	617
應付未結清承兌票據	111	70
其他債務	423	348
負債合計	21,306	20,558
所有者權益	期初	期末
普通股	212	212
優先股	1	1
資本公積	601	603
未分配利潤	466	332
減：庫藏股	0	1
所有者權益合計	1,280	1,147
負債和權益合計	22,586	21,705

（一）資產項目

1. 現金資產

現金資產主要包括四個部分：一是庫存現金，即商業銀行金庫中的紙幣、鑄幣，以及同中央銀行發生往來但尚在運送中的現金；二是托收中存款，是指已簽發支票送交儲備商業銀行，但相關帳戶尚未貸記的部分，對此項目每個國家的處理方式並不一致，如美國將其納入一級準備中，其他國家將其納入二級準備中，中國是納入一級準備中；三是存放同業的活期存款和在中央銀行準備金帳戶上的存款。現金資產是可作為法定存款準備金的資產項目，也是商業銀行全部資產中流動性最強的，是可以隨時滿足客戶的提存要求和貸款請求，因此被稱為「一級準備」。現金資產基本上是沒有收益的，所以，商業銀行在經營管理中一般是首先繳足存款準備金，在確保商業銀行流動性的前提下盡可能減少持有現金資產。

2. 二級準備資產（交易帳戶證券、同業拆出及回購協議下持有證券）

二級準備資產主要包括若干具有較強流動性的資產項目，它並不是一個獨立科目。在表 10-1 中交易帳戶證券、同業拆出及回購協議下持有證券是二級準備的主要部分。證券投資中的短期投資部分也屬於二級準備。交易帳戶證券是一個特殊科目，只有經常與公眾、其他機構進行證券買賣的商業銀行才設置該科目，其帳戶餘額表示商業銀行持有的即將銷售的證券數額，該帳戶應以證券市價作為計價基礎。同業拆出和回購協議下持有證券均是商業銀行調撥頭寸、進行流動性管理的有效工具。通常，中小銀行大多是資金拆出行，以此獲取收益，大銀行大多是資金拆入行，通過連續不斷拆入短期資金而獲得穩定的資金來源。二級準備在盈利性、流動性方面居於貸款資產和現金資產之間，商業銀行持有二級準備資產的目的主要是必要時出售這類資產以獲取流動性，同時又能獲取一定的盈利。

3. 證券投資

證券投資資產是商業銀行主要的盈利資產之一，其資產比例有時占資產總額的 20% 以上，其類型可劃分為短期投資和長期投資兩個部分。短期投資以保有流動性為目的，主要包括在二級準備資產內，而長期投資以取得盈利為主要目的。商業銀行持有的證券可分為三類：國庫券及政府機構債券、市政債券和企業債券、票據。按大多數國家的規定，商業銀行一般不允許投資於股票和投機級企業債券。商業銀行證券投資組合中政府債券佔有較大份額，主要是因為政府債券基本不存在信用風險，安全性很高；可在二級市場轉讓，流動性較高；還可以合理避稅，具有較高的盈利性；商業銀行從外部借款時政府債券還可作為抵押品；部分市政債券也有優惠的免稅條件，也可給商業銀行帶來免稅利益。

證券投資科目的帳務處理一般以購入時的成本價作為記帳基礎，其市價在資產負債表附註中披露，而短期投資部分也可直接採用市價記帳。在對證券投資科目做分析時必須考慮和分析其市價波動情況。

4. 貸款

貸款是商業銀行資產中占比重最大的一個項目，也是商業銀行營業收入的主要來源。商業銀行貸款按貸款對象劃分，可劃分為消費信貸、房地產貸款、工商業貸款、農業貸款及對證券機構、經紀人貸款等。在資產負債表中，商業銀行貸款的表述有總值、淨值兩種方式。貸款總值是報表尚未還清的貸款餘額的帳面價值，貸款淨值是貸款總值扣除一些抵減項目得出的數額。主要的抵減項目有：一是貸款損失準備金，該科目反應了商業銀行對未來可能發生的貸款損失的預計值。二是預收利息，是指商業銀行收到的貸款客戶預付的利息。設置該抵減科目有利於核算報表日銀行貸款的真實價值。

5. 固定資產

固定資產主要指商業銀行房產、設備的淨值，所占比重一般較低，屬於非營利性資產。商業銀行通過對客戶抵押品行使取消贖回權所得的不動產在單獨設置的「其他不動產」科目中反應。

6. 未結清的客戶對銀行承兌的負債

該科目來自於商業銀行承兌行為，多數國家將其視為表外項目，美國商業銀行將這項業務納入了資產負債表內。商業銀行對客戶簽發的票據做出承兌後，有權要求客戶在一定期限內向該銀行繳存一定的款項，也承擔向客戶的債權人付款的義務，因而商業銀行承兌行為在資產負債表中的資產方「未結清的客戶對銀行負債」科目和負債方「未結清承兌餘額」科目中同時反應出來，這兩個科目帳面餘額也必然相等。

7. 其他資產

其他資產包括商業銀行持有的或控股的但不納入合併會計報表的子公司資產及一些數目小、不宜單獨列出的項目。

(二) 負債項目

1. 存款

存款是商業銀行最主要的負債，其占總負債的比例有時占全部資金來源的 70%~80%。在表 10-1 中，存款按其是否規定期限劃分，其類型分為：①活期存款，即支票存款帳戶，西方商業銀行在很長一段時間內不對該帳戶支付利息，只是通過一定服務來吸引客戶，存款人可對該帳戶簽發支票、提款、轉帳。②儲蓄存款，商業銀行對該帳戶支付較低利息，允許客戶隨時提取。在金融創新中出現了可轉讓支付命令帳戶（NOWs），賦予儲蓄帳戶以支票存款的優點，客戶對該帳戶簽發的可轉讓支付命令書可以起到類似支票的作用。貨幣市場存款帳戶也出現於金融創新中，其特點是利率可按市場利率的波動做相應調整，並允許客戶在一定條件下簽發支票。③定期存款，這是商業銀行穩定的資金來源，採取存折、存單形式，其中大額存單可在二級市場上流通，對存款人具有較大吸引力，商業銀行對定期存款帳戶支付較高利息。

自 20 世紀 60 年代以來，西方商業銀行的存款在全部資金來源中所占比重有所下降，而主動借入負債則不斷增加，存款內部結構也出現了明顯變化，其中定期存款比重明顯上升，活期存款比重不斷下降，特別是在大銀行中表現得更為顯著。

2. 借款

借款也是商業銀行的重要資金來源，特別是在商業銀行負債管理經營思想出現後，一些大銀行更注重利用借入資金來支持資產業務的擴張。商業銀行以借入資金方式籌資速度較快，也無須繳納存款準備金。

商業銀行的短期借款主要包括同業拆入、回購協議下證券出售、向中央銀行再貼現或借入的款項以及發行票據借入的短期資金。

長期借款包括商業銀行在國內外金融市場上借入的長期資金以及發行的長期資本債券。商業銀行還可以發行債務—股本混合型融資工具獲得長期資金。

其他負債是指遞延稅款貸項、應付未付項目以及未結清的銀行承兌等。

(三) 淨值 (所有者權益)

商業銀行淨值（所有者權益）是股東對商業銀行資產的所有權部分，是商業銀行資產與負債之差。淨值（所有者權益）可分為四個部分：一是普通股和優先股，這是股東投資的股本，按面值記帳，發行溢價收入進入公積金部分。二是未分配利潤，由歷年稅後利潤中未分配部分累積而成，未分配利潤中的一部分可用來轉增股本。三是公積金，包括發行溢價、接受的捐贈資產，也包括利潤分配中規定提取的部分。四是商業銀行資產重估的增值部分也列入該帳戶。

商業銀行資本帳戶內還專門設置部分準備項目，主要是股利準備金、證券損失準備金、貸款損失準備金等，這類準備項目是從商業銀行稅後利潤中提取形成的，並不一定在報表中公開反應。

資本帳戶中還可以包括債務資本，主要是商業銀行發行的長期資本債券。資本債券期限一般長達 10 年以上，持有人不得提前要求償付，且當商業銀行破產清算時，這類債務的賠償優先權級別較低，可以同股本一起分擔資產損失，其權益類似

於優先股，因而可以列入淨值項目。表 10-1 將這一項目列入了長期借款中。

二、商業銀行利潤表

利潤表，又稱為損益表，是商業銀行最重要的財務報表之一。與資產負債表不同，利潤表是流量表，是商業銀行在報表期間經營活動的動態體現，總括地反應出商業銀行的經營活動及成果。

商業銀行利潤表包括三個主要部分：收入、支出和利潤。編製利潤表所依據的平衡公式是「收入－支出＝利潤」，各科目的設置處理取決於銀行所採取的會計核算方法，其所面臨的管理法規也取決於所開展的業務。在此我們以某一商業銀行為例，對商業銀行利潤表做概括性說明，見表 10-2。

表 10-2　　　　某一銀行利潤表　　　　單位：百萬美元

利息收入	
貸款利息收入	1,560
證券投資利息收入	
免稅	152
應稅	80
其他利息收入	74
利息收入總計	1,866
利息支出	
存款利息支出	1,026
短期借款利息支出	202
長期借款利息支出	60
利息支出總計	1,288
利息淨收入	578
提取貸款損失準備	510
提取貸款損失準備後利息淨收入	68
非利息收入	
客戶存款服務費用	58
信託業務收入	52
其他	238
非利息收入總計	348
非利息支出	
薪金、福利支出	260
房產、設備占用使用費	88
其他支出	270
非利息支出總計	618
非利息淨收入	－270
稅前利潤	－202
所得稅	－6
稅後利潤	－196

（一）利息收入

利息收入是商業銀行主要的收入來源，在有的國家，商業銀行的利息收入占總收入的 90% 以上。從收入趨勢上看，商業銀行中間業務和衍生金融交易的收入所占比重越來越高。商業銀行利息收入受多種因素制約，既取決於市場需求、法定準備金率、利率政策等外部因素，也受到商業銀行自身經營策略影響。總的說

· 290 ·

來，利率越高，生息資產比重越大，所獲利息收入也就越多。利息收入可具體細分為以下幾種：

（1）發放貸款的利息、費用收入。這是商業銀行最大的收入來源，表 10-2 中顯示該行貸款利息收入 15.6 億美元，占全部收入的 70%。

（2）證券投資利息收入。其地位僅次於貸款收益，由於某些證券投資可獲得部分免稅利益，所以由證券投資取得收益對銀行有較重要意義。

（3）其他利息收入。包括存放同業所得利息、同業拆出利息收入、進行證券回購所得收入，以及購買其他銀行發行的定期存單所得利息。

（二）利息支出

利息支出部分是商業銀行最主要的費用開支，反應了商業銀行以負債業務吸取資金的成本發生情況。

（1）存款利息支出。這是利息支出的主要部分，商業銀行為獲得較穩定的資金來源，有時會以較高利率發行定期存單，因而這類利息支出數額較大。

（2）借款利息支出。20世紀60年代以來，西方商業銀行在負債業務方面主動性加強，更加注重利用購買資金手段來獲得資金，借款利息比重呈上升趨勢。其中，短期借款利息主要指向中央銀行短期借款、同業拆借、進行證券回購、發行短期商業票據等業務所支付利息；長期借款利息還包括銀行發行的金融債券特別是附屬資本債券所支付的利息，這種支出性質上接近於支付優先股股息，但能起到抵稅作用。

商業銀行利息收入與支出的差，稱為淨利息收入、利差收入，這是決定商業銀行經營業績的關鍵所在，進行績效評價時應著重考查。

（三）提取貸款損失準備

在商業銀行經營過程中，貸款資產會發生損失，商業銀行往往通過建立損失準備金來彌補這類預計損失。商業銀行在所得稅前計提的這一部分計入「提取貸款損失準備」科目，並累計進入資產負債表中的「貸款損失準備金」帳戶。

由於提取貸款損失準備被計入稅前支出，該科目具有抵稅作用，故商業銀行在經營中傾向於多提準備，該科目也受到商業銀行監管部門、稅收部門的重視。如美國商業銀行傳統上有兩種計提方法，一種方法是經驗方式，即按報表當年及前五年發生的貸款損失平均數提取；另一種方法是儲備方式，即按當年年末貸款餘額的一定比率提取。美國政府在 1987 年通過了新的稅收法案，要求資產規模在 50 億美元以上的商業銀行必須依照「特定註銷方式」來沖銷壞帳，計提準備。在這種方式下，只有當一項貸款被明確認定為毫無價值且經監管部門同意後，銀行才可將其註銷，並計提貸款損失準備。該方式實際上制約了銀行的逃稅行為。

（四）非利息收入

非利息收入主要指商業銀行為客戶提供服務而取得的費用及佣金收入。具體項目如下：

（1）存款帳戶的服務費用。主要指對存款人開立銀行帳戶、不能保持要求的最低金額以及根據簽發支票數量收取的人工費、保管費。

（2）其他服務費和佣金收入。包括代理買賣證券、貴重物品保管、信息諮詢、辦理信用卡、承銷國債等收入。

（3）其他收入。包括商業銀行所得信託收入、融資租賃收入、表外業務收入等各種非利息收入。

隨著商業銀行業競爭加劇，經濟、金融環境的變化，商業銀行利差收入的增長有限，且波動較大，而各種非利息收入有助於商業銀行開拓其他收入來源，減輕利差收入的波動帶來的負面影響。

（五）非利息支出

非利息支出是商業銀行間接費用的主要部分，具體包括以下部分：

（1）薪金與福利支出。包括支付經營管理人員和職工的工資、獎金、養老金、福利費用，還包括銀行繳納的失業保險費、社會保險費等。

（2）各種資產使用費用。包括銀行房產和設備的維修費用、折舊費用、設備房屋的租賃費用及相應稅款開支。

（3）其他費用。包括業務費用、廣告費用、出納短款損失等。

（六）利潤

利息淨收入扣除提取貸款損失準備金後與非利息淨收入之和，構成商業銀行利潤，隨核算口徑不同，商業銀行利潤有多個層次。

（1）稅前營業利潤。稅前營業利潤是營業收支相抵後的餘額，該指標的意義在於明確應稅所得。稅前營業利潤扣除免稅收入即為應稅所得。

（2）稅後營業利潤。應稅所得減去應付所得稅後的餘額，加上免稅收入就得到了稅後營業收入。該指標可以看成商業銀行正常經營活動的最終結果，較好地反應了銀行業績，是進行績效評價時的基本指標。

（3）純利潤。銀行經營過程中可能發生一些特殊項目，如證券買賣、設備盈虧、會計處理方法變更等，這些特殊項目可以被看成商業銀行營業外活動，最終會影響到商業銀行的盈虧狀況。純利潤指標中包括了這類特殊項目，是報表期商業銀行全部活動的體現，但由於它包含了一些不常發生的營業外項目收支，反而不能準確地反應銀行的經營業績。計算純利潤時，應將特殊項目淨損益及相應所得稅額並入稅後營業利潤中。最近一段時間，美國銀行業已將證券買賣活動納入非利息收入中，只繳納一般所得稅。

三、銀行現金流量表

現金流量表又稱現金來源運用表，是反應商業銀行在一個經營期間內的現金流量來源和運用及其增減變化情況的財務報表，是反應銀行經營狀況的三個主要報表之一。隨著銀行業的不斷發展及經濟環境的變化，現金流量表的重要性也在不斷加強。

經過一段時期的經濟活動，商業銀行的財務狀況會發生變化，即資產、負債、權益的規模及內部結構會有一定變動，變動結果可以通過商業銀行資產負債表中相關科目期初、期末情況得到展現。財務狀況變動的原因最終可歸結為商業

銀行現金流量的來源、運用及增減變動。現金流量表反應這一動態過程，而資產負債表僅是靜態存量報表，不能揭示財務狀況變動的原因。儘管利潤表是一張動態報表，但其著眼點是商業銀行盈虧狀況，不能反應銀行資金運動全貌，也不能揭示銀行財務狀況變動的原因。現金流量表溝通了資產負債表和損益表，彌補了二者的不足，將企業的利潤同資產、負債、權益變動結合起來，全面反應了報告期間內銀行資金的來源和運用情況，指出了商業銀行財務狀況變動結果及其原因，這是現金流量表的主要作用。

現金流量表以現金變動為製表基礎，以現金的運用、來源為反應對象，從考察動態化的角度組織內容。一般情況下，商業銀行現金流量表中的現金概念專指現金資產即一級準備。報表按等式「現金來源增加＝現金運用增加」進行編製。對該等式的具體解釋如下：

現金來源主要有三個途徑，首先是營業中所得現金，其次是減少、出售非現金資產換取的現金，最後是通過舉債、增發股本等從外部獲得的融資。現金運用也分為三個部分，即購買非現金資產、償還債務本息、支付股利。僅從上述現金運用和來源的含義來看，兩者不一定相等，差額等於現金資產的變動額。換一個角度看，將現金資產視同普通資產，它的減少也可以帶來其他資產的增加，或是負債的減少，因而現金資產的減少可以看成特殊的現金來源。同樣，現金資產的增加可以看成特殊的現金運用。經這種調整，則可以得出等式「現金來源＝現金運用」，這就是現金流量表的編製原理。

表 10-3 是某一銀行的現金流量表，本書借此簡要說明報表項目結構，並對該銀行流量狀況做一簡單分析。

表 10-3　　　　　　　　某一銀行現金流量表　　　　　單位：百萬美元

現金來源	
營業	
淨利潤	-196
非付現費用	
折舊、預提費用	32
提取貸款損失準備	510
其他	-38
營業所得現金	308
資產減少	
現金與存放同業	1,314
證券投資	398
交易帳戶證券	150
同業拆出與回購協議下持有證券	294
其他資產	56
負債增加	
短期債務	958
長期債務	
其他現金來源	8
現金來源合計	3,794

表 10-3（續）

現金運用	
股息支出	72
資產增加	
證券投資	
貸款	1,180
其他	
負債減少	
存款	2,178
長期借款	44
其他債務減少	232
其他現金運用	88
現金運用合計	3,794

由表 10-3 可知，現金流量表由兩大部分構成。其構成如下：

（一）現金來源

（1）經營中所得現金。這一部分由淨利潤扣除應計收入，加上非付現費用構成。在會計核算中設置非付現費用是為了使淨利潤更真實地反應商業銀行盈虧狀況，但非付現費用僅在帳面上做處理，並未導致現金流出，因而將這一部分加回到淨利潤中。同理，應計收入並非真實現金流入，也應扣除。商業銀行非付現費用一般包括預提費用、計提折舊、提取貸款損失準備、遞延稅款貸項發生額等。

（2）資產減少所得現金。包括減少非現金資產增加的所得及減少的現金資產。表中反應出該商業銀行現金資產減少較大，以出售、減少非現金資產所得現金很少。

（3）增加負債、增發股本所得現金。這是商業銀行從外部獲得的新的現金來源。合計現金來源為上述三項之和，在帳務處理時應結合具體科目的變動情況進行。

（二）現金運用

（1）支付現金股利。支付股利直接導致現金的流出。

（2）支付現金增加資產。這裡所指的資產包括有形資產、多種金融債權及現金項目。商業銀行資產規模的擴大意味著現金運用的增加，該表中反應報告期間銀行將較大的資金量投放到貸款資產中。

（3）債務減少。負債業務是銀行獲取資金的主要方式，但債務還本付息是現金資產的淨流出，即一項現金運用。

現金運用合計為上述三項之和。在編製正確的現金流量表中，現金運用必須等於現金來源。

現金來源和運用表顯示，假設商業銀行報告期現金變動額為 3,794 單位，從運用方面來看，主要是應付存款提取，占整個現金運用的 56.9%；其次是增加貸

款資產，占現金運用的 30.2%。從來源方面考查，假設商業銀行以增加負債形式取得現金 906 單位，占全部來源的 23.9%；由於淨利潤為負，因而假設商業銀行報告期間從營業中所得現金數額很小，不足現金來源的 10%。這兩項來源合計遠小於同期存款的提取，所以假設商業銀行只有通過資產的淨減少，即收縮經營規模才能取得足夠的現金。假設商業銀行資產減少中現金資產所占比重最大，最終將導致該銀行在報告期現金項目（一級準備）下降。

四、商業銀行表外業務分析

商業銀行的利潤並非全部來自於商業銀行所投資的盈利資產，許多帶來收益的經營活動在資產負債表中並未得到反應，這就是中間業務。20 世紀 80 年代以來，西方商業銀行不斷擴大中間業務，許多大的商業銀行的中間業務量已接近或超過主營傳統業務量。商業銀行開展中間業務適應了多變的市場環境，拓展了新的收入來源，但中間業務也帶來了一定的風險，影響了銀行的穩健經營。現在，中間業務已成為影響商業銀行經營業績的重要因素。

傳統的中間業務一般不會帶來資產負債方面的風險，商業銀行完全處於中間人的地位提供服務，或者說商業銀行僅僅是服務者。如信託業務中的信託投資，商業銀行只是應客戶要求代為理財，盈虧由客戶承擔，商業銀行只收取佣金。

狹義的表外業務則完全不同，商業銀行開展的這類業務不反應在資產負債表中，不會在當期直接形成資產或負債，卻是一種潛在的資產或負債，在一定條件下會向表內業務轉化，從而給商業銀行帶來收益或風險。如在票據發行便利業務中，當發行人無法償還時，商業銀行作為擔保者承擔連帶付款責任，這種擔保行為是商業銀行的一種或有負債。又如循環信貸業務，一旦發生，則要進入資產負債表內資產方，該類業務也是商業銀行的或有負債。就發展過程來看，中間業務是與商業銀行資產負債業務相伴而生的、長期存在的傳統業務，狹義表外業務傳統上只有少數幾種，絕大部分是近 20 年來出現的，與國際經濟、金融的發展及當代電信技術的進步緊密相連。

狹義表外業務按其產生過程劃分為兩個部分，即傳統業務和新興業務。傳統業務種類很少，包括承兌業務、擔保業務、商業信用證業務和貸款承諾業務等。新興業務中一部分是由傳統業務演變而來的，如備用信用證和票據發行便利。新興表外業務還包括金融創新中產生的貸款出售、資產證券化業務和多類衍生金融工具交易，如互換業務、期貨業務、期權業務等。各類衍生金融工具的出現是金融創新的重要內容，本身仍處在不斷發展變革中。

（一）中間業務對商業銀行經營業績的正面影響

1. 商業銀行獲取手續費和佣金收入，拓寬了營業收入來源渠道

商業銀行通過各類中間業務，獲得了大量手續費、佣金收入，開拓了新的收入來源，削弱了利息收入波動帶來的不利影響。此外，商業銀行還可利用各類衍生工具在承擔一定風險的前提下進行投機，利用金融衍生工具的槓桿性追逐高額利潤，這兩種因素使得近年來商業銀行收益中來自於中間業務的比重不斷上升。

中間業務也極大地提高了商業銀行的資產盈利能力。

開展中間業務，在不相應增加資金運用、擴大商業銀行資產規模的同時帶來了更多收入，資產回報率明顯提高。從長期來看，隨著金融市場的不斷發展，各經濟實體的投資、融資渠道趨於多樣化，商業銀行傳統的存貸業務優勢受到嚴重挑戰，利差收入的增長空間有限，這一客觀事實也迫使商業銀行在經營中更加注重開拓中間業務。

2. 有利於商業銀行擴張信用，擴大了商業銀行的信用規模

第二次世界大戰結束以後，西方許多國家出現過資金「脫媒」現象，商業銀行採用負債管理方法，通過主動購入資金、開辦新的存款業務（如 NOW、ATS、MMDA）來吸收資金以擴張信用。20 世紀 80 年代起，商業銀行彌補資金缺口的重點轉向資產與負債雙方，商業銀行通過資產證券化、貸款出售等業務，使資金運用產生相應新的資金來源。另外，商業銀行還通過安排票據發行便利、開具備用信用證等業務，利用自身信譽優勢，在力爭不動用自身資金的情況下滿足了客戶的資金需求。因此開展中間業務支持了商業銀行信用規模的擴大，彌補了銀行資金供求缺口。

3. 降低了商業銀行經營成本，提高了商業銀行的盈利水平

開展中間業務不需上繳法定存款準備金，從程序上避開了對商業銀行資本充足率的要求，較少接受監管部門的管理，因而進行中間業務降低了銀行的規避管制的成本。

此外，開展中間業務也降低了銀行的融資成本。以貸款出售為例，商業銀行通過貸款出售融入資金，出售的貸款事先經過銀行的專業評估，且售出商業銀行一般具有較高的信用等級，因而能很好地吸引貸款購買者。這類資金來源無疑具有較低的融資成本。

4. 金融工具的可轉讓性，增強了商業銀行資產的流動性

中間業務中涉及的許多金融工具具有可轉讓性，其設計目的就是為了改善商業銀行資產的流動性。以貸款出售為例，商業銀行通過該業務將流動性較差的貸款資產轉為證券資產再轉化為現金資產，有效地提高了整體資產的流動性。

5. 依附於相應的基礎資產，改善了商業銀行收益風險的組合

20 世紀 70 年代以來，布雷頓森林體系的解體和各國宏觀經濟的不穩定表現，使得金融市場動盪不安，商業銀行經營中受到匯率風險、利率風險、信用風險等多種風險因素影響。傳統業務對這些風險無能為力，而許多中間業務特別是多種衍生金融工具卻可以有所作為，因為其設計初衷就是為了幫助商業銀行鎖定成本、收益，進行套期保值。一般而言，各種衍生金融工具依附於相應的基礎資產，商業銀行利用這些衍生工具可將其基礎資產所承受的風險重新組合或轉移出去。

（二）中間業務對商業銀行經營的負面影響

1. 中間業務加大了商業銀行經營中的風險控制和監管難度

商業銀行開展的中間業務較少受到金融法規的限制，其形式多種多樣，既可

進行交易所內（場內）交易，又可進行場外交易。同時，中間業務不直接在財務報表中反應，銀行外部人員包括股東、債權人和金融監管部門無法準確瞭解到銀行進行中間業務的真實情況，難以對商業銀行的這類活動進行有效監管。

2. 中間業務自身的風險性，也給商業銀行帶來一定風險

商業銀行的許多中間業務如擔保、承兌等，對商業銀行來說是一種或有負債，加大了商業銀行未來的經營風險。此外，一些衍生工具由於具有高槓桿性，吸引商業銀行進行冒險投機活動。雖然許多衍生金融工具在設計時就考慮到利用交易所交割、保證金制度、漲跌停板限價、盯市等多種方式來減少風險，但考慮到其高槓桿特性的放大作用，這類投機交易的風險程度還是相當大的。最後，中間業務的避險、套期保值功能只在局部有效，只是將風險從風險厭惡方轉移到風險偏好方，並未消除風險。相反，由於一筆業務往往同時牽涉數家銀行，一家銀行的違約行為勢必引起連鎖反應，從而對整個金融體系的穩定性造成負面影響。

第二節 商業銀行績效評價

績效評價是商業銀行運用一組財務指標和一定的評估方法，對其經營目標實現程度進行考核、評價的過程。設計績效評價指標體系是進行評估的關鍵，必須服從銀行經營總目標。一般而言，處於不同的發展階段和不同的經營環境中的商業銀行在經營中所追求的具體目標也有所不同，但根本的出發點是一致的，即實現股東財富最大化。股東財富指企業所有者在市場上轉讓該企業所能得到的收益，反應了市場對企業的綜合評價。考查銀行經營目標實現程度可從兩個方面入手，一是銀行獲利情況，二是風險程度。這是設計績效評估指標的基本出發點。商業銀行的經營環境比一般企業更為複雜，加之其獨特的資產負債結構，銀行流動性和清償力狀況成為其能否生存的關鍵，因而在設計風險類指標時將清償力指標和流動性指標單獨列出，便於重點考查。商業銀行績效評價指標大多採用比率形式，這樣可以剔除銀行規模差異對績效分析的干擾，還可將銀行財務報表中的原始信息有機地結合起來，更準確地反應銀行績效。

一、商業銀行績效評價體系

商業銀行績效評價體系是一組財務比率指標，按實現銀行經營總目標過程中所受的制約因素分為四類，即盈利性指標、流動性指標、風險指標、清償力和安全性指標。

（一）盈利性指標

盈利性指標衡量商業銀行在運用資金賺取收益的同時控制成本費用支出的能力。盈利性指標的核心是資產收益率和股本回報率，利用這兩個財務指標及其他派生財務比率指標可較準確地認識銀行的獲利能力。

（1）資產收益率（ROA）。資產收益率是商業銀行純利潤與全部資產淨值之

比，其計算公式為：

$$資產收益率 = \frac{純利潤}{銀行平均資產總額} \times 100\%$$

資產收益率指標將資產負債表、損益表中相關信息有機地結合起來，是商業銀行運用其全部資產獲取利潤能力的集中體現。計算資產收益率指標時可以選擇總資產的期末餘額值做分母，這一數據可以方便地在資產負債表上直接取得。但商業銀行利潤是一個流量指標，為準確反應商業銀行在整個報表期間的經營獲利能力，採用總資產的期初與期末餘額的平均數做分母效果更好。另外，商業銀行純利潤包括一些特殊的營業外項目的稅後收入，因而資產收益率指標的變動有時不能簡單地理解為商業銀行正常營業獲利能力的改變，還應結合具體情況進行分析。

（2）營業利潤率。營業利潤率排除了特殊項目的影響，更準確地體現了商業銀行的經營效率。其計算公式為：

$$營業利潤率 = \frac{稅後營業利潤}{資產總額} \times 100\%$$

由損益表可以看出，商業銀行營業利潤來自於經營活動中各項利息收入和非利息收入，不受證券交易、調整會計政策、設備盤盈盤虧等不常發生的營業外活動影響，是商業銀行經營能力和成果的真實體現，因而營業利潤率指標反應了銀行真實、穩定的獲利能力。

（3）銀行淨利差率。商業銀行利息收入是其主要收入來源，利息支出是其主要成本支出項目，因此利差收入是影響商業銀行經營業績的關鍵因素。商業銀行淨利差率的計算公式為：

$$商業銀行淨利差率 = \frac{利息收入 - 利息支出}{盈利資產} \times 100\%$$

盈利資產指那些能帶來利息收入的資產。銀行總資產中，除去現金資產、固定資產外，均可看成盈利資產，在計算中分母也應採取平均值。一般情況下，銀行經營規模的擴大、盈利資產的增多，會引起相應利息收入的增加，但商業銀行淨利差率的提高表明商業銀行利差收入的增長幅度大於盈利資產的增長幅度，即商業銀行在擴大資金運用、增加收入的同時，較好地控制了相應的融資成本（利息支出）。因而該指標可有效地反應商業銀行在籌資放款這一主要業務中的獲利能力。

（4）非利息淨收入率。非利息淨收入率不只是商業銀行獲利能力的標誌，同時也反應出商業銀行的經營管理效率。其計算公式為：

$$非利息淨收入率 = \frac{非利息收入 - 非利息支出}{資產總額} \times 100\%$$

由損益表中可知，商業銀行非利息收入來自於手續費和佣金收入，獲得這類收入不需要相應增加資產規模，較高的非利息淨收入會明顯提高商業銀行資產收益率。非利息支出包括提取貸款損失準備、員工薪金、折舊等間接費用，同商業

銀行管理效率直接相關，因而較高的非利息淨收入率意味著相對較低的各類間接費用開支，表明銀行管理效率良好。

非利息淨收入率的提高是商業銀行盈利能力和管理效率良好的表現。但有時也意味著經營中潛在風險的提高，主要是因為非利息收入中的較大部分通過中間業務取得，常伴隨著一定或有負債及其他風險，且不在財務報表中明確表示，因而應用指標時應多注意其他相關信息，瞭解相應風險狀況。

（5）銀行利潤率。銀行利潤率的計算公式為：

$$銀行利潤率 = \frac{純利潤}{總收入} \times 100\%$$

由計算公式中可以看出，該指標反應了商業銀行收入中有多大比例被用於各項開支，又有多大比例被作為可以發放股利或再投資的利潤保留下來。該比例越高，說明商業銀行獲利能力越強。

（6）權益報酬率（ROE），又稱淨值收益率、股東投資收益報酬率等。其計算公式為：

$$權益報酬率 = \frac{純利潤}{銀行資本} \times 100\%$$

由公式可以看出，該指標反應了商業銀行資本的獲利程度，是商業銀行資金運用效率和財務管理能力的綜合體現，同股東財富直接相關，格外受商業銀行股東的重視。

（二）流動性指標

流動性在任何企業經營中都是盈利性和安全性之間的平衡槓桿。商業銀行由於自身不尋常的資產負債結構，更易受到流動性危機的威脅，這也是商業銀行將流動性指標從一般風險指標中分離出來的原因。流動性指標反應了商業銀行的流動性供給和各種實際的或潛在的流動性需求之間的關係。商業銀行流動性供給在資產方和負債方均可存在，如商業銀行拆入資金或出售資產都可以獲得一定的流動性。流動性需求則可通過申請貸款和提存等形式作用於資產與負債兩個方面，因而流動性指標在設計時應綜合考慮銀行資產和負債兩方面情況。

（1）現金資產比例（現金資產/資產總值）。該指標是商業銀行所持現金資產與全部資產之比。現金資產具有完全的流動性，可隨時應付各種流動性需求。該比例高反應出銀行流動性狀況較好，抗流動性風險能力較強。然而，現金資產一般是無利息收入的，如果現金資產比例太高，則商業銀行盈利資產下降，將影響收益水平。

（2）國庫券持有比例（國庫券/資產總值）。國庫券是商業銀行二級準備資產的重要組成部分，對商業銀行流動性供給有較大作用。一方面國庫券自身有較強的變現能力，商業銀行出售國庫券可直接獲得流動性供給；另一方面國庫券是一種被普遍接受的抵押品，商業銀行可以用其進行質押貸款，即持有國庫券也可產生間接的流動性供給。該比值越高，商業銀行的流動性越好。

（3）持有證券比例（證券資產/資產總值）。商業銀行資產組合中有很大部

分是所投資的各類證券，這些證券一般均可在二級市場上變現，為銀行帶來一定的流動性供給。單純應用該指標判斷銀行流動性具有很大局限。這主要是因為證券的變現能力同其市場價值密切相關，在市場利率上升時，證券市價下跌，特別是一些長期證券難以按購入成本和記帳價值流轉出去。因此分析持有證券給銀行提供的流動性時，必須結合指標市值/面值評判。一般情況下，市值/面值比例越低，說明銀行所持有證券的變現力越低，從中可獲得的流動性供給越少。

（4）貸款資產比例（貸款/資產總值）。該指標是銀行貸款資產與全部資產的比值。貸款是銀行的主要盈利資產，其流動性較差。該比值較高，反應銀行資產結構中流動性較差部分所占比例較大，流動性相對不足。貸款內部各組成部分又具有不同的流動性。其中一年內到期的貸款在一個營業週期內自動清償，可以帶來相應的現金流入，提供一定的流動性，因而可以用一年內到期貸款/總貸款作為貸款資產比例的補充指標。補充指標值越高，說明銀行貸款中流動性較強部分所占比例較大，銀行的流動性狀況越好。

上述指標（1）～（4）主要從資產項目來反應銀行的流動性。小銀行受其規模、市場地位的影響，一般依靠提高資產的流動性來應付各種流動性風險，因而在對小銀行進行績效分析時，這四個指標具有較大意義。

（5）易變負債比例（易變負債/負債總值）。該指標是易變負債與全部負債之比。易變負債包括銀行吸收的經紀人存款、可轉讓定期存單及各類借入的短期資金。這類負債受資金供求關係、市場利率、銀行信譽等多種因素影響，其融資成本、規模均難以為銀行所控制，是銀行最不穩定的資金來源。該指標反應了銀行負債方面的流動性風險情況，比值越高，說明銀行面臨的潛在流動性需求規模越大且不穩定。

（6）短期資產/易變負債。銀行短期資產包括同業拆出、存放同業的定期存款、回購協議下的證券持有、交易帳戶證券資產、一年內到期的貸款等。這部分資產是銀行最可靠的流動性供給，可以較好地應付各類流動性需求。短期資產/易變負債指標衡量了銀行最可靠的流動性供給和最不穩定的流動性需求之間的對比關係，該比值越高，說明銀行的流動性狀況越好。

上述指標（5）～（6）主要從負債方面考查商業銀行流動性情況。在運用這兩個指標進行銀行業績分析時必須注意銀行的規模，一些大銀行特別是地處金融中心的大銀行在經營中更多地利用增加短期負債來獲取流動性，而小銀行依靠資產變現取得流動性。因而對於規模不同的銀行，同一指標數值所反應的流動性狀況可以有較大差異。

（7）預期現金流量比。該指標是預計現金流入與流出之比值。在設計該指標時考慮了一些中間項目的影響，可以彌補指標（1）～（6）的不足。銀行現金流出包括正常貸款發放、證券投資、支付提存等項目，還包括預計貸款承諾需實際滿足的部分及預計的其他或有負債一旦發生需要支付的部分。現金流入包括貸款收回、證券到期所得或償付、預期中的證券出售及各類借款和存款的增加等。指標值大於1的不同值，顯示該銀行未來流動性可能有所提高的程度。

(三) 風險指標

在財務管理和財務分析中，風險被定義為預期收入的不確定性，這種收入的不確定性會降低企業價值。商業銀行面臨複雜多變的經營環境，收益水平受多種因素的影響，風險指標將這些因素做了分類，並定量反應了商業銀行面臨的風險程度和抗風險能力。

1. 利率風險

當前的商業銀行業務日益多樣化，已成為「金融百貨公司」，以多種金融服務獲取收益。但從根本上看，銀行主要收入來源仍然是各種生息資產，成本項目主要是為融資而發生的利息支出。市場利率的波動往往會引發銀行利差收入乃至全部營業收入的波動，這就是利率風險。資金配置不同的銀行面對相同的利率波動所受影響是不同的，即利率風險暴露不同，這種差別可以通過以下兩個利率風險指標度量：

利率風險缺口＝利率敏感性資產－利率敏感性負債

利率敏感比例＝利率敏感性資產／利率敏感性負債

利率敏感性資產是指收益率可隨市場利率變動重新調整的資產，如浮動利率貸款。以相同的方式可以定義利率敏感性負債。在應用上述兩個指標做分析時，應注意保持計算公式中資產與負債期限上的一致。

兩個指標在含義上是一致的。當缺口為 0 或比值為 1 時，銀行不存在利率風險暴露，利差收益不受利率變動影響，其他指標值均意味著存在利率風險暴露。樣本銀行指標值與均衡值（0 或 1）偏差越大，銀行面臨的利率風險越大。

2. 信用風險

商業銀行的信用風險指銀行貸款或投資的本金、利息不能按約得到償付的風險。商業銀行的主要資產和收入來源是各類金融債權，信用風險對其經營業績影響很大。以下幾個指標反應了銀行面臨的多種實際和潛在的信用風險程度及商業銀行為此所做的準備的情況。

(1) 貸款淨損失／貸款餘額。貸款淨損失是已被商業銀行確認並衝銷的貸款損失與其後經一定的收帳工作重新收回部分的差額，反應了信用風險造成的貸款資產真實損失情況。該指標衡量了商業銀行貸款資產的質量狀況，比值越大，說明商業銀行貸款資產質量越差，信用風險程度越高。

(2) 低質量貸款／貸款總額。低質量貸款由三部分組成：一是逾期貸款，指超過償還期 90 天尚未收回的貸款；二是可疑貸款，確認標志是債務人未能按約支付利息，這往往是債務人財務狀況惡化、最終無力償還本息的先兆；三是重組貸款，當債務人財務狀況惡化時，銀行為避免貸款債權最終落空，有時會以延長期限、降低利率等方式同借款人進行債務重組協商。低質量貸款的信用風險程度很高，是產生未來貸款損失的主要根源。該指標估計了潛在的貸款損失，比值越高，銀行貸款中信用風險越大，未來發生的貸款損失可能越大。

(3) 貸款損失準備／貸款損失淨值。貸款損失準備來自於銀行歷年稅前利潤，是對未來可能出現的貸款損失的估計，並可以彌補貸款資產損失。該項指標

比值越高，表明銀行抗信用風險的能力越強。

（4）貸款損失保障倍數。該指標是當期利潤加上貸款損失準備金後與貸款淨損失之比。比值越大，說明銀行有充分的實力應付貸款資產損失，可以減少貸款損失對銀行造成的不利影響。

上述指標集中考查了商業銀行貸款資產的風險狀況，並未對證券投資進行信用風險評估，這是因為商業銀行所持有的證券以政府債券為主，信用風險程度相對較低。

3. 詐欺風險（內部貸款比例）

商業銀行經營中會遭受內外部人員的詐欺或舞弊行為所產生的風險，這類風險稱為詐欺風險。詐欺風險一般沒有直接的度量指標，往往用其他指標間接反應，如內部貸款比例。該指標是商業銀行對其股東或經營管理人員的貸款與總貸款之比，粗略衡量了由內部交易所帶來的可能的詐欺風險程度。詐欺風險與該指標數量呈正相關關係。

（四）清償力和安全性指標

商業銀行清償力是指商業銀行運用其全部資產償付債務的能力，反應了商業銀行債權人所受保障的程度，清償力充足與否也會極大地影響銀行的信譽。從恆等式「淨值＝資產－負債」來看，商業銀行清償力不足或者資不抵債的直接原因是資產損失過大，致使淨值小於零，負債不能得到完全保障。但清償力不足的根本原因是資本金不足，未能與資產規模相匹配，因而傳統的清償力指標主要著眼於資本充足情況。

（1）淨值/資產總額。淨值是商業銀行全部資金中屬於銀行所有者的部分，具有保護性功能，即吸收商業銀行資產損失，保護債權人權益的功能。淨值比例將資本量與資產總量結合起來，簡單地反應出銀行動用自有資金，在不損害債權人的利益的前提下應付資產損失的能力。該項比值越高，表明商業銀行清償能力越強。但其基本假設前提是商業銀行資產規模和可能發生的損失之間存在簡單的比例關係。該指標是一項傳統指標，優點是計算方便。隨著商業銀行業務的不斷發展，其資產和負債結構有了很大改變，不同資產所面臨的風險有較大差異，資產規模和資產可能遭受的損失之間不再保持簡單的比例關係，該指標的有效性有所下降。

（2）淨值/風險資產。第二次世界大戰結束以後，西方商業銀行的資金運用由單純貸款資產轉向貸款和政府債券的資產組合，這兩類資產所含的風險程度迥然不同，簡單地應用淨值/資產指標已無法確切反應銀行的清償力和安全情況，計算清償力的考核重點轉向淨值對風險資產的比率。風險資產是總資產扣除現金資產、政府債券和對其他銀行的債權後剩餘的部分。將這些無風險資產排除後，淨值/風險資產指標更多地體現了資本吸收資產損失的保護性功能，能較準確地反應商業銀行的清償力。

上述兩個指標著眼於淨值與資產的關係來衡量商業銀行的清償能力和安全程度，隨著銀行業的不斷發展，這種分析思想已顯示出較大局限性：首先，商業銀

行資本的構成日益複雜，在提供清償力方面是有差異的，應區別對待；其次，中間業務在商業銀行經營中的地位有了較大提高，有必要納入清償力考核指標內。

（3）《巴塞爾協議》中資本充足率指標（略）。

（4）資產增長率和核心資本增長率。該指標反應出商業銀行清償力的變化情況。商業銀行資產擴張速度較慢，商業銀行經營相對穩定。商業銀行資產規模擴張較快，往往意味著較大的潛在風險，資產增長基礎也不牢固，是商業銀行清償力下降的標志。結合核心資本增長率可更好地分析銀行清償力的變動。如當銀行資產增長率保持原有水平而核心資本增長加快時，銀行清償力得以提高。這組指標也可用於同業比較中，即以商業銀行同業的資產增長率與核心資產增長率為標準，將被考查商業銀行的這兩項指標值與標準指標值比較，分析其清償力的變化。

（5）現金股利/利潤。商業銀行淨值中比重最大的是未分配利潤項目，該科目也是影響商業銀行資本充足與否以及清償能力高低的重要因素。未分配利潤項目來自於歷年累積的利潤留存，現金股利是商業銀行利潤的淨流出。較高的現金股利分配率，降低了商業銀行內部累積資本的能力。而且，分配現金股利導致商業銀行現金資產的減少，風險資產比重相對加大。因而，現金股利/利潤指標值太高，往往意味著商業銀行清償力沒有實現其應達到的標準。

二、商業銀行的績效評價方法

商業銀行績效評價方法主要有比率分析法和綜合分析法。比率分析法以上述指標體系為核心，從盈利能力、流動性、風險性以及清償力和安全性四個方面對商業銀行經營業績分別做出評價，最後形成完整結論。而綜合分析法是將商業銀行的經營業績看成一個系統，從系統內盈利能力和多風險因素的相互制約關係入手進行分析。

（一）比率分析法

比率分析法的核心是績效評價指標，但孤立的指標數據是毫無意義的，並不能說明商業銀行業績的好壞，必須在比較中才能發揮作用。比較的形式主要有同業比較和趨勢比較。將一家商業銀行的績效評價指標值與同業平均水平進行橫向比較，可以反應出該商業銀行經營中的優勢與不足。利用連續期間對指標值進行比較可以看出該商業銀行的經營發展趨勢，並對未來情況做出預測。在實際分析中，同業比較和趨勢比較應結合起來使用。在應用財務比率進行績效評價時，也應注意到商業銀行規模上的差異，很多情況下，績效評價指標的差異來自於規模差異以及相應經營方法上的不同，不能等同於經營業績之間的差距。最後，在利用財務比率做分析時，還應注意中間業務的情況，如經濟環境的變化、利率走勢等外部因素。

下面給出一個應用比率分析法的具體案例（見表10-4）。評價對象為某地處非金融中心地區的商業銀行，資產規模在2億美元~4億美元之間，是典型的中小銀行，進行對比的同業水平是規模相近的小銀行的平均水平。數據採樣期間是

1998—2002年。假設這段時間市場利率呈下降趨勢。

表10-4　　　　　某商業銀行主要指標數據及同業水平　　　　單位:%

項目	2002年 FSB	2002年 同業	2001年 FSB	2001年 同業	2000年 FSB	2000年 同業	1999年 FSB	1999年 同業	1998年 FSB	1998年 同業
一、盈利指標										
1. 資產收益率	1.31	0.84	1.41	0.68	1.00	1.03	0.77	1.04	1.60	1.12
2. 營業利潤率	0.67	0.81	0.53	0.56	0.57	0.99	0.65	1.04	1.17	1.12
3. 非利息收入/平均資產	0.30	0.58	0.33	0.64	0.34	0.64	0.28	0.60	0.28	0.55
4. 利息收入/平均資產	9.31	8.88	10.18	9.71	10.85	10.80	11.16	11.54	11.21	11.19
5. 銀行淨利差率	4.10	3.90	4.41	4.15	4.28	4.43	3.31	4.34	4.05	4.54
二、流動性指標										
6. 易變負債/負債總額	40.24	5.41	34.15	7.93	43.75	1.05	37.32	0.22	26.07	1.20
7. 短期資產/易變負債	15.25	143.50	4.51	149.44	2.47	126.12	31.96	120.96	32.72	114.86
8. 貸款/平均資產	43.74	48.70	44.54	48.95	48.78	52.16	49.68	52.83	49.67	50.86
三、風險指標										
9. 利率敏感性缺口	-18.25	-6.25								
10. 貸款淨損失率	0.29	1.17	2.33	1.73	1.73	1.39	1.17	0.85	0.34	0.87
11. 低質量貸款比率	2.44	3.02	2.56	3.11	1.83	2.86	3.08	2.47	2.06	1.99
12. 貸款損失保障倍數	6.54	6.20	4.24	3.87	5.08	4.93	9.38	9.08	9.51	9.59
13. 貸款損失準備/貸款淨損失	3.65	2.99	1.32	1.50	0.88	1.71	0.71	3.03	1.55	2.87
14. 貸款損失準備/貸款	3.23	1.85	3.00	1.67	1.41	1.39	0.77	1.26	0.49	1.10
15. 內部人員貸款	0.13	0.18	0.1	0.22	0.22	0.20				
四、清償力指標										
16. 核心資本充足率	8.42	8.85	8.73	8.82	8.07	8.74	7.76	8.60	7.52	8.54
17. 資產增長率	12.08	3.51	2.77	4.01	1.88	5,43	-3.16	6.68	6.26	8.67
18. 核心資本增長率	7.46	5.98	4.18	5.28	3.37	7.27	0.96	7.71	7.25	9.21
19. 現金股利比例	71.43	45.75	72.23	47.30	106.70	45.03	108.35	46.83	65.50	40.19

註:FSB為該家商業銀行的簡稱,同業是指同業水平。

1. 盈利能力分析

表10-4中指標1~指標5是主要盈利指標。從指標1的資產收益率來看,除1999年外,該商業銀行的此項指標數據均高於或近似於同業平均水平。由指標2的營業利潤率可以看出,商業銀行的營業外淨收益率明顯高於同業水平,這表明其真實營業盈利能力並未達到同業水平。僅以2002年為例,該年度商業銀行的資產收益率高於同業水平0.57個百分點,而營業利潤率與同業水平有0.14個百分點的差距。因而銀行可靠的盈利能力略低於同業水平。指標3和指標4顯示,商業銀行的非利息收入低於同業水平,且遠低於其利息收入,因而分析重點應放在淨利差收入上。指標5顯示銀行的淨利差收入率高於同業水平。這種優勢可能存在於兩個方面:或是商業銀行的貸款資產比重較高,或是商業銀行在利率敏感性資產、負債方面配置較為成功。以2002年情況為例做出分析,指標8中反應,商業銀行的貸款資產比重低於同業水平,那麼,利差收入上的優勢只能歸結於資金配置方面的成功。指標9證實了這一點,商業銀行存在負的利率敏感性缺口,缺口規模遠遠大於同業水平。結合市場利率運動,可以得出結論:商業銀行的利差收入優勢來自於不斷下降的市場利率。但這同時也隱含著較大的利率風險,其

未來盈利能力很大程度上取決於利率走勢，一旦利率向上波動，商業銀行的盈利水平將受到很大的負面影響。

2. 流動性分析

表 10-4 中指標 6~指標 8 反應了商業銀行的流動性存在嚴重問題。指標 6 顯示，商業銀行嚴重依靠易變負債作為資金來源。一般情況下，小銀行無法及時主動地調整其負債規模和結構。銀行過高的易變負債比例表明其負債結構不當，存在較大的不穩定流動性需求。指標 7 說明，銀行短期資產與易變負債的對應情況也遠遠未達到同業水平。銀行短期資產是最可靠的流動性供給，銀行的指標 7 數據非常之低，表明銀行依靠出售資產應付負債方流動性需求的能力很差。

3. 風險分析

表 10-4 中指標 9 是利率風險指標，數據表明銀行存在負的敏感性缺口，且缺口是同業水平的 3 倍，風險程度大大超過同業水平，這與銀行過度依賴利率敏感性的易變負債有關。指標 10~指標 14 是有關信用風險指標。指標 10 貸款淨損失率可衡量銀行貸款資產的整體質量，數據顯示，銀行的貸款質量在 2002 年有了很大提高，且 4 年來第一次優於同業水平。指標 11 不良貸款比率也反應出相同情況。由此可得出結論，2002 年銀行在控制貸款信用風險方面較為成功，貸款資產質量良好。指標 12~指標 14 反應了銀行為可能發生的貸款損失所做的準備的情況。連續比較可以看出，銀行的這 3 項指標數據在 2002 年度均有所提高，且高於同業水平，表明銀行抵抗信用風險能力在改善，強於同業水平。指標 15 以內部人員貸款比例反應銀行潛在的由內部交易引起的詐欺風險，銀行的該項數據很低，表明這類風險程度較低，類似於同業水平。

4. 清償力和安全性分析

表 10-4 中指標 16~指標 19 是清償力指標。由指標 16 核心資本充足率來看，銀行在 5 年內均略低於同業水平，且在 2002 年有所下降，這與銀行在 2002 年度資產規模增長過快有關。銀行的清償力風險主要來自於過高的現金股利分配。指標 19 顯示連續 5 年內銀行的股利分配超過了當年同業內平均數，這使得銀行的內部資本累積遠未達到應有水平，降低了其清償能力。

（二）杜邦分析法

銀行的經營業績是一個包括多個因素的完整系統，其內部因素相互依存、相互影響。比率分析法人為地將商業銀行業績分為四個方面，割裂了相互間的聯繫。綜合分析法彌補了這種不足，將銀行盈利能力和風險狀況結合起來對商業銀行業績做出評價。杜邦分析法是一種典型的綜合分析法，其核心是權益報酬率（ROE），該指標有極強的綜合性。

1. 兩因素的杜邦財務分析法

兩因素的杜邦財務分析法是杜邦分析的基本出發點，集中體現了其分析思想。其模型為：權益報酬率＝純利潤/資本淨值＝純利潤/資產×資產/資本淨值。即 ROE＝ROA×EM，EM 稱為股本乘數。ROE 是股東所關心的與股東財富直接相關的重要指標。

以上的兩因素模型顯示，ROE 受資產收益率、股本乘數的共同影響。資產收益率是商業銀行盈利能力的集中體現，它的提高會帶來 ROE 的提高。在 ROE 指標中間接地反應了商業銀行的盈利能力。ROE 指標也可體現商業銀行的風險狀況。提高股本乘數，可以改善 ROE 水平，但也會帶來更大的風險。一方面，股本乘數加大，銀行淨值比重降低，清償力風險加大，資產損失較易導致銀行破產清算；另一方面，股本乘數會放大資產收益率的波動幅度，較大的股本乘數，導致 ROE 不穩定性增加。因而兩因素模型以 ROE 為核心，揭示了商業銀行盈利性和風險之間的制約關係，從這兩個角度可以對商業銀行績效進行全面的分析評價。

2. 三因素及四因素的杜邦分析方法

商業銀行資產收益率取決於多個因素，將其分解可以擴展為三因素分析模型，能更好地從 ROE 指標出發分析評價商業銀行業績。

$$ROE = \frac{純利潤}{資本} \times \frac{資產}{資本交付} = \frac{純利潤}{總收入} \times \frac{總收入}{資產} \times \frac{資產}{資本淨值}$$

= 銀行利潤率（PM）×資產利用率（AU）×股本乘數（EM）

模型顯示，銀行 ROE 指標，取決於上面這個三因素。其中，商業銀行利潤率和資產利用率也包含著豐富的內容：

一是商業銀行利潤率的提高，要通過合理的資產和服務定價來擴大資產規模，增加收入，同時控制費用開支，使其增長速度小於收入增長速度，才能得以實現，因而該指標是商業銀行資金運用能力和費用管理效率的體現。

二是資產利用率體現了銀行的資產管理效率。銀行的資產組合包括週轉快、收益低的短期貸款、投資，也包括期限長、收益高的長期資產，還包括一些非營利性資產。各類資產在經營中都起一定作用，不可或缺。良好的資產管理可以在保證銀行正常經營的情況下提高其資產利用率，導致 ROE 指標上升，最終給股東帶來更高的回報率。

通過上面的分析，可以將三因素模型理解為：

ROE = 資金運用和費用管理效率×資產管理效率×風險因素

採用這種分析方法，可以從這三個方面理解 ROE 指標的決定及其變化原因，準確評價銀行業績。

商業銀行利潤率不只是同其資金運用以及費用管理效率相關，也同商業銀行的稅賦支出有關：

$$PM = \frac{純利潤}{總收入} = \frac{純利潤}{稅前利潤} \times \frac{稅前利潤}{總收入}$$

在商業銀行利潤表部分已說明，商業銀行稅前利潤是其營業中的應稅所得，不包括免稅收入和特殊的營業外淨收入。純利潤/稅前利潤越高，反應銀行的稅賦支出越小，稅賦管理較為成功。稅前利潤/總收入也反應了商業銀行的經營效率是商業銀行資金運用和費用管理能力的體現。將 PM 分解後，可得到四個因素的杜邦分析模型。

$$ROE = \frac{純利潤}{稅前利潤} \times \frac{稅前利潤}{總收入} \times 資產利潤率 \times 股本乘數$$

由此可以將 ROE 指標理解為：

ROE＝稅賦支出管理效率×資金運用和費用控制管理效率×資產管理效率
　　×風險因素

從杜邦分析模型中可以看出，ROE 指標涉及商業銀行經營中的各個方面。杜邦分析法透過綜合性極強的淨值收益率指標，間接體現了商業銀行經營中各方面情況及其間的制約關係，可以以此對商業銀行業績進行全面的分析評估。

第三節　商業銀行財務報告

商業銀行一般採取股份制形式，其經營權與所有權分離，商業銀行經營管理人員必須定期向商業銀行所有者及銀行監管部門提交財務報告，反應商業銀行的經營狀況及自己的工作業績。相關的商業銀行財務報告包括三種：通知報告（the Call Report）、董事會報告（the Director Report）、股東大會報告（the Shareholder Report）。

一、通知報告

商業銀行通知報告是商業銀行向各有關金融管理機構呈報的一些基本財務報表。商業銀行應該定期提供這份報告。報告包括簡要的資產負債表、損益表及一些附屬資料。

通知報告中的資產負債表較簡單，只提供總帳科目的基本情況，其資產方、負債方均按流動性排列。

利潤表也只是簡單地反應收入、費用狀況，將稅後收入作為最終項目列出。

通知報告還包括一些附屬資料，用來反應貸款構成的詳細狀況，反應所投資證券的期限，反應庫存現金、存放同業的資產狀況等。

二、董事會報告

商業銀行董事會報告包括一系列能反應商業銀行經營成果的報表，它們一般按月編制和上報。編製這些財務月報一方面是為了滿足商業銀行內部管理的需要，另一方面是為了便於董事們瞭解商業銀行是如何實現其目標的。這些報表包括以下內容：

（1）資產負債表，反應前期的資產總量和比率並且與報告期相比、報告期與基期相比以及與本期計劃相比。

（2）損益表，反應報告期損益與基期之比以及計劃完成狀況。

（3）淨利息收入分析，反應過去的和本年度的淨利息收入以及計劃收入與實際的差距。

(4) 股東產權表，反應本年度和過去三年股東權益變動情況。
(5) 財務狀況變動表，反應上年度和本年度銀行現金流量變動情況。
(6) 證券投資表，反應持有證券的收益和期限狀況。
(7) 貸款期限結構和對利率變化的敏感程度，反應不同期限的貸款餘額和利率結構、一年內到期的貸款餘額以及利率的走勢。
(8) 不良貸款狀況表，反應不正常履約的、逾期的或重新簽訂協議的貸款數量、應收利息及實際收息情況。
(9) 貸款損失情況。
(10) 其他一些重要比率指標。

商業銀行董事會報告在董事會召開前郵寄給董事，或在會議召開時分發，其內容對外保密。商業銀行董事根據報告內容瞭解商業銀行財務經營狀況，並討論和制訂未來的經營計劃。

三、股東大會報告

商業銀行提供給股東的財務報告資料，其內容應十分完備，提供重要信息，反應商業銀行實際經營狀況。股東大會報告有時還附有商業銀行董事長或總經理就當前經營狀況所做的分析和對未來的展望。

復習與思考題

1. 商業銀行財務報表有哪幾類？
2. 商業銀行績效評價指標體系由哪幾類構成？
3. 簡述杜邦分析法評價要素的分解和組合。

參考文獻

[1] 戴相龍. 商業銀行經營管理 [M]. 北京：中國金融出版社，2001.
[2] 吳念魯. 商業銀行經營管理 [M]. 北京：高等教育出版社，2004.
[3] 張景新，李星華. 商業銀行經營管理教程 [M]. 北京：經濟科學出版社，2002.
[4] 朱新蓉，宋清華. 商業銀行經營管理 [M]. 北京：中國金融出版社，2009.
[5] 曹龍騏. 商業銀行經營管理 [M]. 廣州：華南理工大學出版社，2000.
[6] 鄧世敏. 商業銀行中間業務 [M]. 北京：中國金融出版社，2000.
[7] 周駿，張中華，郭茂佳. 貨幣政策與資本市場 [M]. 北京：中國金融出版社，2002.
[8] 朱新蓉. 金融概論 [M]. 北京：中國金融出版社，2005.
[9] 周駿，王學青. 貨幣銀行學原理 [M]. 北京：中國金融出版社，2002.
[10] 陳湛勻. 商業銀行經營管理學 [M]. 上海：立信會計出版社，2008.
[11] 陳元. 美國銀行監管 [M]. 北京：中國金融出版社，2000.
[12] 孫桂芳. 商業銀行經營與管理 [M]. 上海：立信會計出版社，2011.
[13] 黃毅，杜要忠. 美國金融服務現代化法 [M]. 北京：中國金融出版社，2000.
[14] 戴國強. 商業銀行經營學 [M]. 北京：高等教育出版社，2007.
[15] 夏斌. 金融控股公司研究 [M]. 北京：中國金融出版社，2001.
[16] 李志輝. 商業銀行管理學 [M] 北京：中國金融出版社，2006.
[17] 鄭先炳. 西方商業銀行最新發展趨勢 [M]. 北京：中國金融出版社，2001.
[18] 張豔. 商業銀行經營管理 [M]. 北京：清華大學出版社，2006.
[19] 王淑敏，符宏飛. 商業銀行經營管理 [M]. 北京：清華大學出版社，2007.
[20] 閆紅玉. 商業銀行信貸與行銷 [M]. 北京：清華大學出版社，2009.

國家圖書館出版品預行編目(CIP)資料

商業銀行經營管理 / 譚遙 主編. -- 第二版.
-- 臺北市：崧燁文化，2018.08
　面 ； 公分
ISBN 978-957-681-387-0(平裝)

1.銀行經營 2.銀行管理

562.19　　　　　　　107011661

書　　名：商業銀行經營管理
作　　者：譚遙 主編
發 行 人：黃振庭
出 版 者：崧燁文化事業有限公司
發 行 者：崧燁文化事業有限公司
E-mail：sonbookservice@gmail.com
粉絲頁　　　　　　　網　　址：
地　　址：台北市中正區重慶南路一段六十一號八樓 815 室
8F.-815, No.61, Sec. 1, Chongqing S. Rd., Zhongzheng Dist., Taipei City 100, Taiwan (R.O.C.)
電　　話：(02)2370-3310　傳　真：(02) 2370-3210
總 經 銷：紅螞蟻圖書有限公司
地　　址：台北市內湖區舊宗路二段 121 巷 19 號
電　　話：02-2795-3656　傳真：02-2795-4100　網址：
印　　刷：京峯彩色印刷有限公司（京峰數位）

　　本書版權為西南財經大學出版社所有授權崧博出版事業股份有限公司獨家發行電子書繁體字版。若有其他相關權利需授權請與西南財經大學出版社聯繫，經本公司授權後方得行使相關權利。

定價：550 元
發行日期：2018 年 8 月第二版
◎ 本書以POD印製發行